생명자본

게놈 이후 생명의 구성

Biocapital: The Constitution of Postgenomic Life
by Kaushik Sunder Rajan

Copyright © 2006 by Duke University Press.
Korean translation copyright © 2012 by Greenbee Publishing Company.
All rights reserved.
The Korean language edition published by arrangement with Duke University Press
through Shinwon Agency.

프리즘총서 008
생명자본 : 게놈 이후 생명의 구성

초판 1쇄 인쇄 _ 2012년 9월 1일
초판 1쇄 발행 _ 2012년 9월 10일

지은이 · 카우시크 순데르 라잔
옮긴이 · 안수진

펴낸이 · 유재건
편집 · 김재훈 | 마케팅팀 · 정승연, 한진용 | 영업관리팀 · 노수준, 이상원
펴낸곳 · (주)그린비출판사 | 등록번호 · 제313-1990-32호
주소 · 서울시 마포구 동교동 201-18 달리빌딩 2층 | 전화 · 702-2717 | 팩스 · 703-0272

ISBN 978-89-7682-763-0 93300
이 도서의 국립중앙도서관 출판시도서목록(CIP)은 e-CIP 홈페이지(http://www.nl.go.kr/ecip)와
국가자료공동목록시스템(http://www.nl.go.kr/kolisnet)에서 이용하실 수 있습니다. (CIP제어번호 :
CIP2012003884)

그린비출판사 나를 바꾸는 책, 세상을 바꾸는 책
홈페이지 · www.greenbee.co.kr | 전자우편 · editor@greenbee.co.kr

프리즘총서 008

생명자본

게놈 이후 생명의 구성

카우시크 순데르 라잔 지음 | 안수진 옮김

그린비

압파와 암마를 위해

감사의 말

대학과 현장에 계신 여러 선생님들 덕분에 이 책을 쓸 수 있었다. 그동안 선생님 한 분 한 분이 나의 배움에 특별한 기여를 해주셨다. 깊고 심오한 학식을 나눠 주신 마이클 피셔, 읽는 법을 가르쳐 주신 조지프 더밋, 글쓰기를 할 때와 다양한 실천 공동체들에 개입할 때 필요한 깊은 윤리적 책무를 전수해 주신 실라 자사노프(그러나 공동체 개입과 관련해서는 투명함에 대한 이분의 가르침을 늘 지킨 것은 아니다!), 활력을 불어넣어 주고 언제나 경계를 넘어 사고하도록 격려해 주신 도나 해러웨이 선생님께 감사드리고 싶다. 그분들께 각각 그리고 함께 배울 수 있었던 건 영광이었다.

어떤 민족지학적 작업도 그것을 가능하게 해주는 정보원들 없이는 이뤄질 수 없다. 내 작업이 시간을 엄청나게 뺏는 일임에도 불구하고 자신의 세계에 나를 받아들여 준 이들이 많다. 이들 중 다수는 거의 편집증적인 열의로 정보를 보호하는 세계에 살고 있으므로, 내게 접근을 허락해 준 것에 더 큰 감사를 드린다. 많은 이들이 내게 여러 생명과학 분야들과 자본의 세계에 대해 가르침을 주었는데, 그중 몇몇 이에게 특별한 감사를 전한다. 마크 보구스키는 애초에 나의 작업이 가능하도록 두 가지 점에서 도움을 주었다. 우선 나를 격려해 주었고, 그다음으로 1999년에 열린 '콜드스프링하버 게놈 염기서열 결정과 분석' 회의에 참석시켜 나를 게놈학 과학자들의 세계에 입문시켜 주었다. 진에드에서는 참관자로뿐 아니라 친구로 환영받고 있음을 느끼지 않을 수 없었다. 그곳의 모든 이에게, 특히 수닐 마울리크와 살릴 파텔, 폴 아이젤, 마이 그랜트에게 감사드린다. 생화학기술센터에서는 사미르 K. 브라마차리와 만자리 마하잔이 많은 시간과 통찰을 아낌없이 나눠 주었다. 또한 도라이라잔 발라수브라마니안, 켄트 보틀스, 디판위타 차토파디아야, 데바시스 다스, 아서 홀든, 데이비드 하우스먼, 사티시 쿠마르, 라메시 마셀카르, 미탈리 무케르지, 스바티 판데, 알리 페르베즈, 라지 필라이, 프렘나트, R. 라자고팔란, M. 새뮤얼, S. 시바람, 하리 타만나, 패트릭 테리, 우다이 투라가, 패트릭 본, 아켈라 벤카테스와룰루, M. 비디 아사가르, 스펜서 웰스, 다르샤나 자베리에게도 감사드린다. 이들은 이 작업의 여러 단계에서 생명자본주의적 생활세계에 대해 매우 귀중한 통찰들을 전해 주었다.

매사추세츠공과대학(특히 박사 논문 집필 기간 동안 훌륭한 학문적 동료가 되어 준 대학원 공동체)의 '과학·기술·사회 프로그램'과 하버드대학 존 F. 케네디 행정대학원의 '과학·기술·사회 프로그램', 그리고 어바인 소재 캘리포니아대학의 인류학과까지, 영예롭게도 나를 회원으로 받아 준 이 세 지적 공동체로부터 크나큰 혜택을 받았다. 또한 샌프란시스코 지역에서 내가 현장 조사를 할 때 공식 허가를 내준 산타크루스대학의 '의식의 역사 프로그램'에도 감사드린다. 매사추세츠공대의 과학기술학과와 켈리-더글러스 기금, 그리고 대학원 위원회는 현장 조사를 지원해 주었다. 내가 현장 조사를 나갈 때 중고 노트북을 제공해 준 제리 버크뿐 아니라, 매사추세츠공대의 과학기술학과 본부에 있는 크리스 베이츠와 시리 포지,

데비 메인브레스, 주디 스피처, 케네디 행정대학원의 세스 커센바움, 캘리포니아대학의 샌디 쿠시먼, 산타크루스의 실라 페우스의 끊임없는 도움과 격려는 모두 나의 작업을 가능하게 해준 핵심 요소들이었다.

많은 친구들 또한 여러 면에서 협력해 주었기에 마땅히 특별한 감사를 보낸다. 무겁고 어지럽기만 했던 나의 박사 논문이 그나마 조금이라도 덜 무겁고 덜 어지러운 책으로 변모한 것은 실라 자사노프와 닉 킹, 빌 모러, 라제스와리 순데르 라잔이 논문 교정의 여러 단계에서 해준 자세한 논평에 힘입은 바 크다. 또한 맑스의 노동가치론에 대해 에티엔 발리바르와 나눈 대화, 생명자본을 이론화하는 문제에 관해 로런스 코언과 나눈 대화, 잉여건강에 대한 자신의 최근 작업을 아낌없이 나눠 주고 맑스를 읽는 매우 생산적인 실험에 받아들여 준 조지프 더밋과의 대화에도 크게 힘입었다. 세계적 자본과 아프리카의 치료제 경제에 대해 말해 주어 세계 체제로서 생명자본에 대해 미국과 인도가 제공한 시각이 얼마나 편파적인지를 내게 알려 준 크리스틴 페터슨도 큰 기여를 해주었고, 벤카트 라오는 안드라프라데시주의 역사를 알려 주고 튼튼한 이론적 감수성을 보여 주었는데 이는 하이데라바드시에서 기술과학의 문화와 토대가 어떻게 건설되었는지를 다룬 절들을 쓰는 데 아주 귀중한 재료가 되었다. 엘타 스미스는 이 글을 애정을 갖고 신중하게 읽어 주었고, 이 책의 내용을, 그와 대응하여 농업유전체학과 생명공학에서 일어나는 사건들과 비교하는 아주 값진 대화를 해주었다. 논문 연구와 집필의 여러 단계에서 글의 일부를 읽고 논평해 준 스테펀 벡과 호아오 비엘, 마리안느 드 라에, 킴 포튼과 마이크 포튼, 코리 헤이든, 조너선 칸, 크리스 켈티, 미치 네쳇, 앤디 라코프, 한나 랜데커, 조지 마커스, 토린 모나한, 안드리아나 페트리나, 레이첼 프렌티스, 아르빈드 라자고팔, 아누파마 라오, 제니 리어든, 클로에 실버먼, 카렌-수 타우시 그, 찰리 와이너에게도 감사드린다. 듀크대학 출판부에 서평을 써준 익명의 두 서평자(후에 로런스 코엔과 킴 포튼임을 알려 주었다)는 자세하고 꼼꼼하며 사려 깊은 논평으로 이 책의 원고를 믿을 수 없을 만큼 크게 향상시켜 주었다. 또 이 기획을 지원해 준 편집자 켄 위소커, 편집을 도와준 크리스틴 달린, 코트니 버거, 팸 모리슨에게도 감사드린다. '찾아보기'를 편집해 준 J. 나오미 린저에게도 감사드린다. 이 원고를 쓰는 물리적 작업은, 케임브리지의 다윈스 카페와 어바인의 디트리히 카페 그리고 더럼의 브루거스 베이글스의 카페인과 친절함 덕분에 다양한 시간에 이루어질 수 있었다.

나이라 아마드에게 특별한 감사의 말을 전한다. 그녀는 사랑과 지원을 아끼지 않았고, 연구와 이 책을 쓰는 데 보낸 수년간을 가치 있게 해주었다. 이 책을 부모님께 바친다. 부모님은 내가 실험실 안 생물학에서 벗어나 사회과학으로 옮기는 동안 줄곧 나를 지원해 주셨고 모든 면에서 언제나 나를 도와주셨다. 어머니는 문자 그대로 다섯번째 논문 심사위원이 되셔서, 나를 가르치고 편집하고 교정하고 나의 이론적 지평을 넓혀 주셨다. 하지만 연구를 물질적으로 지원해 주신 것 말고도 감사할 것이 너무나 많다. 내게 주신 유전적 특질과 환경, 생명과 자본, 지원과 사랑에 감사드린다.

이 책의 절들은 정간물의 논문으로 이미 발표되었다. 1장의 일부는 『과학은 문화다』(Science as Culture) 12권 1호(2003: 87~121)와 『사라이 리더』(Sarai Reader) 2권(2002: 277~289)에 발표되었다. 이 논문들을 쓰는 과정 내내 내가 생각을 진전시키는 데 도움을 준 레스 레비도와 지베시 바그치, 슈다브라타 센굽타에게 크게 감사드린다. 2장과 5장의 일부는 『미국 인류학자』(American Anthropologist) 107권 1호(2005: 19~30)에 게재되었다. 이 특별호를 만드는 것을 도와준 빌 모러에게 큰 감사를 드린다.

차 례

| 일러두기 |

1 이 책은 Kaushik Sunder Rajan의 *Biocapital: The Constitution of Postgenomic Life*(Duke University Press, 2006)를 완역한 것이다.

2 본문의 주석은 모두 각주로 되어 있다. 옮긴이 주는 해당 부분 뒤에 '—옮긴이'라고 표시했으며, 표시가 없는 것은 모두 지은이 주이다.

3 본문과 각주에서 독자의 이해를 돕기 위해 옮긴이가 추가한 내용은 대괄호([ ])로 표시했다. 단, 인용문에서 지은이가 내용을 덧붙인 경우에는 대괄호로 표시하고 해당 내용 뒤에 '—순데르 라잔'이라고 명기했다.

4 단행본이나 정기간행물 등에는 겹낫표(『 』)를, 논문이나 신문기사, TV 프로그램 등에는 낫표(「 」)를 사용했다.

5 외국 인명·지명은 2002년에 〈국립국어원〉에서 펴낸 '외래어 표기법'에 따라 표기했다.

서론 자본주의들과 생명공학들

1999년 1월 나는 미국 국립보건원^{National Institutes of Health}의 한 실험실에서 한 달을 보냈다. 박사 논문을 지도해 주시던 마이클 피셔^{Michael Fisher} 교수님께서, 실험에 참여하는 것이 어떤 것인지를 참관인으로 느껴 보는 경험이 필요하다 하셨기 때문이다. 나는 상당한 불편함을 겪었는데, 그 이유는 내가 앉을 수 있는 유일한 장소가 실험실 바깥 복도에 있던 아이스박스였기 때문만은 아니었다. 박사 논문 집필의 초기 단계였기에, 내가 왜 여기 있고, 나의 의문은 어떤 것이며, 내가 발견하거나 연구하고자 하는 것이 무엇인지에 대해 할 만한 이야기가 정말 없었기 때문이었다. 그 실험실에 있던 과학자들이 당연히 궁금해하던 것들이 바로 이런 이야기였는데도 말이다.

내가 '연구'한 그 실험실 자체는 세포 내에서 이루어지는 신호 전달 경로를 연구했는데, 인상적인 것 한 가지는 각 연구원 자리에 실시간으로 끊임없이 DNA 염기서열^{sequence} 정보를 다운로드하는 컴퓨터가 한 대씩 놓여 있어, DNA 염기서열 정보의 공공 저장소인 젠뱅크^{GenBank}에 정보가 들어오는 즉시 이쪽으로 전달되는 것이었다. 실험실의 책임자에게 이 점을 언급했더니, 젠뱅크를 운영하는 곳이 국립생명공학정보센터^{National Center for}

Biotechnology Information인데 그곳에 있는 과학자인 마크 보구스키^{Mark Boguski}를

만나보라고 적극 권해 주었다. 그리하여 나는 그를 찾아갔다.

여러 과학자와 만날 때 가장 불편했던 점은, 전술했듯이 내가 왜 거기 있는가에 대해 그들에게 해줄 이야기가 딱히 없었다는 것이다. 그런데 보구스키는 나를 보자마자 이렇게 말했다. "제가 폴 래비노^{Paul Rabinow}의 책을 읽었기 때문에 선생님이 뭘 하려고 하시는지 정확히 압니다. 제 생각에 누군가가 현대 게놈학[유전체학]^{genomics}의 역사를 써야 하는데요. 선생님이 하셔야 할 것 같네요."¹⁾ 보구스키는 당시 정부의 자금 지원을 받는 인간게놈프로젝트^{Human Genome Project}의 주요 연례 행사인 콜드스프링하버^{Cold Spring Harbor} 게놈 회의를 조직하고 있어서, 내가 입회 비용을 면제받고 회의에 참석하게 해주었다. 이렇게 나는 게놈 과학자들을 연구하기 시작했다.

게놈학이 인간 게놈[유전체]^{genome}의 염기서열 결정^{sequencing}과 그 염기서열의 이해를 돕는 소프트웨어 생산을 의미하게 된 역사적 시점인 1999년에, 나는 내 연구 주제가 게놈학이라고 꽤 편안한 마음으로 말할 수 있게 되었다. 그해는 또한 공적인 인간게놈프로젝트와 크레이그 벤터^{Craig Venter}의 민영 게놈 회사인 셀레라지노믹스^{Celera Genomics}가 벌인, 인간 게놈 염기서열을 결정하는 그 유명한 '경주'로 두드러진 때이기도 했다. 그 이후 몇 해 동안 게놈학은 내 연구의 중요한 일부였고 그 이유를 이 책에서 설명할 것이다. 그러나 내 연구 대상들은 인식론적·정치경제학적으로 더 규모가 큰 지형들과 분리될 수 없게 되었는데, 그 대상들이 바로 그러한 지형들에 놓여 있었기 때문이다. 내 연구 내용을 둘러싼 더 큰 맥락은 지금까지

---

1) 보구스키가 말한 책은 폴 래비노의 『PCR 만들기』(*Making PCR*, 1999)였다[PCR은 '중합효소연쇄반응'polymerase chain reaction의 약자이다].

나 스스로 명명한바, 생명자본[biocapital]이라는 것이지만, 그것이 무엇을 의미하는지 설명하기 전에 1999년에 게놈학에서 벌어진 사건들을 가장 의례적인 방식으로 언급함으로써 최소한 기본 무대를 설정할 필요가 있겠다.

1998년에 크레이그 벤터 연구소는 셀레라지노믹스라는 새로운 회사를 운영하면서 공공 인간게놈프로젝트 팀에 도전했는데, 인간게놈프로젝트 팀은 그때까지 염기쌍[base pair][2] 만 개당 하나 미만의, 엄격하게 통제된 오류 빈도를 갖고 한쪽 끝부터 다른 쪽 끝까지 게놈 염기서열을 결정할 것을 계획하고 있었다. 이 사건은 결국 '공적인' 게놈학과 '사적인' 게놈학 사이의 싸움으로 변형되었고, 이 경쟁의 중심에는 유전자 염기서열의 특허 가능성이라는 문제가 있었다. 셀레라 같은 민영 회사들은 그들이 생산한 유전자 염기서열들을 특허 내고 그를 통해 상업적 이윤을 실현시키는 데 관심이 컸던 반면, 공적 연구자들은 유전자 염기서열 생산이 특별히 창의적인 일이 아니며, 그에 특허를 내주면 공적인 영역에서 그러한 염기서열을 사용할 수 없게 되어 게놈 연구의 숨통이 조이게 될 것이라 느꼈다.

그 후 1년여 동안 많은 일이 있었는데, 특기할 만한 일은 전 세계 공립 및 사립 실험실에서 유전자 염기서열 장비들이 끊임없이 작동되었다는 것이다. 그 결과 2000년 6월 인간게놈프로젝트와 셀레라가 동시에 인간 게놈 염기서열의 설계도[working draft]를 발표했을 때, 모든 관계자가 클린턴 대통령과 함께 카메라를 향해 웃었고, 우리는 "생명의 책"이 읽혔다거나 "암호의 암호"가 해독되었다거나 "성배"가 획득되었다는 이야기를 들었다.[3]

그러나 이런 중대한 사건들이, 그 유명한 콜드스프링하버연구소[Cold

---

2) 염기쌍들은 수소 결합을 통해 DNA 분자의 상보적 사슬들을 결합하는 화학 염기들이다.
3) 일어난 많은 일들에 대한 내부자 증언을 확인하려면 Shreeve, 2004를 보라

Spring Harbor Laboratory가 위치한 뉴욕 북부의 작은 마을인 사이오셋Syosset의 주민들에게는 명확히 인식되지 않았던 것 같다. 1999년에 있었던 다음의 일화가 이를 입증한다. (유전자 염기서열 '경주'가 한창일 때 열린) 1999년 회의에 참석하러 그곳에 가는 동안 나는 택시에서 두 사람과 동승했는데, 한 명은 회의에 가는 게놈 염기서열 연구자였고, 다른 한 명은 그 지역에 사는 여성으로 다른 곳에 가던 중이었다. 두 사람은 다음과 같은 대화를 나눴다.

> 주민: 연구하러 이곳에 오셨어요?
>
> 연구자: 네, 회의에 참석하러 왔습니다.
>
> 주민: 무슨 회의인가요?
>
> 연구자: 게놈의 지도를 만들고 그 염기서열을 결정하는 겁니다.
>
> 주민: 무엇에 대해서요?
>
> 연구자: 아, 게놈이오.
>
> 주민: 무엇에 대해서요?
>
> 연구자: 인간이오.
>
> 주민: 그러니까 무엇에 대해서요? 무엇의 지도를 만드시는데요?
>
> 연구자: (점점 더 당혹스러워하며) 전부 다요.
>
> 주민: 근데 그건 이미 다 돼 있는 일 아닌가요?

생명자본

우리는 급격한 변화의 시대에 살고 있고 변화 중 많은 부분은 우리 어휘의 기초를 이루는 부분, 가령 '생명', '자본', '사실', '교환', 그리고 '가치'와 같은 단어의 의미를 새로이 묻지 않을 수 없게 한다. 게놈학은 그러한 변화의 하나이지만, 두 개의 커다란 영역에서 벌어지는 한층 더 일반적인 변화들을 반영하는 변화라고 나는 생각한다. 그 영역 중 하나는 생명과학으로, 이것은 게놈학의 빠른 발전의 결과로 점점 더 **정보**과학이 되어 가고 있다. 다른 하나는 자본주의로, 이것은 사회주의나 공산주의와 같은 대안 경제 구조들을 '무찌른' 것으로 오늘날 당당하게 인정받아 단순히 우리 시대뿐 아니라 전 시대에 걸쳐 '자연스러운' 정치경제 구조로 여겨진다.[4] 그러므로 이 책의 제목은, 그러한 생명과학들이 자본주의의 새로운 얼굴이자 새로운 국면을 대변하고, 그 결과 생명공학이 현대 자본주의와 불가분하게 얽혀 있는 하나의 사업 형태라는 이 책의 주제를 나타낸다. 이것이 의미하는 바를 나는 이 책에서 설명할 것이고, 하나의 개념으로서 '생명자본'과 현대 자본주의 체계들의 관계, 그리고 생명자본과 여러 생명과학 분야들에서 새롭게 부상하는 과학적·기술적 지평들의 관계를 내가 어떻게 보는지 구체적으로 설명할 것이다. 먼저 책의 구성을 간단히 소개하기 전에, 나의 연구가 수행된 전반적인 지형을 펼쳐 보이기 위해 신약 개발drug development 시장과 게놈학에 대한 간단한 개요를 제시하고자 한다.

생명과학의 목적·실행·거점은 모두 지난 30년 동안 빠르게 변화해 왔고, 이 변화들이 향한 주요 방향 중 하나는 한층 더 기업화된 연구 형태와 맥락이다. 그러나 이러한 변화는 자연스럽지도 불가피하지도 않거니와, 이의 제기가 없지도 않았다. DNA 염기서열이 특허를 받을지도 모르는 가능성에 대해 1999년 공적 게놈 연구자들이 분노 어린 반응을 보인 것에서도 알 수 있듯이, 생명과학의 기업화는 한편으로는 신속하고 지배적이었지만, 다른 한편으로는 불확정적이고 많은 논쟁에 시달려야 했다. 그로 인해 내

---

4) 공산주의 몰락 당시 이런 관점을 취한 가장 유명한 표명을 찾는다면 Fukuyama, 1992를 보라.

가 부르는바 **마찰**의 지형^{frictioned terrain}이 형성되었고 그 위에서 기업화 현상들이 모양새를 갖추어 왔다. 나아가 생명공학들은 단순히 실험실 '안에서' 연구함으로써 분석할 수 있는 것이 아니다. 에밀리 마틴^{Emily Martin}이 주장하듯, 모든 과학은 과학과 기술적 세계 내에서 일어난 변화들을 더욱 큰 사회적·문화적 맥락 속에 놓아야 할 필요가 있다. 지난 15년여 동안 급부상한 과학인류학 또한 그러한 작업을 수행해 왔다. 그리고 이러한 과학의 맥락화는, 과학기술 연구(이른바 과학기술학^{STS 5)})에 종사하는 많은 학자들이 주장하듯, 결코 단일 방향성을 가진 인과관계일 수 없다. 다시 말하면, 사회변화가 과학과 기술의 발전 때문이라고 말하는 것이나, 마치 '사회적인 것'이 일원적이고 파악하기 쉬워 정제하기도 쉬운 어떤 것인 양 과학과 기술이 '사회적인 것'에 의해 전적으로 결정된다고 말하는 것은 너무 단순하다. 과학기술학 학자들은 '과학적인 것'과 '사회적인 것'의 상호 구성을 **공동생산**^{coproduction}이라 부르며, 내가 이 책에서 탐구한 것이 바로 여러 생명과학 분야들과 정치경제 체제들의 공동생산이다.⁶⁾

이와 같은 공동생산의 예는 극도로 축약된, 앞서 언급한 1999년의 게놈학 이야기에서도 분명히 드러난다. 전술했듯, 공적인 게놈 연구자들은 민영 회사들이 그 당시 직접 생산하고 있던 DNA 염기서열에 특허를 받는 것을 상당히 우려했다. 그 DNA 염기서열들 특허의 합법성은 대단히 애매했고(사실상 현재도 그렇다), 무엇보다 그러한 염기서열의 생산이 '창의

---

5) 과학(science), 기술(technology), 사회(society)의 약자로, 이 세 가지가 상호작용하며 조화를 이루는 수업 모형의 용어로도 쓰이고 그 자체의 의미로도 쓰인다. 넓게 보아 과학이 비과학과 접목되어야 한다는 시각이다. ─옮긴이
6) 공동생산이라는 개념에 대한 상세한 설명을 원한다면 Jasanoff, 1995, 1996, 2004; Reardon, 2001, 2004를 보라.

적' 활동으로 간주될 수 있는지에 달려 있었다.[7] 다른 말로 하면, DNA 염기서열이 특허를 받아야 하느냐 마느냐 하는 문제는 단순히 외부에서 확립된 특허의 기준들로 해결할 수 없었다. 혁신을 위한 새로운 기술적 가능성이라는 맥락, 특히 이 경우에는 예전에는 상상하지 못한 속도와 해상도로 DNA 염기서열을 결정할 수 있는 자동화된 장비 개발이라는 맥락에서 외부 기준들이 무엇을 의미하는지 물어야 했기 때문이다. 동시에 이러한 염기서열들의 지속적인 사용은 상당 정도 그것들이 공적 영역의 일부인지 합법적인 사적 재산인지에 따른 법적인 상태에 달려 있었다. DNA 염기서열의 법적 지위는 그것을 생산한 기술적 메커니즘에 달려 있었지만, 그것들의 지속적인 생산과 사용은 전적으로 그에 부여된 법적 지위에 달려 있었던 것이다. 그러므로 어떤 것도 다른 하나를 문제 삼지 않고 미리 해결될 수 없었다.

1970년대 말과 1980년대 초에 이루어진 생명공학 산업의 시작은 그 자체가, 새로운 종류의 과학과 기술이 그러한 기술과학technoscience을 조직한 법, 규제, 시장 구조에서 일어난 변화들과 공동생산한다는 특징을 갖는다.[8] 이 '새로운' 기술과학은 DNA 재조합 기술recombinant DNA technology로서, 실험실에서 DNA 분자들을 잘라내고 결합시키는 것을 가능하게 하는 일련의 기술을 말한다. 생명공학 산업은 1973년 허버트 보이어Herbert Boyer와

---

7) 미국에서 특허를 받는 네 가지 기준은 신규성, 창의성, 유용성 그리고 비자명성이다. 다시 말해, 무언가 특허를 받으려면 그것은 새롭고 (단순히 발견된 것이 아닌) 실제로 발명된 상태이며 유용하고 해당 분야를 경험한 다른 사람들에게 뻔해 보이지 않아야 한다.

8) '기술과학'은, '과학'과 '기술'을 각각에 대한 쉬운 이분법적 대응물로 여길 수 없음을 주장하는, 과학과 기술 분야의 학자들이 사용하는 용어이다. 나는 이 책 전반에서 '기술과학'을 생명과학 및 생명공학과 교환 가능한 용어로 사용한다. 생명과학과 생명공학은 다른 하나의 발전에 영향을 미치고 그것을 구성하기 때문이다.

스탠리 코언Stanley Cohen에 의해 이루어진 기술과학의 발전에 크게 힘입었다. 이런 식의 잘라내고 결합시키는 기술 덕분에 과학자들은 벡터vector라 불리는 유기체(주로 박테리아나 바이러스 형태인) 내에서 DNA 염기서열을 표현함으로써 각기 다른 유전자와 DNA 염기서열의 기능을 연구할 수 있었다. 그러한 벡터들은 연구 대상이 되는 DNA를 '소장하는' 연구 도구가 될 수 있거나, (중합효소연쇄반응으로 확대될 수 있을 때) 더 많은 DNA 또는 해당 DNA에 의해 암호화될 수 있는 단백질을 생산하는 공장으로 기능할 수 있다. 다시 말하면, DNA 재조합 기술은 생명과학이 '기술적'일 수 있도록 돕는다. 이때 생산되는 상품은 유전자나 단백질 같은 세포 또는 분자 단위의 물질이다. 이러한 단백질의 일부는 원리상 치료의 효과(특히 해당 단백질의 양이 비정상적이어서 발생하거나, 그 비정상을 증상으로 하는 질환에 대한 효과)를 낼 수 있고 또한 산업적으로 생산될 수 있다. 요약하면, 이는 생명공학 산업의 가능성과 이론적 근거를 표현한다.

DNA 재조합 기술이 생명공학 산업의 발전을 '낳았다'고 할 수는 있으나, 하나의 기술의 출현이 그 자체로 해당 분야 전체 산업 발전의 충분한 동기가 되었다고 보기는 어렵다. DNA 재조합 기술의 기술과학이 산업 현장으로 전이된 것은 1980년대 초 출현한 상당수의 생명공학 회사들이 입증하는데, 이 발전은 다시금 생명과학과 생명공학에서 후속 연구와 혁신을 촉진시켰다. 이러한 공동생산은 여러 가지 사건과 요인의 결합이라는 측면에서만 이해될 수 있다.

그중 첫번째는 벤처 투자자들이 당시 성공적인 사업 모델로서 신빙성을 거의 갖지 못한 기술에 기꺼이 투자했다는 점이다. 두번째는 1970년대 초에 선포한 암과의 전쟁의 일환으로 미국 연방정부가 국립보건원의 자금을 통해 기초 생명의학 연구에 막대한 비용을 쏟아부었다는 것이다.[9] 세번째는 1980년의 베이-돌 법[Bayh-Dole Act10)]인데, 이 법은 대학에서 산업 현장으로의 기술 이전을 용이하게 하여 기초 연구의 성과들을 신속하게 상업화시켰다. 네번째는 생명공학의 지적 재산권을 보호하는 법적 풍토이며, 그 분수령이 되는 사건은 1980년 다이아몬드 대 차크라바르티[Diamond v. Chakrabarty] 분쟁이다. 이 사건에서 대법원은 유출된 원유를 분해할 수 있는 유전적으로 설계된 미생물에 대해 특허권을 허용한다는 판결을 내렸다.

생명과학과 자본주의가 많은 요소들의 결합으로 공동생산된다는 것이 나의 생각이지만, 생명과학이 그것이 속한 자본주의적인 정치경제 구조들에 의해 과잉결정된다는 것 또한 내 주장의 일부분이다. '과잉결정'[overdetermination]은 **인과적** 관계가 아니라 **맥락적** 관계를 시사하기 위해 루이 알튀세르[Louis Althusser]가 사용한 개념이다(Althusser, 1969[1965]). 다시 말하면, 정치경제 구성체들의 특정한 집합은, 직접 또는 지극히 단순한 경로로 특정한 인식론의 발생을 초래하지는 않지만, 어떤 불균형한 형태의 무대를 구축하여 특정한 방식으로 인식론을 발생시킨다는 것이다. 그러므로 자본주의가 세계 역사의 현 시점에서 단순히 특정한 종류의 정치경제 구성체들을 표현하는 것이라 해도, 슬라보예 지젝[Slavoj Žižek]이 주장하듯 자본주의는 "사회적 삶의 비경제적인 층위들뿐만 아니라 모든 대안적 구성체들을 과잉결정한다"(Žižek, 2004). 그러므로 정치경제적 형태들과 구조들의 집합으로서 자본주의가 지닌 역사성과 부자연스러운 출현을 강조

---

9) 신시아 로빈스-로스(Cynthia Robbins-Roth)에 따르면, 연방정부의 전체 연구·개발비 중 11퍼센트가 기초 생명의학 연구에 할당되었고, 국립암연구소(National Cancer Institute) 한 군데에서만 1981년까지 기초 연구에 매년 수십억 달러를 쏟아부었다(Robbins-Roth, 2000).
10) 1980년에 채택된 미국 법으로서, 대학과 소기업 등이 연방정부의 자금 지원을 받아 이룬 연구 업적에 대해 지적 재산권을 인정해 주다는 내용을 담고 있다.─옮긴이

하는 동안에도, 지젝이 부르는바 "우리의 역사적 시대의 '구체적 보편성'" (Žižek, 2004)으로서 자본이 갖는 중요함을 인정하는 것은 중요하다.

이런 의미에서 이 책은 (특히 생명의학과 관련된) 여러 생명과학 분야들에 대한 분석이자 이론화이면서, 동시에 그러한 기술과학이 점점 더 활발하게 작동하는 자본주의 틀에 대한 분석이자 이론화이다. 이것이 '생명자본'이라는 개념의 이론적 근거이다. 이 책의 토대를 구성하는 가설은, 자본주의가 새로운 기술과학의 출현을 과잉결정하지만, 그 자체의 지형이 단일하거나 고정되지 않은 정치경제 체계라는 것이다. 달리 말하면 생명의학 연구에서 자본주의는 **당연시**될 수 없는데, 이는 자본주의 자체가 역동적이고, 변화무쌍하며, 위태로운 지경에 처해 있기 때문이다.

여기서 나의 주장은 생명자본이 일시적으로든 수사적인 의미로든 명백히 어떤 단일한 실체로서 '자본주의'에 속하거나 그로부터 나온 형태라는 것이 아니다. 오히려 내가 하려는 주장은 지젝과 수전 벅-모스(Susan Buck-Morss) 같은 학자들이 가장 강력하게 제시한 논의로, 자본주의를 단일하고 영원하며 역사성 없는 어떤 것으로 보는 인식이 바로 문제라는 것이다(예컨대 Žižek, 1994; Buck-Morss, 2002를 보라). 자본주의는 변이 가능하고 다중적이어서 언제나 **자본주의들**이다.[11] 생명자본은 자본주의(들)의 복합성을 조망하기 좋은 주제이고, 모든 상황적 시각들situated perspectives처럼 그 안에 자체의 구체성들과 함께 자본주의의 한층 더 일반적인 구조적 특성들에 대한 여러 진단들을 담을 수 있다.[12] 그러므로 내가 '생명자본'

---

11) 실제로 벅-모스는, 맑스가 언제나 자본주의가 아닌 자본을 자신이 이해하려 애쓰고 있는 현상으로 지칭한 점에 주목한다(Buck-Morss, 2002).
12) 상황적 시각이라는 개념에 대해서는 Haraway, 1991을 보라.

이라는 표현으로 의미하는 바를 정의하기에 앞서, 주제를 잠시 벗어나 칼 맑스^{Karl Marx}의 정치경제 분석을 토대로 삼아, 생명자본과 현재의 전 지구적 자본주의 체계들의 관계를 내가 어떻게 보는지 대략 설명하고자 한다.

이 책에서 내가 제시하는 주요한 이론적 논의 중 하나는, 교조주의적인 맑스**주의**가 아닌, 급부상하는 정치경제적**이고** 인식론적인 구조들을 분석하는 방법을 우리에게 가르쳐 줄 수 있는 방법론자로서 맑스를 읽자는 것이다. 맑스는 종종 불가피하게 일어날 공산주의 혁명을 예고한 인물로만 지나치게 단순히 읽힌다. 이 점이 분명 『공산당 선언』*Manifest der Kommunistischen Partei*의 논쟁적 어조이긴 하나, 1852년에 쓴 『루이 보나파르트의 브뤼메르 18일』*Der achtzehnte Brumaire des Louis Bonaparte*을 보면, 그가 자본주의의 진행 과정들에 대한 한층 더 섬세한 이해를 통해 그 과정들의 **경향적인** 본성을 강조하는 차원에 도달했음을 알 수 있다.

『루이 보나파르트의 브뤼메르 18일』은 나폴레옹의 조카 루이 보나파르트 통치 기간인 1848~1851년 사이에 벌어진 사건들에 관한 긴 역사적 논문이다. 이 시기는 프랑스의 국민의회가 보수적인 질서당에 지배받은 시기였다. 이때 국민의회와 보나파르트 사이에는 끊임없는 긴장이 있었고 그것은 결국 1851년 보나파르트의 쿠데타로 귀결되었다. 보나파르트는 종국에는 혁명가, 즉 질서당의 반동적인 힘에 맞서 그것을 전복한 하나의 개인으로 환영받았다. 이에 대한 반박을 위해 맑스는 이 시기에 벌어진 정치 관련 사건·사고들을 면밀히 추적하여 보나파르트가 사실상 얼마나 반혁명주의자인지 보여 준다. 나아가 맑스는 보나파르트가 부르주아지에게 위대한 혁명가로 환영받았을 뿐 아니라, 당대 프랑스 민중들 중 경제적으로 가장 억압받은 계층의 하나인 소작농의 확고부동한 지도자였음을 지적한다. 『루이 보나파르트의 브뤼메르 18일』에서 맑스의 관심은, 사회 내의 구조적 생산관계들에서 혁명적 공산주의를 환영했어야 할 계층들까지도 반혁명적 인물을 신뢰하게 된 이유를 보여 주는 것이다. 더욱이 보나파르트와 같은 반혁명적 독재 권력에 대한 믿음에 표현된, 정치적 안정을 양한 욕구는 전적으로, 자본주의 사회에서 **경제적** 안정, 즉 소작농과 부르주아지가 함께 자신들의 이익에 부합하는 것으로 보는 경제적 안정에 대한 요구에 의해 조건 지어진다. 다시 말해, 『루이 보나파르트의 브뤼메르 18일』 자체가 추적하는 것은 하나의 정치 체제가 특정한 경제 체제와 함께 구성되는 현상으로서, 그 각각은 서로를 조건 짓지만, 그 결과는 당시 우세했던 구조적 생산관계들이 필연적으로 낳을 법한 양상을 띠지 않는다.

　그러나 또한 맑스는 자본주의의 경제 구조가 다중적이라는 것도 깨달았다. 그러므로 『자본』$^{Das\ Kapital}$ 1~3권에서 노동가치론을 개관할 때 그는 자본의 생산과 유통의 가설적 체계를 개관하면서 글을 시작하지만, 곧 그 가설적 체계를 당시 부상하던(그리고 매우 불안정했던) 자본주의의 '실제' 체계들이라는 맥락에 놓는다. 『자본』 3권에 이르면 맑스는 이미 그가 산업 자본(1~2권의 주요한 분석 대상이었던)과 상업 혹은 상인 자본이라고 부르는, 각기 다른 두 형태의 자본을 분석한다. 자본주의의 이 후자 형태는 새롭게 나타나는 (**상품**과는 다른 의미의) **상업적인** 형태로서, 그것의 "유통 과정은……노동 분업 덕분에 수립된……특정한 자본의 특정한 기능으로서 특정한 자본가 무리에게만 부여된다"(Marx, 1974[1894]: 267). 다른 말로 하면, 상업 자본의 기능은 단순히 목적(잉여가치의 생산)을 위한 수단으로서 상품을 생산하고 교환하는 데 그치지 않고 그 자체가 목적인 상업적 활동에까지 이른다. 맑스가 말하는 이러한 "특정한 종류"의 자본가는 투기 자본가로서, 가령 현대 자본주의의 동역학을 떠받치는 데 중심 역할을 하는 벤처 투자자나 투자 은행가와 같은 자본가의 선조이다. 즉 상품 자본에 대응하는 것이 생산자라면, 상업 자본에 대응하는 것은 상인이다. 그리고 상인의 핵심 역할은 상업 자본을 작동하기 위해 돈을 **미리 지불**하는 것이다. 맑스에 의하면, 상업 자본은 그 자체로 혹은 저절로 잉여가치를 창출하지 않는다. 대신 자본의 유통을 영속화하거나, 상품 생산이라는 계기에서 **비롯될** 필요가 없는, 스스로를 영속시키고 지탱하는 논리를 자본에 부여함으로써 간접적으로 잉여가치를 창출한다.

오늘날 생명공학 회사나 제약 회사들이 개입해 있는 생산과 유통 형식에도 비슷한 분리 현상이 발견된다. 그 현장들에는, 한편으로 치료 분자의 제조와 판매가 존재하지만, 다른 한편으로는 가치에 대한 정교한 평가 체계가 존재하면서 실제 제조와 생산에 간접적으로만 의지하는 회사의 존립에 필수적인 역할을 한다. 상품의 생산에 직접적으로 의지하는 것과 그것에 간접적으로 의지하며 투기의 성격을 띠는, 최소한 이 두 가지의 동시 발생적이고 상이하며 상호 구성적인 자본 형태의 공존이 생명공학 또는 제약 회사의 존재를 구성한다. 이 회사들이 활동하는 제도적·법적 구조에 따라 위의 형태 중 어느 하나가 더 우세할 수는 있지만, 어느 것도 다른 하나로부터 자연스럽게 발생하지 않는다. 가령 인도에서는 여태껏 치료 분자의 생산, 판매액, 이윤폭, 제약 회사의 가치가 한층 더 직접적인 상호 연관성을 지녀 왔다. 한편 미국에서는 생명공학 회사들이 거의 언제나 벤처 자본에 의지하고, 생명공학 혹은 제약 회사들이 기회만 되면 거의 언제나 주식을 공개하는(그리하여 월스트리트의 투자자들의 기대에 부응하는) 회사가 되기 때문에, 가치에 대한 평가는 투기 자본에 더 직접적으로 의지한다.[13]

---

13) 생명공학 회사와 제약 회사 간에는 중대한 차이가 있는데, 이에 대해서는 「서론」 후반부에서 자세히 설명할 것이다.

나아가 맑스는 상인 자본과 산업 자본 사이의 관계를 다음과 같이 개괄한다.

상인 자본은 유통 과정에 투입된 산업 자본의 일부가 특성화된 형태에 불과하기 때문에 그에 대한 모든 의문을 해결하는 길은 본질적으로 그 문제를 어떤 틀에서 표현하는가에 있다. 즉 상인 자본에 고유한 현상들을 독자적인 것으로 보지 말고, 산업 자본의 지류로서 여전히 그것과의 직접적인 연관 속에서 파악해야 한다. (Marx, 1974[1894]: 298)

다시 말하면, 맑스는 산업 자본과 상인 자본이라는, 서로 다른 최소한 두 가지 종류의 자본 형태의 존재를 주장한다. 그리고 후자를 전자의 연장이자 진화, 부속물인 동시에 다른 형태로 위치 짓는다. 이 두 형태의 자본은 서로 긴밀한 연관을 맺고 있지만 어느 것도 다른 하나로 환원될 수 없다. 더불어 이 둘의 관계는 동시에 여러 가지의 영역을 고려하지 않고서는 이해될 수도 없다.

나는 정확히 이러한 개념들을 통해 생명자본과 자본(그리고 자본주의들)의 관계를 밝히고 싶다. 생명자본은 우리가 알고 있는 자본주의를 과거지사로 만들거나 그에 심대한 파열을 가하는, 자본주의의 분명하고도 획기적인 전환 국면을 의미하지 않는다. 동시에 생명자본에는 신약 개발이 이루어지는 제도적 구조와 지난 30년 동안 생명과학과 생명공학 분야에서 이루어진 기술과학적 변화와 연관된 독자성들이 있기 때문에, 그것을 생명과학과 관련된 자본주의에 대한 하나의 '사례 연구'로 보는 것은 지나치게 단순한 접근이다. (그 자체로 단일한 범주가 아닌) '자본주의'와 내가 말하는 생명자본의 관계는 후자가 전자의 연장이자 진화, 부속물인 동시에 다른 형태인 관계이다. 나아가 생명자본 자체도 지구상의 여러 지점에서 부조화하는 형태로 나타난다.

자본주의가 생겨나고 끊임없이 변이되는 형태들과, 하나의 정치경제 체계를 설명하는 이론적 개념으로서 '자본주의'의 관계는 맑스 이후의 사회이론가들을 괴롭혀 왔는데, 자본주의의 이러한 변이에 개입된 동인은 종종 기술적 변화이다. 분석의 대상이 되는 체계의 한 형태가, 그에 대한 체계적 이해의 토대를 이루는 개념과 대략 어떠한 관계를 이루는지를 이해하는 데 있어서, 장-프랑수아 리오타르Jean-François Lyotard의 이론이 내게 영감을 주었다. 1970년대 후반, 퀘벡주 정부를 위해 작성된 '지식에 대한 보고문'인 『포스트모던의 조건』La condition postmoderne에서 리오타르는, 정보 혁명이라 불릴 법한 현상과 깊은 관계가 있는 빠른 기술 변화로 특징지어지는 자본주의적 근대성의 한 계기를 이론화하는 문제에 직면한다. 이러한 기술 변화들은, 한편으로는 맑스가 진단한 자본주의의 '토대를 이루는' 일부 면면들(예를 들어, 특히 전 지구적으로 볼 때 분명해지는 생산관계의 구조적 불평등함)의 지속 및 재생산과 공존하지만, 다른 한편으로는 그와는 다른 정치적 정세들의 집합이라는 맥락 속에서 발생한다. 그중 가장 눈에 띄는 점은 산업 자본주의에 대한 맑스의 분석에서 중심을 이루는, 프롤레타리아 계급 의식이라는 강력한 개념이 소실되었다는 것이다. 그러므로 리오타르가 정의하는 '포스트모던'은 근대성으로부터 근본적으로 단절된 체계가 아니며, 근대성에 포함되어 있고 그것과 부조화를 이루지만 그것의 진화한 구성 요소인 체계이다. 다시 말하면, 리오타르에게 포스트모더니즘은 근대성의 한 **징후**이다. 이는 생명자본이 구시대와 근본적으로 구별되는 새로운 현상이기보다는, 다름 아닌 자본주의의 불길한 한 **징후**('징후'는 물론 그 자체로 생명의학 용어이다)임을 보여 주려는 나의 시도와 흡사하다.[14]

생명자본과 자본의 관계를 보는 나의 시각은 포스트모던과 근대성의 관계를 짚는 리오타르의 시각과 형식상 유사할 뿐 아니라 내용상으로도 다르지 않다. 예를 들어 프레드릭 제임슨은 "포스트모더니즘은 완전히 새로운 사회 질서를 표현하는 문화적 우성인자가 아니라……단순히 자본주의 자체의 또 다른 체계적 변형을 비추는 반영물이자 부산물에 불과하다"(Jameson, 2003[1991]: xii)고 말하면서 포스트모던에 대한 리오타르의 분석을 현대 자본주의의 틀에 안착시킨다.

여기서 핵심은, (다수의) 자본주의들을 특정한 종류의 기술과학 사업의 토대를 형성하는 **구조들**로서 이해하는 데 그치지 않고, 정치경제를 하나의 **인식론**으로 이해하는 것이다. 내가 읽은 맑스는 사회구성체들을 조직하는 데 영향을 미친, 당대에 부상하던 토대적인 인식론으로서 정치경제학을 비판했기 때문에 자본에 대한 비판을 수행할 수 있었다.[15)]

많은 생명과학 분야들이 여러 종류의 생산과 유통을 포함하지만 모두가 잉여가치 생산을 목적으로 두는 것은 아니다. 실제로 로버트 머튼[Robert Merton]은 공유주의[communism]를 과학의 네 가지 기본 규범들 중 하나로 볼 것을 제안했다(Merton, 1942). 이를 통해 그가 의미한 것은 과학이 지배하거나 규제하는 특정한 종류의 체계가 아니라, 과학 정보와 재료의 공유를 중시하는 자발적인 과학 기풍[ethos]이었다. 이러한 기풍은 오늘날 대학 내 많은 생명과학이 수행하는 일상적인 기능의 일부이다. 예를 들어, 한 실험실

---

14) 이는 또한 가야트리 스피박(Gayatri Chakravorty Spivak)이 프레드릭 제임슨(Fredric Jameson)과 벌인 1999년의 논쟁을 그대로 반복한다. 그 논쟁의 내용은 포스트모더니즘이 단절이라기보다는 반복이라는 것이다.

15) 정치경제학 자체는 새로운 사회구성체들에 의해 조직되었다. 맑스에 따르면 정치경제학은 근본적으로 부르주아지의 과학이기 때문이다. 다시 한번, '과학적인' 것과 '사회적인' 것의 공동생산이란 것이 맑스 본인의 비판 방식이 낳은 진단적 결과임이 확인된다.

에서 정보나 자신들이 만든 DNA 복제품이나 세포 라인을 비용 청구 없이 다른 실험실로 보내 주는 것은 지극히 흔한 일이다. 실험실들 간에 공식 협력 관계가 성립되어 있지 않더라도 사정은 마찬가지다. 물론 이와 동시에, 기업에서 일하는 생물학자들뿐 아니라 심지어 대학의 과학자들 사이에서도 위와 같은 형태의 정보와 재료를 사유 재산으로 보호하려는 태도 또한 강화되었다. 이러한 보호주의는 우선 대학의 과학자들 본인이 실제로나 잠재적으로 사업가를 겸하기 때문에(이는 대학에서 산업으로의 기술 이전에 보상을 주는 베이-돌 법 덕분에 미국에서 점점 더 늘어나는 추세다) 발생했다. 그리고 이는 또한 그러한 과학자들을 고용한 대학 측에서 기업만큼이나 공격적으로 자신의 지적 재산을 보호하기 때문에, 또는 정보나 재료가 산업의 사적 소유에 들어가지 않도록 방어적으로 보호하기 때문에도 발생했다. 나아가 유통되는 생물학적인 '재료'는 그것이 정보든 물질이든, 그것에 다른 종류의 함의가 부착된 물건으로서 유통될 수 있는 것도 하나의 이유이다. 가령 정보는 (유용하지만 '이론적'이거나 '실제적인' 어떤 것에 잘 섞여 들어갈 수 없는) '미가공 데이터'일 수도 있고, 어떤 알고리즘이나 소프트웨어 암호의 형태가 되어 그 자체가 지적 재산권의 보호를 받는 잠재적 혹은 실제적 상품이 될 수도 있으며, '과학적 사실'이 될 수도 있다. 그러므로 다양한 "생물학적 약제들"biologicals[16]이 생산·유통·소비되는 체계들을 이해하고 그 유통이 더욱 '보편적인' 자본주의적 유통의 과정에 삽입되는 방식들을 이해하는 것이, 교환의 체계로서 생명자본을 연구하는 데 수반되는 두 가지 분석적 난제의 한 축이 된다.

---

16) biological이 단순한 형용사가 아니라 명사로 점점 더 많이 기능하는 방식을 확인하려면 Landecker, 1999를 보라.

이 연구의 또 다른 축은 정치경제학을 인식론으로 보는 맑스의 분석에서 출발하는 것으로, 생명과학들의 **인식론적** 재구성에 대한 연구가 그것이다. 앞서 언급했듯이, 이러한 인식론적 재구성은 **기술적** 재구성의 영향을 받는다. '생명자본'은 생명과학들의 최신 활동에 개입된 교환과 유통의 체계에 대한 연구일 뿐 아니라, 점점 더 우리 시대의 주요 인식론이 되어 가는 생명과학들에 대한 연구이기도 하다. 전자의 영역에서 생명자본은 그야말로 현대 자본주의의 부분집합 혹은 '사례 연구'이고, 후자에서는 현대 자본주의에서도 특히 **생명정치적인** 차원을 지시한다.

생명정치biopolitics란 미셸 푸코Michel Foucault가 제안한 개념으로서, 근대성이 어떻게 **생명**을 정치적인 계산의 확고한 중심에 놓는지 보여 준다(Foucault, 1990[1978]을 보라). 푸코는 근대성의 구성을 추적했는데, 그가 보는 근대성은 중세 시대 장엄한 군주와 신하들 사이에 작동되었던 권력과는 질적으로 다른 권력, 다른 종류의 주체[신민]subject를 만들어 내는 권력의 작동으로 특징지어진다. 그러므로 어떤 점에서는 권력이 작동하는 방식을 추적하고 그 결과 (가령 광인, 나병 환자, 또는 범죄자와 같은) 다른 종류의 자아가 출현하는 방식을 살피는 것이 푸코가 하는 분석의 목적이라 할 수 있다.[17] 그러나 다시 한번, 나의 관심은 그러한 목적을 달성하기 위해 푸코가 채택한 방법론들에 있다.

푸코가 세밀한 관심을 기울이는 점은 (생명을 그 계산의 중심에 단단히 잡고 있어 푸코가 **생명권력**이라 부르는 형태의) 권력이 **제도적·인식론적·담론적** 메커니즘을 통해 작동한다는 사실이다. 다시 말해, 푸코는 근대성을

---

17) 푸코 작업에 대한 최고의 설명과 비판을 찾는다면 Dreyfus and Rabinow, 1983; Rabinow, 1984를 보라.

구성하는 제도들과 학문들을 살핌으로써 스스로 근대성의 고고학이라 부르는 것을 짜 맞춘다. 그렇기 때문에 그의 작업 전반은 감옥·병원·학교·정신병원 같은 제도들이나 인구학·심리학 같은 학문들의 출현을 추적한다.

이 책이 받은 방법론적 영향이라는 점에서, 푸코의 '인간과학의 고고학'인 『말과 사물』*Les mots et les choses*은 특별히 흥미롭다. 여기서 푸코는 첫째, 인간에 대한 지식과 관련된 학문 전반이 근대적 이성이 작동하는 토대가 된 것과, 둘째, 그중 생물학·정치경제학·언어학이 특별히 중요한 학문으로서 각각 생명·노동·언어에 대한 이해에 대응함을 주장한다.

맑스에서 비롯된 매우 다른 영역에 매우 다른 일련의 분석 원리들을 적용했을 때, 우리는 '생명과학들'과 '정치경제학'이 새로이 부상하는 근대성의 중심 작동 원리로 명확히 표현됨을 볼 수 있는데, 바로 이 중심 작동 원리는 여전히 활발히 진행 중이고 그에 대한 이해 역시 여전히 매우 불완전한 상태이다. 푸코가 명시적으로 수행하는 작업은, 내가 앞서 주장한 바 맑스가 암묵적으로 수행한 작업과 동일한데, 그 내용이란 정치경제학을 매우 중대한 것으로 인식하는 것이다. 그 이유는 (단순히) 정치경제학이 정치적·경제적 교환 **체계**이기 때문이 아니라, 우리로 하여금 그 체계를 하나의 가치 체계**로** 볼 수 있게 하는 근본적인 **인식론**이기 때문이다. 생명정치는 단순히 정치가 일상의 삶에 영향을 미치는 방식들이나 생명에 대한 (가령 새로운 생식 기술에 대한) 논쟁들이 정치에 영향을 미치는 방식을 지시하기보다는, 근대라는 외피를 입고 있는 '생명'과 '경제'를 이해하는 우리의 능력 그 자체가 특정한 형태의 제도적 구조들에 의해 가능해지고 또 그것들을 가능하게 하는 특정한 인식론들에 의해 모양 지어지는 방식들을 가리킨다.

푸코의 세번째 관심 또한 동등한 중요성을 갖는데, 그것은 생명의 문

법 그 자체가 문제가 되는 방식들에 주의를 환기시킨다. 생명과학들과 자본주의들 사이의 절합 관계를 밝히려는 나의 연구의 중심에는, '게놈 이후'라고 불릴 만한 생명과학들이 탄생한 시점 그리고 우리의 전 지구적인 정치경제 체계들이 이론의 여지 없이 '자본주의적'이라 불릴 만한 시점에서, 생명과학들과 자본주의들이 취하는 담론 형태들에 대한 논의가 있다.[18] 그러므로 (4장에서 가장 직접적으로 제시할) 나의 주장은, 게놈학이 제공하는 지식은 우리가 생명의 **문법**을 특정한 방식으로, 아리스토텔레스의 포에시스poesis적 관점이 **아닌**, 특정한 질병과 사건이 일어날 가능성의 관점에서 우리가 계산할 수 있는 미래를 품은 것으로 인식하게 만든다는 것이다. 그리고 미래를 지향한 이러한 생명 문법의 전환은, '생명'이 오늘날 무엇을 의미하는지 이해하는 데 중요할 뿐 아니라, 니컬러스 로즈Nikolas Rose와 칼로스 노바스Carlos Novas가 "희망의 정치경제"라고 부르는 것(Rose and Novas, 2005)을 심오한 도덕적 원자가로서 그 내부에 품고 있다. 이와 유사하게, 1999~2001년의 닷컴 전성기 동안 기괴할 정도로 팽창했던 미국 자본주의의 한 국면에는 투기 자본이 명백할 정도로 과도하게 가치 평가의 영역을 장악하고 있었다. 맑스의 용어를 빌리자면 '상업' 자본주의가 '상품' 자본주의에 대해 승리를 거둔 것이다. 3장에서 본격적으로 다루겠지만, 투기 자본주의에는 그 자체에 미래 지향적인 문법이 담겨 있고, 그 말의 양면적 의미 모두에서 가치가 중요한 역할을 한다. 또한 그것은 로즈와 노바스의 개념을 빌려, 과장 광고hype의 정치경제라 부를 수 있는 것과 관련된다. 즉 생명과 노동 그리고 언어에 대한 표명articulation들은 생명자본과 게놈 이후의 생명을 구성하는 구조(그리고 정보) 안에서 이루어지고 있으며, 이

---

18) 후기 자본주의에 대한 주요 진단적 분석을 찾는다면 Jameson, 2003을 보라.

러한 표명들에 대한 분석이 바로 이 책의 핵심 작업이다.

그러므로 이 책은 푸코의 생명정치 이론을, 생명과학들과 생명공학들의 인식론적·기술적 출현과 함께 구성되는 맑스주의적인 관심 ——정치경제, 노동, 가치, 상품 형태, 교환 과정들에 대한 관심 ——과 결합하려는 명시적인 시도이다.[19] 이러한 시도는 자본이 이미 보여 준 바 있고 기술과학이 점점 더 노골화하고 있는 **세계화** 속성에 대한 뚜렷한 관심과 함께한다. 이를 위해서 이 책은 미국과 인도를 대상으로 삼아 게놈 이후의 신약 개발 시장들에 대한 비교 연구를 수한다. 내가 왜 이 두 지역을 선택했는지는, 이 작업의 이론적인 토대를 좀더 설명한 뒤에, 「서론」 후반부에서 자세히 밝히도록 하겠다.

물질성과 추상성

지금까지 내가 생각하는 생명자본과 생명과학들, 현대 자본주의 사이의 관계를 개관했다. 이 책을 관통하는 분석 방법은, 서로 다른 형태를 지니고 있고 서로 다른 영역에 있는 물질성과 추상성의 관계가 다층적 차원에서 어떻게 생명과학들과 자본을 구성하는지 보여 주기 위해서 채택된 것이다. 이 절에서는 이것이 의미하는 바를 설명할 것이다. 이 책의 다섯 가지 다른 분석 영역들 ——교환, 상품, 가치 평가, 과학 그리고 세계화——이 어떻게 이러한 변증법에 의해서 모두 활성화되는지 보여 줄 것이다. 이를 위

---

19) 이 원고를 마무리한 후에야 나는 제이슨 리드(Jason Lead)의 빼어난 최근 저서 『자본의 마이크로정치학』(The Micro-Politics of Capital, 2003)을 읽었다. 푸코와 대비해 맑스를 읽는 리드의 시각은 민족지학적이라기보다는 철학적이고, 기술과학과는 관련이 없지만 내가 여기서 하는 작업과 깊은 공명을 이룬다.

해서는 다시 한번 맑스의 방법론 쪽으로 우회해 역사적·변증법적 유물론을 설명할 필요가 있다.

맑스는 헤겔로부터 변증법을 빌려 온다. 그 논리란 변증법적 전체는 본래 대립하는 두 요소로 구성되며, 그렇기에 속성상 모순되는 구조를 갖는다는 것이다. 그러나 두 요소는 전체의 구성에 반드시 필요하다. 사물과 체계가 모두 이렇게 모순되게 구성됨을 보여 줌으로써 맑스는 분석의 대상이 되는 사물이나 체계를 그 전체성 속에서 보여 줌과 동시에 각각의 불안정성에도 주의를 환기시킨다.

그러나 맑스는 정신이나 관념, 의식이 아닌 물질성을 헤겔 변증법의 토대로 삼음으로써 그것을 전도한다. 그에게 인간의 활동이란 인간 존재를 둘러싼 역사적·물질적 조건의 결과다. 맑스는 의식을 "인간이 존재하는 한, 애초부터 사회적 생산물이 되는" 것으로 명명한다(Marx and Engels, 1963[1845]: 19를 보라). 맑스에 따르면, 우리가 보아야 할 것은 의식이 어떻게 사회적 존재를 창조하느냐가 아니라, 존재의 조건들이 어떻게 의식을 형성하느냐이다. 그러므로 맑스를 단순하게 해석하면, 물질적 생산관계들을 자본주의라는 사회 현상이 전개되는 토대로서 보여 준다고 할 수 있을 것이다.

당연하게도 맑스의 방법론에 대한 이와 같이 단순한 이해는, 그것이 모든 정치를 계급 정치로 환원한다는 이유만으로도 정밀한 분석이 되기에는 너무나도 단순하다. 그러나 어떤 유물론적 분석이든 거기에는 생명자본에 적용될 만한 것이 있는바, 맑스 자신의 유물론적 공식을 한층 더 복합적으로 읽기에 앞서, 바로 그 점을 밝혀 보도록 하자.

전술했듯이, 예를 들어 게놈학의 독특함으로 거론된 여러 가지 중 하나는 그것이 우리로 하여금 생명을 정보로 인식할 수 있게 하는 방식이다. 물론 생명이 정보라는 생각이 다름 아닌 분자생물학의 중심 교리의 일부로 지금까지 자리 잡아 온 건 사실이다. 이는 생명의 기술이란, DNA는 RNA로 **전사되고**transcribed RNA는 단백질로 **번역되는**translated 암호화된 유전 정보의 일련의 작용이라는 생각으로서, 최소한 1950년대부터 분자생물학을 지배해 온 생명에 대한 알고리즘적 개념이다.[20] 현재 달라진 점은, 게놈학 덕분에 정보로서 생명이라는 **은유**가 상품화할 수 있는 **물질적** 현실이 되었다는 것이다. 생명을 정보로 단순히 **인식할** 필요 없이, 이제는 제작되고 상품화되고 데이터베이스로 팔릴 수 있는 정보의 상태로 생명을 **재현할** 수 있다는 말이다. 그리고 이러한 변화 자체는 개념적 발전보다는, 과거에는 상상할 수 없었던 속도와 해상도로 정보를 생산하고 처리할 수 있게 하는 기술 설비의 발전에 의해 가능해졌다. 사실 게놈학이 상품화될 수 있는 물질적 정보를 생산하는 기술들의 집합물이라는 점은 인간 게놈 염기서열을 결정하는 그 '경주'로 명백히 증명되었다. DNA 염기서열 정보가 상품의 지위를 갖는 것을 규제하는 이유는, 단순히 머튼의 공유주의식 규범 때문이 아니라, 게놈 관련 기술들이 DNA 염기서열 정보를 재료로 만들어 놓은 그 **물건**을 소유한 사람이 후속 연구의 행동 양식에 중대한 영향을 미치기 때문이다.

맑스의 유물론적 분석은 유물론적 해설에 저항하는 요소들로 가득 차 있다. 이를 설명하는 맑스 자신의 도식은 **토대**와 **상부구조**라는 개념들로 그 큰 틀이 짜여 있다. 맑스에 의하면, 물질적 생산관계들이 사회 활동의 기본 동력을 구성하며, 의식 형태들은 이러한 토대에 의거하여 이해해야 하는 '상부구조들'이다. 그리하여 가령 『독일 이데올로기』*Die deutsche Ideologie*에서

---

20) Doyle, 1997, 2003; Jacob, 1993(1973); Kay, 2000; Keller, 1995, 2002를 보라.

처럼 맑스는 종교를 '허위의식', 즉 물질적 생산관계들에 기반하지 않은 것으로 치부하게 된다.

그러나 맑스가 노동가치론의 윤곽을 잡을 때쯤에 이르면, 토대가 물질적이고 상부구조가 추상적이라는 단순한 관계가 상당히 흔들린다.[21] 여러 가지 면에서 자본주의적 착취에 대한 그의 분석 구조의 토대를 이루는 잉여가치 분석에서 이것이 분명하게 드러난다. 잉여가치가 어떻게 착취를 낳는지 이해하기 위해서 맑스는 자본주의 정치경제의 본질적인 모순이라는 문제, 즉 등가 교환이 어떻게 잉여가치의 생산에 이르는가 하는 문제를 제기한다.

이 의문에 답하기 위해 맑스는 잉여가치의 생산을, 노동자가 자본가로부터 받는 임금과 교환하는 노동이 아닌, 그 임금을 **초과하여** 일할 수 있는 노동자의 **잠재력**에서 찾아낸다. 맑스가 "노동력"이라고 명명하는 것이 바로 이러한 잠재력이다. 노동력은 창조적인 잠재력이므로 미리 결정된 가치가 아니다. 그러므로 겉으로 보이는 등가 교환이라는 행위(자본가가 주는 임금에 대한 노동자의 노동)에는 동등하지 않은 요소가 숨어 있는 것이고, 실제로는 노동력인 노동에는 임금에 투여된 돈을 **상회하는** 가치를 생산할 수 있는 잠재력이 있다.

여기서 핵심은, 노동력이 순전히 추상적인 개념이지만 바로 이 추상적 개념에 노동가치론의 근본을 이루는 역학이 놓여 있다는 점이다. 노동가치론은 정치경제에 대한 부르주아적 이해와 확연히 다른 설명이다. 역사적 유물론은 이와 같이 토대를 이루는 추상성에 완전히 의지하지만, 이 추

---

21) 맑스의 노동가치론을 확인하려면 『정치경제학 비판 요강』(*Grundrisse der Kritik der politi-schen Ökonomie*)과 『자본』 1권을 보라.

상성은 반대로 순전히 구조적이고 물질적인 생산관계들로부터 나온다. 이러한 추상성은 자본가가 물질적 생산수단들을 통제한다는 사실을 통해서만 가능해지는 것이기 때문이다. 그러므로 자본에 대한 맑스 분석의 핵심에는 여러 형태의 물질성과 여러 형태의 추상성들 사이의 변증법적 관계가 있다.

물질성과 추상성의 이러한 관계는 맑스의 작업을 관통하는 것이면서 내가 맑스로부터 배워 이 분석에 통합시키는 핵심적인 방법론이다. 예를 들어, 교환의 행위야말로 이런 변증법에 의해 활성화된다. 교환의 행위가 자본가와 노동자 사이에서 이루어지든, 아니면 맑스가 『정치경제학 비판 요강』과 『자본』의 서두에서 묘사한 화폐와 상품의 유통을 포함하든, 사정은 마찬가지이다. 다른 형태의 자본의 유통과 마찬가지로, 생명자본은 화폐와 상품의 유통과 교환을 수반하므로 이에 대한 분석이 여전히 중심을 차지해야 하고 또한 분석의 최전방에 놓여야 한다. 그러나 그와 더불어 생물학적 재료와 정보 같은 새롭고 특정한 형태의 통화(currency)의 유통이 발생한다. 게놈학이 본질적으로 가능하게 하는 일들 중 하나는 정보를 특정한 방식으로 물질화하여 (세포조직이나 세포 라인과 같은) 물질적·생물학적 근원으로부터 그것을 분리하는 것이다.

그러나 맑스가 우리에게 가르쳐 주듯이, 단순히 다양한 형태의 상품과 통화 또는 자본의 순환들을 추적하는 것만으로는 만족스러운 연구가 될 수 없다. 화폐와 상품의 유통에 대한 맑스 분석의 중심에는 상품의 **신비스럽고 마법적인** 속성이 있다. 그의 말을 빌리면, 상품은 "형이상학적인 교활함과 신학적인 변덕"으로 가득 차 있다(Marx, 1976[1867]: 163). 다시 말해 노동자와 자본가 또는 화폐와 상품 간의 상호작용의 중심에는 순수하게 물질주의적인 관점에선 포착할 수 없는 추상성의 불가사의한[uncanny] 핵이 있다.[22] 바로 이 불가사의한 핵으로 인해서 하나의 대상으로서 흔해 빠진 물건에 불과한 상품이 사회적 유대의 매개가 되는 것이다. 맑스가 '신학적인' 방식으로 그것을 암시하는 것은 특별히 인상적이다. 22년 전에 그가 (『독일 이데올로기』에서) 종교를 이데올로기로서 상부구조이자 허위의식의 한 형태로 치부했다면, 『자본』을 집필하는 시점에는 상품의 '신학적인' 성격이 그것에 대한 맹목적인 물신숭배의 중심 징후가 된다.[23] 그렇다면 교환의 순간이 개종의 순간으로도 지칭되는 것은 놀라운 일이 아니다. 개종[24]이란 어떤 종류의 (돈과 같은) 물체가 그것을 가진 이에게 (상품과 같은) 다른 종류의 물체로 전환되는 과정이면서, **동시에** 하나의 명백한 신학적 범주이기 때문이다.[25]

교환 행위가 물질성과 추상성의 변증법에 의해 활성화된다면, 가치 평가의 행위 역시 그러하다. 가치 평가는 교환 과정의 필수불가결한 부분인데, 자본주의가 산업적인 형태와 투기적인 행태로 분화됨에 따라 그 역시

---

22) 도나 해러웨이는 모든 교환의 이러한 불가사의한 가치를 "마주침의 가치"(encounter value)라 부른다(Haraway, 2004).

23) 맑스는 이데올로기와 물신숭배(fetishism) 간의 곤란한 관계를 그의 자본 분석의 기반을 이루는 근본적인 긴장으로 진단하는데, 이 점은 에티엔 발리바르(Étienne Balibar)의 에세이 「맑스주의에서의 이데올로기의 동요」(Balibar, 1994)에서 확인할 수 있다. 상품 물신숭배에 대한 맑스의 설명이, 징후(symptom)에 대한 프로이트적이거나 정신분석적인 개념을 예시하는 **징후적** 논의를 개시했음을 주장하는 글로는 지젝의 에세이 「맑스는 어떻게 징후를 발견했는가?」(Žižek, 1994)가 있다. 그러므로 여기서 내가 사용하는 '불가사의한'(uncanny)이라는 용어는 우연이 아니라 프로이트의 개념을 일부러 사용한 것이다. 금전적이고 재정적인 교환 체계들의 불가사의한 방식에 대한 분석을 찾는다면 Maurer, 2003을 보라.

24) 원어는 conversion으로 '전환'과 '개종'이라는 두 가지 뜻을 모두 가진다.—옮긴이

25) 생명의학 분야의 교환 네트워크에 대해 '개종의 순간'(The Moment of Conversion)이라는 제목의 워크숍을 개최하여 이 점을 분명하게 해준 닉 킹(Nick King)에게 감사드린다. 덕분에 이토록 물질주의적인 과정에서 이루어지는 이러한 특수한 형태의 추상성이 분석의 전면과 중심에 오게 되었다. 그 워크숍에서 이루어진 대화들이 1장의 논의를 발전시키는 데 특별히 도움이 되었다.

다중적 층위나 영역에서 작동하기 시작한다. 한편으로 우리에게는 어떤 회사가 제조하고 유통하고 판매하는 상품의 양 또는 그 이윤폭과 수익 변동과 같은 눈에 보이는 물질적 생산에 의존하는 가치 평가의 영역들이 있다. 다른 한편으로는, 성공적인 생산성을 나타내는 눈에 보이는 물리적인 지표들과 관계되지 않고 **미래** 생산성과 수익성에 대한 가능성과 같은, 눈에 보이지 않는 추상성들에 관계되는 가치 평가의 형태들이 있다. 이 책이 많은 지면을 할애하여 추적하는 1999~2001년의 닷컴 전성기에 이러한 면모가 여러 면에서 분명히 드러났다. 3장에서 자세히 언급할 테지만, 비전 vision, 과장 광고 그리고 약속promise은 이런 종류의 가치 평가를 이끄는 기본 동력이며, 신약 개발을 촉진시키는 핵심 요인들이다. 벤처 자본가와 같은 개인 투자자들이 소유한 신생 회사에 대한 가치 평가든, 월스트리트의 주식시장에 참여한 주식회사에 대한 가치 평가든 원리는 같다. 지난 2년 동안 주식시장에 난무한 스캔들이 말해 주듯, 이러한 다른 차원의 추상성은 단순히 담론에 그치지 않고 독창적으로 고안된 회계법들과 같이 손에 잡히는 물질적 관행들을 낳기까지 했다. '가치' 자체가 개종이란 말처럼 양의적인 표현으로서 시장에 의한 물질적 가치 평가를 의미함과 동시에 윤리적 의미와 실천에 대한 관심도 시사하는 것은 그 말이 이렇게 서로 다른 가치 평가의 영역에 뿌리내리고 있기 때문이다. 이 점은, 관계자들이 늘 내세우듯, 생명을 살리는 일에 종사함으로써 중요한 상징적 자본을 생산해 내는 생명공학과 제약 같은 산업들에서 특히 뚜렷하게 드러난다. 상품 대상들이나 교환 과정들과 마찬가지로, 가치 평가 체계들 역시 특정한 신학적 신비성에 의해 활성화된다.

과학적 '사실'을 생산할 수 있는 능력 덕분에 자체의 권위를 갖고 작동하는 과학 또한 진정 그러하다. 전술했듯이 이러한 사실 생산은 결코 인식의 진전만으로 이루어지지 않으며 종종 그것을 가능하게 하는 기술의 진전을 요구한다. 여러 면에서 근본적으로 게놈 연구를 가능하게 한 도구와 시약, 기술 장비들을 제조한 소위 장비 회사들이 없었다면, 정말이지 게놈학은 시작조차 못했을 것이다. 그러나 (게놈학과 같은 기술과학적 학문 분야 discipline를 의미하는) 주제subject의 개발은 언제나 이미 (훈련된disciplined 행위자를 의미하는) 주체subject의 구성과 얽혀 있다. 2장과 특히 4장에서 자세히 추적할 것이지만, 게놈학의 경우 그 주체들은 가령 환자나 소비자 또는 실험 대상이 될 수 있다. 생물과학 일반과 게놈학이 주장하듯 해당 분야가 다름 아닌 생명의 의미들과 관련될 때 사정은 더욱 그러하다. 많은 면에서 **생명**자본이 가진 독자성들은, (지금부터 자세히 다루게 될) 신약 개발에 연루된 특정한 시장 지형들이 새로운 생명과학들에 연루된 특정한 인식론들 및 주체 구성 형식들과 결합한 결과로부터 비롯된다.

지금까지 나는 지역을 고려하지 않은 (암묵적으로 미국적인) 용어로 생명자본에 대해 이야기했다. 그러나 이 책은 미국과 인도가 연결되어 있는 맥락 속에서 생명자본을 비교할 것이고, 세계적 규모의 체제들과 관행들로서 자본주의들에 특별한 관심을 기울일 것이다. 세계화라는 것 역시 물질성과 추상성의 변증법적 관계로 활성화되기 때문이다.

이와 같은 기획의 방법론적 난제는 미국과 인도의 기술 자본주의에 대한 대칭적 비교가 사실상 불가능하다는 것이다. 과학을 수행하고 세계시장에 영향을 미치는 데 필요한 자원 보유에 있어, 두 나라 간에 명백하고 폭넓은 비대칭이 있기 때문이다. 절대적으로 필요한 구조적 생산관계들에서 중대하고 실질적인 차이들이 있다. 동시에 이 분야에서 보이는 인도 관계자들의 행위를 구조적 불평등함에만 기대어 설명할 수 없는 것이, 그 행위들은 다양한 범주의 개인적·집단적 **욕망들**, 특히 세계시장을 자유롭게

누비는 주자가 되고자 하는 욕망으로 활성화되기 때문이다. 이러한 욕망은 그 행위자들에게는 언제나 이미 **마치 미국인인 것처럼** 행동함을 함의한다. 미국적 자유시장이라는 상상에 대한 모방이 두드러진다는 말이다. 그러나 이러한 모방적 욕망에도 불구하고 인도 땅에서 출현하는 실제 기술자본주의적 체계들은 종종 그들이 추종하는 미국적 모델들에 들어맞지 않고 일탈한다. 그리고 이러한 일탈 현상들 자체는, (인도의 식민지적 과거와 해방 이후 50년 동안의 사회주의 국가 체제와 같은) 서로 다른 역사 구조들로 조건 지어지며, 더불어 자유시장에 대해 인도인들이 갖고 있는 여러 상상 자체가 서로 매끄럽게 연결되지 못하고 오히려 서로 마찰을 일으키며 인도와 서구의 불평등한 관계에 대한 다양한 형태의 국가주의적 분노와 긴장 상태에 있다는 사실에도 영향받는다. 이와 비슷하게, 자유시장이라는 상상을 세계화하는 데 있어서 미국적 방식에 내재된 규범적 속성에는 특히 자유시장을 지향하는 자본주의라는 특색이 없고, 대신 이 속성 자체는 국가주의와 같은 토대적 추상성들에 의해 활성화된다. 다만 미국의 국가주의는 인도의 그것과 다른 방식으로 표명된다.[26]

맑스의 방법론을 빌려 다시 말하면, 전 지구적 자본주의 체계에 대한 설명은 단순히 그러한 체계를 생산하고 지탱하기 위해 생겨나는 다양한 종류의 기술과학 혹은 자본의 흐름들을 추적하는 네트워크 분석이 될 수 없다.[27] 그와 같은 설명은 또한 물질적 대상들이 한편으로 물질적 생산관

---

26) 경제학이 국가주의적 학문이 된 방식들에 대한 명료한 분석을 확인하려면 Deshpande, 2003을 보라.

27) 이것은 행위자네트워크이론(actor-network theory)이 빠지기 쉬운 단순화라 나는 믿는다. 그렇지 않으면 이 이론은 기술과학이 기능하는 방식에 대한 대단히 도발적인 분석이 될 것이다. Callon, 1999(1986); Latour, 1987, 1988을 보라.

계들과 맺는, 다른 한편으로는 여러 형태의 담론, 이데올로기, 물신숭배, 윤리, 구원적 또는 국가주의적 믿음 체계, 욕망들 같은 추상성들과 맺는 다중적이고 다층적이며 복합적인 상호작용들이 어떻게 그러한 흐름들을 끊임없이 활성화하는지 이해해야 한다. 그 같은 추상성들을 명확히 식별하여 네트워크나 흐름과 같은 도식으로 그리기는 어려울지 모르나, 도나 해러웨이Donna Haraway가 생명자본적 "양파"라고 부를 만한 것을 이해하려면 우리는 그것들을 반드시 인정해야 한다.[28]

신약 개발의 상류-하류 지형

지금까지 물질성과 추상성의 복합적인 관계들이 보편과 특수 차원에서 동시에 스스로를 표현하는 체계들과 관행들의 집합으로서 생명자본의 경향적인 출현의 성격을 구성함을 논했다. 그러나 이러한 관계들 자체는 역사적으로 전개된 특정한 지형 위에서 구성된다. 최대한 단순히 보면, 이러한 지형들은 오늘날 역사적 국면에서 나온 자본의 논리에 의해 과잉결정된다. 하지만 자본주의적 지형들은 그 자체로 다층적이고, 시장의 서로 다른 구획들은 서로 다른 시장 지형들을 갖는다. 생명자본의 특수성들 중 하나는 신약 개발이라는 특수한 지형으로서, 이것은 신약 개발 사업의 성격과 생명공학 산업 및 제약 산업 시장이 진화해 온 역사에 의해 구성된다. 앞으로 논의할 테지만, 생명공학 산업과 제약 산업은 신약 개발 사업을 이루는 두 가지 서로 다른 기둥이다. 이 절에서는 '상류-하류'로 지칭되는 미국의 특수한 지형을 설명하고 신약 개발 과정을 개관한 후, 이 지형과 관련된 인

---

28) "기술과학적 실천이라는 양파"에 대해서는 Haraway, 1997을 보라.

도의 제약 산업의 위치를 간략하게 짚어 볼 것이다.

신약 개발은 유망한 선도 화합물compound의 확인(**신약 발견**이라 부른다)으로 시작하고, (실제로 신약 개발이라 불리는, 전체 과정 중의 일부인) 임상 실험의 과정을 거쳐, 시장에 나갈 치료 분자의 제조에서 마무리된다. 이 과정의 초기 단계들을 **상류**upstream 단계, 후기 단계들을 **하류**downstream 단계라 부른다.

생명공학 회사와 제약 회사는 신약 개발 사업을 구성하는 두 가지 상당히 다른 기둥을 대변한다. 이들은 각기 다른 역사적 국면에 발전했고, 대부분 매우 다른 과학에 관여했으며, 신약 개발 시장 지형에서 다른 위치를 점유해 왔다. 제약 산업이 수행하는 치료 분자의 개발은 여태까지 대체로 유기화학물 합성organic chemical synthesis으로 이루어졌는데, 여기서는 종종 어떤 생물학적 물질들이 운 좋게 발견될 때 이전보다 더 안전하고 효능 있는 치료제를 얻기 위해 그 자연 물질로부터 파생물을 만들어 왔다. 지난 75년 동안 새로운 분자 개발의 주요 동력은 그야말로 합성 화학이었던 것이다. 이러한 전통 방식들이 여전히 제약 산업의 기반을 이루고 있고, 달라진 점이라면 선도 화합물의 초기 확인을 운보다는 합리적인 예측을 통해 이루기 위한 상당한 투자가 있다는 것이다.

다른 한편, 생명공학 산업의 시작은 앞서 언급했듯 DNA 재조합 기술에 힘입는다.[29] 제약 분야의 유기화학물 합성이, 세포와 분자의 구성 성분들과 상호작용하고 또 그것들을 변형시키는 작은 화학 분자들을 생산해 내는 논리라면, 세포와 분자의 정상적인 구성 성분이 되는 분자들을 설계

---

29) 생명공학 산업에 대한, 상당히 미화되긴 했으나 유용한 설명은 Robbins-Roth, 2000에서 볼 수 있다. 제약 산업에 대한 설명은 Mahoney, 1957; Mann, 1999를 보라.

하는 것이 생명제약적 개발 분야의 논리이다.

　제약 산업의 역사는 20세기에 일어난 가장 극적인 산업 발전 역사의 하나로 불릴 만하다. 1970년대 생명공학 산업이 초기에 석유화학 산업의 원조를 받고 그로부터 성장했듯이, 제약 산업은 실제로 염료 산업에 의해서 배양되고 그로부터 성장했다. 제약 산업의 '붐'은 1930년대에 설파제[sulfa drug]의 발견과 더불어 일어났고, 제2차 세계대전 중 노력의 일환이었던 산업적 규모의 페니실린 제조가 그 뒤를 이으면서, 전쟁 중 방위와 안보의 요구와 제약 혁신이 맺는 관계의 중요성을 부각시켰다.[30] 19세기 말에 제약 회사라 불릴 만한 두 회사는 바이엘[Bayer]과 훽스트[Höchst]였다. 1930년대와 1940년대에는 차후에 거대 제약 회사가 될 시바가이기[Ciba Geigy], 일라이 릴리[Eli Lilly], 웰컴[Wellcome], 글락소[Glaxo], 로슈[Roche]와 같은 회사들이 합류했다. 결핵 치료제인 스트렙토마이신의 성공적인 개발을 기점으로 1940년대와 1950년대에는 천연물화학이 팽창했다. 이에 비해 생명제약[biopharmaceuticals]의 전개가 좀더 수수하다는 것은 놀라운 일이 아니다. 그 역사가 훨씬 짧을 뿐 아니라, 작은 유기적 분자보다 화학적으로 훨씬 더 복잡한 생명제약[물]들의 합성은 종종 여러 면에서 전통적인 신약 개발보다 한층 더 까다로운 과정이기 때문이다.[31]

　생명공학에 탄생 설화가 있다면 그것은 아마도 지넨테크[Genentech]의 탄생 설화 속에 있을 것이다. 1976년에 설립된 지넨테크에 5년 앞서 창설된

---

30) 이는, 2001년 9월과 10월의 탄저균 편지 사건들을 포함하여 최근 미국에서 바이오테러리즘 소동이 벌어진 직후이기 때문에 특히 적절한 사안이 되었다. 2001년 10월 말 내가 참석했던 보스턴의 한 벤처 자본 회의장에서는 벤처 자본가들 사이에서 여전히 가라앉지 않은 흥분을 볼 수 있었다. 내가 만난 벤처 자본가들은 탄저균을 순수한 사업 기회로 보았다. 그로 인해 국방부가 생명공학 산업에 주목할 것이기 때문이었다. 2차 대전 후 미국에서 혁신적인 백신 개발을 위해 군산 복합체가 한 역할에 대한 분석은 Hoyt, 2002를 참조하라.

세투스코퍼레이션Cetus Corporation이 최초의 생명공학 회사라 할 수 있다. 그러나 월스트리트에 생명공학 회사들이 실재함을 세상에 알리고, 나아가 연구·개발 작업이 실제 치료 상품을 내놓기도 전 수년간을 오로지 약속으로만 작동하는 회사의 시장 가능성을 보여 준 것은 바로 1980년 10월 14일에 일어난 지넨테크의 주식 공개initial public offering였다.[32]

대체로 제약 회사보다 훨씬 작은 규모인 생명공학 회사의 혁신 능력은 단순히 그들이 '더 새로운' 과학을 했다는 데 있는 것이 아니라, 더 작고 더 융통성 있으며 유연한 관리가 가능한 구조를 가졌다는 데 있다. 그럼에도 불구하고 생명공학 회사와 제약 회사가 실제로 함께 사업을 할 때 그들이 보유한 힘과 교섭력에는 뚜렷한 격차가 있다. 신약 개발의 상류-하류 지형의 토대를 이루는 일면은, 소수의 예외를 빼면 생명공학 회사들이 상류의 약품 개발에 집중하지만, 자신이 개발한 분자를 하류의 임상 실험 과정으로 가져갈 자본을 늘 갖지는 못한다는 점이다. 대신 그들은 그것을 수행할 자본을 가진 제약 회사에 유망한 치료 분자에 대한 사용 인가를 내준다.

요약하자면, 오늘날 미국의 신약 개발 시장 지형은 대부분 약품 개발 기획에 매진하여 제약 회사에 잠재성 있는 치료 분자를 인가해 주는, 상류의 작은 생명공학 회사들과, 생명제약 개발을 향한 움직임은 있지만 아직까지는 대체로 유기화학물 합성을 통한 작은 치료 분자의 개발에 의존하

---

31) 생명제약 제품을 생산해 온 초기의 성공적인 생명공학 회사들로는 (과립구집락자극인자 granulocyte colony stimulating factor와 에리스로포이에틴erythropoietin을 개발한) 암젠(Amgen), (재조합 인슐린과 조직플라스미노겐활성인자tissue plasminogen activator, 인체생장 호르몬, 알파-인터페론alpha-interferon 제품을 개발한) 지넨테크가 있다(이 내용에 대한 훌륭한 요약은 Walsh, 1998: 1~36에 있다).

32) 나는 3장에서 이 주식 공개에 대해 논의하고, 생명공학 산업을 이끌어 가는 근본적인 시간 구조를 분석할 것이다.

는, 하류의 대형 제약 회사들로 구성된다. 덧붙여, 큰 제약 회사들이 하는 전략적인 활동의 많은 부분은 생명공학 회사들로부터 분자 사용의 인가를 받거나, 이따금씩 유망한 분자를 개발 중인 생명과학 회사를 매입하는 것을 포함한다. 이러한 지형이 신약 개발의 역학을 구축하고, 그것이 지닌 독자성의 일부를 구성한다.

게놈학은 신약 개발 과정에서 상류의 한 시장 구획을 확고하게 점유하고 있다. 여느 생명공학 회사들처럼, 대부분의 게놈 회사들 역시 자본 보유량과 수익을 증가시켜서 자신의 치료 선도 분자들을 점점 더 많이 더 먼 하류로 흘려보낼 수 있는 위치에 가는 것이 꿈이다. 게놈 이후의 신약 개발 시장에 대한 이 책에 담긴 경험의 관점에서 보자면, 제약 회사들은 그 자체가 분석의 현장이기보다는, 근본적으로 남을 움직이게 하는 유령^{specter}이다. 여러 제약 회사들은, 각기 다른 정도로 잠재적인 가치의 원천으로서 게놈학에 관심을 가지고 있고, 그중 일부는 게놈과 관련된 연구·개발에 자원을 투자하기도 한다. 그러나 대부분의 경우, 치료 분자를 시장에 출시할 수 있을 만큼의 자본 보유량과 증명된 역사를 갖고 있는 유일한 제도적 기관으로서 제약 회사들은 신약 개발 과정에서 몸무게가 800파운드 나가는 고릴라처럼 행동한다. 앞서 서술했듯이, 그들이 종종 생명제약을 출시하는 방식은 생명공학 회사들로부터 치료 분자를 인가받아 신약 개발의 하류 단계로 흘려보내는 것이다. 여러 가지 면에서 제약 회사들은 분자를 만들 뿐만 아니라, 종종 분자 사용의 인가를 받거나 상류 회사를 매입하는 것을 통해 어떤 상류 기술과 분자가 투자 가치가 있는지 결정하면서, 신약 개발이라는 가치 사슬에서 자본과 상품의 흐름을 조절하는 역할을 한다고 볼 수 있다. 이러한 방식으로 제약 회사들은 거의 신약 개발 사업의 투자은행처럼 행동한다.

주목해야 할 또 다른 결정적 일면은, 서로 매끄럽게 연결되지 못하면서 맑스의 '산업' 자본주의 대 '상업' 자본주의에 각각 대응하는 두 개의 경제 체제가 당면 문제로 걸려 있다는 점이다. 한편에는, 상품의 제조, 배포, 판매와 관련된 (맑스의 '산업 자본주의'와 유사한) 신약 개발 경제의 구성 요소인 약품의 연구·개발, 제조, 판매가 있다. 다른 한편에는, (미국에 있는 거의 대부분이 주식을 공개한) 제약 회사들을 월스트리트에서 시장가치로 환산하는 (맑스의 '상업 자본주의'와 흡사한) 투기 시장이 있다.

역설적이게도, 회사가 크고 강력할수록 어떤 점에서는 월스트리트를 만족시키기가 더 어렵다. 투자 가치를 측정하는 하나의 기준이 회사의 안정성과 신뢰성(이런 점에서 제약 회사들은 매우 건전한 투자처이다)이라면, 또 다른 기준은 1999~2001년의 닷컴 전성기 동안에 그 중요도가 특별히 확대된, 주식의 가치 상승 능력이다. 주당 순익으로 알려져 있는 이것은 투자자가 보유한 주식의 연간 가치 상승률을 말한다. 투자자들은 자신이 보유한 어떤 주식이든 12~15퍼센트의 주당 순익을 원하는데, 제약 회사들의 주당 순익은 전형적으로 8~10퍼센트 범위에 머문다. 이는 신약 개발에 드는 시간, 신약 개발의 자본 집약성과 높은 위험성에서 기인하며, 또한 수익성이 매우 좋은 성공적인 거대 회사가 작은 회사와 동일한 비율의 주식 가치 상승을 기록하려면 절대적인 수치에서 더욱 높은 성취를 달성해야 한다는 사실과도 관련이 깊다. 치료 분자 하나를 개발 중인 작은 생명공학 회사가 또 다른 치료 분자의 임상 실험 단계에 들어가면 주식시장을 크게 흥분시킬 수 있다. 그러나 가령, 시장에 특허받은 20개의 분자를 내놓은 상태에서 그중 7개를 성공적으로 판매하고 8번째 분자가 다양한 임상 실험 단계에 들어간 커다란 제약 회사가, 작은 생명과학 회사에 필요한 것과 동일한 정도의 개발 자원과 연구를 필요로 하는 9번째 분자의 개발에 들어갈 때는 투자자들에게 같은 정도의 흥분을 일으키기 어렵다. 제약 산업의 시장의 역사에서 볼 때 그것은 그 회사를 정의할 결정적인 사건이 되지 못할 것이기 때문이다. 이 때문에, 높은 약품 가격에 저항하는 근거로 제약 산업의 막대한 수익률을 지적하는 사회운동 담론과, 그 산업의 생존을 위해 높은 약품 가격의 필요성을 지적하는 산업주의 담론이 공존하는바, 얼핏 완전히 대조되는 두 담론은, 전자는 상품 시장과 수익 창출을 지적하고 후자는 투기 시장과 투자자들을 만족시킬 필요성을 지적한다는 점에서 둘 다 말이 된다.

지금까지 미국의 신약 개발을 묘사하면서 상류-하류 지형에 대해 논의했다.[33] 그러나 미국 이외의 다른 나라에도 제약 회사들이 존재하고 있으며, 건강한 산업으로 수십 년 동안 존재해 왔다. 예를 들어 인도의 제약 산업은 오늘날의 세계에서 가장 흥미로운 국영 제약 산업들 중 하나인데, 그 이유는 주로 그 성격이 특허 체제로 형성되었기 때문이다. 1970년 인도 특허법은 약품 제조에서 상품이 특허를 받는 것을 허용했지만, 공정은 자유롭게 허가했다. 이는 미국에서와 달리, 인도의 제약 회사들은 약품을 제조하는 자신들만의 방식을 고안하는 한 이미 시장에 나와 있는 특허받은 상품을 제조할 수 있음을 의미했다.[34] 덕분에 인도의 제약 산업에서는 역공정reverse-engineering되어 저렴한 대량의 약품을 제조하는 것이 가능해졌

---

33) 유럽에도 유사한 지형이 있으나, 임상 실험과 약품 판매를 둘러싼 규제 구조가 상당히 다르다. 이 점이 두 지역의 신약 개발 지형을 이해하는 데 개입되는 중요한 차이점이지만, 이는 이 책의 탐구 범위를 벗어나는 주제다.

34) 예상대로 이런 행위는 미국의 제약 산업과 밀접한 관계에 있는 사람들에 의해 특허권 침해 행위로 분류되어 왔다. 그러나 치료 분자 분야에서 자유시장 경쟁을 허용하는 것이, 일상적 소비의 중심을 이루는 많은 상품들의 경우에서 (심지어 미국에서조차) 경쟁이 허용된 사례와 유사하다고 볼 수 있음도 알아 두면 좋겠다.

고 이는 다시 인도의 약품 가격을 세계에서 가장 낮은 수준으로 낮추었다. 그러나 1995년에 인도는 세계무역기구World Trade Organization가 부과한 특허 체제의 가맹국이 되었고, 그 때문에 2005년까지 새로운 특허 체제에 완전히 순응하는 산업 구조를 만들어야 했다. 세계무역기구가 부과한 특허 체제로의 전환은 인도의 산업에 패러다임 전환을 요구했다. 2005년 이후에는 인도 제약 회사들이 이미 시장에 있는 분자를 취해서 고유의 공정으로 다시 만들어 팔 수가 없게 되기 때문이다. 인도 회사들은 미국의 신약 개발 시장과 훨씬 더 유사한 방식으로, 새로운 약품 발견과 개발에 집중해야 하게 되었다.

오늘날 인도의 제약 산업이 직면한 주요 문제는, 세계무역기구에 대한 순응이 어떠한 결과를 낳을 것인가, 즉 역공정을 통한 약품의 대량 생산을 허락하지 않는 사유 재산권 체제로의 패러다임 전환이 낳을 결과는 무엇인가 하는 것이다. 인도의 제약 산업은 원기 회복이 필요한 약해 빠진 혹은 죽어 가는 산업이 아니었고, 1980년대에는 내내 상당히 큰 수익을 냈다. 그러므로 세계무역기구 체제로의 전환이 의미하는 것은 단순히, 연구·개발 시설 설립을 필요로 하는 새롭고 낯선 신약 개발 방법 채택만이 아니다. 그것은 또한 수익 중심의 사업 모델을 포기하고, 잠재적으로 수익성이 있으나 훨씬 더 위험한 성장 중심의 모델을 지향해야 함을 의미한다. 인도 회사들은 한층 더 강력한 서구 회사들과의 직접 경쟁에 처한 상태에서, 그들이 판매한 상품의 양뿐 아니라 투자자들이 재량으로 정하는 잠재적 가치에 의해 평가받게 될 것이다.

점점 더 많은 인도 회사들이 새로운 화학 물질을 발견할 수 있는 능력을 갖추기 위해서 설비를 일신하는 과정에 있다. 그들이 노리는 것은 수익만이 아니라 세계적인 팽창이다. 연구·개발에 대한 투자를 시작하는 인도 회사들이 차지하는 위치는 서구의 생명공학 회사들이 대형 제약 회사들에 대해 차지하는 위치와 근접해진다. 예를 들어, 닥터레디스재단Dr. Reddy's Foundation은 닥터레디스연구소Dr. Reddy's Laboratories의 연구·개발부로서, 미등록 약품에 대한 역공정으로부터 신약 발견과 개발로 가기 위해서 설비를 일신하는 데 최적의 조건에 있는 인도의 제약 회사들 중 하나이다. 그러나 이 회사의 직원 수는 불과 250명(이는 미국의 매우 작은 생명공학 회사의 규모이다)에 불과하다. 그들의 연구·개발에서는 개발보다 발견의 비중이 더 크고, 그들의 새로운 사업 모델은 자신들이 발견한 분자를 임상 실험이 가능한 제약 회사에 인가해 주는 일을 포함한다. 그러한 인가 내주기로 거둔 수익을 통해서 닥터레디스연구소와 같은 회사들이 하고자 하는 바는, 인가를 내주기 전에 분자를 좀더 오래 붙들고 있음으로써 가치 사슬에서 좀더 위쪽으로 올라가는 것이다. 약품이 그것을 발견한 회사에서 개발한 회사로 인가될 때 실제로 획기적인 액수의 수익을 올리기는 거의 불가능하지만, 어떤 분자가 인가되기 전에 더욱더 진전된 임상 실험 단계에 있을수록 그 가치가 급격하게 올라가는 것은 이미 충분히 이해되고 있는 점이다. 다시 말하자면, 인도 제약 회사들의 관점에서 볼 때, 인도 신약 개발의 역사는, 주로 국내 시장을 겨냥하여 미등록 분자들을 역공정하는, 소득에 기반을 둔 수익성 높은 사업 모델에서 미국 생명공학 회사의 역할과 위치에 한층 더 근접한 형태로의 전환을 의미한다. 현재 인도의 제약 회사들은 (여전히 주로 전통적인 유기화학 방법을 쓰기는 하지만) 신약 발견의 초기 단계에 관여하면서 이를 통해 궁극적으로는 자신의 분자를 더 먼 하류로 가져가길 원한다.[35]

인도의 제약 산업이 기반을 잘 잡은 반면에, 인도에는 생명공학 산업이라고 할 만한 것이 없다. 앞서 지적한 바 있지만, 그들이 화학 분야에서 전통적으로 소유해 왔던 과학적인 강점을 생명공학 분야는 갖고 있지 못하다는 것이 그 원인의 일부이고, 자신들의 핵심적인 강점 분야 연구를 포기하고 싶어 하지 않는 제약 회사들이 모험을 극도로 꺼리는 현상이 그와 함께한다. 그러나 이 책 전반을 통해 소개된 여러 사례들에서 드러나듯이, 인도의 정부 관계자들은 적극적으로 이러한 현상을 개선시키고자 하고 있고, 게놈학을 인도가 새로이 출현하는 생명공학 산업을 발전시킬 수 있는 해답으로서 바라본다. 이 책의 나머지 부분에서는, 서구의 제약 산업과 마찬가지로 인도의 제약 산업 또한 본격적인 분석의 대상이 아니다. 나의 초점은, 국가로부터 상당한 지원을 받으면서도 서구 제약 회사들의 세계적인 영향력과 힘에 전술적으로 구속되고 영향받는 인도의 모험적인 생명공학과 게놈 사업에 있다. 이에 대한 심화된 분석의 무대를 마련하기 위해, 나는 다음 절에서 하나의 과학으로서 그리고 최근 몇 년 동안 미국에서 기능한 사업 모델로서 게놈학이 어떠한 의미 변화를 겪었는지 간략하게 설명하고자 한다.

---

35) 닥터레디스연구소와 닥터레디스재단이 미국의 많은 생명공학 회사들과 다른 점은, 전자가 인도의 제약 산업에서 가장 경험이 많은 사람들에 의해 운영되는 조직이라는 점이다. 그들 중 다수는 지난 20년 혹은 30년 동안 그 사업에 종사했고 그로 인해 '머리 희끗한 거대 제약 회사의 경영자'라는 이상형에 훨씬 더 가깝다. 인도의 제약 회사들은 미등록 약품 제조 사업 모델을 아직 포기하지 않았다. 세계무역기구에 대한 순종은 단지 그들이 사업을 상품 특허권이 없는 분자에 국한해야 함을 의미한다. 그러나 인도의 회사들은 서서히 서구의 미등록 약품 시장에서 경쟁력을 갖추기 위해 자신들의 해당 전문 지식을 이용하기 시작하고 있다. 미등록 약품 시장이 특허로 보호되는 약품 시장보다 수익성은 훨씬 더 낮지만, 서구의 미등록 약품 시장에 침투할 수 있는 능력은 세계 무대로 나아가는 받침대를 얻기를 희망하는 인도 회사들에게 상당한 수익을 안겨 줄 수 있다. 실제로 닥터레디스연구소를 포함한 소수의 인도 회사들은 미국에 연구·개발부를 세웠다. 세계 도처에서 새로이 등장하는 미등록 약품 정치학은 심도 있는 연구를 요구하는 특별히 흥미로운 지형이고, Hayden, 2004는 멕시코에서 그러한 연구에 착수했다.

게놈학

내가 이 책에서 서술하는 모든 관계자, 관행, 역사, 사건의 총체를 이해하기 위해 필요한 일련의 배경적 맥락들은 신약 개발의 지형과 관련된다.[36] 그러나 내가 또한 주장하는 바는, 게놈학이 생명자본으로 가는, 인식과 기술상의 상당히 중대한 전환을 대변한다는 것이다. 이런 의미에서 이 절에서는 게놈학에 대한 간단한 지침을 제공하고자 한다. 내가 보여 주고 싶은 것은, '게놈학' 자체가 안정된 지시 대상이 아니며, 1980년대 후반 인간게놈프로젝트 초기에 인간 게놈의 지도를 만들고 그 염기서열을 결정하려던 애초 시도로부터 오늘날 인간 게놈 염기서열 설계도의 완성으로 가능해진 게놈 이후 시대에 이르는 지난 몇 년 동안 그 의미가 진화해 왔다는 점이다. 더욱이 이러한 게놈학의 의미 변화는 기술 혁신과 인식론적 발전의 결과만이 아니라, 당대 성공할 가능성이 높은 사업 모델이라 여겨지는 것에 의해 상당 정도 조건 지어져 왔다.

게놈학 자체는 다층적이지만, 무엇보다 실험과학과 정보과학의 접합물이다. 그런 만큼 그것은 생물학적 체계들에 대한 서로 다른 과학적 시각들이, 한편으로는 수학 및 전산생물학computational biology과, 다른 한편으로는 분자유전학 및 세포생물학과 접합된 것이다.

게놈학은 상당한 정도로 기술성을 갖춰 왔고, 그 분석 작업 또한 가설보다는 자동화된 기술에 의해 탄력을 받는 성향을 보여 왔다. 그것은 이른바 **고효율**high-throughput 과학이라 불리는, 대용량의 결과를 신속하게 만들어 내는 정보 분석을 대변한다. 게놈 과학자들의 초기 시도들은 인간(과 다른

---

36) 기술과학에 대한 분석과 관련된 총체라는 개념에 대해서는 Rabinow, 1999를 보라.

생물)의 게놈 지도를 그려 내 그것의 염기서열을 결정하는 것이었으나, 현재는 한층 더 복잡한 게놈 분석이 이루어지고 있다. 그러므로 게놈학의 첫 '단계'는 다분히 데이터베이스 생산에 대한 것이었고, 바로 이것이 내가 이 책에서 가장 본격적으로 다루는 시기인 1999~2001년에 많은 민영 실험실과 회사들이 수행한 가장 중요한 활동이었다.

게놈 분석에 있어 중요한 정보 관련 도구 하나는, 개체와 집단 사이의 유전적 **변이성**variability과, 그 변이성이 표현형phenotypic 변이성(즉 눈에 보이는 형질들이 갖는 변이성)과 갖는 잠재적인 상호 연관성에 대한 지식이다. 이러한 분석을 가능하게 하는 주요한 정보적 인공물은 단일뉴클레오티드 폴리모피즘스single nucleotide polymorphisms, 즉 ('스닙스'로 발음되는) SNPs라 불리는 것이다. SNPs는 30억 개의 염기로 구성된 인간 게놈에서 대략 1,000개당 하나꼴로 생기는, 유전자 코드의 단일 염기 변이를 말한다. 이렇게 촘촘히 배치된 DNA 경계표들의 위치를 알면 인간 게놈 염기서열 결정 작업이, 그리고 각기 다른 형질들과 다양하게 연결된 유전자들의 발견이 용이해진다. 인간 종에 있는 모든 SNPs가 담긴 지도는, 특정한 형질(특정 질병의 형질이거나, 특정 질병을 일으키거나 특정 약품에 대한 부작용을 일으킬 수 있는 소인)을 가진 개체들과 그렇지 않은 개체들 사이에 특정한 유전자 표지가 얼마나 우세한지를 비교하는 관련 연구를 위한 데이터베이스를 제공할 것이다. 그러므로 SNPs는 임의의 DNA 염기서열보다 더욱 정밀하고 여러 가지 용도로 기능하기 때문에 치료를 위한 도구로서 잠재적 가치를 지닌다. 사실, 인간게놈프로젝트와 셀레라지노믹스가 생산한 '인간' 게놈 염기서열들은 인간 DNA 자료의 상당히 작은 표본을 보여 줄 뿐이다.[37]

「서론」의 초반부에서 언급했듯이, 인간게놈프로젝트는 공적 주체가 주도한 인간 게놈 염기서열 사업이었다. 그 정책적 추진력의 많은 부분은 당연히 미국에서 나왔지만, 공식적으로는 5개국이 구성한 컨소시엄이 그 기획을 책임지고 맡았다. 그러므로 게놈학은 처음에는 기업적인 요소에 의해 과잉결정되지 않았다. 사실 그 기획에 대한 애초의 관심은 미 에너지국Department of Energy으로부터 나왔다. 당대 제안되었던 것들이 가설에 입각한 과학이 아니었기 때문에 많은 생물학자들은 그에 회의적이었다. 정부가 후원하는 거대하고 산업화된 과학적 기획이라는 외피에다, 5개년 계획의 수립으로 완성된 인간게놈프로젝트는 그 탄생에서 그야말로 미국보다는 소련의 과학을 닮았다고 해도 무방할 지경이었다.[38]

게놈 프로젝트에 대한 접근은 유전자 지도와 신체 지도를 개발하고 이해관심의 대상이 되는 부위의 염기서열을 결정하는 것으로 시작되었다. 이와 관련된 모든 것은 기술적 하드웨어가 발전하고 표본 유기체들의 염기서열[39]이 결정되었기에 가능했다. 그 염기서열에 주석을 다는 데이터베이스의 개발과 DNA 염기서열 변이에 특별히 초점을 맞춘 기능유전체학functional genomics의 역량 개발을 위한 초기 노력들이 그 뒤를 따랐다.[40]

이러한 모든 계획은 셀레라지노믹스의 설립과, 인간게놈프로젝트에 대한 크레이그 벤터의 도전으로 촉진되었다. 이 사건은 국가 주도의 대규

---

37) 인간게놈프로젝트는 약 50명의 기증자로부터 얻은 DNA를 이용해 여러 도서관을 만들고 그 이후 염기서열 결정 작업을 위해 8개의 도서관을 선택했다. 셀레라는 21명의 기증자로부터 얻은 DNA를 이용하는 후속 작업을 위해 5개의 도서관을 선택했다. 인간게놈프로젝트에서 사용된 8개의 도서관은 남성 기증자에게서 온 것이고, 셀레라의 도서관 중 3개는 여성 기증자에게서 온 것이다. 이 점을 도표로 확인하려면 Gibson and Muse, 2002: 20을 보라.

38) 인간게놈프로젝트의 초기 단계에 대한 최고의 설명은 Cook-Deegan, 1994이다. 냉전 시대 소련의 과학에 대한 최고의 역사 기술을 찾는다면 Graham, 1990, 1993; Gerovitch, 2002를 보라.

39) 유전자 염기서열 결정 작업을 한 초기 표본 유기체들 중 일부는 이스트(사카로미세스 세레비시아Saccharomyces Cerevisiae), 선형 동물(예쁜꼬마선충Caenorhabditis Elegans), 과실파리(노랑초파리Drosophila Melanogaster)였다.

모 과학이 기업가 주도의 기업 과학에 의해 빛을 잃은 시점에 해당하는데, 이러한 일이 가능해진 원인은 셀레라 또한 탄생시킨 퍼킨-엘머[Perkin-Elmer]를 모회사로 삼는 어플라이드바이오시스템스[Applied Biosystems]가 새롭게 개발한 자동화된 염기서열 결정 기계였다. 생명공학의 기업적인 성격은 베이-돌 법, 다이아몬드 대 차크라바르티 분쟁, 지넨테크 주식 공개 등과 같은 사건들과 함께 이미 1980년대에 그 윤곽을 형성한 반면, 게놈학 자체는 그 당시까지 생명공학과 관련된 최첨단 연구 개발과 거리가 먼, 어느 면으로 보나 평범하기 짝이 없는 장비 회사인 퍼킨-엘머가 수행한 역할 덕분에 시작부터 기업적인 성격을 띠었다.

지금까지 나는 「서론」의 서두에서, 기초를 이루는 세부 배경을 제공하려 노력했다. 즉 생명자본 개념을 설명함으로써 내가 다루려 하는 이론적 지형의 핵심을 개관했고, 대단히 짧지만 신약 개발의 시장 지형과 게놈학에 대한 간단한 개요를 제공했다. 이 두 가지 맥락은 특히 이 책의 처음 네 장을 이해하는 데 매우 중요하다. 이제는 이 책의 구성을 개괄하고 내 분석 현장의 일부를 기술하겠다.

* * *

이 책은 민족지학적인[ethnographical] 방법론들을 이용하여 세계적인 정치경제 체제를 연구한다. 이것은 이미 조화롭지 못한 시도로서, 일련의 **세계적인** 체계들·구조들·지형들을 그리기 위해서 **지역성**과 **특수성**을 연구하는

---

40) 인간게놈프로젝트의 발전 단계에 대한 깔끔한 요약표가 Gibson and Muse, 2002: 14에 있다. 또한 인간게놈프로젝트가 게놈 염기서열 결정 작업에서 셀레라와 경쟁하기 시작한 것으로 여겨지는 시기에 그것이 이룬 이정표적인 성과와 추가 도전 과제들에 대한 요약을 찾는다면 Collins et al., 1997을 보라.

데 유용한 자원들을 효과적으로 배치한다. 여러 가지 면에서 이 부조화성이야말로, 조지 마커스[George Marcus]와 마이클 피셔가 1980년대 사회·문화인류학을 위해 진단한 것, 즉 그들이 "인간과학의 실험적 순간"이라고 부르는 것을 구성하는 요소를 포착하며, 민족지학적 실천에 내재한 근본 모순을 전형적으로 잘 보여 준다.[41]

이를 위해서는, 전 지구적 자본주의가 초래한 '지역'과 '세계' 사이의 관계에 대한 공간적 재구성에 대응하도록 민족지학적 실천의 공간적 경계를 재구성할 필요가 있다. 마커스와 피셔가 지적하는 대로, 전통적인 '단일 공간적'[single-sited] 민족지학은 오늘날의 사회 체계들과 구조들을 구성하는 복합성들과 다층적인 인과관계들을 포착하기에 충분치 않다. 그리하여 그들은 '실험적인' 사회·문화문화인류학이 직면한 문제들에 대한 방법론적 해결책으로 다공간적[multisited] 민족지학을 제안했다. 그들이 제시한 다공간적 민족지학은 단순히 인류학자가 찾아가는 현장의 수적 증가, 즉 단일 공간적 민족지학의 양적인 '추가'만을 포함하지는 않는다. 그보다 다공간적 민족지학은 **개념 차원의 지형학**으로서, 우리가 살고 있는 세상에 대한 분석적이고 이론적인 의문들과 관련된 각 현장에 대해서 다르게 사고하는 방법이라고 그들은 주장한다. 이를 위해서는 (가령 인류학자들 간의 혹은 인류학자와 그들의 정보원[informant] 간의 공식적·비공식적인, 새로운 형태의 협력과 같은) 다른 방법론적 전략들, (가령 참관과 공식 인터뷰 외에도 웹사이트나 정보를 중개받을 수 있는 다른 출처들과 같은) 다른 범위의 자료들에 대한 접근, 그리고 (더 많이 대화하고 다양한 의견을 더 많이 경청하는) 다른 서술 전략들이 필요할 것이다.[42]

---

41) 또한 Geertz, 1983: 68도 보라.

비슷한 취지에서 이 책이 야심 차게 지향하는 바는, 경험으로 습득한 민족지학적 자료를 이용하여 과학 연구와 정치경제학에 사회이론적 개입을 하는 것이다. 그러므로 한편으로 이 책은 '생명자본'에 대한 것이고, 다른 한편으로는 게놈 이후 미국과 인도의 신약 개발 시장에 대한 다공간적 민족지학이기도 하다. 이렇게 현장의 범위를 제한적으로 설정하는 것은 일부 정치경제 체계에 대한 통찰들이 부분적이고 파편적일 수밖에 없게 되는 결과를 낳는다. 그럼에도 불구하고, 세계적 규모의 체계들이 명료해지고 이해 가능해지는 것은 다름 아닌 그것들을 구성하는 구체성 속에서라고 나는 생각한다. 나아가, 전술했듯이 자본주의들이 언제나 이미 다층적이고 유동적이라면, 목표는 자본주의에 대한 하나의 거대한 단일 이론을 만들어 내는 데 있기보다는, 기술과학적인 시장 체제와 관행에 대한 촘촘하고 다층적이며 지역에 근거를 둔 분석을 확산시키는 데 있다. 인도와 미국은 중심에 해당하며 여러 면에서 그러한 분석에 기여하는 독특한 현장들이지만, 결코 어떤 식으로든 전체로서 '생명자본'을 포착할 수는 없다. 그보다 이 두 나라는 함께 어떤 체계적인 관점을 생산해 내면서 세계적 규모의 자본주의들을 엿볼 수 있는 창이 되어 줄 것이다.[43]

---

42) 다공간적 민족지학의 방법론적 전략에 대한 자세한 설명을 찾는다면 Marcus, 1998을 보라.

43) 생명자본의 다양한 현장과 형태에 대한 분석을 촉진하는 최선의 방법은 공동 연구라고 나는 믿는다. 이를 위해서 나는 '살아 있는 자본: 세계시장의 생명공학, 윤리학, 통치'라는 워크숍을 조직했고, 여기에 다양한 학문 분야(주로 인류학이지만 역사학과 문학이론도 있었다)를 전공한, 생명과학과 자본주의에 대한 최고의 분석가들이 모였다. 이 워크숍에서 발표된 논문들은 미국, 멕시코, 아이슬란드, 영국, 독일, 나이지리아, 남아프리카, 인도, 중국, 타이완, 싱가포르를 포함한 다양한 국가에서 이루어지는 생명자본의 형태와 실천을 추적했다. 그러나 이 역시 상당히 제한된 분석 현장들임은 분명하다. 이 논문들은 현재 편집본으로 엮이고 있는 중이다[이 편집본은 올해 출간되었다. Kaushik Sunder Rajan ed., *Lively Capital: Biotechnologies, Ethics, and Governance in Global Markets*, Duke University Press, 2012 참조].

이 책의 또 다른 목표는 연구 대상이 되는 체계들의 유동성을 대면하는 것이다. 자본주의가 다층적이고 유동적이라면, 자본주의에 대한 모든 분석은 그것이 **과정**임을 끊임없이 강조해야 한다. 이와 비슷하게, 생명공학은 끊임없이 새롭게 태어나고 변화하는 분야이다. 반복하자면, 이 책의 민족지학적 연구의 대상이 되는 시기인 지난 5년 동안의 게놈학조차도 어떤 견고한 지시 대상이 되지 못한다.[44] 인식론으로서 게놈학의 변화는 게놈적 사업 모델의 변화와 평행을 이룬다. 1999년이나 2000년에 생명과학들의 미래로 여겨졌던 (가령 생명정보학^{bioinformatics}적인 데이터베이스의 창출에 기반을 둔) 사업 모델들은 지금 보면 종종 순진한 낙관주의에 불과했다. 생명정보학적 사업 모델들에 기반을 두고 초기 투자를 했던 많은 게놈 회사들이 이제는 신약 발견 생명공학 회사들로 스스로를 개혁하는 과정에 있다. 그중 가장 주목할 만한 예는 아마도 인간 게놈 염기서열의 설계도를 생산하는 데 주요한 역할을 한 셀레라지노믹스일 것이다. 그 사이 인도의 기술과학과 자본주의는 지난 15년 동안 급속한 변화를 보였는데, 그 원인은 자유시장을 적극 수용하려는 의도와 세계적인 구조에서 비롯된 구속들의 결과가 함께 만들어 낸 경제적·법적 환경의 급격한 변화에, 첨단 기술에 대한 최근의 급격한 투자가 결합되었기 때문이다.

세계적 체계들이 견고하거나 완전히 해명된 구조가 아니라 끊임없이

---

44) 이 책에 포함된 분석 대부분은 1999년과 2002년 초 사이에 벌어진 사건들을 추적한다. 이 시기에 현장 조사의 대부분이 이루어졌기 때문이다. 내가 이미 연구했던 여러 현장에서 벌어진 지속적인 변화를 추적하기 위해 나는 2002년과 2004년 사이에 다양한 현장에서 후속 연구를 수행했다. 그러한 변화의 일부가 가진 빠르게 변화하는 속성을 고려하면, 이 책은 이미 현대적 역사 분석의 성격을 띤다. 즉 두 국가에서 전개되는 기술과학적 자본주의 역사에서 벌어지는, 극적이고 상징적이지만 결코 고정되지 않은 순간들을 찍은 스냅 사진의 연속이라는 성격을 띤다.

형성되는 과정이라는 사실에 기반을 둔 **시간성**temporality에 대한 강조는, 그 체계들의 공간적 규모와 부조화성을 강조하는 다공간적이며 민족지학적인 방법론을 보완한다.

한편에서 이 책은, 서로 다르지만 비대칭적인 방식으로 밀접하게 연결된 두 나라의 사람들, 장소, 기술, 인식론, 사업 모델, 시장 논리 등에 대한 이야기를 전한다. 그러나 다른 한편에서, 이 이야기들 중 많은 부분은 여러 종류——재료, 사람, 돈, 정보——의 흐름에 의해 구성된다. 나는 책의 도처에서 특정한 지역들**의** 문화를 추적하는 동시에 그 지역들 **사이의** 다층적인 교환 관계를 추적하는 데도 관심을 갖는다. 그러므로 이 책의 관심에 놓인 지역들은 물신화되거나 정지되어 있거나 고립되어 있는 실체들이 아닌, 다층적인 교환의 마디로 연구되고 묘사된다.

현장 조사에서 나는 각기 다른 접근법들을 결합했다. 그 다른 접근법들이란, 보통 기간(현장당 한 달에서 여섯 달)의 집중적인 참관, 짧은(하루 또는 이틀) 목적성 '탐사', 신약 개발 시장에 대해 출간되는 논문의 지속적인 검토, 반⁺조직화된 다층적인 생활사와 경력 개발 인터뷰, 광고와 경쟁, 신분을 이루는 다수의 구성 요소들이 어떻게 법제화되고 재협상되는지 볼 수 있는 의례적ritual 공간으로서 과학 회의와 시사회 활용, 그리고 내가 선택한 현장 중 한 곳(샌프란시스코에 본부를 둔 신생 인터넷 학습 회사 진에드GeneEd)에서 내가 주최한 세미나 등을 말한다. 이 과정에서 나는 1999년 초반부터 2004년 중반에 이르는 5년 동안, 미국과 인도의 여러 지역(미국에서는 주로 보스턴과 샌프란시스코, 인도에서는 주로 뉴델리와 하이데라바드, 뭄바이)을 직접 방문했다.

이 책에서는, 암묵적으로 그 구조의 기초를 이루는 두 종류의 서술적 영역이 동시에 작용한다. 이 책의 이론적 논의의 핵심은 물질성이, 새로우

형태의 생명과학이 그것의 터전이 될 시장 체제와 함께 출현하는 데 기초가 되는 추상성들과 맺는 관계를 분석하는 것이 생명자본에 대한 이해에 포함된다는 것이다. 다른 말로 하면, 게놈학과 같은 새로운 생명공학들에 대한 이해는 그것들의 마당이 되는 시장 구조들을 동시에 분석할 때만 가능해진다. 가령 마케팅 담론, 새로운 기술을 둘러싼 과장 광고와 희망, 유전자 결정론에 대한 물신, 과학과 국가, 종교에 대한 믿음 모두는, 이 책이 게놈학과 생명공학, 신약 개발의 원인이자 결과인 기술적·인식론적 변화들의 지도를 작성할 때 동시에 작성하는 게놈 이후의 삶 전체를 구성한다.

이 책은 또한 다음의 세 영역의 지도를 작성한다. 첫째는 이미 간략하게 설명한 신약 개발의 상류-하류 지형이고, 둘째는 신생 회사들이 투자자들과 소비자들에게 대응하는 영역, 셋째는 인도와 같은 야심 찬 '제3세계적' 주변부와 미국 같은 혁신의 중심부 사이의 기술과 자본 흐름을 구성하는 세계적 시장 지형이다.

1장 「교환과 가치: 미국과 인도 게놈 사업의 시장 논리에 내재한 모순들」에서는 게놈학 '혁명'의 많은 부분이 근본적인 개념적 진전보다는 기술적 진전에 기초하고 있음을 논의한다. 새로운 기술적 하드웨어와 방법론이 과거에는 상상하지 못한 해상도와 속도로 실험과 측량들을 이루어질 수 있게 한다. 이 장은 시장 논리가 어떻게 기술적 변화만큼이나 중요한지 보여 준다. 기술 혁신은 언제나 유동적이고 경쟁적인 소유권과 지적 재산권 체제라는 맥락에서 출현하는 것이기 때문이다. 나아가, 인도가 시장의 주체로서 세계시장을 장악하려 시도할 때 미국 기업들은 전략적으로 증여 체제에 의지함에 따라, 이 소유권과 지적 재산권 체제는 '공'과 '사'의 일견 뚜렷한 구분이 사실상 유지되기 어려운 교환 체제가 된다.

2장 「생명과 부채: 생명자본의 세계적 그리고 지역적 정치생태계들」

에서는 하이데라바드 외곽과 뭄바이 중심에서 수행된 현장 조사를 통해 세계화에 의해 구성되고 또한 그것을 구성하는, 부채에 대한 지역적 정치 생태계들을 탐구한다. 여기서는 서로 다른 두 가지 분석틀이 동시에 작용하며, 이 책의 다른 어떤 부분보다도 명백한 방식으로 생명자본의 의미를 표현한다. 즉 생명자본은 한편으로는 생명공학적 혁신과 신약 개발이 가능하게 한 (고전적인 맑스적 의미의) 토지와 노동과 가치의 순환들로, 다른 한편으로는 자본주의가 세계화되는 과정에서 생명정치 구성에 점점 더 많이 기여하는 요소로서 지시된다. 다시 말하면, '생명공학 혁신 문화'가 뿌리내리려면 어떤 형태의 소외와 수탈, 박탈이 필요한지, 그리고 '생명 그 자체'에 관여하는 이러한 기술들에 의해 어떠한 개인적·집단적 주체성들과 시민들이 형성되고 징집되는지를 탐구한다는 것이다. 이를 통해 나는 세계화에 내재한 제1세계와 제3세계 간의 비대칭성이, 산업적 식민 팽창이 보여 주는 비대칭성과 달리, 제국과 식민지의 관계가 상인과 고객의 관계로 재구성되는 것을 통해 전개됨을 논의할 것이다.

3장 「비전과 과장 광고: 약속하는 생명자본적 미래의 주술」에서는 게놈학과 그야말로 모든 생명공학이 미래를 가능하게 하는 현재를 생산하기 위해 끊임없이 미래에서 움직이고 있음을 논의한다. 그러므로 나는 기업이 약속하는 미래를 불러오는 주술이, 다름 아닌 '생명'의 문법을 바꾸고 이제는 계산 가능한 시장 단위로 변형되어 이해되며 생명공학과 신약 개발 회사가 활동하는 전략적 지형을 구축하는 생명자본을 어떻게 구성하는지 추적한다.

4장 「약속과 물신숭배: 게놈학적 사실과 맞춤형 의료, 혹은 하나의 사업 계획으로서 생명」에서는 게놈학적 지식 자체가 제공하고 또 그것에 기반하면서, 결국에는 내가 '게놈 물신숭배'genomic fetishism라고 부르는 것으로 귀결되는 추상성의 형태들을 추적한다.[45] 나는 과학적 사실들의 작용을 고려할 때 생겨나는 추상성과 물질성 사이의 긴장을 숙고한다. 과학적 사실들 그 자체는, 한편으로는 소유권과 공공 영역에 대한 의문들에 의해, 다른 한편으로는 비전과 과장 광고에 대한 의문들에 의해 과잉결정된 지형에서 생산된다. 나는 게놈학적 사실들이 다양한 형태의 위험 담론을 중심에 겹쳐 놓는다고 본다. 이러한 담론들은 한편으로 게놈 기술이 예견할 수 있는 미래의 질병 가능성과 관련되지만, 다른 한편으로는 생명공학 회사와 제약 회사들이 연루된 신약 개발이라는, 고위험·자본 집약적 과정과 관련되기 때문이다.

5장 「구원과 국가: 생명자본의 기초를 이루는 믿음 구조들」은 구원적이고 국가주의적인 성격을 띤 수사와 담론이 어떻게 생명자본의 약속들을 떠받치는지 보여 준다. 여기서 나는 미국에서 생명공학이, 약속하는 구원의 과학으로 나타남을 이야기할 것이고, 그러한 구원적 이야기들이 특정한 개인의 전기에 어떻게 녹아 들어가 있는지 보여 줄 것이다. 또한 나는 그것이 특정한 기업의 문화, 생명공학 문화와 신약 개발 산업 전반에 구현되어 있음을 주장한다. 이는 인도에서 일어난, 생명자본의 국가주의적인 발현과 대조를 이룬다. 일상의 작업, 제도적 구조, 규제와 메커니즘, 인도 과학자들의 전기, 실리콘밸리에 기반을 둔 해외 거주 인도인 기업가들의 사명감 어린 열의, 그리고 그들이 인도 발전의 중개인으로서 스스로에게 부여한 역할 등 모든 면에서 말이다. 그러므로 나의 결론은, 인도에서 일어난 기술과학적 현상들을 이해하는 것은 단순히 제3세계의 과학과 기술에 대한 사례 연구를 하는 것이 아니며, 세계시장 지형은 패권적 상상(언제

---

45) 이 점은 유전자 물신숭배라는 도나 해러웨이의 개념에 의존한다. Haraway, 1997을 보라.

나 미국적인)과 그에 대항하는 국가주의적 상상 사이의 긴장으로 구성된다는 것이다. 제3세계의 상상은 미국적인 시장 패권에 복종하면서 동시에 저항함으로써, 결국 혁신과 기술 이전이라는 이데올로기에서 착상되는 바와 조화되지 못하는 방식으로 갈라지는 시장 논리와 국가 행위, 과학 발전의 표명을 낳는다.

6장 「기업가들과 신생 회사들: 인터넷 학습 회사 이야기」에서는 샌프란시스코에 본부를 둔 신생 회사인 진에드에서 내가 수행한 현장 조사를 기술한다. 진에드는 생명공학 회사와 제약 회사에 신약 발견과 개발에 대한 인터넷 학습 강좌를 판매하는 회사이다. 이 회사는 생명공학 회사도, 제약 회사도 아니지만, 내가 이 책 전체에서 관심을 둔 세 가지 지형 모두에 걸쳐 있기 때문에, 한곳에 관심을 집중하는 전통적인 민족지학적 방식으로 한 장 전체를 그 회사에 할애한다. 진에드는 신생 회사인 이유로 벤처 기업이 해결해야 할 투자 유치 문제, 즉 벤처 자본주의와 벤처 자본가를 상대하는 일이 중심 요소인 시장에서 현재 생명공학 산업과 관련이 깊고 앞으로도 그러할 문제를 우리에게 보여 준다. 진에드를 창립한 두 사람은 모두 실리콘밸리의 인도인이며, 비록 (아직은) 인도로의 기술 이전에 직접 관여하지 않지만, 이 책에서 내가 상정하는, 인도와 미국의 생명공학 시장 간의 중심 고리 중 하나를 구성하는 실리콘밸리의 해외 거주 인도인 기업가 공동체에 다양한 차원으로 연결되어 있다. 그리고 마지막으로, 진에드는 상류의 생명공학 회사와 하류의 거대 제약 회사들에 제품을 판매하기 때문에 신약 개발의 상류-하류 지형(하나의 기업으로서 진에드가 출현한 모양을 상당 정도 결정지은 지형)을 특별히 잘 보여 주는 지점에 있다. 그러므로 이 장은 혁신이 어떻게 신생 회사에서 구성되는지, 신생 회사들이 어떻게 투자자·고객과 연결되는지, 신생 회사가 진화하는 과정에서 노동과 경영,

핵심 가치들이 그 안에서 어떤 영향을 받는지 보여 준다.

「결론」에서 나는 이 분석의 여러 지점에서 생명자본이 의미한 바를 다시 정의하기 위해 맑스로 돌아간다. 그 과정에서, 새로운 생명과학과 새로운 시장 지형·논리의 결합이 우리에게 제시하는 연속성의 일부와 새로운 특수성의 일부를 추출해 본다.

1부

유통들

1장 교환과 가치

미국과 인도 게놈 사업의 시장 논리에 내재한 모순들

1999년 3월, 하버드대학과 매사추세츠공과대학의 연합 조직인 히포크라테스 학회Hippocratic Society에 속한 학부생들이 '유전 기술과 사회'Genetic Technology and Society라는 제목의 회의를 조직했다. 일류 생명공학 과학자와 기업가가 이 회의에서 정치인과 반反생명공학 활동가, 종교 지도자, 생명윤리학자와 조우하여, 생명공학이 초래하는 사회 문제의 일부에 대해 논쟁했다. 대학 또는 기업에 몸담고 있는, 참석한 다수의 과학자들에게는 분명 이 자리가 불편했다. 과학자들의 노력에 그리 낙관적인 시선을 보내지 않는 비과학자들과 같은 토론 단상에서 자신의 업적을 발표하는 일에 조금도 익숙하지 않았기 때문이다.

그 자리에 참석한 과학자이자 기업가인 사람들 중에는 아이슬란드에 본부를 둔 게놈 회사 디코드지네틱스DeCode Genetics의 설립자이자 최고 경영자인 카우리 스테파운손Kári Stefánsson이 있었다. 이 회사가 내세우는 바는, 널리 알려진 아이슬란드인의 유전적 동질성으로 인해 이 나라가 인구게놈학population genomics 실험에 이상적이라는 것이었다. 그러나 이 나라가 그러한 실험에 특별히 좋은 장소인 실제 이유는, 20세기 초까지 거슬러 올라가는 훌륭한 국민 의료 기록이 존재하고, 거기에다 선조의 흔적 추적을 중시하는 국민들 덕분에 풍부한 가계 정보까지 있다는 것이었다.

1998년에 셀레라지노믹스와 같은 미국의 민영 게놈 회사들이 (자신들이 생산한 DNA 염기서열이 특허를 받을 것이라고 발표해) 논쟁을 불러일으킨 것과 마찬가지로, 1998년은 아이슬란드의 게놈학에도 논쟁적인 해였다. 아이슬란드 의회가 디코드에 아이슬란드 인구의 게놈 데이터베이스를 작성할 독점권을 주었기 때문이다. 디코드는 DNA 샘플을 수집하여 유전자 염기서열을 밝히고, 나아가 그 지노타입genotype[1] 정보를 국가가 관리하고 있는 국민 건강 기록과 합치해 볼 수 있게 되었다. 보건부문데이터베이스Health Sector Database라 불린 이 벤처 사업은 아이슬란드 국민이 이에 동의한 것으로 가정했다. 디코드는 그 데이터베이스에 포함될 만한 국민들 각각에게 고지를 통한 동의를 받는 대신, 그로부터 탈퇴할 권리를 주었다. 그러므로 아이슬란드 국민이 일부러 탈퇴하지 않는 이상, 그들의 의료 정보는 데이터베이스의 일부로 간주되었다. 당연하게도 디코드의 이러한 조치는 아이슬란드에서뿐 아니라 미국의 생명윤리학자들에게도 큰 논쟁을 불러일으켰다. 특히 미국의 많은 생명윤리학자들은 한 회사가 국민 전체의 유전 정보에 대한 독점권을 가지는 것을 부적절하게 여겼다.[2]

---

1) '지노타입'은 하나의 세포, 유기체, 또는 사람 각자가 동일군에 속하는 다른 개체들과 달리 갖는 특징적인 유전적 구성이다. '유전자형'이라고 부르기도 한다. ─옮긴이
2) 이 글은 디코드 논쟁에 대한 총망라가 아니다. 그 논쟁은 미국의 생명윤리학자들뿐 아니라 인류학자들도 충분히 연구하고 토의했다. 그에 대한 상반된 입장을 확인하려면 Palsson and Rabinow, 1999; Fortun, 2000을 보라. 이 주제에 대한 마이클 포튼(Michael Fortun)의 책이 출간될 예정이다. 디코드 논쟁을 둘러싼 광범위한 자료는 디코드에 반대하는 유력 조직인 만-베른드(Mann-vernd)의 웹사이트(www.mannvernd.is)에서 찾을 수 있다. 여러 번의 대화를 통해 내게 디코드 논쟁에 대해 많은 걸 알려 준 포튼과 지칠 줄 모르는 노력으로 이 자료를 만드는 데 결정적 역할을 한 스쿨리 시구르손(Skuli Sigurdsson)에게 감사드린다.

딱히 잃을 게 없는 대학원생으로서 나는 회의 중 만날 수 있길 기대하며 스테파운손이 케임브리지에 오기 전에 미리 메일을 보냈지만 예상대로 답장을 받지 못했다. 회의 첫날 환영회장에서 나는, 은빛 턱수염을 하고 그에 잘 어울리는 연회색 아르마니 정장을 입은, 키가 크고 우아한 자태의 스테파운손을 만났다. 나는 답장을 받지 못했다고 말했고, 그는 하루 200건이 넘는 이메일을 받는다며 내게 선선히 사과하고 "꼭 함께 이야기합시다"라고 말했다. 다음 날 본인의 발표가 끝난 직후 함께 점심을 먹자고 했다.

다음 날, 스테파운손은 디코드에 대해 훌륭하게 다듬어진 발표를 했는데, 디코드가 얼마나 큰 과학적·사업적 잠재성을 갖고 있는지, 또한 얼마나 큰 주의를 기울이며 윤리적 행동 방침을 따르고 있는지 설명했다. 그는 보건부문데이터베이스에 포함되는 모든 개인의 사생활을 보호하기 위해 취해진 조치들에 대해 특별히 더 설득력 있는 답변을 토해 냈다. 패널 중에 케임브리지에 본부를 둔 책임 있는 유전학을 위한 회의Council for Responsible Genetics에서 온 마틴 티틀Martin Teitel이라는 부드러운 말투의 생명윤리학자가 있었다. 그는 디코드의 작업에 반대하는 이들이 이전 몇 달 동안 제기해 온 표준적인 반대 의견들을 제시했다. 스테파운손은 티틀이 한참 말하고 있는 와중에 벌컥 화를 내면서, 티틀은 과학자가 아니기 때문에 디코드의 과학적 면모에 대해 말할 자격이 없고 미국인이기 때문에 아이슬란드에서 일어난 일에 판단을 내릴 권리가 없다고 말했다. 티틀은 만일 자신이 과학자가 아니기 때문에 과학에 대해 말할 수 없고 미국인이기 때문에 아이슬란드 일에 대해 말할 수 없다면, 같은 논리에 따라 스테파운손은 윤리에 대해 말할 입장이 아니라고 부드럽게 응수했다. 자신은 윤리학자로서 훈련받았으나 스테파운손은 그렇지 않다는 이유 때문이었다. 스테파운손은 자신이 실수했음을 깨닫고, 극적인 몸동작으로 두 손에 얼굴을 파묻고 머리를 가로로 흔들더니 티틀의 어깨에 팔을 두르고 공개적으로 사과했다.

그 토론 후에 나는 스테파운손이 약속한 점심을 기대하며 그의 주위를 맴돌았지만, 그는 나를 휙 지나치더니 자신의 한 동료의 팔을 낚아채 함께 쿵쿵거리며 가 버렸다. 결의에 찬 목소리로 "생명윤리학자를 **반드시** 하나 구해야겠어!"라고 말하면서.

배경, 논점, 현장

자본의 유통은 가치^{value}의 문제들과 긴밀하게 연관된다. 가치는, 언제나 이미 서로 다른 두 가지를 함축하는 그 미묘한 양의적 용어 중 하나이다. 한편으로 '가치'는 교환의 과정들을 통해 현실화되는 시장가치를 의미한다. 다른 한편으로는, 생명과학계의 구성원들이 사용해 온 바처럼 이른바 **윤리**라고 불리는 비^非시장적 가치를 의미한다. 이 장에서 내가 보여 줄 한 가지는, 어떻게 '윤리적인' 것이 점차 시장의 가치 평가 체계들에 의해 침식당하고 흡수되고 그에 충실해지는 반면에, 시장의 가치 평가는 그 시장의 '외부'에 있는 것으로 여겨지는 가치에 대한 개념들에 의존하는가이다.

생명과학 분야에서 게놈학이 일으킨 주요한 변화 중 하나는 생물학이 점차 정보과학이 되는 현상이다. 그러므로 생명자본을 분석하려면 생물학이 정보과학이 될 때 가치는 어디에 머무는가, 그리고 이러한 가치들을 창출하려면 어떠한 작업과 행위자가 필요한가를 시작부터 물어야 한다. 그리고 이 의문들에 대한 답을 구하려면 정보 유통과 기업 활동의 변화 양상을 이해해야 한다. 나는 정보는 **소유**될 수 있고 현재 **소유**되고 있는 어떤 것이라는 사실을 놓고 벌어지는, 정보 유통과 기업 활동의 동역학을 이론화할 것이다. 이 장에서는 여러 생명과학 분야에서 정보의 소유권을 놓고 벌어지는 동역학을 분석한다. 특히 게놈학적 정보의 흐름과 그것에 대한 사적인 소유권이 만들어 내는 '과속방지턱'speed bump의 관계에 초점을 맞춘다. 생명자본의 시장 논리가 어떻게 작동하는지 이해하기 위해서는 이 관계가 함의하는 바를 추적해야 하기 때문이다. 그 과정에서 '시장 논리' 자체가 정확한 파악이 어려우며 문제가 되는 것임을 보여 주고자 한다.

기업적 생명공학은 하이테크 자본주의의 한 형태이다. 따라서 그것을 이루는 세 가지 결정적인 특징은 혁신의 중요성, 사실 생산의 역할, 정보의 구심성이다. 현재 일어나고 있는 일 중 하나는 정보 자체가 상품화와 탈상품화에 민감한, 하나의 통화currency가 되고 있다는 것이다. 또한 정보는, 그 정보가 비롯되거나 그와 연관 있는 (생명자본의 경우에는) 유기 물질(종종 DNA나 단백질, 세포, 세포조직인)에 얽여 있으나 그와는 독립된 교환의 회로들 속에서 전 세계로 여행할 수 있는 어떤 것이다.

생물학적 물질과 생물학적 정보가 운신하는 사회적 삶의 상이성을 좀 더 깊이 파헤쳐 보자. 이 둘은 비록 다른 '물건들'이지만 늘 서로 연결된다. 생물학적 정보는 실험적인 실험실 생물학을 합리화하는 데 도움이 되어 준다. 가령 우리는 특정한 DNA 염기서열로 암호화된 단백질의 추정 기능들을 확인하기 위해 생명정보학을 이용할 수 있다. 즉 특정 염기서열과 이미 그 기능이 알려진 (대개 그와 다른 유기체들에 있는) 다른 염기서열들 사이의 상동 관계를 찾음으로써 말이다. 서로 다른 염기서열이 하는 기능의 추정 범위를 좁힘으로써, 실험을 통해 유전자와 단백질의 기능성을 파악하는 것이 더욱 쉬워진다.

요컨대 생물학적 정보가 있고 그 정보를 파생시키는 생물학적 물질(세포나 세포조직)이 있으며, 그 물질은 정보가 암시하는 실마리들의 유효성을 입증하는 실험의 기반이 된다. 그 과정에서 정보는 그것의 실체적 원천인 생물학적 물질로부터 분리되어 자체의 사회적 삶을 갖기에 이르지만, 그 정보가 제공하는 '지식'은 끊임없이 그 실질적인 생물학적 표본으로 되돌아간다. 그 데이터베이스는 '정보'를 '지식'으로, 이 경우에는 특히 치료와 관련된 지식으로 변환하는 데 핵심적인 매개 역할을 한다. 그 정보의 원천이 되는 생물학적 물질로 끊임없이 되돌아가는 것은 바로 지식이지만, 애초에 그 생물학적 물질로부터 정보를 추출함으로써만 얻어질 수 있는 것 또한 지식이다. 생물학적 물질로부터 정보를 추출하는 것은 효과적인 치료를 위한 지식을 생산하는 데 분명한 기능을 한다. 이 때문에 직감적으로 정보의 생산을 '창의적인' 것으로, 따라서 법적으로 소유할 수 있는 것으로 개념화하기 쉬운 것이다.

그렇다면 생명자본을 분석하는 것의 핵심은, 화폐나 정보, 생물학적 물질과 같은 여러 형태의 통화에 대한 분석이 된다. 이들은 모두 서로 의존하지만, 반드시 동시에 동일한 회로를 따라 움직이지는 않는다. 회로들은 단순히 이미 정해진 네트워크일 뿐 아니라, 종종 서로 활동이 엇갈리기도 하는 다양한 제도적 행위자들에 의해 전략적으로 건설되거나 제한되기도 한다. 가치의 생산은 교환의 회로들이 만들어 낸 산물인 동시에 관련된 개인과 단체의 전략적인 표명articulation의 산물이기도 하다.[3]

게놈학에서 유전자 염기서열 정보의 흐름을 구성하는 특징 중의 하나는 DNA 염기서열 정보가 생산되는 놀랄 만한 속도인데, 이는 새로운 DNA 염기서열 장비라는 형태를 한 기술적 하드웨어 분야에서 상당한 자동화와

---

3) 스튜어트 홀(Stuart Hall)이 지적하듯(Morley and Chen, 1996을 보라), articulation 역시 (value와 마찬가지로) 양의적인 단어이다. 이 용어는 언표를 통해 뜻을 전달하는 능력이라는 의미와 연결하는 과정이라는 의미를 동시에 함축한다.

투자가 이루어진 결과이다. 그러므로 우리는 게놈 정보가 교환의 회로를 따라 움직인다는 것을 넘어, 게놈학으로 인해 그 유통이 이전에는 상상하지 못한 해상도와 속도로 이루어진다는 점을 인식해야 한다. 그토록 빠른 정보 생산을 표현하는 지배적인 수사^{修辭}는 당연히 숨막힘의 수사이며, 이는 사실상 따라가기 불가능한 엄청난 양의 (추정상) 귀중한 자료들에 압도되는 느낌을 표현한다. 앞으로 밝힐 테지만 이것은 (비록 모두 수사적 표현이기는 하지만) 단순히 수사에 그치지 않는다. 우선 실제로 엄청난 양의 자료가 생산되고 있고, 그것의 파편 하나가 어떠한 생물학적 의미를 갖고 있는지 아무도 모르지만 이 건초 더미에 묻힌 어떤 정보 조각이라도 치료나 상업 면에서 극도로 귀중한 것으로 판명날 수 있기 때문이다.

속도는 또한 직접적인 실질 가치를 지닌다. 제약 산업의 계산법에서는, 예비 히트 상품의 생산과 판매가 지연되면 제약 회사는 **하루**당 100만 달러가 넘는 손해를 입는다. 속도는 두 가지 다른 방식으로 그 모습을 드러내는데, 하나는 질적으로 엄청나게 압축된 연구·생산 시간이고,[4] 다른 하

---

4) '질적으로 압축된 시간'이라는 개념이 시대착오적으로 보일지 모르나, 이는 사실 생산양식들에 있어서 ——과학을 하는 새로운 방식들이 나타나는 만큼——속도 증가와의 실제적인 차이를 반영한다. 이는 급속하게 부상하는 고효율(high-throughput) 산업 분야에 반영되는데, 이들 분야에서는 그 자체가 새로운 장비 산업을 창출하는 수많은 첨단 자동화 장비가 필요하기 때문이다. 시간 압축의 질적인 효과를 보여 주는 두드러진 예는, 샌디에이고에 본부를 둔 시릭스(Syrrx)라 불리는 회사가 수행하는 연구·개발 활동에서 볼 수 있다. 시릭스는 단백질 문서화와 분석의 모든 단계를 자동화하고자 하는 고효율 단백질유전정보학(proteomics) 회사이다. 이 회사는 그 과정에서 단백질의 결정(crystal)을 실제로 만들어 낼 수 있는 로봇을 이용한다고 주장한다. 단백질 결정화는 생물학 연구에서 언제나 가장 어려운 작업이었고 종종 엄밀한 과학보다는 예술로 여겨진다. 시릭스는 이렇게 정교하고 예측 불가능한 과정을 자동화할 수 있다고 믿는데, 이 믿음은 고효율 과학기술이(또한 그것의 욕구가) 투자자들에게 스스로를 정력적으로 팔 수 있는 기업의 수사적 힘을 증거하는 만큼이나, 그것에 과학적 실천의 성격을 급격하게 바꿀 수 있는 능력이 있음을 증거한다.

나는 신속함에 기여하거나 그것을 연료로 하여 출현하는 새로운 구획들의 수이다. 다시 말해, 게놈학에서 '속도'가 중요한 이유는 단순히 변화가 빠르기 때문만이 아니다. '속도'는 처음에는 정부를, 그 다음에는 공기업이나 그 밖의 기업들을 움직여 '과장 광고'에 반응하게 함으로써 생명공학에 더욱 깊이 연루되도록 만드는 물질적-수사적 지렛대이다.

　민영 분야에 종사하는 게놈 과학자들에게는 분명 게놈 정보의 잠재적 가치에 대한 권리를 확보하기 위해 그것을 소유하고자 하는 욕망이 있다. 그렇지만 소유권은, 정보가 (종종 약품의 형태를 띠기도 하는) 귀중한 '다른 것'으로 변형될 수 있는 바람직한 조건인 정보의 유려한 흐름을 방해하는 장애물이다. 나는 이 장을 통해 그 역학을 자세히 밝힐 테지만, 내가 해결하려고 하는 중심적인 이론상의 문제는 이것이다. 빠른 속도의 정보의 흐름으로 발생하는 숨막힘이, 정보가 소유될 수 있도록 허용하는 제도가 설치한 과속방지턱에 의해 경감되는 현상이다. 이것은 마찰을 내포한 과정이다. 나는 소음^{noise}(정보이론에서 막힘 없는 정보의 흐름을 방해하는 장애물을 가리키는 데 흔히 사용되는 용어[5])이 아니라 마찰^{friction}이라는 개념을 사용한다. 왜냐하면 그러한 장애물들이 이음매 없는 유려한 흐름에 포섭되기를 기다리는 외부 요소가 아니라, 흐름 그 자체의 역학에 내재하는 요소이기 때문이다. 마찰은 여러 물건이 서로 부딪쳐서 나오는 산물이면서 동시에 갈등을 유발하기도 하므로, 무언가를 방해할 뿐 아니라 생산하기도 한다. 그러므로 속도, 과속방지턱, 마찰은 모두 현 자본주의에서 일어나는 게놈 정보의 순환에 내재하는 성질들이다. 나아가, 소유권과 상품화 체제에 대한 대안으로 표명되는 '증여'^{gifting}식의 형태들——이 장 뒷부분에서 서

---

5) 정보이론을 '창시한' 에세이를 찾는다면 Shannon, 1948을 보라.

술할——은, 사실상 상품화와 같은 체제에 있기 때문에 그 자체가 방해적이며 동시에 생산적이다.

각 장에서 내가 주장하는 이론들은 민족지학 자료 및 경험 자료 모음으로 얻어졌다. 이 자료들은 경우에 따라 제도적 현장, 물질적 사물, 개인사를 포함한다. 이 장에서 나는 생명자본에서 작동되는 교환과 가치의 개념을 분석하기 위해 제도와 전략이 만들어 낸 세 종류의 현장과 일 처리 방식을 사용한다. 그 세 현장은 SNP컨소시엄$^{SNP\ Consortium}$, 내가 Rep-X라 부르는 미국에 본부를 둔 생명공학 회사, 인도 정부이다. 이 세 현장과 그에 관련된 이야기들을 고른 이유는, 생명자본적 교환이 가진 다층적 영역의 지도를 그려 냄으로써 그것의 다층적 동역학을 보여 주기 위해서이다.

「서론」에서 신약 개발의 상류-하류 지형을 설명하며 서술했듯이, 게놈 회사와 제약 회사 사이에는 폭넓은 차이가 있다. 게놈 회사는 신약 개발 과정에서 상류를 구성하는 구획을 차지하는 경향이 있고, 1999~2002년 사이에는 유전 정보를 파는 데 집중하는 경향이 있었으며,[6] 규모도 더 작고 역사도 짧은 경향이 있다. 제약 회사는 신약 개발에서 하류에 집중하는 경향이 있고, 약품을 팔며, 보통 훨씬 규모가 크고 오래되었다. 게놈 회사가 작동하는 흔한 방식은 그들이 가진 정보를 제약 회사에 인가해 주는 것으로서, 이러한 일 처리는 종종 제약 회사가 독자적으로 일체의 게놈 시설을 갖추지 않아도 되는 편리함을 준다.

이렇듯 게놈 회사는 팔거나 인가를 주기 위해 DNA 염기서열 정보의

---

6) 점점 더 많은 게놈 회사가 사업 모델을 데이터베이스 생산에서 기능유전체학과 신약 발견, 생명제약 개발로 전환하고 있지만, 이러한 일은 여전히 종종 일어나고 있다. 이와 같은 용어들과 사업 모델에 대한 설명은 「서론」에 있다.

특허를 받고자 한다. 제약 회사는 보통 이러한 데이터베이스 회사에 인가비를 지불해야 하고, 이후에는 그를 바탕으로 자신이 발견한 치료제에 대한 로열티를 지급해야 한다. 그러므로 제약 회사는 정보가 공공 영역에서 접근 가능한 상황을 훨씬 더 선호한다. 그러므로 심지어 공-사 간의 논쟁에서조차도 기업 분쟁의 요소가 짙게 배어 있다. 핵심적인 내용이니 다시 표현해 본다. **신약 개발 시장을 소위 소프트웨어 산업과 구분 지어 주는 것은 그것의 특이한 상류-하류 지형이다. 신약 개발은 자본 집약적 과정이기 때문에 극소수의 회사만이 약품을 실제로 시장에 출시할 수 있는 힘을 갖고 있다.**[7]

신약 개발의 상류-하류 지형과 소프트웨어 시장 간의 유비 관계는 더욱 파헤쳐 볼 가치가 있다. 신약 개발은 너무나 자본 집약적이어서 작은 생명공학 회사가 큰 제약 회사와 실제로 경쟁하거나 이길 가능성은 매우 희박함을 앞서 말한 바 있다. 대기업에 경쟁 우위를 주는 이런 자본 집약적 환경은 실제로 소프트웨어 산업에는 존재하지 않는다. 전술했듯이 신약 개발의 **본성** 자체로 인해 소기업과 대기업 간의 근본적 권력 관계를 바꾸는 일은 한층 더 어려워진다. 소프트웨어 산업에서 마이크로소프트의 핵심 사업에 진지하게 맞서려는 조직이 거의 없는 것 또한 사실이다. 많은 기업이 마이크로소프트가 제공하는 한두 가지 제품이나 서비스와 경쟁했지만, (넷스케이프나 아메리카온라인[AOL], 또는 좀더 최근의 오픈소스 운동이 제

---

7) 국가는 원하기만 한다면 약품을 시장에 출시할 힘이 있다고 생각할지 모르겠다. 그러나 미국에서뿐만이 아니라 역사적으로 보면 국가는 민영 사업의 발전을 가능하게 하는 초기의 자본지출에는 능했지만, 자본 집약적 프로젝트의 장기적인 집행에는 약했다. 그러므로 '공공 부문' 제약 회사라는 것은, 일반인이 구매 가능한 치료제 개발에 국가가 대규모 투자를 해야 한다고 믿는 사람들에게는 솔깃한 착상이지만, 국가가 일반적으로 추구할 선택 사항에 들지 못한다. 나아가 미국에서는 제약 회사들이 국회에서 강력한 로비를 하므로 정부는 제약 산업과 밀접한 관계를 맺고 있다.

기한) 심각한 도전은 오직 게임의 법칙을 근본적으로 바꾸려 했던 기업들로부터 왔을 뿐이다. 산업 분야에 관계없이, 어떤 비중 있는 상품을 시장에 내놓는 데 드는 막대한 비용은 경쟁자 수를 억제하기 마련이다. 그럼에도 불구하고, 생명공학 산업이 걸음마를 시작할 때(1970년대 후반)는 마이크로소프트라는 작은 신생 회사가 아이비엠이나 왕Wang과 같은 기존 거대 컴퓨터 회사들에 도전장을 내민 때였다. 현재는 마이크로소프트가 소프트웨어 시장을 확고하게 장악하고 있지만, (마이크로소프트의 사례에서 확인할 수 있듯) 역사적으로 보면 지금까지 생명공학 분야에서 한 번도 일어나지 않은 일, 즉 작은 회사가 거대 기업으로 성장하는 일이 생길 여지가 있다.[8]

　SNP컨소시엄은 유전자 염기서열 변이성에 대한 정보를 게놈 회사들이 특허 내지 못하도록 그것을 공공 영역에 두고자 하는, 공적인 게놈 연구자들과 거대 제약 회사들의 합작품이다.[9] 이 컨소시엄을 다루는 부분에서 나는, 이렇게 명백하게 공공 영역에 정보를 증여해 주는 행위들이 어떻게 거대 제약 회사들의 이해를 반영한 전략이 되며 그 이해에 의해 과잉결정되는지 보여 줄 것이다. 나의 주장은, 특정한 형태의 전략적 탈상품화는 '시장의 논리'를 이루는 핵심이며, 시장 논리는 이음매 없이 매끈하거나 단일하기보다는 그 자체가 패권 경쟁의 장場이라는 것이다.

　Rep-X는 전 세계에서 DNA 샘플을 수집하는 것을 목표로 하는 생명공학 회사이다. 이 회사는 그 과정에서 세계에서 가장 큰 기업형 DNA 저장소가 되고자 하며, 그 유전 샘플들에서 얻은 정보를 이용하여 상업적 가

---

8) 이러한 유비 관계들에 대해 충분히 생각할 수 있도록 많은 대화를 함께해 준 알렉산더 브라운(Alexander Brown)에게 감사드린다.
9) 'SNP'는 단일뉴클레오티드폴리모피즘(Single Nucleotide Polymorphism)이다. 이러한 DNA 표지들에 대한 정의는 「서론」에 있다.

치를 창출하길 희망하고 있다.

나는 Rep-X에 대한 설명을 SNP컨소시엄 이야기와 인도 정부 이야기 사이에 놓을 것이다. 왜냐하면 그것이 내가 명확하게 설명하려 하는 두 종류의 지형, 즉 미국에 있는 신약 개발의 상류–하류 지형과 생물학적 물질 및 정보와 관련된 교환의 순환들을 둘러싼 제1세계–제3세계 관계라는 국제적 지형 모두와 깊이 연관되어 있기 때문이다. 전자의 경우, Rep-X는 제약계의 주도적 영향력에 맞서 시장가치를 생산하기 위한 틈새를 찾으려 분투하는 신생 생명공학 회사를 대변한다. 후자의 경우, Rep-X는 '제1세계'에서 가치를 창출하기 위해 '제3세계'의 유전 물질을 수탈하는 것으로 인식되는, 제1세계의 강력한 유사 식민 경영 기관을 대변한다.

그러나 인도는 단지 '식민화된' 국가, 즉 생명해적 행위에 억눌린 희생자로 존재하지 않는다. 인도 국가에 대해 내가 하는 이야기에는 조화롭지 못한 점이 있는데, 그것은 인도 국가가 생명공학에서 스스로를 '세계적 주자'로 견인하면서도 생명해적 행위에 저항하기 위해, 역설적으로 스스로를 세계의 시장으로 틀 짓는 방식에서 나온다. 인도 국가 그 자체가 생명공학 회사, 즉 전 지구적인 기술과학 지형에서 언제나 이미 미국적**이면서** 기업적인 것으로 과잉결정되는 야심 찬 '신생 회사'와 거의 동일한 행위를 한다는 것이 나의 주장이다.

생명자본은 우리가 '생명'이라고 부르는 것의 물질성과 교환 가능성 속에서 일련의 문화적 변형들을 창조하고 있다. 이러한 변형들은 시장 상품화 대 공동 사용권, 즉 공공 재산화라는 구도를 바꾸고 다양하게 이용하는 것을 통해 창출되는데, 이 두 요소는 새로운 형태의 자본주의 논리에 의해 통제되므로 산업 자본주의나 소위 포스트모던한 정보 자본주의 그 어느 것의 논리에도 순응하지 않는다. 이것이 '생명자본'이라는 용어를 떠받치는 이론적 근거이며, 그 위에서 '생명자본'은 '생명'이 상품화의 모순적인 과정들을 거치면서 어떻게 재정의되는가를 묻는다. 이 장에서 나는 물질적이면서도 동시에 투기적이라 불릴 만한 전반적인 경제 구조 속에서, 공공 재산과 공동 사용권의 물질적 대상들과 시장 상품화의 추상적 대상들 사이의 관계를 파악해 볼 것이다.

SNP컨소시엄

게놈학은 그것의 가장 잘 알려진 제도적 표명인 인간게놈프로젝트와 동일시되는 경향이 있다. 그러나 인간게놈프로젝트는 게놈학의 중심축이긴 하나 엄연히 그 한 조각일 뿐이다. 첫째, 인간게놈프로젝트는 주로 국가의 보조를 받는 벤처 사업으로서 게놈학 전반과 비교할 때 특수한 정치적 공간을 차지한다. 즉 유전자 염기서열 정보를 생산하기 위해 지금까지 공적 자금을 사용해 왔고 앞으로도 계속 사용할 작업인 것이다. 둘째, 몇 년 전만해도 그 자체가 종결되는 것이 너무나도 벅차 보였던 프로젝트인 인간 게놈 염기서열의 결정은, 인간 게놈 염기서열의 설계도가 이미 완성된 오늘날에는 단지 시작의 끝으로 인식된다.

먼저 인간 게놈 염기서열을 결정하는 노력에 뛰어든 주요 참가자들의 일부를 살펴보자. 우선 대체로 대학에 적을 둔 다양한 연구 기관들로 구성되는 국립 기관을 포괄하는 국립보건원이 있고, (단순히 염기서열을 결정하거나 혹은 주석을 단 후에) 정보를 파는 게놈 회사이거나 장비 회사인 상류 회사가 있다. 그리고 하류 회사가 있는데 (예외 없이 거대한 다국적 제약 회사들인) 이 회사들이 만든 의약품이 가장 하류에 위치한다. 정보 자체와 그것의 '최종' 생산물, 즉 치료 분자 사이의 상류-하류 관계는 상류와 하류 회사의 차이와 긴밀하게 결부되어 있다.

「서론」에서 짧게 언급했듯이, 크레이그 벤터는 1998년 5월 게놈학 사회에 풍파를 일으켰다. 그가 설립한 민영 기업인 셀레라지노믹스가 공적 자금을 받는 인간게놈프로젝트에서 설정한 마감 기한인 2005년보다 훨씬 앞서 인간 게놈 염기서열을 결정할 것이라고 발표했기 때문이다. 1999년 인간게놈프로젝트는 분명 벤터의 유령에 시달리고 있었다. 그 프로젝트의 연구자들은 언론이 벤터의 이야기를 과장 보도한다고 주장했지만, 그에 대해 말할 때 종종 속이 뻔히 들여다보이는 조롱("전투적인 사업가"와 "벌레 같은 게놈 모략가"는 그중 점잖은 축에 속한다)을 곁들이곤 했다.[10]

'의학의 미래'에 할애된 호(1999년 1월 11일자)에서 『타임』은 "크레이그 벤터는 서둘러 일하는 사람이고 그래서 이제 모든 게놈 지도 작성자들은 벤터의 시간에 맞춰 움직이고 있다.……맹렬하고 참을성 없으며 요구가 많고 짜증을 돋우는 크레이그 벤터에게는 다른 모든 사람을 벤터 속도에 맞춰 뛰게 하는 재주가 있다"고 썼다. 이 묘사는 오늘날의 생명공학 분야에서 시간을 앞당겨 구현되는 여러 가지 업적을 요약해 준다. 즉 빠른 경영자에게서 빠른 기술이 나오는 것이다.[11]

벤터의 개인사는 논쟁을 일으킬 만하다. 그는 인간게놈프로젝트 초기에 국립보건원에서 일했고 1991년에는 뇌 조직에서 얻은 DNA 조각들을 특허 내려는 국립보건원의 시도에 가담해 있었다(Cook-Deegan, 1994:

---

10) 이러한 동요, 즉 벤터에 대한 반감이 명백히 드러난 현장은 1999년 콜드스프링하버 게놈 회의였다. 인용된 문구들은 그 회의에 참석한 공공 연구자들 간의 토론에서 언급된 내용이다. 벌레 같은 게놈학자에 대한 언급은 그 당시가 공공 연구자들이 회충인 예쁜꼬마선충의 게놈 염기서열 결정을 막 마친 시기인 점과 관련된다. 이는 당시에는 획기적인 성취였다.
11) 게놈학에서의 속도에 대한 분석을 찾는다면 Fortun 1999를 보라.

311~325). 이 시도는 국립보건원 안팎에서 상당한 논쟁을 불러일으켰다. 그러므로 인간게놈프로젝트의 과학자들이 벤터에게 느끼는 분노의 상당 부분은 (적어도 표면상) 단순히 밀린다는 두려움에서 나오는 것만이 아니라, 벤터가 그가 만들어 낸 DNA 염기서열들을 특허 낼 것을 알기 때문에 나오는 것이기도 하다. 만일 게놈학 사업이 일종의 경주라면, 그것은 단지 명예만이 아니라 소유권까지 노리는 경주인 것이다.

강조되어야 할 점은, 국립보건원 자체가 1992년 벤터의 특허 신청을 강력하게 옹호했다는 것이다. 당시 원장이었던 버나딘 힐리[Bernadine Healy]는 그 특허 신청을 탄탄하게 후원했다.[12] 벤터의 특허 신청을 반대한 주요 인물은 제임스 왓슨[James Watson]으로서, 그는 당시 인간게놈프로젝트의 국장이었고, 따라서 자연스럽게 국립인간게놈연구소[National Human Genome Research Institute]의 지휘자였다.[13] '공'과 '사'로 양극화되는 이런 특수한 현상은, 특정 상황에 놓인 일련의 정치·시각·우선권들이 빚어낸 우연의 결과이지, 공적 역할과 사적 역할의 대결이 낳은 '자연스러운' 불화가 결코 아니다.

공공 주자와 민간 주자 간의 게놈학 경주는 끊임없이 재정의된다. 인간 게놈 염기서열의 설계도가 이미 완성되었기 때문에, 국립보건원과 민간 부문의 경주는 주석판 유전자 염기서열 정보나 유전적 변이에 대한 정보 같은, 다른 종류의 정보로 향한다. 결국 이 경주는 단순히 누가 1등을 차

---

12) Cook-Deegan, 1994에서 지적하듯, 이러한 염기서열에 대한 특허 가능성에 대해서는 국립 보건원의 기술이전부(Office of Technology Transfer) 내에서조차 진지한 토의가 이루어졌다. 국립보건원이 염기서열들을 특허 낼 필요가 있다고 느낀 주요한 이유는 방어이다. 즉 그들은 만일 다른 누군가가 염기서열을 먼저 특허 내서 그것의 공공 유출을 막으면 자신들이 취약한 입장에 처할 거라 느낀 것이다.

13) 벤터 자신은 국립인간게놈연구소에서 일하지 않았고, 미국 국립신경질환뇌졸중연구소 (National Institute of Neurological Disorders and Stroke)에서는 일했다.

지해 영예를 얻느냐는 문제가 아니다. 정보를 누가 먼저 만들어 내느냐는 그 정보가 자동적으로 공공 영역으로 가느냐 아니면 특정 회사의 재산이 되느냐라는 큰 함의를 늘 담고 있다. 그러나 내가 이 장 후반부에서 보여 주는바, 공공 부문과 민간 부문의 이런 대립은 보기보다 훨씬 복잡하다.

(그 경주의 정점이었던) 1999년 공공 분야의, 특히 소장파 과학자들 사이에는, 게놈 염기서열을 누가 먼저 완성하든 승자는 언제나 벤터가 될 것이라는 의견의 일치가 있었다.[14] 그는 무조건 유리한 위치에 있는 것으로 여겨졌는데, 이유는 간단하다. 국립보건원의 염기서열들은 만들어지자마자 (즉시 공공 영역에 공개되기 때문에) 그의 손에도 들어갈 것이지만 그가 만들 염기서열은 인간게놈프로젝트에 공개될 필요가 없기 때문이다. 인간게놈프로젝트에 들어간 수백만 달러의 세금이 효과적으로 벤터의 프로젝트에 모두 투입되는 셈이다. 그가 손가락 하나 까닥하지 않았는데 말이다. 그리고 그것을 막을 길은 없다.[15]

게놈학의 '공적' 세계와 '사적' 세계의 상호작용에 대한 하나의 이야기

---

14) 인간게놈프로젝트와 셀레라지노믹스는 공교롭게도 대략 같은 시기에 게놈 염기서열 설계도를 생산해 냈다.

15) 이토록 극단적인 논쟁의 역사에 대한 '공식적인' 요약은 물론 딱딱하고 우울하다. 가령 국립인간게놈연구소의 소장인 프랜시스 콜린스(Francis Collins)는 존스홉킨스대학의 일류 게놈학자인 빅터 맥쿠식(Viktor McCusick)과 함께 『미국 의학 협회지』(*Journal of the American Medical Association*)에 게놈 프로젝트가 의료 과학에 미치는 영향을 요약한 서평을 실었는데, 거기서 그는 그와 관련된 역사를 다음과 같이 풀어 낸다. "1996년경, 여러 종의 박테리아와 이스트(yeast)에 대한 유전자 배열을 완벽하게 마치자 이제는 실험적인 인간 DNA 염기서열 결정을 시도할 때라는 결론이 나왔다. 섬세한 염기서열 장비의 도입과 인간 게놈 염기서열을 수익적 목적에 사용할 거라 약속하는 민영 회사의 설립이 이러한 노력에 가속을 붙였다. 1999년경에는 인간 게놈을 이루는 30억 개의 염기쌍 중 다수의 염기서열 결정이 해볼 만한 작업이라는 자신감이 생겼다. 2000년 6월에는 민영 회사와 국제적인 공공 컨소시엄이 인간 게놈 염기서열의 '설계도'의 완성을 선언했다"(Collins and McCusick, 2001: 541).

는 내가 방금 보여 준 두 세계의 선명한 대립에 복합성을 더해 준다. 경영자들을 위해 생명공학을 분석하는 온라인 잡지인 『시그널스』^{Signals}는 이렇게 말한다.

단일뉴클레오티드폴리모피즘스^{SNPs}를 그린 세계적 게놈 지도가 곧 출시된다. 단일뉴클레오티드란, 누가 타고난 운동선수가 될 것인가부터 누가 얼간이가 되고 누가 흡연으로 폐암에 걸리고 누구는 걸리지 않을 것인가까지, 그 모든 것을 결정하는 두 사람의 DNA 사이의 미세한 차이들을 말한다. 멀지 않은 미래에 과학자들은 또한 각자의 생활 방식에 상관없이 누가 심혈관 질환에 취약한가뿐 아니라, 누가 이런저런 약에 반응하고 하지 않을 것인가도 예상할 수 있게 될 것이다. 그러나 SNPs를 발견하거나 그 지도를 그리는 데 사용되는 현재의 기술들은 비용이 많이 들고, 지루하며, 많은 박사급의 고급 인력을 필요로 한다. SNPs를 탐지하고 분석하는 일에 있어서 진정한 발전 지표는 그것의 하향 이동성이 될 것이다. 거대한 인구 단위에서 얻은 엄청난 수의 SNPs를 값싸고, 빠르고, 쉽게 분석하는 것이 우리가 가야 할 길이다.[16]

인간 게놈 염기서열의 설계도 자체는, 과학자들과 생명공학 산업이 큰 관심을 보이는 분야인, 개인과 인구 단위 사이의 유전적 **변이성**에 대한 어

---

16) 출처는 경영자들을 위해 생명공학을 분석해 주는 온라인 간행물인 『시그널스』이다(www. signalsmag.com, 1999년 8월 24일자). 이 인용에 드러난 유전자 결정론은 특별히 인상적이다. 이 장의 주제와 직접 관련되지는 않지만, 가령 복제를 장려하며 쓰인 언어가 얼마나 강하게 이러한 결정론적 성격을 띠는지 보는 것은 흥미롭다. 또한 SNPs가 어떻게 개인, 인구, '지구'에 대한 정보를 동시에 대변하는가를 보는 것도 특별히 흥미롭다.

떤 정보도 생산하지 않는다. 인간 유전자 변이 연구의 최종 목표는 맞춤형 의료personalized medicine, 즉 각 개인의 유전 프로파일에 맞게 재단된 치료의 생산으로 이야기된다. 인간의 유전적 변이를 측정하는 것은 인간 게놈 염기서열 결정보다 훨씬 더 벅찬 일이다. 그 이유는 염기서열이 결정되어야 할 인간의 샘플이 훨씬 더 방대하기 때문이기도 하고, 유전자 염기서열과 개인이나 인구 단위의 질병 형질 사이의 의미 있는 상호 관계를 밝히려면 해당 샘플이 어느 개인에서 나왔는지 확인해야 하기 때문이기도 한데, 이 확인 작업은 윤리적 문제를 야기한다. 그러나 인간게놈프로젝트가 진행됨에 따라 과학자들은 인간의 유전적 변이 연구를 도울 수 있는 정보적·기술적 장비들에 점점 더 많은 관심을 기울였고, 그러한 장비들을 둘러싸고 갈등과 협력의 움직임들이 생겨나기 시작했다.

이 새로운 전투에서 주요한 정보적 인공물은 ('스닙스'로 발음하는) SNPs, 즉 단일뉴클레오티드폴리모피즘스이다. 「서론」에서 설명했듯이, SNPs는 유전자 코드에 있는 단일 염기 변이로 각기 다른 형질들과 다양한 방식으로 연결되어 있는 유전자들을 발견하는 것을 돕는다. SNPs는 잠재적으로 진단과 치료상의 발전을 이끄는 매우 귀중한 유전적 지표이므로 제약 회사들이 그에 지대한 관심을 갖는다.

1998년 가을, 국립보건원은 SNPs를 식별하기 위해 국립인간게놈연구소에 3,000만 달러를 지급했다. 이것은 조금 벅찬 일(또는 국립인간게놈연구소장인 프랜시스 콜린스가 표현하듯 "상당히 긴급한" 일) 이상이었다. 1997년 12월에 결정된 기본 전략은, 아프리카인, 아시아인, 유럽인, 북미 원주민 등 네 개의 주요 인구 범주에 속한 100~500명이 기증한 DNA로부터 최소한 10만 개의 SNPs를 수집하는 것을 포함한다(Marshall, 1997a). 콜린스는 우선 1997년 9월에 그 프로젝트를 장려하기 시작했는데, 그것은 SNP

정보가 게놈 회사들에 의해 특허를 받고 "자물쇠가 채워질" 위험에 대한 대응이었다(Marshall, 1997b). 1997년 11월에 콜린스는, 그 프로젝트가 공적 지원을 받지 못한다면 SNP 정보에 자물쇠가 채워질 것임을 주장하는 정책 포럼 논문을, 마크 가이어^{Mark Guyer}와 아라빈다 차크라바르티^{Aravinda Chakravarti}와 공동 집필해 『사이언스』^{Science}에 실었다(Collins et al., 1997). 또한 차크라바르티는 자유로운 접근성뿐 아니라 **체계적인** 접근성을 위해 공적 지원을 받는 통합된 정보 수집의 필요성을 주장하면서, "정보를 한곳에 모아 두지 않으면 잃어버릴 것"이라고 말했다(Marshall, 1997a). 다른 말로 하면, 콜린스와 같은 연구자들은 벤터의 도전 이전부터 DNA 염기서열 정보에 대한 사적 소유권이 정보의 흐름을 둔화시킬 것을 잘 알고 있었던 것이다. SNP에 관한 이 이야기에서 흥미로운 점은, 공공 영역 연구자들이 이 문제를 극복하기 위해 고안한 전략과 그 전략이 실행된 속도이다. 그 전략이란 한층 더 신속한 접근성을 위해 정보의 과학적 질을 일부 희생시키는 것으로, 이는 역설적이게도 공적 자금을 받는 과학자 본인들이 크레이크 벤터의 염기서열 결정 방식에 대고 퍼붓는 비난의 내용에 다름 아니다.

1999년 4월, 이 국립보건원의 전략은 4,500만 달러짜리 컨소시엄으로 구체화되어 영국의 비영리 단체인 웰컴트러스트^{Wellcome Trust}와 10대 주요 다국적 제약 회사들로부터 자금 원조를 받았다. 이 컨소시엄의 목적은 2년 내에 완전한 SNP 지도를 만들어 그 결과물을 무료 공공 데이터베이스에 넣는 것이었다. 컨소시엄의 회원은 이름만 대면 알 만한 제약 회사의 유력 인사들과 인간게놈프로젝트의 주요 관계자들로 구성되었다.[17] 그 목적은 누군가가 특허를 내기 전에 공공 데이터베이스를 충분한 SNP 정보로 채우는 것이었다. SNP컨소시엄 협회장인 아서 홀든^{Arthur Holden}에 따르면, "모든 사람이 상업적 데이터베이스에 볼모로 잡히지 않으면서 이러한 종류의 일

을 할 수 있게 될 것"이었다.[18]

　그 SNP컨소시엄 데이터베이스가 (그 자체가 상품으로 구축되지 않는다는 점에서) 상업적 성격을 띠지 않는 반면, 그 구축은 의심의 여지 없이 상업적인 사업이었다. 현대 자본주의라는 수사 속에서 이 작업은 이타주의가 아닌 '모두에게 유리한'win-win이라는 틀 속에 넣어졌다. 그 컨소시엄의 설립은 주로 거대 제약 회사인 머크Merck가 고무한 것으로, 그 탄생의 기원은 기업 간의 경쟁에 있었다. 머크는 데이터베이스 구축으로 경쟁 회사 스미스클라인비첨이 인간게놈과학Human Genome Sciences[중병 치료를 위한 신약 개발과 판매에 역점을 두는 제약 회사]과 맺은 독점적 협정의 결과로 갖게 된 발현된 유전자 조각expressed sequence tag 정보에 대한 장악력에 도전할 수 있게 되길 희망했다(Davis, 2001: 100).[19] SNP컨소시엄을 지원한 이 조처는, 정보를 공공 영역에 즉시 공개함으로써 주요 제약 회사들이 작은 게놈 회사들과 지루하거나 값비싼 인가 절차를 거치지 않아도 되도록 보장해 주었다. 또한 그것은 거대 제약 회사들에게 정당성이라는 후광을 부여

---

17) 컨소시엄이 출범할 당시 그와 연관되어 있던 대학 연구 센터로는, 생명의학 연구를 위한 화이트헤드 생명의학연구소(Whitehead Institute for Biomedical Research), 워싱턴대학 의대, 웰컴트러스트의 생거센터(Sanger Center), 스탠퍼드인간게놈센터, 콜드스프링하버연구소 등이 있다. 그에 참여한 제약 회사들의 목록은 더욱 화려하다. 여기에는 아스트라제네카(AstraZeneca), 바이엘, 브리스톨-마이어스스큅(Bristol-Myers Squibb), 호프만-라로슈(Hoffmann-La Roche), 글락소웰컴(Glaxo Wellcome), 휙스트마리온루셀(Höchst Marion Roussel), 노바티스(Novartis), 화이자(Pfizer), G. D. 설(G. D. Searle), 스미스클라인비첨(SmithKline Beecham) 등이 있다. 이후 글락소웰컴과 스미스클라인비첨은 합병하여 글락소스미스클라인이 되었다.

18) 『시그널스』에서 인용했다. www.signalsmag.com, 1999년 8월 24일자.

19) 주요 제안 회사였던 머크가 왜 컨소시엄과 손잡은 10대 기업에 들어 있지 않은가는 내가 아직 확인하지 못한 의문이다. 그럼에도 우리는 자크 데리다(Jacques Derrida)를 좇아, 머크가 SNP컨소시엄을 발의하고 영향을 미친 점이 잊혀지지 않는 것을 '머크의 유령들'이라는 표현으로 지시할 수 있다. 이 고약한 용어를 만들어 준 닉 킷에게 감사드린다.

해 주었다. 컨소시엄 회원들이 SNP 정보에 대한 값싸고 빠르고 쉬운 접근성을 촉진하기 위해 그에 대한 특허권들을 포기할 것으로 예상되었기 때문이다. 에드워드 그레페[Edward Grefe]와 마틴 린스키[Martin Linsky]의 용어를 빌리자면, 이것은 새로운 기업적 행동주의의 훌륭한 예이다.

『새로운 기업적 행동주의』[The New Corporate Activism]에서 그레페와 린스키는, 자신의 조직에 영향을 미치는 사안에 적극적으로 영향력을 행사하는 기업들의 정치적 활동을 위한 청사진과 전략들을 제공한다. 어떤 면에서 이 책은 그저 기업의 홍보 활동 지침서에 지나지 않는다. 그러나 민주적 가치들, 인간 심리, 대중 조직, 현대 기술을 결합하여 승리하는 기업 전략을 창출하라는 그레페와 린스키의 요구는, 명백히 1960년대 후반 대중 행동주의의 바탕을 이룬 사울 알린스키[Saul Alinsky]의 명제들을 빌린 것이며, 패권을 잡기 위한 기업적 행동에 대한 요구로 손쉽게 전환된다. "전략적 접근 마련하기", "메시지 구성하기", "군대 동원하기", "위기 대처하기", "최대의 효과를 위해 표적을 노린 의사소통하기"와 같은 주요 메타포들조차도 명백히 전쟁터의 메타포이고 알린스키가 쓴 표현들 그대로이다.

어느 자본주의 체계에서든, 다양한 사물과 다양한 형태의 화폐가 교환되는 동역학은 단순히 그것들이 어떤 네트워크들을 횡단함으로써 나오는 결과만은 아니다. 이 책을 통해 나는 교환과 유통의 네트워크들의 형태가 결정되는 특수한 맥락이 있음을 말하려 한다. 이 결정체들은 미리 지정된 체계나 네트워크 내에 있는 행위자와 제도의 특정한 배치가 낳은 결과일 뿐 아니라, 관계자의 전략적 행위들이 낳은 결과이기도 하다.

그러나 '새로운 기업적 행동주의'의 전략적 관점에서 중요한 점은, 그러한 전략들을 **그저** 전략적이거나 단순히 냉소 어린 조작으로 보이지 않게 하는 것이다. 그레페와 린스키가 제안하듯, 전략적인 행동이란 전략적으로 행동한다는 사실과 그 개별 행동이 잘 드러나지 **않게** 만드는 것이다.[20] 그렇다면 SNP컨소시엄에 대한 나의 설명은, 제약 회사들이 **한편으로 공공의 영역과 과학의 발전에 대해 언제나 이미 표리부동한 헌신을 보여 주면서** 실질성과 상징성을 동시에 지닌 자본을 스스로에게 제공하는 전략적인 정치적 행위를 추적하는 것이다.

그러나 전략적 행위에 대한 그러한 전략적 가면 쓰기조차도 단순히 냉소주의의 발로로 읽기 어렵다. '새로운 기업적 행동주의'의 발로인 증여하기에는 고유의 모순이 있으니, 그것은 **진심 어린** 증여의 중요성이다. 데일 카네기[Dale Carnegie]는 사업가들을 위한 영향력 있는 지침서인 『어떻게 친구를 얻고 사람들에게 영향을 미치는가』[How to Win Friends and Influence People]에서, 사업에 성공하기 위해 남들에게 보여야 하는 관심은 "진실한" 관심(금융 이자처럼, 진실한 관심은 미래 가치를 창출한다)이어야 한다고 주장한다(Carnegie, 1998[1936]). 이는 관대함의 역설을 낳는바, 관대함은 한편으로 상징적 자본을 얻기 위한 수단으로서 반드시 목적 지향적인 관심의 성격을 갖지만, 다른 한편으로는 단순히 상징적 자본을 수확하기 위한 관대함이라는 냉소적인 외양으로 축소될 수 없다. 철저하게 전략적인 계산으로 이루어진 SNP컨소시엄과 같은 노력들을 단순히 냉소주의의 산물이라고 보면 그 노력의 기초를 이루는 참된 진실성을 인식할 수 없는 이유가 여기에 있다. 시장 체제에서 증여하기는 그 자체로 특수한 형태와 맥락을 가진 증여하기로서, 그것이 주변에 미치는 영향력은 그저 공리주의로 치부될

---

20) 피에르 부르디외(Pierre Bourdieu)의 통찰력 넘치는 말처럼, "사람들이 사심 없음에 이해관계를 두는 세계에서 우리는 전략을 숨기는 전략을 알아볼 수 있어야 한다"(Bourdieu, 1999[1975]: 35).

수 없는 것이다.

SNP컨소시엄은 SNPs를 추적하기 위해 조직된 유일한 기업적 제휴가 아니며 최초의 제휴도 아니다. 1997년 애벗래버러토리스^{Abbott Laboratories}는 SNP 지도를 작성하기 위해 4,250만 달러 규모에 맞춰 프랑스 게놈 회사 젠셋^{Genset}을 설립하는 데서 핵심적인 역할을 했다.[21] 이것은 게놈학에서 이루어진 (젠셋이 부르는바) "전략적 동맹"의 최초의 사건으로 여겨진다.[22] 생명공학 회사와 제약 회사 간의 다른 여러 동맹처럼, 그리고 SNP컨소시엄과는 달리, 그것은 **배타적인** 동맹이었다. 이 동맹에서 노동 분업 또한 그와 같은 동맹에 전형적인 방식 그대로였다. 젠셋의 임무가 특정한 제약 합성물들에 대한 반응과 연결된 유전자 표지들과 유전자들을 인간 게놈과 결합시킨 독점적 인간 게놈 지도를 작성하는 것이었다면, 애벗래버러토리스의 임무는 "그러한 유전자들과 유전자 표지들로부터 추출된 특정 약품에 대한 환자의 반응을 임상적으로 실험하기 위한 진단 체계를 개발하고 생산하고 판매하는 것이었다".[23] SNP컨소시엄은 젠셋-애벗식의 직접적인 계약 협정을 한층 더 '공동체적인' 것으로 대체했는데, 이는 첫눈에는 '시장 논리'를 거스르는 직관이었다. 그러나 명백한 점은 SNP컨소시엄이 시장 논리를 부인했다기보다는, '시장 논리'가 그 컨소시엄의 일원들의 전략적 이익을 따르는 방식으로 해당 지형을 재정의했다는 것이다.

SNP컨소시엄의 주요 인물은 머크에서 연구전략부 부소장을 지낸 앨런 윌리엄슨^{Alan Williamson}으로 그는 1999년 4월 컨소시엄을 제안하기 위한

21) www.signalsmag.com, 1998년 5월 19일자.
22) http://www.genxy.com/About/abt_history.html, 2000년 3월 접속.
23) http://www.genxy.com/News/Releases/abbott.html, 2000년 3월 접속.

최초 회의를 소집했다. 그에 따르면, "일부 회사들은 공공 데이터베이스를 지원한다는 착상에 매우 긍정적인 태도를 갖고 있다".[24] 새로운 기업적 행동주의의 수사에서 이러한 진술은, 일부 회사들은 정보 공유에 본질적으로 개방되어 있는 반면 다른 회사들은 정보를 자기들만 소유하려 하는 방해꾼임을 **함의한다**. 이 진술에 숨겨져 있는 것은, 수십억 달러가 걸려 있는 더욱 규모가 큰 전략적 시장 지형에서 특정 기업들이 점한 위치이다. 그리고 바로 여기에서 상류-하류의 구별이 다시 전방으로 대두된다. 언젠가 제약 회사가 되길 꿈꾸는 주요 게놈 회사들조차도 제약 회사가 보유한 신약 연구·개발을 해본 적도 없고, 규제적 하부 구조를 갖춰 본 적도 없으며, 약품은 그들에게 주요한 상품도, 보증된 상품도 아니다. 그러나 SNP컨소시엄의 일원들 입장에서는 그들이 SNP 특허로부터 얻을 수 있는 이윤은 약품을 통해 얻을 수 있는 이윤에 비해 적고, 그 이윤을 게놈 인가권[licence]과 나눠야 할 필요성을 없애는 것이 자신들의 이익에 부합한다. 윌리엄슨은 "SNP 특허 자체에 그리 큰 가치가 있을 거라 생각하지 않는다. 정말로 중요한 것은 임상적 의미이다. 각 SNP는 역학疫學적으로 또는 약리학적으로 평가되어야 한다"고 말한다.[25]

　　SNP컨소시엄은 잘 알려진 대로 DNA 염기서열 정보의 소유권에 반대하지만 생물학적 약제들 자체를 소유하는 데는 찬성이다. 이와 같은 일 처리들로 인해 컨소시엄에 참여한 거대 제약 회사들은 더욱 저렴한 가격으로 등장할 치료제들에 대한 독점권을 증대시킨다. 게놈학에서 패권 다툼의 지형을 구성하는 것은 소유권 그 자체가 아니라, 바로 소유권의 **방식과**

24) www.signalsmag.com, 1998년 5월 19일자.
25) www.signalsmag.com, 1998년 5월 19일자.

범주인 것이다. 즉 핵심은 생산의 방식을 통제하는 이들에게 나중에 소유권상의 우위를 가져다주기 위해 생산의 '원료'를 '공적인 것' —— 즉 '소유되지' 않은 것 —— 으로 만드는 것이다.

이러한 분쟁들은 기업 활동이라는 쟁점들을 부각시킨다. 자유로운 접근성과 연구의 신속한 발전이 모든 관계자가 명시한 목표이지만 각 당사자에게 분명한 것은, 오직 **자신들**만이 자유로운 접근성을 가질 때, 거기에 자신들이 적절하다고 느낄 때마다 다른 모든 관계자의 일의 진척을 늦추고 비용을 청구하는 권리까지 함께 가질 때, 연구가 '신속하게' 발전한다는 것이다. 결국 **소유권**의 근본 논리는 소유자가 자신이 소유한 (대상화되었기 때문에 매각이 가능한) 대상으로 무엇을 할 것인가를 결정할 수 있다는 것이다. 이는 대상을 전략상 한층 더 가치 있는 목표(이 경우에는 제약 회사가 만드는 치료 분자 같은 것)로 여겨지는 것을 향한 필수 통과 지점^{obligatory} _{point of passage}으로 이용하는 것을 포함한다.[26]

국립보건원은 정보가 소유되길 원치 않았다. 공적 자금으로 정보를 생산하는 국가기관으로서 정보를 공공 영역에 공개할 의무를 지고 있기 때문이다. 즉 국립보건원이 대변하는 국가에게 정보란 상품이 아닌, 공익의 지위를 갖는다. 물론 이 경우 '국가'는 국립보건원에 의해 대표되고, DNA 염기서열 특허권과 관련해서는 게놈 정보를 공익을 위한 공공재로 지킨다. 그러나 특히 미국에서처럼, 지적 재산권 보호를 통해 민영 회사의 공공재 전유를 촉진하는 방식으로 공공재와 사유재 간의 경계선을 구축하는 것 또한 국가의 다른 모습이다.

하류 지형에 위치한 회사들은 그들의 잉여가치 생산의 핵이 약품 판

---

26) 필수 통과 지점이라는 개념을 확인하려면 Latour, 1987을 보라.

매에 있으므로, 정보가 소유되길 원치 않는다. 그리고 하류로 가는 길에 상류의 회사들에게 경비를 덜 들일수록 그들에겐 이익이다. 그렇지만 그들은 자신의 사리사욕을, '자유롭고 신속한' 정보의 흐름을 창출하려는 인간 게놈프로젝트와 '협력 관계'를 맺기 위해 DNA 염기서열에 대한 특허권을 '단념'하는 것으로 꾸민다. 이러한 제약 회사의 수사는 정보가 **상품** 체계가 아닌, **증여** 체계의 일부임을 시사한다.

거대 제약 회사의 입장에서 정보가 증여라는 개념은 새로운 기업적 행동주의의 원칙들과 어울린다. 마르셀 모스^{Marcel Mauss}가 보여 주듯이(Mauss, 1990[1954]), 증여에는 받고 또 보답해야 하는 문화적 의무가 부착되어 있다.[27] 증여하고 받고 보답하는 현장은 게놈학에서보다는 모스의 '태고 사회'^{archaic society}에서 더 선명한 윤곽을 볼 수 있고, 극도로 산만하고 경계가 모호하며 끊임없이 새롭게 구성되는 '공공 영역'이라는 무대 전부를 포괄한다. 자크 고드부와 알랭 카예가 주장해 왔듯이, 시장은 증여 교환에 전적으로 의지하는바, 자본에는 증여라는 하나의 양상이 내재한다(Godbout

---

27) 그러나 비슷하게 중요함에도 불구하고 종종 간과되는 것은 모스가 강조한, 먼저 증여해야 하는 의무이다. 기업의 동기로 그러한 의무를 현실화한다 해도 새로운 기업적 행동주의가 덜 냉소적으로 되는 것은 아니나, 분명 이 현실화는 이러한 기업들에 대한 훨씬 더 구속적인 요인이 된다. 의무와 구속 간의 인과적 등식에 동반되는 그들 간의 차이를 어떻게 해서든 파악하는 것 또한 중요하다. 내가 생각하는 '구속'(constraint)의 의미는 수익의 극대화라는 궁극적 목적으로 전략적 활동 범위를 제한하는 것으로, 나는 이 표현을 특별히 자본주의적인 관계들을 정의하기 위해 사용한다. 의무(obligation)는 모스가 묘사하는 사회에서 강하게 작동하는 사회-도덕적 압력들이 자본주의의 시장과 공존하는 가운데 형성하는, 무형의 체계를 가리킨다. 공리주의의 표준적 조처는 모든 의무를 허물고 구속으로 만드는 것이다. 자크 고드부(Jacques Godbout)와 알랭 카예(Alain Caillé)는 의무와 구속을 다음과 같이 구별한다. "도덕적 의무는 그 극단적인 표명이 사랑에서 비롯된 의무이고, 구속은 바깥에서 비롯되어 그 극단에서는 물질적 힘으로 구현되는 것이다. 그 중간 어딘가에 계약이 있어 증여와 구속을 분리하는 공간을 제공한다. 이 공간은, 시장이 확대할 것이지만 증여 관계가 앞서지 않는 한 존재할 수 없는 사회적 구속의 중간 형태이다"(Godbout and Caillé, 1998: 151).

and Caille, 1998).[28] 이들을 인용하자면 "상업적 관계는 먼저 증여 관계에 의해 공인되어야만 한다. 시장이 그 '자율적인' 원칙을 아직 수립하지 못했거나 관계가 중요한 영역에서 우리는 여전히 선물을 제공한다.…… 증여는 그것에 뒤따를 것을 공인하는 역할을 한다. 즉 그것은 토대를 세우는 행위로서 뒤따를 상업적 교환에 필요한 신뢰의 수준을 수립한다"(Ibid.: 150). 이것은 유비 관계와 대체 가능성이 아닌, 비율 계산과 비교 가능성에 여전히 의존하는 증여하기이다.[29]

이렇듯, 상품화를 향한 직선 경주 그리고 정보의 지위를 상품에서 선물로 바꾸려는 노력 사이에는 긴장이 있다. 다시 말해, 상품화를 향한 이 직선 경주에는 그것에 내재한 과속방지턱이 있는데, 이 과속방지턱으로 인해 주자들은 상품화의 영역 바깥에 있는 메커니즘들에 도움을 청하게 된다. 이 메커니즘들이 상품화를 향한 '직선'(일부러 이 표현에 강조표시를 한다) 경주를 용이하게 해주기 때문이다. 이러한 불안정성은 생명자본적 지식 생산이 지닌 특수한 구조, 특히 상류-하류 지형이 낳은 결과이고, 그 지형은 특별히 미국적 맥락에서 뚜렷이 형성되어 있다. 여기서 대학의 연구는 최소한 담론상(그리고 이따금 실제로도) '공공 영역'에 기여하는 것으로 지정된다.[30] 또한 대학의 연구는 조용하지만 민간 연구를 가능하게 하는

---

28) 조르주 바타유(Georges Bataille)가 종종 주장했듯이, 자본주의에서 증여하기의 중요성은 단순히 전략적일 뿐 아니라 자본주의의 근본적인 "충동"이다(Bataille, 1998[1967]).

29) 고드부와 카예가 분석한 증여를, 모스의 분석의 주제인 "태고의" 증여와 다르게 읽은 빌 모러(Bill Maurer)에게 감사드린다. 모러는, 내가 논의하는 증여 형태에 매우 근접한 고드부와 카예의 증여를 디페시 차크라바르티(Dipesh Chakrabarty)의 "역사 1"(자본주의에 필수적인 전자본주의의 역사)과 유사한 것으로 본다. 그는 특히 이를 매릴린 스트래던(Marilyn Strathern)의 증여 개념과 대조한다. 스트래던의 개념을 차크라바르티의 (자본주의를 뛰어넘어 그에 완전히 흡수되지 않는) "역사 2"와 유사하게 보기 때문이다. Chakrabarty, 2000을 보라.

능력자로서 그 풍토에 녹아들어 있다. 다시 말해, 혁신은 민간 분야에서 나온다는 진언은 민간의 혁신을 가능하게 하는 기본 조건들 중 하나를 은폐하는데, 이는 바로 민간 연구를 가능하게 하는 공공 기관의 역할이다.[31]

　맑스의 사용가치 및 교환가치와 더불어, 정보에는 잠재적으로 제3의 가치, 즉 상징적 자본의 영역에서 작용하는 '도덕적' 가치가 있다. 이것은 두 가지 원천에서 나온다. 우선, 국가가 분배하는 기초재나 선물로서 또는 (하류) 기업이 가질 수 있었지만 포기한 상품으로서, 정보는 수사적 포기라는 메커니즘을 통해 탈상품화된 지위를 획득한다. 이 수사적 포기는 정보의 **자연적인** 상태는 상품이고 **탈상품화**는 하나의 덕행임을 암시한다. 포기의 주체가 국가이든 (하류) 회사이든, 그것은 정보의 막힘 없는 흐름을, 그러므로 과학의 막힘 없는 흐름을 유지하는 데 있어 국가의 자발적인 파트너로 묘사된다.[32] 그러나 게놈 정보가 고결해지는 좀더 직접적인 통로가 있으니, 그 통로는 수사적으로나 실제적으로나 정보가 **치료**와 맺는 광범위한 연계이다. 물론 이 연계는 수사에 의해 실제성을 갖는다. 이 역시 '공'과 '사'라는 개념을 형성시키고 있는 배경 문화의 일부이다. 예컨대 1999년 말에 게놈 관련 산업 회의가 있었다. 거기서 인사이트지노믹스[Incyte Genomics]의 회장이자 과학부장인 랜디 스콧[Randy Scott]은 "게놈학 공동체를 위한" 축배를 들었다. "왜냐하면 그들은 자신들을 위해서가 아니라 생명을 위해 게놈학에 종사하기 때문이다." 인사이트의 슬로건인 '생명을 위한 게놈학'을

---

30) 대학 연구소는 종종 공격적으로 지적 재산권 보호를 추구한다. 다만 DNA 염기서열 논쟁이라는 맥락에서는 보통 그렇게 하길 피하며 스스로를 '공공 영역'에 헌신하는 것으로 틀 짓는다.
31) 독창적인 세 연구가 신약 개발에서 민간 분야의 혁신에 대해 공공 연구가 갖는 중요성을 보여준다. Comroe and Dripps, 1976; Maxwell and Eckhardt, 1990; Stallings et al., 2001을 보라.
32) 내게 영감을 준, 상품화 과정에 대한 분석을 확인하려면 Kopytoff, 1986을 보라.

그대로 반영하면서 말이다.

생명자본적인 가치의 생산이 상당 정도 담론적인 행위임은 명백하다. 그 생산 방법이 광고든, 미래를 판매하는 것이든, 건강이라는 대의명분에 헌신하는 기업적 과학 공동체라는 수사를, 즉 경쟁 관계에 있는 많은 회사들이 공익을 위해 사유 재산권을 포기한다는 수사를 창출하는 것이든 말이다. 실제로 이 단일한 공동체가 창출되면 그 내부 논리에 따라 경쟁자들이 존재하게 되고, 이들은 모두 자신의 경쟁자를 희생시키면서 자신만의 특정한 정보적 가치를 선전하려 애쓴다.

또 한 가지 명백한 점은, 정보가 다양한 물질적·담론적 형태로 활발하게 활동해야 하는데 그 과정에서 기업적인 신약 개발 공동체는 하나의 **윤리적** 실체, 즉 인사이트의 '생명을 위한 게놈학'에 의해 (포괄되고) 대변되는 실체로 탄생한다는 것이다. 이 시점에서 형성되는 것은 게놈학 관련 일에 종사하는 주체만이 아니다. 게놈학**이라는** (학문과 노력, 모험을 의미하는) 주제^{subject}와, 생명을 살리는 일에 종사하는 윤리적 주체로서 인사이트와 같은 기업적 주체^{subject} 또한 동일하게 형성된다.

이 절은 정보와 자본의 흐름을 다루는데, 정보는 가공되지 않은 DNA 염기서열 정보로부터 주석이 달려 더욱 '의미 있는' 정보 형태를 거쳐, 그러한 정보를 바탕으로 생산될 수도 있는 치료 분자까지 이르는 '하류로' 흐른다. 이 흐름을 방해도 하고 가능하게도 하는 것에는 법 체제와 기술 발전이 있지만, 그와 함께 가장 불투명하면서도 가장 중요한 실체인 '시장 논리'가 있음은 직관으로만 봐도 분명하다. 시장 논리는 자본주의 분석에서 마찰을 일으키는 역할을 하는데, 이는 과학적 방법이 과학에 대한 분석에서 하는 역할과 비슷하다. 이러한 용어들은, 시장과 과학이 각각 시장과 과학이 되기 위해 허용할 수 있는 행위의 경계들을 가리키는 궁극적인 기표가 되지만, 바로 그 때문에 어떤 분석도 통하지 않는 거의 초월적인 지위를 점한다. 나는 시장 논리를 단일한 실체로 분석하지 않고, 행위자에 초점을 둔 정보와 과학적-기업적 행위자 분석을 통해 '시장 논리'라고 불리게 된 것의 성분들을 추출하고자 했다. 그 과정에서, 게놈 정보가 생산되는 속도가 기술 개발의 결과이면서 동시에 시장 논리가 직감적으로 개입한 결과이며, 그로 인해 과학의 신속한 발전이 상업적 수익을 가져옴을 논증하고자 했다. 과학의 신속한 발전이 치료상의 이득을 가져온다는 사실은 그 속도의 정당성을 더욱 높여 준다.

핵심은 소유권의 영속화와 그것의 차단이 모두 '건전한 시장 논리'로 이야기될 수 있다는 것이다. 전자의 경우, 소유권은 혁신에 대한 인센티브로 기능하는 보상인 반면, 후자에서 소유권에 대한 규제(또는 SNP컨소시엄의 경우에서처럼 그것의 전략적 배제)는 (그 자체가 보상인) 최대한으로 효율적이고 신속한 유통을 허용한다. 그러므로 여기서의 논쟁은 명백히 시장 논리를 구성하는 것을 어떻게 정의할 것인가에 대한 것이고, 그 결과는 협력, 갈등, 가치 생산의 전체 지형에 상당한 영향을 미친다.

나아가 시장 논리는 최대한의 잉여가치의 양적인 생산을 훨씬 넘어선다. 시장 논리는 상징적 자본을 생산할 필요가 있는데, 생명공학의 경우에는 그 사업의 실질적·수사적 구성물 내에 상징적 자본이 (몬산토의 회사 슬로건을 빌리자면) 식품·건강·희망이라는 사업에 매진하는 것으로 이미 존재하기 때문이다. 동시에 국가기구인 국립보건원이 있다. 이 조직은 공적 자금으로 운영되는 기관으로서 그 나름의 이해관계와 구속을 가지며, 그로 인해 공공 영역에 헌신할 필요가 있다. 시장 논리가 시장의 테두리를 크게 넘어서는 것으로 인식되는 현재의 역사적 시점에서, '시장 논리'를 통해 다시 한번 정당화되는 헌신 말이다. 그러나 자기의 테두리를 넘어서는 것으로 시장 논리를 공식화하는 것은, 시장이 그 자체로 변하지 않으면서 그것이 침식시키는 새로운 지형(국가나 대학과 같은)을 장악함을 함축한다. 시장 논리는 그러나 종종 (필연적으로) 상품 교환 과정 바깥에 있는 전략에 의존하는데, 그중 증여 체제가 주요한 전략이다. 가령 SNP컨소시엄은 ('값싸고 빠르고 쉬운' 정보의 유통을 허용해 더 싸고 더 빠르며 더 쉬운 약품 생산을 낳는) '건전한 시장 논리'를 지지하는 동시에 정보에 대한 소유권을 포기함으로써, 즉 공익을 위해 자신을 희생해 시장 논리를 **포기**하는 행위를 통해 상징적 자본을 얻는다. 그 과정에서, '시장 논리'를 떠받치는 동시에 부정함으로써, 시장 논리가 패권 다툼의 장으로 재정의된다. 다양한 행위자들의 전략이 경쟁의 지형을 재정의하는 한편, 행위자들은 그들이 생산한 정보의 가치뿐 아니라 행위자로서 자신들이 갖는 가치를 재정의한다.

슬라보예 지젝이 말하듯 "자본주의의 '정상' 상태는 그 자신의 존재 조건들을 영원히 변혁하는 것이다. 그 탄생부터 자본주의는 '썩고', 자체의 기능을 크게 저해하는 모순, 부조화와 본래적인 균형의 결핍으로 낙인찍힌다. 이것이 바로 자본주의가 끊임없이 변화하고 발전하는 이유이다. 끊임없는 발전만이 그것이 계속 분해되어 그것의 토대와 구성이 되는 부조화, 즉 '모순'을 감당할 수 있는 길이다"(Žižek, 1994: 330).

나는 이 글에서 지젝의 분석을 진지하게 받아들인다. 나는 자본주의의 임박한 붕괴를 보여 주기 위해 모순을 그리려는 것이 아니라, 자본주의의 유연성과 적응력을 잘 보여 주는 지형을 그리기 위해, 또한 그것을 지탱하는 데 필요한 노력의 양을 보여 주기 위해 모순을 그리려는 것이다. 나는 분석을 통해, 자본주의의 근본 메커니즘들에 의문을 제기하면서 동시에 그것들을 떠받치는, 자본주의의 적응 메커니즘과 변형태들에 대한 통찰을 제공하고자 한다. 자본주의의 끊임없는 발전은 그것의 우수성을 보여 주는 지표들(효율적인 생산, 경쟁, 시장 논리, 또는 잉여가치 생산) 때문이 아니라, 경쟁을 통해 예측할 수 없는 방식으로 자신의 많은 부분을 부단히 버리고, 재정의하고 변이시키는 적극성 때문에 일어나는 현상이다.

이 절에서는 게놈 관련 재료와 정보의 원활하지 못한 유통에 내재한 모순들이, 어떻게 공공 영역과 사적 재산권을 구성하는 것들 사이에 있는 유동적이면서 경쟁적인 경계선에 이르는지 살펴보았다. 이것은 문제가 되는 교환 체제들과 과정들을 유지(비록 부단히 마찰을 일으키는 유지이기는 하지만)하는 데 필수적인 유동성이다.[33]

SNP컨소시엄은, 공과 사라는 이분법적 공식을 초월하는 듯한 일련의 조치들을 묘사하기 위해 우리에게 새로운 언어가 필요한지 묻게 할지 모른다. 그러나 나는 새로운 어휘를 찾기보다는, 순수한 '공'과 '사'라는 영역이 존재하기 어려움을 절실히 깨닫고 싶고, 또 그러한 강력한 현대의 이분법이 붕괴되는 모양이 왜 끊임없이 놀라움을 자아내는지 묻고 싶다.

Rep-X

인간의 몸에서 나온 생물학적 물질에 대한 특허 자격과 관련되어 길잡이가 된 사건들 중 하나는 **무어 대 캘리포니아대학의 평의원 소송** 사건이다 (1990. 앞으로 무어 소송이라 부름). 존 무어는 털세포 백혈병 환자로 비장

---

33) 내게 영감을 준, 식물의 생물자원탐사(bioprospecting) 영역에서 공공 영역과 사적 재산권의 관계에 대한 분석을 확인하려면 Hayden, 2003을 보라. 또한 벼 게놈학의 경우에서 공–사 경계의 유동적이면서 경쟁적인 성격에 대한 설명은 Smith, 2004에서 볼 수 있다.['생물자원 탐사'는 주로 다국적 기업이 후진국이 소유한 생물자원들을 이용해서 새로운 상품을 만들어 내는 것을 뜻한다. 이때 생물자원에 대한 토착민들의 지식이 유용하게 쓰이지만, 그에 대한 보상은 제대로 이루어지지 않고 있다.]

절제 수술을 받았다. 캘리포니아대학에 소속된 연구원들은 이 세포들을 (무어의 이름을 따서 그들이 모^{Mo}라고 부른) 독특한 세포 라인으로 전환하고 특허를 받았다. 통고도 주지 않고 동의도 받지 않은 채 자신의 비장 세포 파생물들을 만들었음을 알게 되자, 무어는 재산권의 일정 지분을 요구했다. 이 소송은 캘리포니아 대법원에서 최종 판결이 났다. 대법원은 캘리포니아대학 연구원들이 피신탁인의 의무를 위반했고 합당한 고지를 통한 동의를 받지 않았다는 무어의 주장을 인정하면서도, 그 세포 라인에 대한 그의 재산권은 인정해 주지 않았다. 법원을 그것을 연구원들의 '발명'으로 보았던 것이다.[34]

전술했듯이, 인간 게놈 염기서열의 설계도에는 개인과 인구 단위 사이의 유전적 변이성에 대한 상세한 기록이 담겨 있지 않다. 그를 위해서는 각기 다른 개인과 환자, 또는 인구 그룹들로부터 채취한 DNA가 필요하다. 예를 들어, 많은 사람이 게놈학의 최종 목표라고 보는 맞춤형 의료의 개발에는 광범한 DNA 샘플 수집(보통은 혈액 샘플로, 가끔은 세포조직 샘플로 수집되는데, 초점이 되는 질병에 따라 달라진다)이 절대적으로 필요하다. 그러한 목표를 위해 인간의 생물학적 재료는, 전략적으로 선별된 후 지노타이핑된(즉 그들의 유전적 염기서열이 밝혀진) 환자 그룹이나 인구 그룹들로부터 얻어지는데, 이들 그룹은 다양하고 많은 경우 신원이 확실하다. 그러한 대규모 분석을 통해, 특히 많은 인구나 환자 그룹들이 포괄될 때, 해당 특수 형질이나 질병의 중심과 기초를 이루는 유전적 변이성에 대한 정보를 얻는 것이 가능해진다.

---

34) 무어 소송에 대한 유용한 문헌을 찾는다면 Gold, 1995; Boyle, 1997: 97~107을 보라. 내가 읽은 무어 소송에 대한 최고의 역사적 해설은 Landecker, 1999이다.

인간의 생물학적 ──정보가 **아니라**── 재료는 대체로 연구원들과 특수한 계약을 맺은 병원에서 얻어진다. 가령, 아이슬란드에 본부를 둔 게놈 회사인 디코드지네틱스는 인구 전반으로부터 재료를 얻는다. 이 재료는 일종의 조직^tissue 저장소에 저장된다. 이러한 저장소들은 (디코드의 경우와 같이) 후속 연구를 계획하는 기업 내부나 공립 조직 수집소에 위치할 수도 있지만, 저장을 전문으로 하는 특수 기업들에 속하기도 하며, 이러한 추세는 점점 더 강화되고 있다. 이러한 재료로부터 생산된 정보는 종종 데이터베이스로 전환되며, 이러한 데이터베이스들은 치료의 전신이 된다(또는 그것을 개발한 회사들이 그렇게 되길 바란다). 이상적인 상황이라면, 데이터베이스를 생산한 회사가 정보를 소유하고 자체의 신약 개발 프로그램에서 그것을 이용할 것이다. 현실에서는 약품을 시장으로 가져가는 것이 너무나 큰 자본을 요구하므로 대부분의 데이터베이스 회사는 정보를 거대 제약 회사에 인가해 준다(디코드는 자신의 데이터베이스를 거대 다국적 제약 회사인 호프만-라로슈에 인가했다). 그들은 이런 방식으로 정보의 수익성을 보장하려 노력한다.

후에 다시 언급하겠지만, 여기서 핵심은 지노타이핑^genotyping[35]만으로는 질병의 유전적 기초에 대한 의미 있는 정보를 생산할 수 없다는 것이다. **지노타입과 상호 연관되는 의료 기록이 절대적으로 중요하다. 효과적인 치료의 가능성이 추출될 수 있는 것은 오로지 그 두 종류의 정보의 상호 연관성에서이다.**[36] 거기에 덧붙여 가족 의료 기록까지 있으면 훨씬 더 값지지만, 이는

---

35) 개인의 DNA 염기서열을 자세히 살펴봄으로써 그 사람의 지노타입이 지닌 독특함을 알아내는 한 과정이다. 생물검정을 하거나 다른 개인의 DNA 염기서열과 비교하는 방법을 쓴다.─옮긴이

아이슬란드와 같은 경우를 제외하면 매우 드물다. 이제 이 사업에 관련되는 모든 회사의 (적어도 이 사업을 지속하는 수사적 정당화의 일부로 표명되는) 꿈은 DNA를 수집하고 값진 정보를 생산하고 신약을 개발하는 세 단계를 모두 할 수 있게 되는 것이다. 그러나 현실은 각기 다른 회사가 이 가치 사슬의 특정한 지점에 자신의 사업 모델을 집중하는 것이다.

앞 절에서 SNP컨소시엄에 대해 논할 때 설명한, DNA 특허 내기를 둘러싼 논쟁은, 데이터베이스로부터 치료에 이르는 하류를 이끄는 가치 사슬의 일부만을 포괄할 뿐이다. 그러나 무어 논쟁과 가장 유사한, 소유권을 둘러싼 쟁점들은 저장소와 데이터베이스 사이를 이루는 사슬 부분과 더 밀접한 관계에 있다. 생명공학에서 지적 재산권 분쟁이 벌어지는 영역은 이러한 두 가지 논쟁이 그 틀을 이룬다.

이 절은 기업적 DNA 저장소에서 데이터베이스를 만들어 내는 일과 관련된 가치 사슬 부분을 다룰 때 일어나는 소유권 분쟁에 초점을 맞춘다. 어떤 종류의 소유권 장벽이 이 부분의 가치 사슬에 집중하는 회사들의 사업 모델의 기초를 이루는가? 나는 특별히 미국 북동부에 본부를 둔, 상업적 DNA 저장소repository인 한 회사에 대해 이야기할 것이고, 그 회사를 Rep-X라 지칭할 것이다.[37]

---

36) 우리는 다음의 관계를 이해함으로써 이 점을 개념화할 수 있다. Rx 게놈 정보 = 유전 물질 + 지노타입 정보 + 의료 정보.

37) 나는 이 회사의 이름을 밝힐 것인가 하는 문제로 고심했고 지금도 익명 처리하기로 한 결정이 올바른 것인지 확신이 서지 않는다. 그러나 여러 가지 이유에서 그러한 결정을 내린 것이고, 이렇게 장황한 각주는, 기업에 대한 민족지학을 할 때 우리가 내리는 윤리적 선택을 둘러싼 방법론적 문제들을 충분히 숙고하게 한다는 점에서 중요하다.

조지프 더밋(Joseph Dumit)은 벤처 과학에 대한 최근 저서에서 이러한 문제들을 진지하게 성찰한다. 거기서 그는 두 생명공학 회사의 이름을 밝히고, 그 회사 직원에 대한 인터뷰는 의식적으로 피하기로 결정했다. 그러나 이 경우, 나는 인도에서 Rep-X가 갖는 문제적 위치에

Rep-X는 회사 소개에서 스스로를 이렇게 설명한다. "의약품 발견에 포괄적이고 임상적인 접근을 하는, 실용 위주의 게놈 회사로서, 자체적으

대해 알기 전에 이미 그 회사의 직원 두 명을 인터뷰했다(한 명은 직원이고 다른 한 명은 임원이며, 한 명의 인터뷰는 녹음했고 다른 한 명의 인터뷰는 녹음하지 않았다). 그들과 나눈 대화는 이 장에서 밝히지 않는다. 더밋이 보여 주었듯, 특정한 행위자들과 '맞붙는' 권리를 확보하기 위해 공개 기록을 갖고 기업에 대한 민족지학을 하는 것은 합법적 행위이면서도 어려운 도전이다. 이것이 내가 (공개 기록뿐 아니라 Rep-X가 자신에게 유리하게 '지어낸' 공문서를 사용하면서) 이 장에서 한 일이지만, Rep-X에서 내가 나눈 대화들을 어떻게 '잊을 것인가' 하는 문제는 여전히 남는다. 내가 이 문제를 풀 때까지는 Rep-X를 익명으로 남겨 두기로 한 것이다.

이는 인류학이 저널리즘과는 다르다는 인식의 소산인데, 그 차이점 중 하나는 정보원과의 관계이다. 저널리즘은 본성상 대립적이다. 즉 장기적인 관계가 연루되어 있을지라도 대상에서 어떤 이야기를 '얻어 내는' 것이 그들의 일이다. 이 책과 같은 인류학적 설명이 갖는 어려움은 그것이 윤리에 부합해야 하고, 무비판적이지는 않다고 할지라도 비대립적이어야 한다는 것이다. 결국 인류학자들은 단순히 그들의 동료와 그 외의 사람들뿐 아니라 정보원들에게도 이야기를 전하는 것이다.

기업에 대한 민족지학은 근본적으로 비밀주의 문화가 무엇인가에 대한 글쓰기를 포함한다. 정보원이 비밀로 유지하고 싶은 것을 폭로해야 할 의무를 느끼지 않으면서 어떤 일들이 어떻게, 왜 비밀이 되는가에 큰 흥미를 느낄 수 있다. 이는 사건을 파헤치는 저널리스트의 일과 정반대이다. 기본적으로 저널리스트는 '바깥'에 있는 '진실'을 원하는 반면, 인류학자들은 해당 대상이 가진 진실 같은 것을 사회적 행위의 동기와 의도를 이해하는 데 필수적인 시각으로서 원한다. 이것이 푸코가 "권력을 생산하고 유지하는 권력 체계와 순환적인 관계로 연결된……생산, 규제, 분배, 순환, 진술의 작용에 대한 정해진 절차가 이루는 체계"라고 보는 "진실"이다(Foucault, 1980: 133).

내가 생각해 봤던 한 전략은 Rep-X의 대투자자 홍보 부서에 가서 내가 인도에서 들은 내용에 대한 그들의 논평을 구하는 것이었으나 그러한 저널리스트식 전술은 사용하지 않기로 결정했다. 내 생각에, 만일 이 일이 진정 Rep-X에 일어날 대외 홍보상의 재난이라면, 인도 정부 대변인들과의 대화를 통해 그 재난이 일어나도록 만들 수 있는 전략들이 있다. 어쨌든 그들은 대단히 명료하면서도 미디어를 잘 다룰 수 있기 때문이다.

마지막으로, 내가 연구하고 있는 세계에 (모든 의미에서) 투자한 많은 사람은, 내가 Rep-X를 익명으로 유지하고자 하는 대부분의 시도들의 진의를 꿰뚫어 볼 것이라 믿는다. 또한 내가 더 오랫동안 작업을 한 기업들과 체결한 협약들(두어 번의 대화만을 가졌던 Rep-X는 이에 해당하지 않는다)은, 그들이 특별히 명시하지 않는 한 내가 그들 기업명을 써도 됨을 분명히 해 준다. 나는 당분간 인류학적으로 흥미로운 문제가 '더러운 비밀'로 변형되지 않는, 구조적으로 흥미로운 딜레마라는 방법론적 원칙을 채택할 것이다.

이러한 불편함에도 불구하고 Rep-X의 이야기는 직접적으로 다루어지지 않더라도 내가 설명하고 싶은 상황을 잘 예증해 준다고 생각한다.

로 그리고 주요 생명제약 회사들과 협력하여 높은 가치를 지닌, 특허받은 지적 재산을 개발하는 데 초점을 맞춘다. Rep-X는 [Rep-X의 특허받은 저장소를—순데르 라잔][38] 유지하는데, 이는 인간 DNA와 혈청, 급속 냉동된 세포조직 샘플을 포함한 견줄 데 없는 대규모 임상 연구 자료이며 세계 각국의 환자들로부터 수집한 세밀한 의료 정보와 연결되어 있다. 지금까지 Rep-X는 [Rep-X의 특허받은 저장소를—순데르 라잔] 설립하려는 노력의 일환으로 10만 명 이상의 환자를 모집해 왔고 앞으로도 계속 모집할 것이다."[39] 다른 말로 하면, Rep-X는 세계에서 가장 큰 상업적 DNA 저장소가 되어 인도를 포함한 세계 각국에서 DNA 샘플을 수집하고 그것을 지노타이핑한 다음 수익을 올리고자 하는 것이다.

이와 같은 사업 모델은 많은 사람들에게 분명 다분히 비윤리적인 것으로 여겨질 수 있다. 그러므로 생명윤리학은 명백히 Rep-X가 관심을 갖고 있는 핵심 분야이고, 이는 오늘날 생명공학 회사에 드문 일이 아니다. 실제로 Rep-X에는 생명윤리학자가 근무하고 있다. 생명윤리학자는 새로운 생명공학들을 둘러싼 윤리적 논쟁에서 새로이 부상하는 전문 중재인이다.[40] 실제로 Rep-X의 최고 경영자는 생명윤리학자를 고용한 것에 대해 다음과

---

38) 그 저장소의 이름은 익명으로 둔다.

39) 이 인용은 Rep-X의 웹사이트에서 가져왔다. 그러나 익명성 유지를 위해 정확한 출처는 밝히지 않는다.

40) 이런 윤리적 문제들조차 명확하지 않다는 사실을 대부분의 생명윤리학자들이 이해하지 못하는 듯하다. 그들은 심지어 자신이 이러한 불명확한 문제들에 대해 해답을 갖고 있다고 믿는다. 그러나 이는 진정한 공적 참여를 통해서가 아니라 전문가 집단에 의해 조직을 운영하고자 하는 미국의 제도적 욕망과 일치한다. 이 점은 이 책의 범위를 벗어나지만, 엘런 허먼(Ellen Herman)의 『미국 심리학의 로맨스』(*The Romance of American Psychology*, 1996)를 추천하고 싶다. 이 책은 공식적인 전문가 담론으로 인정받게 된 '정신과학'의 부상에 대한 학문적 연구이며, 제2차 세계대전 이후 미국에서 일어난 발전을 개괄한다. 이 책을 알려준 데이비드 카이저(David Kaiser)에게 감사드린다.

같이 말한다. "더 많은 회사들이 그렇게 하지 않는 것이 놀랍습니다. 그것은 우리에게 어떤 손실도 주지 않으면서 종국에는 우리를 [돈과 시간, 명성 면에서—순데르 라잔] 구제해 줄 수 있으니까 말입니다. 제 말은, 그 아이디어 자체가 매우 합리적이라는 것입니다. 우리가 늘 말하는 것은, 우리가 『뉴욕 타임스』의 1면을 장식할 거면 제대로 된 방식으로 할 필요가 있다는 거지요."[41] 다시 말해, 생명윤리학은 Rep-X의 사업 모델에 필수불가결한 요소인 것이다.

Rep-X는 아직 『뉴욕 타임스』의 1면을 장식하지 못했지만, 미국의 한 유력 신문의 사업란에 소개되었다. 그 기사는 전형적인 찬양조로 활력과 속도, 쉼 없는 발전의 그림을 그렸는데, 그 어떤 점도 신생 생명공학 회사를 소개하는 데 생소한 요소가 아니다. "페덱스Fedex 배송 기사가 [Rep-X의—순데르 라잔] 선적 창고의 벨을 울리면 그것이 일의 시작을 알리는 신호이다. 기사는 생물학적 위험 표시가 새겨진 특수한 봉투 더미들을 내려놓는데, 그 봉투에는 전국의 환자들로부터 나온 세포조직과 혈액의 신선한 샘플이 들어 있다. 몇 분 내에 전문 기술자들이 달려 나와서 각 플라스틱 통을 연다. 바코드만으로 식별되어 있는, 혈액이 담긴 유리병들은 신속하게 컴퓨터로 탐지된다. 거대한 규모의 식료품 계산이 반대 방향으로 이루어지는 형국이다. 이 샘플들을 처리하는 과정은, 지루하고 힘든 작업과 번개처럼 빠른 자동화 작업이 신중하게 배합된 형태이다."[42] 기사는 계속되어 그것을 새로운 사업 모델로부터 가치를 창출하기 위해서 속도와 천재성을 결합한 것이라고 말하는데, 이러한 수사는 진취적인 신생 회사의

41) 이 역시 Rep-X의 웹사이트에서 가져온 인용이므로 익명 유지를 위해 출처를 밝히지 않는다.
42) 정확한 출처는 익명성 유지를 위해 밝히지 않는다.

매끄러운 가동을 반영한다.[43]

현재 Rep-X가 직면한 커다란 '윤리적' 문제는, 그것이 샘플을 소유할 수 있다는 사실이 아니라 샘플을 올바르게 수집해야 한다는 사실에 있다. 이 회사의 최고 경영자가 시사했듯이, '그것을 하는 것'은 '그것을 바르게 하는 것'만큼 중요한 문제가 아닌 것이다. 다시 말하면, 무어 소송에서 다수 의견을 구성했던 재판관들처럼 Rep-X는 합당한 고지를 통해 동의를 얻는 일에 가장 걱정이 크다. 적어도 미국에서는 샘플에 대한 독점적 소유권을 얻어 내는 일이 장애가 되지 않는다는 것을 그 회사는 안다. 이 점은 회사 스스로 "엄격한 윤리적 기준"이라고 부르는 다음과 같은 매혹적인 진술문에 반영되어 있다.

[Rep-X는—순데르 라잔] 가능한 최고의 윤리적 기준을 유지하는 데 매진하고 있고, 이를 위해 유전자 연구가 제기하는 윤리적 문제들에 대한 혁신적인 해답을 개발하는 데 매우 귀중한 역할을 맡아 온 저명한 생명윤리 고문단과 연 4회의 모임을 갖고 있다. 더불어 [Rep-X는—순데르 라잔] 정보의 질을 보장하고 환자의 비밀을 보호하면서 동시에 수집물을 익명화하는 특허 체계를 개발했다. 고지를 통한 동의와 환자의 권리는 [Rep-X의—순데르 라잔] 활동의 핵심으로서, 윤리적 기준을 그대로 유지하면서 샘플의 질을 보증한다. 유전자 연구를 위한 고지를 통한 동의 분야에서

---

43) 나는 이 기사가 DNA 샘플 배달을 식료품 배달처럼 말하는 방식에 특히 흥미를 느낀다. 기사의 어조로 보아 이는 홈런스(homeruns.com)나 나마스테(namaste.com) 같은 온라인 식료품 사이트에 대한 묘사 같다[지금은 두 사이트 모두 다른 용도로 바뀌었다]. 이는 단순히 흥미로운 담론일 뿐 아니라 전략적인 담론이라고 나는 믿는다. 결국 논쟁의 여지가 많은 활동을 평범한 것으로 만드는 것이 그러한 활동을 자연스럽게 만드는 열쇠이다.

국제적인 선두주자인 분들과 함께 일하면서 [Rep-X는—순데르 라잔] 저 장이라는 맥락에 적합한 동의 절차를 개발했다.[44]

이러한 진술문에서 Rep-X는 스스로를 윤리적 실천의 화신으로 그렸을 뿐 아니라, 제도권에 속한 생명윤리학이, Rep-X가 수집하는 유전 샘플들이 그러한 것과 동일한 방식으로 각 국가의 경계와 상황을 초월하는 전문 지식을 제공한다는 생각을 수립했다. Rep-X의 진술은 저장소와 데이터베이스 사이의 가치 사슬 부분을 차지하고 있는 많은 회사들의 중심적인 일면인 책임 회피를 대변한다. 그러면서 이 진술은 샘플 수집, 사생활 보호, 비밀 유지를 위한, 올바른 방식의 고지를 통한 동의의 절차를 만드는 일에 스스로를 관련 짓는다. 물론 이 진술에서 눈에 띄게 부재하는 것은 소유권과 관련된 모든 것으로, 이는 무어 소송의 경우에서와 마찬가지로 타협할 수 없는 것으로 여겨진다. 그 '창의적인' 일을 하는 것으로 인식되는 주체는 바로 지노타이핑을 하는 회사이기 때문이다. 샘플이 비롯된 곳은 단순히 그 출처를 구성하는 것으로, 이 점은 현행법상 지적 재산권 협정을 통해 성문화된다.

Rep-X와, 초국적이고 전 인류적인 문제 해결 능력을 표명하는 그 회사의 '전문적인' 생명윤리학자들에게는 안된 일이지만, 제도화된 생명윤리학은 주로 미국적인(그리고 종종 영국적인) 윤리적 통치의 규약을 표명하므로, 이는 다른 사회정치학적·지리학적 맥락에는 잘 적용되지 않는다. 이 장의 마지막 절은 Rep-X의 매끈한 수사가 인도에서 수집하는 유전 샘플이라는 실제적 맥락에 마주치게 되면서 일어나는 마찰을 다룬다. 이는

---

44) 여기서도 정확한 출처를 밝히지 않는다.

물론 제도화된 생명윤리학과 사업 소식지, Rep-X 자체의 홍보가 구성하는 내러티브에서 제외된 마찰이다.

생명윤리학이 소유권과 관련된 질문들에 왜 그토록 관심을 두지 않는가 하는 문제는 흥미로우면서도 중요하다. 주된 이유 하나는 그 학문의 성격과 교수법에서 나온다. 특히 미국에서 제도화된 생명윤리학은 대체로 분석철학에서 비롯되는데, 분석철학은 노골적으로 '정치적인' 의문들보다는 규범적인 질문들에 훨씬 더 적극적으로 반응한다. 그러나 무어 소송은 단순한 법적 선례 이상의 역할을 해왔다는 것이 나의 생각이다. 그것은 더 나아가 규범적 선례가 되어 어떤 식으로든 소유권 문제가 '해결되었다'고 암시한다. 이 점은 지적 재산권 체제에 대한 도전들이 왜 그 번잡하고 예측 불가능한 공공 영역에서, 그 번잡하고 예측 불가능한 정치적 통로를 통해, 훨씬 더 자주 제기되는지 설명해 준다. 전문가의 중재라는 '분별'을 통해 그러한 번잡함을 전달하고 규제하는 제도화된 영역에서 도전이 이루어지지 않고서 말이다. 다시 말하자면, 문제가 되는 것은 생명윤리학의 **내용**만이 아니다. 제도화된 생명윤리학이 어떻게든 '윤리적인' 제도가 되려고 애쓰는 때조차도 그것을 그토록 비민주적인 제도로 만드는 것은 바로, 그러한 논쟁에서 **전문가로서** 다른 관계자들의 목소리를 배제시키는 생명윤리학자들의 중재이다.

여기에는 실질적이면서 기본이 되는 개념적인 의문이 걸려 있는데, 그것은 첫째로 생명윤리학이 특정한 이해관계를 대변하게 되어 버렸다는 것이고, 둘째로 그것이 스스로를 보편적인 담론으로 내세운다는 것이다. 여기에서 나는 '서구의' 입장과는 다른 것으로 간주되므로 간섭받지도 의문시되지도 않아야 한다는 '인도의' 생명윤리학의 입장을 어떤 식으로든 물신화하는 상대주의적인 입장을 옹호하지 **않는다**. 또한, 각기 다른 맥락에서 생명윤리학의 역할을 요구하는 상황적 특수성들이 반드시 국경선을 따라 구획된다고 주장하지도 않는다(그리고 '인도' 대 '서구'의 생명윤리학이라는 나의 언급은 내가 이 프로젝트에서 연구하는 그 두 현장에서 나타나는 서로 다른 종류의 윤리적·정치적 현상들에 대한 축약적 표현일 뿐이다). 내가 주장하는 바는, 대단히 특수하고 상황적인 이해관계와 가치 체계들이 스스로를 보편으로 가장하면 제도화된 생명윤리학은 극도로 이데올로기적인 사업이 된다는 것이다. 맑스와 엥겔스가 『독일 이데올로기』에서 이데올로기를 세계에 대한 유물론적인 이해에 반대되는 것으로 비판한 의미에서 말이다(Marx and Engels, 1963[1845]). 나아가 반드시 기억해야 하는 것은, 생명윤리학자들이 Rep-X의 경우에서처럼 기업적인 명분을 위해 고용될 때는 단순히 도나 해러웨이가 부르는 "가치 해명 전문가"value clarifications specialist로서 활동하지 않는다는 것이다.[45] 그들은 또한 가치 **창조** 전문가 역할을 하면서, 진정 말 그대로 가치를 창조한다. 그들은 자신이 '판결하는' 기업과 과학 사업에 정당성을 부여하는 동시에 윤리적인 질문의 내용을 구성한다.

이때 내 머리에 여전히 걸려 있는 질문은 진정으로 초국적인 생명윤리학이란 어떤 것일까이다. 세계 체제로서 생명공학은 초국가적이고 민주적인 통치 체계와 규제 체계를 필요로 한다고 믿기 때문이다. 그를 향한 건강한 첫 걸음은 '윤리'라는 말의 함의를 재점검하는 것이라 생각한다. ('게놈학'이나 '자본주의'와 같이) 내가 묘사하고 분석한 다른 많은 용어들처럼, '윤리' 또한 안정된 지시 대상이 아니다. 제도화된 생명윤리학이 지닌 보편화 경향은 단순히 윤리적 **판결**을 윤리적 딜레마가 나타난 맥락으로부터 **공**

---

45) 이는 나와의 사적인 대화에서 해러웨이가 언급한 표현이다.

간적으로 떼어 놓은 결과만은 아니다. 그것은 또한 '윤리성'을 어떤 식으로든 영원히 유효한 판결로, 그러니까 **도덕적인** 입장에서 나온 진술로 고정시킨 결과이기도 하다.

이런 점에서 나는 윤리성과 도덕성을 구별하는 마이클 포튼의 시각이 매우 타당하다고 본다. 보건부문데이터베이스에 반대하는 선구적인 아이슬란드 조직인 만-베른드^Mann-vernd 를 위해 디코드 논쟁에 대해 쓰면서 포튼은 다음과 같이 말한다.

> 윤리학은 나를 어리둥절하게 한다. 그건 좋다. 윤리학 때문에 한 번도 어리둥절해 본 적 **없는** 사람은 도덕주의의 영역에 있는 거라 나는 믿으니까. 도덕주의는 날 어리둥절하게 만들지 않는다. 심히 불편하게 할 뿐이다. 여기서 윤리학에 대해 내가 쓸 수 있는 그 모든 말들 중 하나로 이야기를 시작해 보자. 내게 윤리학은 좋거나 나쁜 대답, 또는 좋거나 나쁜 행위에 대한 것이 아니라 어떠한 마주침의 특정한 속성에 대한 것이다. 당분간 그 점을 모호하게 내버려 두려 한다. 그러나 마주침이란 윤리학과 민족지학이 공유하고 있는 어떤 공간을 시사하긴 한다. 윤리학과 민족지학 각각은 어떤 종류의 마주침을 신중하게 계획하는 일을 포함한다. 또는 여러 마주침들의 여러 층위들을.[46]

포튼은 윤리성을 하나의 관념으로 폐기 처분하지 않는다. 윤리학을 어떠한 마주침에서 비롯되는 것으로, 단순히 '맞거나' '틀린' 것이기보다는

---

46) Fortun, 2000, 이 글은 http://www.mannvernd.is/english/articles/mfortun.html에서 확인할 수 있다.

언제나 이미 불확정적인 것으로, 우리가 지속적으로 **애써 찾을** 의무가 있는 것으로 단호하게 위치 지음으로써 그는 윤리학을 단순한 도덕적 판결의 영역 너머로 가져간다. 또한 그는 그것을 보편성과 상대성이라는 이분법 너머로도 가져간다. 초월적이고 보편적인 윤리적 지위와 단순히 특수성을 찬양하는 상대주의적 입장은 둘 다 윤리성을 순전히 독립된 어떤 가치 체계에 의거하여 판단할 수 있다는 전제를 갖는다. 그리고 이러한 전제에서 유일한 논쟁은 그 가치 체계가 서로 다른 공동체들을 아우르느냐, 공동체에 따라 달라지느냐에 관한 것이 된다. 그 대신 윤리성에 대한 포튼의 이해는 보편적이든 상대적이든 간에 어떤 판단 기준에서도 윤리학은 절대 불가능하다는 것이다. 조화를 이루지 못하는 담론들과 가치 체계들이 애초부터 해결을 요구하는 '윤리적인' 질문을 창조하기 위해 서로 접촉한다는 점을 인식하지 못한다면 말이다.[47]

이러한 데리다적인 감수성을 바탕으로 내가 여기서 불러 오려는 '초국적인' 생명윤리학은, 단순히 윤리적 분쟁이나 딜레마를 해결할 수 있는 대안적인 도덕 틀이 아니다. 또한 새로운 생명공학들에서 비롯되는 문제를 푸는 현실적이고 다양한 윤리적 해결책들에 대한 상대주의적인 찬사도 아니다. 그것은 (주로 선진 자유주의 사회의 중심이 되는 철학적 교훈들로부터 추출된) 일련의 특수한 원칙들과 지시 대상들에 기반을 둔 도덕적 판결을 신뢰하는 윤리 체제가, '다른 곳'에서 형성되는 생명윤리학적 딜레마들을 성공적으로 다루는 것이 **불가능함**을 인정하는 것이다. 그러나 동시에 '다른 곳'의 생명윤리학적 딜레마를 다뤄야 할 **필요성**도 인정해야 한다. 선진 자유주의 사회와 동일한 역사 전개를 경험하지 않은 사회일지라도, 그

---

47) 포튼의 공식은 데리다가 제안한 윤리성 개념들에 많이 의존한다. Derrida, 2002b를 보라.

사회와 실질적으로나 이데올로기적으로 깊숙이 연관되는 전 지구적 자본주의 시대이니 말이다. 기술과학의 윤리-정치적 지형은 점점 더 그것의 전 지구적 규모에 의해 구성되고 있고, 이 지형을 명료하게 밝히려면 세계적 규모의 상호작용과 마주침들이 갖는 본성을 진지하게 고려하는 도구가 필요하다.[48]

다음 절에서는 서구의 기업체(Rep-X)가 비서구의 비기업적 주체(인도 정부)와 상호작용하는 상황에서 전개되는 교환과 가치에 대해 이야기한다. 말하자면 윤리학에 대한 이야기인데, 여기서 윤리성이란 완전히 다른 성격의 세계관이나 가치 체계의 충돌이 **아니라**, 생명자본의 세계적 지형에 의해 구성되고 또 그것을 구성하는 일련의 마주침들이다. 또한 다음 절은 인구게놈학에 대해 이야기하는데, 인구게놈학이란 그 존재의 조건으로 유전 샘플의 다양성을 요구하고 또한 이 샘플들의 유통과 소유권을 특정한 기존 원칙들과 조화를 이루는 방식으로 규제하는 법적 체제를 요구하는 기술과학의 집합물이다. 이러한 원칙들은 샘플의 원천을 구성하는 사람들의 권리와 존엄을 보장하는, 사생활 보호와 고지를 통한 동의 같은 가치들을 포함한다.

그러나 다음 절은 또한 유전 샘플을 수집하는 주체가 우연히도 미국 회사인 이야기이기도 하다. 이 회사가 활동하는 지형은 윤리적 규칙들이 국가 간의 경계나 공과 사의 경계를 가로질러 마찰 없이 받아들여지는 매끄러운 연결 지형이 아니다. 오히려 이 지형에는 홈이 파여 있다. Rep-X가

---

48) 세계적이든(그래서 초문화적이든) 종을 뛰어넘든, 마주침(encounter)들이라는 틀에서 정면으로 제기되는 윤리와 가치 문제들에 대한 분석을 찾는다면 Haraway, 2004; Zhan, 2005를 보라.

'윤리학'을 구성하는 지반은 인도 정부가 '윤리학'을 협상하는 지반으로부터 눈에 띄는 방식으로 어긋나 있다. '생명윤리성'을 다루려는 시도가 진지하게 고려해야 하는 것이 바로 이러한 탈구 현상이다.[49]

인도 정부

인도는 세계적 기술과학 분야에서 특별히 흥미로우면서도 애매한 영역, 즉 생명공학과 신약 개발에 관련된 분야들에서 특별히 두드러진 영역을 차지한다. 세계에서 가장 낮은 인적 자원 지표를 갖고 있는 제3세계 국가라는 차원에서 인도는 늘 과학과 기술을 세계적으로 경쟁이 치열한 경기장에 뛰어들 도약판으로서 특별 대우해 왔다. 현재 인도의 기술과학 조직은 심대한 변화를 겪고 있다. 주로 국가의 후원을 받는 연구·개발이라는 제도 사회주의적 모델이, 점점 더 시장 지향적 접근 방식에 자리를 내주고 있다. 그러나 인도의 생명공학에서 가장 공격적인 일부 시장 주자들은 기업이 아니라 인도의 공립 연구소이다. 기업들은 여전히 대체로 조용하며 모험을 꺼린다.

　게놈학은 인도 정부가 각별한 관심을 가져 온 분야이다. 인도는 1990

---

49) 윤리-정치적 현상이 생겨나는 매끄러운 지형이 아닌, 홈 파인 지형을 출발점으로 삼는 윤리학에 대한 개념 정의를 찾는다면, 마이클 피셔의 윤리적 고원(ethical plateanus)라는 개념을 보라(Fischer, 2003). 새로운 생명공학들이 출현하는 윤리적 바탕의 탈구 현상과 조화롭지 못한 성격은 내가 여기서 개괄하는 이야기들에만 국한되지 않는다. 그러한 탈구 현상은 포튼이 설명하는, 디코드를 둘러싼 윤리적 논쟁들에서 중심을 이룬다. 비슷한 또 하나의 사례는 공공의 인간게놈다양성프로젝트(Human Genome Diversity Project)의 실패이다. 인구군들 사이의 유전적 변이성을 상세히 기록하려는 국립보건원의 이러한 시도는 연구소와 아메리카 인디언들이 보유한 DNA 샘플 수집물에 대한 윤리적 기반을 서로 다르게 이해했기 때문에 진전을 보지 못했다. 이 프로젝트에 대한 설명은 Reardon, 2001, 2004에 있다.

년대 초반 인간게놈프로젝트에 들어가지 않았는데, 1990년대 중반 인도의 과학 정책 기구는 이를 후회했다. 그즈음에는 게놈학이 모든 일이 일어나는—그리고 명성과 돈이 생기는—분야라는 것이 분명해졌기 때문이다. 그러므로 이전 30년 동안 생화학 시약들을 저장해 온, 낙후된 기관인 생화학기술센터Center for Biochemical Technology가 인도의 최첨단 공립 게놈 연구소로 재탄생하였다.[50] 이와 같이 시장 지향적인 신설 공립 기관들이 으레 그러하듯, 생화학기술센터는 그것의 지적 재산권을 보호하는 데 큰 관심을 기울인다.

생화학기술센터의 주된 연구는 인구유전학population genetics인데, 인도의 인구가 두 가지 면에서 유전 정보를 위해 유용하게 활용될 수 있기 때문이다. 첫째, 인도의 많은 토착 인구는 유전적으로 동질하게 여겨졌고 그렇기 때문에 디코드가 아이슬란드에서 수행한 것과 같은 연구를 위한 적당한 그룹이 될 수 있다. 둘째, 인도의 '전체' 인구조차도 유전 연구에 매우 유력한 후보자 인구군이 되는 것이, 유전자 관련 법적 조언자가 거의 없는 대가족의 수가 압도적으로 많기 때문이다. 이는 서구에서는 하기 어려운 방식으로, 가족의 질병 유전을 추적할 수 있게 해준다.[51] 그러므로 생화학기술센터는 대체로 제휴를 맺은 공립 병원에서 수집된 환자 샘플들을 갖고 그러한 연구에 매진한다.

생화학기술센터와 같은 인도의 공립 연구소는 Rep-X의 샘플 습득을

---

50) 생화학기술센터는 최근 게놈학과 통합생물학 연구소(Institute of Genomics and Integrative Biology)로 명칭이 바뀌었다. 이는 게놈학 연구에 대한 현재의 요구를 반영하는 것이다. 그러나 현장 조사 기간 내내 생화학기술센터로 불렸으므로 이 책에서는 이 명칭으로 지칭한다.

51) 인구를 '자연스럽게' 존재하는 것으로 보면서, 이를 유전 연구의 단위로서 담론적으로 구성하는 학문이자 사업으로서 인구유전학을 끊임없이 팽창시키는 합리성 바깥에서는, 이들 중 어느 것도 명백하거나 직관적이지 않다.

Rep-X와는 매우 다른 각도에서 바라본다.[52] 그들은 Rep-X의 샘플이 광범위하게 지노타이핑되었더라도, 상세한 의료 기록이 없다면 쓸모가 없다고 주장한다. 이러한 의료 기록은 샘플과 함께 인도의 병원들에서 수집된다. 그러므로 그들은 인도의 병원들이 지적 재산권의 지분을 가져야 한다고 주장한다(사실 일부 미국 회사들은 그들이 샘플을 얻는 인도의 병원과 광범위한 법적 합의서를 작성한다). 이 주장에 따르면, 만일 Rep-X가 인도 병원과 지적 재산권을 공유하면 원하는 모든 샘플을 가져갈 수 있다. 그러나 그렇지 않은 경우에는 도둑질이 된다. 이러한 비유를 복잡하게 만드는 것은, 인도에서 가장 잘 알려진 연구 병원들의 많은 수가 공립 기관인 반면, 미국에서는 그러한 병원들이 대부분 사립 기관으로 기업의 역할을 한다는 점이다. 그러므로 인도 정부의 이러한 주장은 역설적으로 그 자신을 하나의 기업체로 틀 짓는데, 이는 인도를 인도 주식회사로 보는 인도의 엘리트와 정책 입안자들에게서 두드러지는 경제 자유화라는 1990년대 이후 이데올로기와 매우 잘 어울린다.[53]

사실 이런 요구들은, 인간 게놈과 유전자 연구 및 서비스에 대해 과학기술부Ministry of Science and Technology의 생명공학국Department of Biotechnology이 제안한 일련의 윤리적 정책들 안에 성문화되어 있다(DBT, 2001).

생명공학국의 지침들은 한 '윤리' 문서에서 지적 재산권에 대해 명시적으로 언급하고 있다. 또한 지적 재산권이 "국가의 상업적 이해"에 해당한다고 주장하는데(Ibid.: 2), 이는 일반적으로 선명하게 경계 지어진 '공적'

---

52) 이 절은 인도의 과학자들 및 정책 입안자들과 나눈 대화에 기반한다. 특정 대화를 직접 인용하는 대신 나는 전체 논지를 요약하여 특정 정보원들의 신원을 보호할 것이다.
53) 인도의 사업 잡지에서는 종종 인도를 "인도 주식회사"라 명명한다.

영역과 '사적' 영역에 관련된 용어들을 이상하게 조합한 것이다. 이익의 공유가 윤리적 지침에 포함되는 다양한 방식은 해당 문서 8조 5항에 명시되어 있다(Ibid.: 12). 그 조항에 따르면, "국내적 혹은 국제적 이윤 창출 단체들은 공동체의 이익을 위해, 인간 유전 물질의 사용으로 파생된 지식에서 발생한 그들의 연간 순이익의 일정한 비율[1~3퍼센트—순데르 라잔]을 헌납함을 의무로 한다". DNA 은행법에 관한 9조 1항에 따르면, "어떤 상업적 사용이 저장소에 있는 샘플로 이루어지는 경우, 전술된 정책들과 일치하는, 타당한 이익 공유 협약 문서에 기증자와 샘플 수집자, 저장소장이 함께 서명해야 한다". 국제적 협력에 관한 10조 3항에 따르면, "국제 협력 연구의 경우, 인도에서 나온 유전 물질이 연구의 주요 기반을 이룰 때, 협력 주체인 인도 기관이나 조직이 소유하는 특허가 있다면 그 대부분의 몫이 지적 재산권으로 보호되어야 한다. 그러한 특허로부터 발생한 수익의 최소 10퍼센트는, 개별 기관들이 유전 물질을 제공한 인구(들)를 위해 더 나은 서비스를 개발하는 데 써야 한다. 모든 국제 협력 연구에서 지적 재산권의 최소 10퍼센트는 인도 기관이나 조직이 소유해야 한다".

Rep-X가 인도의 병원들과 지적 재산권 공유 합의서 작성을 꺼리는 가운데, 인도의학연구위원회Indian Council of Medical Research의 권한 아래 그들이 1999년 10월 이후 인도로부터 수집한 모든 샘플은 인도를 떠나지 못하게 되었다.

인도 정부의 저항은 공익을 위해서 존재하는 기관이 채택한 '시장 논리'가 가진 위상은 무엇인가 하는 골치 아픈 의문을 제기해 왔다. 인도 정부는 유전 정보의 원천이 지닌 가치가 평가되어야 한다고 생각하기 때문에 지적 재산권을 원하는 것이 아니다. 의료 기록의 생산이 창의적인 절차의 일부임을 깨달았기 때문에 그것을 원하는 것이다. 사실, **환자들**이 아니라 공립 **병원들**이 지적 재산권을 공유해야 한다는 주장은 첫눈에 매우 특이하게 보일지 모른다. 그렇다고 인도의학연구위원회가 대변하는 인도 정부가 지적 재산권 공유를 요구하는 것도 아니다. 정부는 샘플이 어디서 수집되었는가와 상관없이 그러한 권리들을 공익으로서 **모든** 병원에 분배할 수 있는 기관인데도 말이다. 인도의학연구위원회는, 서구에서 병원들과 연구 기관들 간 협약에 적용되는, 인가와 소유권 공유에 대한 동일한 시장 원칙들이 인도에서도 재적용되길 요구한다. 이러한 입장은 분배 정의와 공립 기관이 스스로를 기업체로 틀 짓는 방식, 이 두 가지 면에서 문제적인 것으로 인식될 수 있다.[54] 유전 물질의 (남반구에서 북반구로의) 국제적 이동에서, 남반구 또는 제3세계는 '원천'으로 틀 지어진다. 이는 물론 식민지적인 유산과 결합한 틀 짓기로, 인도와 같은 나라에 있는 반제국주의자들조차도 종종 당당하게 수용하는 것이다. 인도 정부의 주장에 따르면, Rep-X가 인도에서 샘플을 가져다가 특허를 내는 것은 식민지 수탈이 아니라 산업 절도이다.

더욱더 큰 모순이 인도 정부의 입장에 구체화되어 있는바, 이 모순은 개념적일 뿐 아니라 전략적이기도 하다. 전술했듯이, 한편으로 인도 정부는 지적 재산권을 두고 서구의 기업과 '기업' 전쟁을 벌이는 시장체로 스스로를 틀 짓는다. 그러나 다른 한편으로 그러한 추진력은 대부분 '신식민지적인' 수탈에 대한 국가주의적 분노에서 나온다. 이러한 입장은 폭넓게 좌

---

54) 무엇이 '원천'이고 무엇이 '발명'인지 하는 문제는 물론 지적 재산권 논쟁 전반에서 핵심 논쟁 거리이며 단순히 생명공학에 국한되지 않는다. 생명공학에서 ──일부 생명공학 논쟁들이 이 루어지는, 명백히 상이하고 극적으로 정치적인 맥락들뿐 아니라── 원천과 발명의 경계가 흐려지는 상황에서도 분명한 것이 있는가 하는 질문은 핵심적 중요성을 띠며, 이는 내가 현재 해결하려 고심하는 문제이기도 하다.

파라 불릴 만한 활동가들의 입장이기만 한 것이 아니라, 여기서 개괄된 상황들에 대한 국가적 대응을 계획하는 데 발언권을 갖고 인도의 과학 정책 수립에 관여하는 과학자들의 동기이기도 하다. 종교적인 반제국주의적 몸짓으로서의 민족주의가, 한층 더 공격적이고 배타적인 문화 국가주의의 대본을 쓰는 힌두 민족주의적 입장에 의해 심각하게 의문시되는 역사적 시점에 이러한 일이 발생한 것이다. 힌두 민족주의의 정치 진영인 인도인민당^{Bharatiya Janata Party}이 1998년부터 2004년까지 인도의 연립정부를 이끌던 당이었다는 사실은, 과학 분야 정책 입안자들에게 적지 않은 의미를 갖는다. 그 당이 그들의 정치적 주인이기 때문이다. 이와 같은 상황에서 반제국주의적 몸짓으로서 국가주의적 입장의 표명은 언제나 이미 어떤 긴장을 담고 있다.

그렇지만 생명공학을 세계화 현상의 필수 구성 요소로 이해하는 데서 발생하는 더욱더 날카로운 긴장은, 아마도 인도 정부 관계자들이 세계화 현상을 '기업' 전쟁으로 규정함으로써만 반제국주의적 입장에 의존할 수 있었다는 점과, 이러한 입장이 Rep-X가 인도에서 얻는 샘플을 수출할 수 없게 하는 정도에서만 효과적일 뿐 여전히 부분적이고 파편적이라는 점에서 생겨날 것이다. 인도 정부와 일부 정부 관계자들은 서구 회사들과 지적 재산권 공유 협정을 협상하는 데 큰 관심이 있는 반면, 국제 포럼에서 그와 같은 모델을 공격적으로 밀어붙이는 데는 주저하는 모습을 보인다. 그러한 조치가 인도에 대한 외국인의 투자를 위태롭게 할 수 있다고 느끼기 때문이다. 외국인 투자는 집권당의 이데올로기적인 신념과는 상관없이 경제 자유화라는 현재의 기조에서 열렬히 추구되고 있다.[55] 다시 말해, 민족주의는 모순되는 하나의 구성 성분이자 하나의 결과로서, 세계화 현상이라는 그물에 완전히 걸려 있는 것이다.[56]

그러나 여기서 내게 특히 흥미로운 것은 바로 '국가'의 기업화이다. 가령 한 유네스코 발표문에서 사미르 K. 브라마차리는 천연자원(이 경우는 시민들과 그들의 생물학적 물질)은 국민국가의 **재산**이라 주장했는데, 이는 해당 자원의 법률상·계약상의 상품화를 뜻함과 동시에 국민국가를 유사 기업체로 지정한 틀 짓기이다(Brahmachari, 2001). 생화학기술센터는 문자 그대로 자신의 벤처 사업을 하고 있기 때문에 그 센터의 경우 이러한 상황은 한층 더 복잡하다.

브라마차리는 공립 연구소의 의제를 재발명했을 뿐 아니라 인도의 제약 회사인 니콜라스피라말[Nicholas Piramal]을 설립하고 그 사내에 지노메드[Genomed]라고 불리는 신생 게놈 회사도 만들었다.[57] 다른 말로 하면, 국가가 스스로를 세계시장 주자로 틀 짓게 격려하면서 인도에서 얻은 유전 물

---

55) 이러한 나의 주장은 다시, 직접 인용하기에는 조심스러운 인도의 과학자들 및 정책 입안자들과 나눈 대화에 기반한다. 그러나 나는 한 사람에게는 실명으로 고마움을 표하고 싶다. 그는 정보원으로서, 그리고 여기서 중요한 개념적 논쟁의 일부를 충분히 생각할 수 있도록 나를 많이 도와주었다. 만자리 마하잔(Manjari Mahajan)은 과학 정책을 전공하는 학생이고, 사미르 K. 브라마차리(Samir K. Brahmachari)에 의해 생화학기술센터에 한시적으로 고용되어 그가 세계적인 현상으로서 게놈학에서 비롯될 수 있는 과학 정책 문제들의 일부, 특히 지적 재산권 관련 문제들을 심사숙고하도록 도왔다. 특히 마하잔은 인도 정부가 단순히 서구 회사들에 이익 공유 협약(이는 라틴아메리카 국가들 대부분이 채택한 모델이며, 브라마차리가 자신의 사적인 생각과 별개로 좀더 전략적이라 생각하는 모델이다. 왜냐하면 이 모델이 외국 기업에게 반감을 덜 사기 때문이다)을 요구하지 않고 지적 재산권을 요구하길 바랐다. 그로 인해 기업체로서의 국가라는 역설적인 모양새가 형성되긴 하지만, 지적 재산권은 정확히 다음과 같은 것이다. 그것은 다른 이들이 '인도인의' 유전 물질을 마음대로 쓰지 못하도록 배제하는 사전적인 권리를 부여하며, 서구 기업이 그러한 권리를 얻지 못하도록 막는다. 반면, 이익 공유 협약은 권리가 아니라, (보통 서구의) 기업의 자선 행위라는 지형과 맞물린다. 이러한 통찰에 대해 마하잔에게 감사드린다.
56) 예를 들어 에리트레아(Eritrea)의 국가주의적 의식의 형성을, 해외에 거주하는 에리트레아인들과 인터넷 같은 통신 기술에 의해 동시에 구성된 세계적인 네트워크의 결과로서 추적하는 빅토리아 버널(Victoria Bernal)의 글을 보라(Bernal, 2004).
57) 지노메드에 대한 설명은 2장에 있다.

질의 유출을 규제하는 정책 입안에 관여하는 브라마차리와 같은 사람이, 세계시장에 대한 전략적 이해관계를 가진 실제 신생 생명공학 회사의 공동 창립자이기도 한 것이다.

결론

어떤 개념에 대해서 논의할 때 그것이 흘러넘치지 않도록 하는 건 불가능하다. 그리고 '교환'이라는 개념과 더불어 발생할 수 있는 일은 두 가지이다. 한편으로 그것은 여러 측면에서 검토되고 분석되고 해부되고 비평될 수 있으며, '해체'deconstruction될 수도 있다. '공공재', '증여', '상품화', '공', '사', '시장 논리', 그리고 '가치'와 같은 단어들에 대해 더욱 조심스럽게 다시 생각하게 하는 방식으로 말이다. 그러나 교환이라는 개념은 지극히 문자 그대로의 의미에서 해체의 대상이 될 수 있다. 그것은 유예되기 때문이다.[58] 교환이라는 개념을 이해하는 것은 결코 그것을 이해할 수 없음을 의미한다. 그것은 언제나 손끝을 빠져나가고 대신 물체이든 개념이든 다른 것들이 모습을 드러낸다.

이 책이 묘사하고 포착하려는 더 큰 프로젝트에서 일어난 일이 정확히 이런 것이다. 미국 게놈 회사들에 대한 연구로 출발한 것이, 자본주의 체제들이 다 그렇게 하듯 미국이라는 '혁신의 중심지' 안에 갇히기를 거부하는 생산·교환 체계 및 시장 체제 ——생명자본—— 에 대한 연구로 재빨리 탈바꿈한 것이다. 그러므로 나는 이미 매우 빨리 자본주의와 세계화를 이해하려 노력하는 나 자신을 발견했다. 자본주의와 세계화를 '생명자본주의'라

---

58) 여기에 도움을 준 데리다의 해체라는 개념을 확인하려면 Derrida, 1976을 보라.

부름으로써 그것들을 특수하게 만드는 방식으로 말이다.

이 장에서 나는 미국과 같이 특정한 맥락에서, 국가-기업 구성체 내의 시장 논리에 내재한 모순을 강조하고자 했다. 또한 나는 북반구와 남반구, 제1세계와 제3세계의 서로 다른 국가-기업 구성체에 내재한 일련의 모순들도 비교했다. 그러므로 나는 이 두 가지 맥락에서, 세계화하는 시장 논리의 전개에 있는 근본적인 부조화를 조명했다. 교환 체제를 재구성하고 가치를 극대화하기 위해 미국에서는 기업들이 증여 경제에 전략적으로 의존한다면, 인도에서는 국가가 시장 경제를 전략적으로 이용한다.

또한 나는 DNA 염기서열의 특허 자격을 둘러싼 것이든, 소위 제3세계 주변부에서 유전 물질을 수집하여 제1세계의 '창의적인' 중심부로 옮기는 맥락에서든, 지적 재산권 논쟁은 단순히 창의성이라는 관점에서 이해될 수 없음을 주장하려 애썼다. 오히려 그것들은 물질성의 관점에서 이해되어야 한다. 나는 발명이라는 **개념** 자체를, 각 현장에서 이루어지는 지적 재산권 협약의 바탕을 이루는 한정적 개념이라고 문제 제기하고자 한다. 이런 의미에서 나는, 로즈메리 쿰Rosemary Coombe이 지적 재산권의 '문화적 삶'이라고 부르는 것을 추적할 때와 같은 의미에서 지적 재산권을 이해하고 있다(Coombe, 1980).[59]

쿰은 지적 재산권을 단순히 어떤 권리 묶음이나 천재적 창의력에 귀속되는 속성으로 보지 않는다. 대신 그것을 상업과 대중 생활을 구성하는 객

---

[59] '사회적 삶'이 아닌 '문화적 삶'이라는 쿰의 개념이 가장 중요하다고 나는 생각한다. 상품의 일생을 이해하는 일은 단순히 그것이 생산·유통·소비되는 순환을 이해하려는 시도가 될 수 없기 때문이다. 상품은 본성상 신비적이므로, 그것의 사회적 삶과 그것이 창출·유지·관통하는 상상에 대한 분석을 떼어 놓고 볼 수는 없다. 바로 여기에 '문화적 삶'이라는 개념이 갖는 중요성이 있다. 쿰은 지적 재산권과 관련된 여러 상상들에 면밀한 관심을 기울인다.

체로, 사회 권력의 원천이자 흡수체로 제시한다. 아마도 나 자신의 감수성과 가장 크게 공명하는 지점은 그녀가 "상품화된 사회적 텍스트 사용에 관한 우연성의 윤리학"이라 부르는 것이 필요하다고 주장하는 부분일 것이다(Coombe, 1998: 5).

그렇다면 문제는 지적 재산권의 유동성이 어떻게 복잡한 윤리-정치적인 문제들로 전환되는가이다. 세계적인 규모의 정보 유통 체제에서는 해당 정보가 '생명 그 자체'와 관련되며, 종종 혈액과 세포조직 샘플처럼 형체가 있는 물체와 함께 이동하는데, 이러한 맥락은 특히 중요하다. 예를 들어 존 프로John Frow는, 무역과 관세에 관한 일반 협정GATT과 세계무역기구와 같은 세계적인 지적 재산권 체제가 자기 나라에 손해를 끼친다는 이유로 그에 반대하는 제3세계 인사들의 주장에 동의한다. 나 역시 대체로 그러한 취지에 동감하지만, 나의 관심사는, 특히 인도와 같이 '제3세계'적 지위를 당연한 것으로 받아들이기 거부하는 나라들에서, 그곳 현장의 정치가 그토록 단순한 정치적 입장들을 교란시키는, 끊임없이 모순적인 방식들을 알아내는 데 있다.

그러므로 어떤 차원에서 인도의 게놈학은 서구에서 생산된 유전자 염기서열 정보 및 다른 생명정보학적 자원들이 공공 영역에 들어가지 않는다면 상당 정도 가능하지 않을 것이다. 민간 소유 데이터베이스는 종종 대부분의 인도 연구 센터들이 사들이기에 너무 비싸기 때문이다. 그러나 서구의 환자 권익 옹호 단체와 인도의 생화학기술센터 같은 많은 '비특권' 집단들은 그들 자신의 이익을 위한 전략적 방법으로 지적 재산권 협정들을 이용하는 데 열중한다. 전자의 경우 그 방법은, 그렇지 않으면 연구되지 않을 희귀한 유전 질환들이 연구자들의 관심을 확실히 받도록 하는 것이다.[60] 후자의 경우에는 '인도의' 공익을 위해 조세 수입의 일부를 확보하는 것이다. DNA 염기서열 특허에 대한 주요 지지자들이 일부 유전병 환자 권익 옹호 단체이고 주요 반대자들이 거대 다국적 제약 회사인 상황에서, 생명공학과 신약 개발 전반에 대한 지적 재산권 문제에서 극도로 편안한 입장을 취하기란 어렵다.

제3세계의 천연자원을 특허 내는 서구 기업의 '생명해적질'을 가리키는 예로 인용되는 고전적 사례 중 하나는 님neem[멀구슬나무과의 열대산 나무]을 특허 낸 사건이다. 님은 그 약용 성분 때문에 수세기 동안 인도에서 애용되어 온 나무이다. 미 농무부와 미국의 다국적 회사인 W. R. 그레이스W. R. Grace는 1994년 님에서 파생된 제품에 대해 특허를 받았다.[61] 역설적으로, 이 해적 행위에 반칙을 선언했던 것은 인도의 과학산업연구심의국Council for Scientific and Industrial Research이 **아니었다.** 물론 이 심의국이 지적 재산권 국제 법정에서 소송을 치러야 했지만 말이다(심의국이 승소했기 때문에 님 특허권은 철회되었다). 그러나 과학산업연구심의국은 해적 행위 미수 사건을 생명해적질과 신식민주의적 사건이 아니라, 해적질에 대한 기도를 전복하는 메커니즘을 제공하는, 세계무역기구와 같은 세계적·다각적 무역 협정의 공정함에 대한 궁극적인 증거로 거론한다. 내가 이 입장에 동의하거나 그렇지 않음을 얘기하려는 것이 아니다. 다만, 아마도 사실상 과학산업연구심의국의 입장(세계화 자체에 대한 열렬한 지지 단체인 만큼 결국 정치적으로 구속된 지형에서 활동하는 셈인)보다는 세계 무역 체계의 불공

---

60) 관련 사례를 확인하려면 5장에 있는 PXE인터내셔널(PXE International)에 대한 설명을 참조하라.
61) 또 다른 미국 생명공학 회사인 애그리다인(Agridyne) 역시 님 나무에 대한 응용생물학적 처리에 대한 두 개의 미국 특허를 받았고, W. R. 그레이스는 님을 주성분으로 한 생살충제에 대한 특허를 받았다.

평함으로 더 잘 설명될 수 있는 '정치적으로 올바른' 입장들이, 현장에서는 거의 언제나 훨씬 더 복합적임을 지적하려는 것이다. 이 경우 과학산업연구심의국이 취한 입장은, 그 구조적 배치에서부터 '제3세계'의 의식을 기대하게 만들지만 결연히 그렇게 하는 데 실패하는 조직화의 일례이다. 이 '실패'는 무지나 강요 때문이 아니라, 의식적인 전략적 결정 때문이다. 그러므로 지적 재산권 체계를 다층적인 것으로 인정하는 일은 종종 그 체계의 효과를 이해하는 데 충분치 않다. 그것이 정치적으로 표명된 (종종 예측 불가능한) 양태들에 관심을 기울이지 않는 한 말이다.

과학산업연구심의국이 세계무역기구가 의미하는 세계화를 수용한 것은, '3세계' 공공 연구 기관들을 관리하는 조직으로서 자신의 구조적 위상과만 상반되는 것이 아니라, 1990년 이전 인도의 정치적 기류와도 상반되는 것이다. 1990년대에는 인도의 경제 이데올로기에 심대한 변화가 있어, 국가 사회주의를 떠나 시장 위주의 공격적인 자유화 정책을 선호하게 되었다고 이미 말한 바 있다. 이러한 변화는 인도의 기술과학 기구들의 기획의 중심을 이루어 왔다. 물론 인도가 일련의 가시적인 조치들을 통해 시장을 개방하겠다는 의도를 선포한 1991년이 어떤 분수령이 되기는 하지만, 세계화에 대한 인도의 경도는 1980년대에 이미 분명했다. 인디라 간디Indira Gandhi와 그의 후계자인 라지브 간디Rajiv Gandhi가 좀더 조심스럽지만 명확한 방식으로 경제 자유화의 물꼬를 텄기 때문이다. 그러나 인디라 간디는 1982년 세계보건총회World Health Assembly에서 다음과 같은 연설을 했다. "한층 더 질서 정연한 세계란 의학적 발견들이 특허받지 않고, 그리하여 생명과 죽음을 이용하여 이익을 취하지 않는 세상을 말합니다"(Braga, 1990: 253에서 재인용). 생명공학과 신약 개발에 대한 세계무역기구의 규정들을 포함하는 세계 무역 체제에 대한 과학산업연구심의국의 현재 입장이 20

년 전의 인디라 간디의 입장과 차이가 나는 정도가 이데올로기적 방향에서 일어난 변화이다. 그렇지만 그러한 차이들은 또한 법과 기업 기풍과 주요 정치 이데올로기가 합작하여 다양한 결과물들을 생산해 냈음을 시사하기도 한다. 그 차이들은 그 자체가 구조적 강압의 영향을 받은 결과인데, 강압의 예로는 경제 자유화에 직접적인 추진력을 제공했던 1991년의 심각한 국제수지 위기, 혹은 GATT의 우루과이라운드와 인도에게 서명국이 되라는 서방의 압력 같은 것들이 있다. 또한 사미르 K. 브라마차리나 5장에서 거론될 과학산업연구심의국의 국장인 라메시 마셀카르Ramesh Mashelkar와 같은, 돌이킬 수 없는 것으로 보이는 행로들을 계획하는 개인의 행위도 영향을 주는 한 요소이다.

생명자본을 이해하는 과제는, 그것이 세계적 과학기술 시장에서 휘두르는 권력에 있어 근본적으로 비대칭인, 미국과 인도 같은 상이한 현장들에서 교환이 일어나는 세계적 체제임을 아는 것이다. 그렇다면 다층 구조의 세계시장 지형에서 발생하는 생명자본을 이해하는 것이 어떻게 가능할까? 신약 개발의 상류-하류 지형을 특징으로 할 뿐 아니라, 쌍방향적이고 다각적인 시장과 미국과 인도에 상이한 방식으로 영향을 미치는 규제적 압력 또한 특징으로 갖는 세계적 지형에서 말이다.

생명자본이 구속하면서 동시에 생성하는 세계적인 교환 체제들에서는, 보통 이분법적인 대응물로 이해되는 서로 다른 종류의 교환들이 결합한다는 것을 나는 보여 주었다. 예를 들어, 공공 영역에서 교환은 사적 재산의 교환과 부딪히지만, 다른 상황에서는 예측할 수 없는 방식으로 서로를 강화한다. 이와 유사하게, 상품 체제와 증여 체제 사이의 이분법도 지속되기 어렵다.

현재의 투자와 평가를 통해 미래의 수익을 기대하는 시장 체제와 증여 체제에 공통되는 한 가지는 여러 형태의 부채로, 그것은 금전적 빚으로 또는 도덕적 소명으로 구성된다. 다시 말하면, 다시 한번 '가치'라는 말의 두 가지 의미 모두에서, 부채 그 자체는 순환하는 교환 체계에 대한 하나의 평가이다. 내가 다음 장에서 탐구할 것이 바로, 생명자본의 세계적인 순환들이 구성한 부채의 생명정치학이다.

2장 생명과 부채

생명자본의 세계적 그리고 지역적 정치생태계들

2004년 하이데라바드^{Hyderabad} 공항에 내린 사람을 맞이하는 첫번째 간판은 '인도의 생명공학 중추'임을 자부하는 게놈밸리^{Genome Valley}를 광고한다. 이곳은 대학과 기업의 생명과학 혁신 작업의 중추가 되길 희망하는 하이데라바드시의 내부와 주변을 포함한, 600제곱킬로미터의 땅이다. 하이데라바드가 주도인 안드라프라데시^{Andhra Pradesh}는 인도 남부에 위치한 주로서, 1989년부터 2004년까지 15년 동안 3,000명 이상의 농부가 자살한 것으로 알려져 있다. 이 시기 동안 인도에서 자살한 농부 네 명당 세 명이 이 주에 거주한 것으로 추정된다. 인도의 첨단 기술의 보금자리 중 하나임을 자부하는 이곳에서 말이다. 1997~1998년, 2003~2004년의 두 시기에 대규모 자살 사태가 일어났다. 그 원인은 주로 가뭄과 흉작, 불어나는 빚이었다. 그러나 가장 최근인 2003년과 2004년의 대규모 자살 사태는 증가하는 농업 생산력과 정상적인 강우량에도 불구하고 일어났다. 부채가 이 위기를 재촉한 압도적인 요인이었음을 시사하는 것이다.[1]

이 시기(1994~2004년)의 상당 기간 동안, 안드라프라데시의 주 정부는 나라 찬드라바부 나이두^{Nara Chandrababu Naidu}가 이끌었다. 나는 조금 뒤에 나이두의 비전과 통치 방식을 설명하고 그의 체제에 대한 더 큰 맥락을 제공할 것이다. 다만 지금은 그의 정부가 1998년 자살자 유가족들에게 위로금 지급을 중단했음을 밝혀 둔다. 자살 위로금이 농부들을 자살하게 하는 유인책이 될 수 있다는 비뚤어진 근거에서였다. 이 때문에 실제 자살한 농부들의 수를 밝히는 것이 어려워졌다. 그러한 죽음을 확인하는 가장 확실한 방법이 국가 위로금 통계였으니 말이다.

나이두 정부의 주요 정책 문서들 중 하나는 「비전 2020」Vision 2020으로, 이 문서는 나이두의 근대주의적 비전이, 세계화와 자유시장에 대한 열렬한 수용을 통해 달성되는 신속한 기술 발전과 물질 번영이라는 꿈에 깊숙이 자리 잡고 있음을 분명히 말해 준다.[2] 농업 분야에서 「비전 2020」의 초점은 농약과 농화학품들에 맞춰져 있다. 기계화와 근대화, 유전자 변형, 전체 인구 대비 농가 비율을 70퍼센트에서 40퍼센트로 낮추기가 이 정책 문서의 중심 내용이다. 이러한 근대화를 위한 투자의 많은 부분이 민간 부문에서 오는 것으로 「비전 2020」은 구상하고 있다.

배경, 논점, 현장

이 장은 인도에서 새로 부상하는 생명공학적 이니셔티브라는 렌즈를 통해, 세계화에 의해 구성되는 동시에 그것을 구성하는 부채의 지역적 정치 생태계들을 탐구한다. 이 장에서 '생명자본'은 서로 다르지만 동시에 작용

---

1) 가령 『힌두』(*The Hindu*) 2004년 6월 10일자에 실린 「안드라프라데시 농부들의 자살은 계속된다」(Suicides by Andhra Pradesh Farmers Continue)라는 기사를 보라.

2) unpan.un.org/intradoc/groups/public/documents/APCHIAAY/UNPANO13207.pdf.를 보라.

하는 두 가지 분석 틀에서 작동한다. 한편으로는 생명공학 혁신과 신약 개발이 기반이 되는, (고전 맑스주의적 의미에서) 토지, 노동, 가치의 순환으로서, 그리고 다른 한편으로는 세계적 자본주의 전개 국면에서 생명정치를 구성하는 데 점점 더 큰 비중을 차지하는 요소로서 말이다. 다시 말하면, 이는 한편으로는 '생명공학 혁신의 문화'가 뿌리내리는 데 어떠한 형태의 소외와 수탈, 박탈이 필요한가 하는 문제이고, 다른 한편으로는 개별적·집단적 주체성들과 시민권들이 '생명 그 자체'에 관여하는 이러한 기술들에 의해 어떻게 형성되고 징집되는가 하는 문제이다.

「서론」에서 개괄했듯이, 나는 '생명자본'을 '자본주의'와의 연관 속에서 여러 가지를 의미하는 개념으로, 여러 가지 의미와 함께 변화하는 개념으로 사용한다. 내가 주장했던 것은 생명자본이라는 것이 자본주의에 대한 특수한 **사례 연구**로서, 즉 전반적인 자본주의의 논리와 체계의 출현을 보여 주는 특수 렌즈로서 드러남과 동시에, 생명과학 분야에서 탄생하는 신생 기술과 인식론들 때문에 특수해지는 **특정한 형태**의 자본주의로서 나타난다는 것이었다. 생명자본에 대한 나의 분석은 그것이 자본주의와 맺는 이러한 두 가지 관계 사이를 오간다. 그리하여 1장의 내용 중 일부는, 상품화될 수 있고 통화로 기능할 수 있는 정보로서 생명의 '기초 요소들'을 분석할 수 있는 가능성들이 생겨나는 현상과 관계되었다. 이 장에서는 생명공학 사업이 어떻게 자본주의와 세계화, 생명정치의 새로운(그리고 어떤 의미에서는 계속되는) 현현들을 조명하는가 하는 관점에서 생명자본을 분석한다.

되풀이하자면, 생명정치biopolitics는 미셸 푸코가 제안한 개념으로 여기에서 생명은 정치적 계산의 명백한 중심이 된다. 생명정치에 대한 푸코의 분석은 절대군주제에서 근대국가로의 유럽의 역사적 전환이라는 경험적 맥락에 주로 위치한다. 근대국가에서는 국민을 **책임지고 보살피는** 일이 통치합리성을 이루는 중심이 된다. 푸코가 자신의 작업 전반을 통해 보여 주는바, 이 새로운 합리성은 감옥, 인구통계국, 병원, 정신병원 같은 **기관** 및 **기법**의 출현과 함께, 또한 그러한 계산의 기초를 이루는 지식을 생산하는 생물학, 인구통계학, 심리학, 정치경제학과 같은 학문과 함께 생겨난다.

요컨대 새로운 통치합리성은 통치governance의 새로운 기관과 기법, 그리고 새로운 형태의 지식 생산과 밀접하게 연결된다고 푸코는 주장하는 것이다.[3] 또한 이것은 그 **영역 단위**가 **국민국가**인 통치합리성이다.

그러므로 세계화를 특징으로 하는 세계사의 새로운 순간이 세계적 통치합리성에 대한 질문을 우리에게 던지는 것은 놀라운 일이 아니다. 그리고 한층 더 세계적인 관점에서 통치에 대해 생각해 볼 때, 생명정치적 규제, 즉 인간의 신체에 대한 규제, 계산, 해명, 누가 살고 누가 죽는가에 대한 결정 등이 이 새로운 통치합리성 계산법에서 중심이 된다는 것 또한 놀라운 일이 아니다.

여기서 더 큰 이론적 난제는 기술과학과 자본 흐름, 세계적 통치에 대한 표명articulation들을 체계적으로 정리하고, 이러한 표명들이 어떻게 우리가 새로운 형태의 지식 생산과 기술 혁신, 새로운 형태의 자본주의, 통치의 다양한 차원들——세계, 지역, 국가, 국가 하위 단체——사이의 관계를 이해하게 돕는지 묻는 것이다.

생명정치에 대한 푸코의 주된 관심은, 국가를 정치적 계산의 주체로, 결정적 중대성을 갖는 존재로 보는 분석과 관련이 깊었으며, 이 관심은 근

---

3) 이것은 푸코의 작업을 포괄하는 주제이다. 특히 통치합리성이나 그가 "통치성"(governmentality)이라 부르는 것에 대한 푸코의 상세한 설명을 원하다면 Burchell et al., 1991을 보라.

대성을 규정짓는 권위 기관으로서 국가의 증대되는 역할과 공명했다. 우리는 현재 기업적 통치 체제가 점점 더 중요해지는 역사적 전환의 한가운데 있다. 이는 자동적으로 국가의 역할 축소를 함의하는 전환이 아니라(1장에서 나는 그 반대임을 보여 주었다) 그러한 국가의 역할 변화에 대해 질문을 던지는 전환이다.

다시 말해, '기업적 통치 체제'라는 구절은 두 가지를 함축한다. 한편으로, 기업들 자체가 복지국가의 자유주의 이데올로기 속에서 '국가'가 해야 하는 서비스를 대리 수행하고 있다.[4] 다른 한편으로, 국가 자체가 기업적인 전략이나 통치 형태를 채택하는 모습을 보이며, 이 점은 특히 인도에서 노골적으로 드러난다. 이에 대한 일례로 인도 정부가 '인도의' 유전 물질로부터 창출된 가치를 이용하기 위해 유사 시장 주자로 스스로를 위치 짓는 것을 1장에서 거론한 바 있다.

이 장에서 나는 전술했던 순환의 과정들과 전략들을 통치——언제나 이미 '국가'와 '기업'의 그리고 그 합리성들의 융합인——가 인도 현장에서 나타나는 방식이라는 맥락에 놓는다. 이러한 의문들을 하이데라바드의 외곽 농촌 지역과 뭄바이의 도시 중심지에서 이루어진, 민족지학적 현장 조사를 통해 다룬다. 이 과정에서 나는, 세계화에 있어 제1세계-제3세계의 비대칭성은 산업적 식민주의 팽창의 경우와는 반대로, 제국과 식민지의 관계를 상인과 고객의 관계로 재구성하면서 전개됨을 주장할 것이다. 그리고 이를 통해, 생명자본주의적 통치의 이러한 세계-지역 체계들과 전략

---

4) 이는 마거릿 대처와 로널드 레이건, 조지 W. 부시 같은 자유시장 이데올로그들의 통치 이데올로기에 반영되었을 뿐 아니라, 국제통화기금과 세계은행의 구조조정 정책이나 『이코노미스트』와 『월스트리트 저널』 같은 출판물들이 암시하듯, 시장 세계화의 '전문가들'의 주기도문이었다.

들을 구성하는 순환과 순환 구조들, 과정들, 체제들에 대한 나의 구조적 관심 또한 견지할 것이다.

이러한 쟁점들의 중심은 오늘날 자본주의를 통치하는 가치 체계로서 부채indebtedness를, 그것이 가진 두 가지 의미 모두에서 살펴보는 것이다. 1장에서 언급했듯이, 순수한 시장 형태로 여겨지는 것이 특정한 증여 형태의 그물망(언제나 이미 시장에 흡수될 준비가 되어 있어 모스적인 의미에서 완전히 증여인 건 아니지만 말이다)에 완전히 걸려 있다. 또한 공익을 위해 '증여를 하고' 그를 통해 자신에게 부채를 지게 만드는 기관으로서 국가가 존재한다. 그러므로 어떤 차원에서 부채는 도덕적 통화로서 작용한다.

그러나 또한 다양한 차원에서 시장가치의 더욱 직접적인 화폐 형태를 한 부채도 있고, 이것은 특히 미국 사회에서 뚜렷하게 드러난다. 가령, 신용카드 사업이 현대 미국 자본주의의 필수 마디로 기능하는 상황에서 개인의 지불 능력은 핵심적인 중요성을 띤다. 빚은 제도적 차원에서도 중요한 구성 요소가 되지만, 그 작동 방식을 그 단어가 갖는 화폐적·도덕적 함의 안으로 끌어오기는 어렵다. 부채는 가령 기업과 투자자 간의 상호작용에서 특히 두드러진다. 투자자는 거대한 공공 기업이나 월스트리트일 수도 있고, 애초의 회사 설립을 가능하게 한 자본에 두 가지 의미에서 빚을 졌기 때문에 벤처 투자자들에 의해 자신이 세운 회사의 경영권을 포기하도록 강요받는 기업가일 수도 있다.

그리고 1장에서 강조했듯이, 특히 생명공학과 제약 산업에서 그들이 '식품·건강·희망'을 지키는 일에 종사한다는 이유로 강조하는 상징적 자본이 있다. 이는 불치병 치료제 생산을 위해 높은 위험을 감수해야 하고 십수 년이 걸려야 하는 신약 개발의 짐을 떠맡은 이러한 회사들에 대해 소비자가 어떤 빚을 지고 있는지를 암시한다. 이러한 부채는 그 산업의 상징적 자본뿐 아니라 세상에서 제일 비싼 일부 약값을 정당화한다.

부채는 다양한 차원이나 영역에서 작동한다. 첫째, 자본 흐름의 특정한 배치로 특징지어지는 현대의 역사적 순간의 한 구조적 양상으로, 둘째, 모든 의미에서 언제나 이미 가치 체계인 자유시장 체계의 한 징후로, 부채는 생명정치성과 생명사회성biosociality을 띠는 방식으로 작동한다.[5] 물론 미국이라는 국민국가 자체가 세계에서 가장 큰 채무자인 건 우연이 아니다.

그렇게 다양한 부채의 영역들은 인도에서도 볼 수 있다. 인도가 1991년에 경제 자유화와 세계화 프로그램에 신속하게 착수할 수 있었던 직접적인 추진력은 거대한 국제수지 위기였다. 당시 인도의 외환 보유액은 5억 8,500만 달러로 떨어졌는데, 이 액수로는 1주일치 수출에 대한 자금 지원 정도나 할 수 있었다. 그 결과 수입량을 삭감해야 했고, 심한 인플레이션으로 인해 수출 환경을 불리하게 하는 국내 물가 상승이 야기되었다.[6] 제1차 걸프 전쟁으로 다른 구조적 요인들이 생겨나 유가가 상승하고 걸프만에 사는 인도인들의 송금액은 감소했다.[7] 역설적으로 당시 인도의 부

---

5) 생명사회성이라는 개념을 확인하려면 Rabinow, 1992를 보라.

6) 1991년 발발한 위기의 배경을 확인하려면 National Council of Applied Economic Research, 2001을 보라.

7) Corbridge and Harriss, 2003(2000): 120을 보라. 인도가 1990년대 초에 자유화를 향해 나아간 일부 이유는 구조의 변화를 기하기 위해서이지만, 이데올로기적인 동기도 분명 있었다. 인도 정부의 경제합리성에 일어난 변화를 낳은 요인들을 자세히 밝혀내는 일은 이 글의 영역을 벗어난다. 그렇지만 1990년대 초반에 인도에서 일어난 일부 변화가 수딥타 카비라지(Sudipta Kaviraj)가 "엘리트의 반란"이라 부르는 것의 결과임을 지적하는 일은 유용하다. 그 반란은 자와할랄 네루(Jawaharlal Nehru)의 비전에 영감을 받은 40년간의 국가 사회주의에 대한 반란이었을 뿐 아니라, 1980년대에 두드러졌던, '하층' 카스트 사이에서 증가된 사회적 이동에 대한 반란이었다('하층' 카스트란 공식적인 계급 중 하나이다. 여기에는 지정 카스트Scheduled Castes —정치적으로는 달리트Dalit로 알려져 있는데, 이들은 힌두의 카스트 질서에서 불가촉천민 무리로 인식된다—와 다른 하층 카스트, 즉 달리트는 아니지만 여전히 사회·경제 면에서 하층으로 국가가 인식하는 그룹들이 포함된다),

채를 발생시킨 주된 요인은 1980년대 후반 라지브 간디가 시작한, 시험적이었지만 큰 현실적 힘을 가졌던 자유화 정책이었다. 이러한 정책은 파르타 차테르지^Partha Chatterjee가 표현한바, "분별없는 돈 잔치"의 성격을 띤다(Chatterjee, 1997[1989]: 201).

명백히 위기를 가리키는 이러한 모든 구조적 요인에도 불구하고, 위기 자체는 '시장 논리'에 의한 자체 생산에서만 명백해진다. 자야티 고시^Jayati Ghosh는 자유화 정책 착수에 대한 분석에서, 당시 농·공업 생산량이 정상이었고 인플레이션은 그리 높지 않았음을 보여 주었다(Ghosh, 1998). 핵심은 인도의 국제수지 위기가 투기 시장에 믿음을 주지 못한 것이었다. '상품' 자본주의와 '상업' 자본주의의 불일치가 다시 한번 드러나는 대목이다.[8] 인도의 제약 산업과 같이 상품 제조와 수익 산출 면에서 성공적인 산업이 성장을 기반으로 한 모델의 관점에서 실패한 산업으로 간주되고 세계무역기구의 규제하에 그 자체의 사업 모델을 재편성해야 하는 것처럼, 한 나라 전체의 경제적 전략도 비슷하게 재편성되어야 하는 것이다. 합리적인 제조와 생산의 관점에서 보면 반드시 그렇지 않을 것이, 투기적 시장 논리에서는 명백한 '실패'로 분류되기 때문이다.

1991년 위기 발생 당시 인도 정부가 취한 즉각적인 행동은 국제통화기금에서 차관을 들여와 인도를 더 깊은 빚더미 속으로 밀어 넣은 것이었다. 부채의 금전적인 의미와 도덕적인 의미가 모두 다시 한번 작동했다. 국제통화기금의 차관의 조건은 '재정상 책임'을 한층 더 잘 수행하기 위해 구조조정 정책을 실행하는 것이었다. 세계은행과 국제통화기금은 (제3세

---

8) 『자본』 3권에 있는 맑스의 상품 자본주의와 상업 자본주의 간의 구별, 그리고 이 분석과 그것의 연관성을 확인하려면 이 책의 「서론」을 보라.

계) 채무국의 재정적 책임성과 무책임성을, 차후 신용성의 정도를 알려 주는 '보상' 또는 '벌'에 연결 지었는데, 그 방식이 눈에 띄게 직접적이고 일방적이었다. 다시 말해, 금전적 거래 체계에 호소하자 즉시 따라온 것이 도덕적 개혁에 대한 요구였다. 인도는 과소비가 아닌 검약함이라는 '무책임함', 즉 과소비와 풍부함 그리고 자유시장을 수용하는 모험을 모두 **가지지 못한** '무책임성'을 털어 내야 했다.

나는 여기서 타자로서의 제3세계 인도를, 기술과학 혁신의 '중심'인 미국에 대해 상대주의적인 관점이나 명백한 비교의 관점에서 보지 않고, 인도가 현재 조화롭지 못한 방식으로 좇는 미국적 상상의 **한 구성 요소로서** 보고자 한다. 그러므로 내가 구성하려는 인도와 미국의 관계는 외부와 내부(철저한 대칭을 이루는 비교가 완전히 빠져나올 수 없는 이분법적이거나 상대주의적인 틀)의 관계가 **아니라**, 언제나 이미 패권의 내부에 있는, 그러나 그 안에서 내부를 불편하게 만들고 압력을 가해 팽창시키지만 결코 '뒤집어 놓지는' 못하는 외부에 대한 이야기이다.

이 장에서 나는 로즈메리 쿰이 "우연성의 윤리학"(Coombe, 1998: 5)이라고 부르는 것에 영감을 받은 1장의 감수성을 지속시킨다. 동시에 인도에 제3세계적인 지위를 부여하지 않고, 인도를 스스로 만들어 내지 **않은** 패권적 영역의 한 요소로 배치한다. 그 과정에서 인도가 수행하는 많은 전술적·전략적 표명들은 기술과학적 자본주의의 세계 질서에 대한 '저항'이 되지 않는다. 그것들이 상상하지 못한 방식으로 패권적 상상을 고쳐 쓰는 동안에도 말이다.

이러한 맥락 속에서 나는 이 장에서, 세계 자본 흐름과 지역적 형태의 부채가 이루는 관계를 연구하고, 생명자본이 인도의 각기 다른 맥락에 '상륙'하는 방식들을 보여 주는 데 적합한 두 현장에서 내가 수행한 민족지학적 현장 조사를 서술한다.[9] 내가 이 장에서 선택한 두 현장 역시 제도적 집합물이고, 그 각각은 서로 다른 정치생태계에 위치한다. 나는 '정치생태계' political ecology라는 표현을 환경 연구 학자들이 쓰는 의미로 사용하지 않는다.[10] 그보다는, 특수한 하나의 '지역'에 대한 약어로 쓰는데, 그 특수성은 단지 공간적 범위만이 아니라 그 지역과·세계의 과거와 현재에 의해 이미 조건 지어진 정치경제적 환경에 기인한다.

첫번째 현장은 ICICI 지식공원ICICI Knowledge Park[11]이다. 간단하게 '공원'으로 알려져 있는 이곳은, 인도의 금융 서비스 회사 ICICI와 안드라프라데시주 정부가 실리콘밸리에 기지를 둔 해외 거주 인도인 기업가들의 도움을 받아 설립한 생명공학 공원이다. 이 공원은 하이데라바드 외곽 40킬로미터 정도에 위치하는데, 앞서 언급했듯 이 도시는 안드라프라데시의 주도이자 인도에서 가장 급속하게 발전하는 '기술과학 도시들' 중 하나이다. 두번째 현장은 웰스프링병원Wellspring Hospital으로, 이곳은 파렐Parel에 있는 인도 제약 회사 니콜라스피라말이 설립했고 뭄바이 도심에 위치한다. 이 병원 내에는, 니콜라스피라말과 인도의 공공 부문 게놈 연구의 본체인 생화학기술센터가 공동 창업한 신생 게놈 회사인 지노메드가 있다.

이 현장들은 그들이 대변하는 기관의 차원에서나 그들이 처한 정치생태계 차원에서나 생명자본에 대한 나의 연구에서 중요한 위치를 차지한다. ICICI 지식공원과 지노메드/웰스프링은 미국, 특히 실리콘밸리에서 볼 수

---

9) 이 부분에서 나는, 세계화가 서로 다른 장소에 어떻게 "상륙"하는가에 대한 사스키아 사센(Saskia Sassen)의 고찰에서 영감을 받았다(Sassen, 2000을 보라).
10) 가령 Bell, 1998; Kassiola, 2003을 보라.
11) 이는 일반적인 공원이 아니라, 사업을 위한 연구·개발 활동을 지원하는 시설 지구이다.—옮긴이

있는 종류의 신생 회사가 거의 없는 나라에서 만들어진 신생 회사들이다. 이것들이 미국의 '신생 회사 문화'를 모방하는 노력의 일환임은 분명하다. ICICI 지식공원은 여러 차원에서 이 점을 보여 준다. 그것 자체가, 투자자가 자본과 전문 지식을 상당 정도 투자한 신생 벤처 사업이고, 그 사내에서 신생 생명공학 회사의 부화를 돕고 있기 때문이다.

그러나 두 회사 모두 상당하고 노골적인 국가의 개입을 필요로 한다. ICICI 지식공원은 많은 부분 안드라프라데시주 정부의 개입으로 가능했고, 지노메드의 주주는 과학산업연구심의국의 재정 지원을 받는 생화학기술센터이다.[12] 그러므로 둘 다 국가-기업의 혼혈 기구로 그 목적은 상당 부분, 국가에 의해 그 생존 조건이 제공되는 기업체를 통해 국민국가인 인도가 세계시장에서 활약하는 '세계적 주자'가 되는 것이다. 다시 말하면, 둘은 생명공학 혁신을 육성하는 데 국가가 적극적으로 자원을 쏟아부은 결과 탄생한 기관이다. 이 생명공학 혁신은 현 시점에서 인도 내에는 별로 존재하지 않으며, 처음부터 세계시장을 노리는 벤처로서 구성된다.

그렇지만 두 현장은 완전히 다른 정치생태계에 거주한다. 말할 필요도 없이, 인도라는 국가의 큰 규모는 엄청난 이질성이 하나의 '국민국가'를 형성하고 있음을 함의한다. 뭄바이와 하이데라바드는 여러 점에서 한창 산업 발전 중인 나라로서의 인도의 두 시대를 대변한다. 뭄바이는 제조업을

---

12) 미국과 달리, 인도의 공공 기관들은 민영 기업과 금전적인 이해관계를 맺지 못하도록 되어 있다. 대신 생화학기술센터는 지적 재산의 형태로 지노메드의 지분을 갖고 있어서, 지노메드가 개발하는 모든 지적 재산에 대해 고정된 몫을 챙기게 된다. 이는 신생 회사의 지분을 소유하는 미국적 모델과는 그 발상부터 다르다. 생화학기술센터의 소장인 브라마차리에 따르면, 이러한 모델이 갖는 장점은, 행여 지노메드가 다른 조직에 매각되거나 그로부터 투자를 받는다고 해도 생화학기술센터가 갖는 지적 재산 지분은 금전적 지분과 달리 줄어들지 않는다는 것이다.

통한 산업 성장의 국면을 예시하고, 하이데라바드는 (방갈로르^{Bangalore}와 함께) '포스트산업', 첨단 기술 자본주의를 대변한다.

사스키아 사센의 주장에 따르면, 도시들은 국민국가의 중심성에 의문을 제기함과 동시에 그 중요성을 실증하는 방식으로, 현재 세계화의 자본 흐름을 구성하는 마디를 이룬다(Sassen, 2000). 도시는 국민국가의 중심성을 교란하여, 세계적 자본 흐름에서 마디 역할을 하는 그 자체의 위치가 단순히 국민국가에 속한 결과만은 아니도록 만든다. 산업 식민주의가 팽창하던 시대에 그랬듯이 말이다. 의심할 바 없이 도시는 국민국가의 구성 요소이지만, 직접적이고 새로운 방식으로 초국적인 자본의 흐름을 구성하는 마디이자 통과 지점이기도 하다. 같은 비중을 두고, 사센은 '세계'에 반대되는 범주가 아니라 세계의 구성 요소로서 지역에 대한 주의를 요구한다. 즉 **장소가 중요하다**는 것인데, 사센은 세계화가 현현하거나 '상륙하는' 방식을 형성하는 데서 특수성이 하는 역할을 완전히 지우길 거부하는 것이다. 이는 미국과 인도를 '비교'하는 나의 논의와 궤를 같이한다. 이음매 없이 동질화하는 힘이 되고자 하는 이데올로기들이 실현되는 과정에서 드러나는 근본적 부조화를 추적하는 것이 나의 의도이기 때문이다. 이 점은 내가 이 장에서 수행할, 인도 내의 정치생태계 비교에서도 뚜렷하게 드러난다. 정치생태계는 통치에 대한 문제들을 이해하는 데 영향을 미치기 때문이다. ICICI 지식공원과 생명공학 혁신 문화 전반을 육성함에 있어 안드라 프라데시주 정부가 한 역할에 대한 나의 설명에서 특히 분명해지는 점이 있다. 그것은 현대 자본주의에서 '통치성'이 국가와 기업 형태의 통치의 융합으로 복잡해질 뿐 아니라, '국가'는 결코 국민이라는 유령으로부터 자유로울 수 없지만 자동적으로 엄격한 근대적 의미의 **국민**국가로 가정될 수는 없다는 점이다.¹³⁾

위의 두 현장 또한 통치성 문제와 연결된다. 통치의 수단과 전략이라는 점에서뿐 아니라 명백히 **생명자본적인 수단과 전략**이라는 점에서도 말이다. 혁신의 문화를, 세계 자본의 흐름을 가능하게 하고 촉진시키는 국가-기업 구성체의 통치 이데올로기로 (문자 그대로) 구체화하는 것[14]은, 그 국가의 국민적 주체들이 재구성되는 방식에 영향을 미친다. 이러한 재구성은 과거와 현재의 생산관계와 직결된다. 또한 이는 가령 용지 접근성과 도시 팽창에 의한 농촌 지역 침식(이 경우는 기술과학 개발이라는 명백한 대의명분에 따른), 도시 프롤레타리아화와 탈프롤레타리아화, 소외, 박탈과 수탈, 통치 틀로서 부채와 같은, 근본적인 맑스적 관심사들과도 직결된다.

이 장은 이러한 생명공학 혁신 시도에 의해 추방되고 모집되는 이들의 관점에서 보는 주관적인 서사를 제공하지 않는다. 이 장은 (농업과 뭄바이의 경우에는 특히 섬유 제조업으로 상징되는) 산업 자본주의 시대에서 첨단 기술 자본주의 시대로 전환되는 하나의 구조적 지형의 지도를 그려 내는 시도이다.

ICICI 지식공원

농촌 지역인 안드라프라데시의 삶과 부채에 대한 이야기를, 1994년부터 2004년까지 주지사를 지낸 나라 찬드라바부 나이두와 그가 이끈 정당 텔루구데삼당Telugu Desam Party에서 시작하고자 한다. 텔루구데삼당은 인도의 특정 지역(통상 단일 주)에서 정치적 동맹을 얻어 내는 '지역 정당'으로 알

---

13) 세계적인 식량 정치에서 국민과 국가의 분리에 대한 분석을 찾는다면 Gupta, 1998을 보라.
14) 원어는 incorporation으로서, '범위화'라는 의미도 함께 기닌다.   옮긴이

려진, 좀더 젊고 강력한 당들 중 하나이다. 한편으로 이런 당들은 그 이데올로기와 정체성이 주로 지역 여론에 의해 형성된다. 이는 인도 독립 후 57년 동안 44년간 인도를 지배한 인도의 국민회의당National Congress Party이 열렬하게 지지하는 인도 정부의 중앙집권적 성향과 반대된다. 다른 한편으로 이런 지역 당들은 점점 더 국가 통치의 중심부를 차지하고 있다. 국민회의당의 범국가적인 패권이 침식되자 중앙에 연립정부들이 출현했고 그것이 다가올 인도 의회 민주주의 시대에 예외가 아닌 규범으로 존속할 가능성이 높아졌기 때문이다.

여기서 내가 흥미롭게 보는 점은 텔루구데삼당 같은 지역 정당이 어떻게 점점 더 자본의 흐름을 인도로 끌어오는 초국가적 촉진제로서 위상을 굳히는가이다. '텔루구 공화국'을 지향하는 이 당은 세계화라는 게임에서 가장 공격적이고 정교한 정치 주자로 그 모습을 드러내고 있다. 물론 어떤 차원에서는 국가의 중앙집권적 성향에 반대하는 이데올로기를 가진 당이 비슷한 입장을 지닌 기업가들과 동맹을 맺는 것이 그리 놀라운 일은 아니다. 정치적 탈중심화와 시장의 탈중심화는 나이두의 텔루구데삼당과 같은 움직임들에서 공통의 명분을 찾는 듯하다.[15]

속도와 정보, 판매는 나이두에게 통치성의 핵심 양식이다. 그는 "오늘날 세계 경제에서 인도 총리는 판매원이 되어야 한다. 자존심만 찾고 있으

---

15) 중요한 질문 중 하나는, 지역 정당과 자본 흐름의 초국가적 촉진 사이의 관계가 텔루구데삼당을 넘어 다른 지역 정당에도 적용 가능한가 하는 것이다. 특별히 교훈적인 사례 하나는 안드라프라데시에 이웃해 있는 타밀나두(Tamil Nadu)에서 볼 수 있다. 이 지역은 1960년대 중반부터 드라비다진보연맹당(Dravida Munnetra Kazhagam Party)과 그 분파이자 라이벌인 전인도안나드라비다진보연맹당(All India Anna Dravida Munnetra Kazhagam Party)의 영향을 받아 왔다. 텔루구데삼당이 지역 주민에게 그랬듯, 이 정당들은 타밀나두의 지역적 정체성 위에 자신의 이데올로기를 세우면서 중앙 정치의 현장에서는 중요한 연합 세력이 되었다.

면 아무것도 이룰 수 없다. 인도의 총리는 또한 무슨 일이든 이뤄 내는 최고 경영자와 같아야 한다. 속도는 핵심이다"라고 말한다(Naidu, 2000: 9). 나아가 "그 당시 유일한 길은 밖으로 나가 국가를 시장에 내놓는 것이었다. 이것이 내가 시작하고자 하는 일이다. 국내외 모든 투자 포럼에 가서 안드라프라데시가 무엇을 제공할 수 있는지에 대한 파워포인트 발표를 함으로써 말이다"(Ibid.: 134). 나이두는 훌륭한 최고 경영자들처럼 경영 수업에서 많은 것을 배웠다. 그는 "정치가는 피터 드러커[Peter Drucker]와 잭 웰치[Jack Welch]의 경영의 지혜에 해박해야 한다"고 말한다(Ibid.: 21). 나아가 지금까지 그의 시도는 국가 통치를 미국에 대한 모방에 기초한 **전문가 체제**로 탈바꿈시키는 것이었다.

그러나 이것은 **국민**국가가 아닌 **주**에 대한 통치성이다. 나이두가 경영하고자 했던 것은 명백히 안드라프라데시로서, 그곳은 결국 텔루구데삼당이 그 초창기부터 가장 직접적으로 대변한 지역이다. 나아가 나이두는 마치 각 주가 하나의 기업체인 양, 빠른 경제 발전과 외국 투자 유치에 대한 주들 간의 경쟁을 끊임없이 강조했다.

하지만 안드라프라데시를 단일한 주로 보는 개념조차도 문제가 있다. 안드라프라데시의 가장 오지에 위치하는 텔렝가나[Telengana] 지역에서는 주의 지위를 원하는 강한 움직임이 점점 더 커지고 있다. 안드라프라데시가 바다에 인접한 안드라[Andhra]와 라얄라시마[Rayalaseema], 텔렝가나 세 지역을 법제상 하나의 주로 통합한 상태에서, 그와 같은 움직임은 인도 독립 이후 지속되어 왔다. 이 운동은 최근 그 힘이 더욱 강해졌는데, 그 이유는 텔렝가나의 빈곤이 계속되는 한편, 여러 해 동안 자치권을 얻고자 투쟁한 인도의 다른 세 지역이 주의 지위를 얻었기 때문이다. 텔렝가나는 하이데라바드를 지탱하는 데 쓰이는 광물과 원료 대부분을 제공하는데, 이 주의 중신과 주변부의 관계는 상당히 노골적인 수탈의 성격을 띠며, 개발 수익은 텔렝가나로 거의 반환되지 않는다. 사실 텔렝가나는 지난 10년 동안 농부들의 대규모 자살 사태가 벌어진 현장이다.

앞서 언급했듯이 나이두는 텔루구데삼당의 창당 이데올로기를 거꾸로 뒤집는 많은 일들을 했다. 텔루구데삼당의 창당 이데올로기는 델리에 권력을 집중시키는 국민회의당에 반대하는, 강력한 텔레구 연방 주라는 개념에서 **담론적** 정체성을 얻었지만, 당 자체는 당의 설립자이자 전 주지사인 N. T. 라마 라오^{N. T. Rama Rao}의 인민주의적인 조치들로 인해서 인기를 얻었다. 라마 라오 정책의 중심에는 값싼 쌀과 막대한 농업 보조금 제공이 있었고, 또한 그전부터 안드라프라데시의 도시와 농촌에 사는 많은 여성이 요구해 왔던 금주령의 강제 시행이 있었다. 나이두는 재정 경영과 구조조정, 실용주의를 위해서 이 모든 것을 가차 없이 뒤집어 버렸다. 하지만 나이두의 정치 기술의 중심에는 이러한 가차 없는 역전들을 사람들에게 이해시키는 능력이 있었다. 이 역전들이 첫째, 반인민주의적인 국가 권력에서 나온 것이 아니며, 둘째, 라마 라오의 유산의 지속을 대변하는 정책이라고 말이다.

비전은 나이두의 통치 방식의 근본을 이루었다. 비전은 투자자들과 유권자들 모두에게 매력적인 미래를 투사해 주었고 나이두와 정부에게 성취해야 할 목표를 세워 주었다. 또한 그것은 라마 라오의 유산을 조용히 뒤집어 놓을 수 있게 한 바로 그 메커니즘이었다. 라마 라오의 인민주의로 인해 그 유산을 승계하는 것이 선거용으로 매우 유용해진 곳에서 비전은 수사상 그 유산 자체를 함축하는데, 나이두는 그 유산 자체를 교묘하게 자신의 공로로 삼지만 언제나 후계자의 지위에 자신을 놓는다.¹⁶⁾ 나이두는 비전을 계획과 명백한 반대 지점에 놓는다. 계획은 언제나 소련과 비슷하게 5개년 계획의 관점에서 인도 정부가 하는 방식이라는 것이다. 그는 "비전에 대한 합리적인 시간 단위는 20년이다"라고 말한다(Naidu, 2000: 12). 다시 말해, 안토니오 그람시[Antonio Gramsci][17]의 용어를 빌리면, 나이두에게 비전은 전략이고 속도는 전술이다. 비전은 머나먼 약속의 지평선인 반면, 속도는 그 거리를 정력적으로 줄이는 수단이다.[18]

나이두와 실리콘밸리의 해외 거주 인도인 기업가들 사이에는, 이데올로기와 자본, 지역에 있어 직접적인 연결 고리들이 있다. 그중 뒤틀린 모방적 개념 하나는 벤처 자본에 대한 이데올로기이다. 나이두는 벤처 자본을 실리콘밸리의 기업주의에 연료를 제공하는 엔진으로 보았다. 그러므로 안드라프라데시는 많은 벤처 자본주의를 가져야 한다고 믿었다. 주정부는 벤처 자본을 제공하기로 결정하고 이를 위해 안드라프라데시의 산업개발공사[Industrial Development Corporation Ltd.]와 인도소기업개발은행[Small Industries Development Bank of India], 안드라프라데시의 산업인프라공사[Industrial and Infrastructure Corporation Ltd.]가 기부한 기금을 조성하였다(Ibid.: 139). 다시 말해, 나이두는 '벤처 자본' 기금인 공공 투자 체계를 세운 것으로, 이는 벤처 자본이라는 개념과 완전히 모순된다. 벤처 자본이란 미국식 정의로서 매우 높은 투자 수익을 기대하는 막대한 사적 투자로부터 나오는 것이기 때문이다. 나이두의 '벤처 자본주의'는 첨단 기술 산업에 대한 정부의 보조를 효과적으로 완곡하게 표현한 것이다.[19] 이런 식으로 '기업 문화'를 육성하

---

16) 나이두의 비전이 인도와 미국에 기반을 둔 투자 공동체에는 여전히 매우 매력적으로 남아 있지만, 안드라프라데시의 유권자들에게는 그렇지 못했다. 그곳 유권자들은 2004년 5월 압도적인 반대로 그를 권좌에서 밀어냈다.

17) 예를 들어 Hoare and Smith, 1971을 보라.

18) 여기서 아이러니는 나이두 자신이 5년 임기로 주지사에 선출되었지만, 방금 언급했듯이 자신의 비전이 성공적으로 시행되기도 전에 투표로 물러나야 했다는 것이다.

는 것은 궁극적으로 농업 분야의 보조금 철회[20]와 그와 동시에 일어나는 첨단 산업 분야에 대한 보조금 지급을 의미한다. 그것도 첨단 기술 **혁신**보다는 주로 서구 기업들을 위해서 수행되고 해외로 수출되는 첨단 기술 서비스로 말이다.

나이두의 이데올로기는 **최소한의** 정부 개입이라는 이데올로기에 근거한 '무개입의 개입'이라 불릴 만하지만, 이 이데올로기를 지지하려면 **엄청난** 정부 개입이 필요하다.[21] 그러한 통치에 대해 지적되어야 할 결정적 사항들 중 하나는, 정보 기술과 생명공학(인도에서는 둘을 묶어 흔히 HIPAA-BT[22]로 지칭한다)이나 관광 사업과 같이, 안드라프라데시에 대한 해외 투자를 유치할 나이두의 전략의 중심에 있는 것들은 모두 농촌 개발의 희생 위에서 강조되는 경향이 있다는 것이다.[23] 하이데라바드 지역의 생명공학 혁신을 가능하게 하는 그러한 정부 주도 사업에 대해 이야기하면서 이 점을 좀더 깊이 파고들어 보자.

---

19) 성장하는 벤처 자본 산업이 인도에 없다고 말하는 것은 아니다. 인도의 벤처 자본 투자액은 1995년 300만 달러에서 2000년 3억 4,200만 달러로 증가했다(United Nations Development Program, 2001: 38).

20) 이것이 세계은행과 국제통화기금이 세계적으로 부과하는 구조조정 정책들의 핵심을 이루는 철학이다.

21) 이 문구는 고에너지 물리학자들의 문화를 설명하기 위해 샤론 트라위크(Sharon Traweek)가 사용한 문구 "무문화의 문화"를 변용한 것이다.

22) HIPPA는 미국이 1996년 제정한 법안으로서, 환자와 관련된 모든 정보의 통일된 체계와 비밀 보장성, 정보의 온전성 등을 추구한다. 이를 위해서는 IT 산업의 기술적 뒷받침이 필요한데, 인도에서 이러한 기술을 개발하려는 것이다. 그리고 여기서 BT는 biotechnology의 약자이다.—옮긴이

23) 1991년의 인구조사에 따르면, 안드라프라데시의 농촌 인구는 전체 인구의 73퍼센트를 차지했고, 1,951만 6,000명의 농업 노동자와 1,044만 8,000명의 비농업 노동자가 있었다(비율은 거의 2:1이며, 후자에는 주변 노동자[농업과 비농업 일을 다 하지만 어느 한쪽에도 확실히 속하지 않는 노동자]가 포함되어 있다).

ICICI 지식공원은 주 정부가 사적인 벤처 자본과 금융 서비스 회사인 ICICI와 공동으로 개발한 일체의 기반 시설들로 이루어져 있다. 그곳에는 연구 설비 설립을 원하는 회사에 임대할 수 있는 일체의 실험실들이 갖춰져 있다. 나이두에 따르면, 이 공원의 이론적 근거는 "인도의 고급 과학 인력의 높은 가용성 때문에 많은 다국적 기업이 인도에서 연구하는 데 관심이 있다"는 것이다(Naidu, 2000: 147). 이것은 다시 현지 과학자들에 의해 **혁신적인** 기술과학과 **기초** 연구가 수행된다는 이론적 근거와 완전한 부조화를 이룬다. 즉 ICICI 지식공원과 같은 것의 구성은, 정부 투자 관점에서 보면, 반드시 현지의 기초·첨단 과학을 고무하는 데 가장 어울리는 것은 아니다. 그보다는 서구에서 비슷한 연구를 수행할 때와 비교해 극히 일부의 비용만으로 연구가 가능한 시설의 설립을 고무하는 데 어울린다. 물론 이러한 연구는 정부 보조금으로 설립된 기반 기설을 이용하지만 서구 시장으로 돌아갈 과학적·상업적 진보로 전환될 가능성이 높다. 비록 생산된 가치 일부가 인도에 남을 것이라는 이론적인 근거가 표명되어 있긴 하지만 말이다.[24]

ICICI 지식공원은 목가적인 연구 환경으로 고안되었다. 모든 실험실

---

24) 나는 그러한 예측을 하는 데 신중하고자 한다. 특히 최근 수년 동안 하이데라바드에서 혁신적인 생명공학 연구가 나오고 있기 때문이다. 가장 잘 알려진 연구는 그 지역의 생명공학 회사인 샨타바이오테크닉스(Shanta Biotechniques)가 이루어 낸, 재조합 B형 간염 백신의 제조이다. 샨타바이오테크닉스는 현재 생명공학공원(Biotech Park)에 위치하고 있는데, 이곳은 ICICI 지식공원의 근접 거리에 있고 그와 유사한 원칙 위에 세워졌다. 그러나 B형 간염 백신 개발 연구는 샨타가 대학 연구 기관인 세포분자생물학센터(Center for Cellular and Molecular)에서 성장할 때 이루어진 것이었다. 나는 여기서 생명공학공원과 같은 벤처 사업의 성공이나 실패에 대한 선언을 하기보다는, 단순히 그러한 벤처 사업에 대한 나이두의 이론적 근거를 강조하고자 한다. 나이두의 비전이 하이데라바드의 생명공학 개발을 규정하는 유일한 비전은 아니지만, 의심의 여지 없이 중대하며 동력을 부여하는 비전이었다. 즉 그곳의 생명공학 구상들의 중요도와 방향을 상당 정도 격정한 비전이었다.

은 지극히 개방적이고, 들판과 산, 넉넉한 수의 오리를 풀어 놓은 연못을 둘러볼 수 있는 테라스에 많은 공간이 할애되어 있다. 내가 방문한 내내 공원의 최고 경영자가 집요하면서도 걱정 어린 투로 모든 것이 정말 그림 같지 않느냐고 물어본 것으로 보아, 이것은 실로 ICICI가 의식적으로 배양하고자 노력한 미학적 정서임이 분명했다. 정말 모든 것이 그림 같았다.

이곳에서 ICICI가 맡은 업무는 시설 관리로, 많은 실험실이 매우 근접한 거리에 위치한 일터에서 회사들이 서로 모여 일하고 그를 통해 협력을 촉진할 수 있는 조건을 형성하는 것이다. 원활한 일의 진행을 보장하는 것이 ICICI의 역할이라면, 부지는 안드라프라데시주 정부가 인가해 주었다(이곳은 나이두 정부가 '게놈밸리'로 지정한 토지의 일부이다). 공원은 실험실에 전기를 공급하는 자체 변전소를 갖고 있고 빗물을 저장하는 자체 탱크도 개발하여, 인도의 웨트랩wet-lab 실험자를 괴롭히는 두 가지 큰 걱정거리를 해결했다. 제조업은 오염을 유발하기 때문에 제조 시설이 필요한 회사들은 공원에 입주할 수 없었다. 주 정부는 공원 주변 25킬로미터 구역을 무공해 구역으로 선포했다.

2001년 여름 내가 방문했을 때 건물이 들어선 지역에는 열 개의 실험실 공간이 있었고 차후에 더 많은 건물을 세울 계획에 있었다. 공원의 중요한 특징 중 하나는 세관 창고이다. 인도 연구자들이 당면한 주요 문제 중 하나는 연구 재료에 대한 규격화된 수입 정책의 부재인데, 이는 잘 상하는 귀중한 재료들이 수령인에게 닿지 못하고 세관 창고에서 썩어 가는 일이 흔히 있음을 뜻한다. ICICI는 공원에 입주한 회사에 오는 모든 연구 재료가 확실하게 공원에 곧바로 전달되도록 만들었다. 즉 세관원이 다음 날 공원에 와서 재료에 대한 통관 절차를 밟는 것이다(물론 이는 ICICI가 '제공'하지만 실제로는 정부가 가능하게 만든 또 다른 운영 조치이다).

이와 같은 공원들은 여러 가지 의문을 불러일으키는데, 인도에서 떠오르는 직접적인 의문은, 그러한 벤처들이 '선진 국가' 또는 '세계적 주자'로 가는 커다란 진전인가 아니면 그저 큰 비용과 수고만 드는 무용지물인가 하는 점이다. 이에 대한 답은 누가 공원의 실험 공간을 빌리는가에 달려 있다. 3년간의 운영 기간 동안 많은 신생 벤처 회사가 공원의 공간을 임대했지만, 인도의 산업은 위험을 감수할 준비가 된 적이 없었다. 대체로 보호주의적 환경에서 성장해 왔기 때문이다. 짧은 첨단 기술 붐과 실리콘밸리에 기지를 둔 ('혁신의 문화'를 인도로 수송하고자 하는 자신들의 바람을 이뤄 줄 위대한 후원자로 나이두를 보는) 해외 거주 인도인 기업가들의 열망에도 불구하고, 인도가 특히 생명공학 분야에서 소위 신생 회사 문화라고 불리는 것을 갖는 것은 아직 요원한 일이다. ICICI는 신생 회사들의 업무를 돕는 기반 시설을 제공하는 것으로 이러한 현실을 바꿀 수 있다고 믿지만, 적절한 물적 환경 하나만으로는 기업가 정신을 일으킬 수 없다. 물적 환경이 장기적인 자본 공급원과 기업가 문화를 뿌리내리는 데 필요한, 모험을 감수하게 하는 어떤 이데올로기와 창의적인 방식으로 결합되어야 한다.[25] 산업이 풀어야 할 또 다른 문제는 어떻게 대학을 하나의 인큐베이터로 활용할 것인가이다. 하이데라바드에 세포분자생물학센터와 같은, 인도의 최고 대학 생명과학 연구 기관들이 있는 상황에서, '신생 회사의 공간'이 시 외곽 40킬로미터 부근에 구상되고 있는 것은 특히 아이러니하다.[26]

---

25) 물론 교육의 역할은 여기서 핵심이다. 그렇기 때문에, 와튼(Wharton)과 같은 미국 학교를 모델로 삼아 인도비즈니스스쿨(Indian Business School)을 세우는 것과 같은 나이두의 구상들이, 새로이 생겨나는 그러한 등급화된 총체를 이루는 필수 구성 요소가 된다.

26) 방금 언급했듯이, 샨타바이오테크닉스는 세포분자생물학센터에 있을 때 토착 B형 간염 백신을 개발했다.

그러나 가장 큰 의문은 주 정부의 역할로 되돌아온다. 물 부족 지역에서 첨단 기술의 '세계적' 연구를 위해 물 저장소가 만들어져 사용되는 비극과, 막대한 부채로 지난 10년간 농부들의 자살 사태가 일어난 주에서 정부가 공원을 위해 토지를 증여하는 것은, 그 과거와 현재에 혁명적 농민 운동이 뚜렷이 새겨진 안드라프라데시에서 특별히 심각하게 받아들여야 하는 세계 자본주의의 구조적 현상들이다.

하이데라바드 전체 땅의 10퍼센트가 식민지 전前 시대에는 군주Nizam에게 속했고 그로 인해 왕의 토지Sarf-e-Khas로 불렸기 때문에, 정부가 토지를 임대하는 것은 쉬운 일이다. 정부는 여전히 이 토지를 마음대로 처분할 수 있는 권리를 갖고 있다. 하이데라바드에서는 지난 10년 동안 부동산 붐이 일었는데, 가장 큰 이유는 정부가 첨단 기술의 성장을 열심히 독려했기 때문이다. 공원이 위치한 샤미르페트Shamirpet와 같은 지역의 땅은 가격이 매우 올랐지만 본격적인 농업 지대는 아니었다. 따라서 정부가 ICICI 지식공원과 같은 벤처 사업을 위해 토지를 전유할 필요는 없었다. ICICI 지식공원은 첨단 기술 개발을 위해 농토를 강탈한 예가 되지는 않는다. 그것이 대변하는 것은 나이두 정부의 우선순위 지표이자, 특히 농업 부문을 뛰어넘는 발전에 대한 비전이다.[27]

그러한 땅을 첨단 기술 사업을 펼칠 '이상적인' 곳으로 그토록 쉽게 볼 수 있는 이유는 이 지역들을 단순히 하이데라바드의 연장으로 보기 때문

---

27) Srinivasulu, 2004를 보라. 카를리 스리니바술루(Karli Srinivasulu)에 따르면, 텔루구데삼당의 최근 선거 패배는, 농업 부문을 주변화시킨 것과 함께 자신들이 유발한 변화가 농촌 인구에 미치는 영향을 보지 못한 데서 기인한다. 하이데라바드의 역사와 정치, 첨단 기술 구상에 대해 대화를 나누어 준 벤카트 라오(Venkat Rao)에게 감사드린다. 라오의 통찰은 이 내러티브를 구성하는 데 말할 수 없이 귀중했다.

이다. 공원 자체는 투르카팔리^{Turkapalli} 마을에 근접한데, 이 마을은 공식적으로 랑가레디^{Rangareddy} 구역에 속한다. 그러나 이곳은 대략 하이데라바드와 메다크^{Medak} 구역의 행정 중심지인 메다크의 중간쯤 위치한다. 안드라프라데시의 1991년 인구조사에 나타난 몇몇 수치들은, 하이데라바드와 하이데라바드의 연장으로 흡수되고 있는 주변 농촌 구역 사이의 큰 차이를 보여 준다.

하이데라바드는 71퍼센트의 탈문맹률을 기록한 반면에, 랑가레디 구역은 49퍼센트, 메다크 구역은 32퍼센트의 탈문맹률을 기록했다. 하이데라바드는 면적이 217제곱킬로미터이며 177개의 병원과 1,062개의 고등학교가 있다. 면적이 거의 7,500제곱킬로미터에 해당하는 랑가레디 구역에는 단 45개의 병원과 1,032개의 고등학교가 있으며, 거의 10,000제곱킬로미터에 달하는 메다크 구역에는 49개의 병원과 1,363개의 고등학교가 있다.[28] 랑가레디 구역에 거주하는 인구의 21퍼센트와 메다크 구역 인구의

---

28) 이 모든 수치는 1991년 안드라프라데시의 인구조사(www.andhrapradesh.com)와 Andhra Pradesh Government, 1997에서 얻었다. 만일 이 수치들이 하이데라바드와 인접 농촌 구역의 상대적인 인구밀도에 맞춰 조정된다 해도 그 차이는 그리 두드러지지 않는다. 가령 병원과 관련된 도시와 농촌 구역 사이의 대략적인 비율인 4:1에 미치지는 않는다. 그러나 두 가지 점이 그렇게 손쉬운 계산을 교란시킨다. 첫째, 병원의 유용성은 단순히 그들이 치료하는 환자의 수뿐 아니라 접근 용이성과 관련된다. 인구밀도가 덜 조밀한 지역에서 진료하는 병원들이 인구밀도가 더 조밀한 지역에 있는 병원들보다 그 수가 더 적을 수 있다고 말하는 것으로는 충분치 않다. 왜냐하면 전자의 경우 병원으로의 접근이 용이하지 않은 시골 지역의 환자들의 병세가 얼마나 심각한가 하는 문제가 중심을 이루게 되기 때문이다. 게다가 주변 지역의 병원과 하이데라바드에 있는 병원 및 의료 기관들 사이에 어느 정도의 질적인 차이가 있는가 하는 문제도 있다. 이러한 비교 변수는 인구조사 수치가 나타낼 수 없는 내용이다. 나이두는 하이데라바드의 병원들을 국가적인 관광 전략의 필수 요소로 보았다. 그는 인도 전역(아마도 세계 전역도 상정했을 것이다)에서 오는 부유한 환자들의 요구를 만족시켜 줄 "별 다섯 개짜리" 병원을 다수 도시에 세우고 싶어 했다. 그는 드러내 놓고 병원 설립을 "건강 관광"의 한 형태로 지칭한다(Naidu, 2000).

35퍼센트는 경작과 농업에 종사한다(하이데라바드 인구의 1.4퍼센트와 비교해 보라). 다시 말하면, 도시와 시골의 발전 수준에 두드러진 차이가 있고, 추정컨대 이 차이는 부가 아래로 조금씩 흘러내려 간다는 어설픈 개념으로 메워질 것이다.

하이데라바드와 실리콘밸리 사이의 네트워크가 여러 면에서 하이데라바드와 메다크의 그것보다 더 강하다고 할 수 있다. 하이데라바드와 실리콘밸리의 관계조차도 부채의 다양한 역사와 경로로 가득 차 있다. 이미 이야기했듯이 실리콘밸리에서 인도로 자본과 전문 지식을 쉽게 송환할 수 있게 한 세계 자본에 인도의 경제를 개방한 것 자체가 국가의 부채라는 상황에서 비롯하는 것이다. 5장에서 더 자세히 이야기하겠지만, 실리콘밸리의 [해외 거주 인도인] 기업가들이 가진 관심은 인도에 대한 부채감에서 나온다. 그 기업가들 중 많은 수가 미국으로 떠나기 전, 인도에서 정부 보조금을 받아 상당한 고등교육을 받았기 때문이다. 인도의 국제수지 위기 해결은 지방 농부들의 부채 상황을 악화시키는 국제통화기금과 세계은행의 구조조정 정책을 이행하는 결과를 낳았는데, 이러한 상황은 인도의 다른 어느 지역보다 안드라프라데시의 정치경제에서 중요한 일부를 차지한다. 나이두 정부는 대의 민주주의(주 정부가 권력을 주민에게 빚진 상태)라는 구속과, 농민 혁명 운동과 텔렝가나를 자치주로 만들려는 운동이 벌어진 주라는 사실이 주는 구속에 매여 있는데, 여기서 발생하는 지역적·정치적 복합성은 생명공학 이전이 이루어지는 현장의 구체성들을 두드러지게 해준다. 인도의 시장 문화를 실리콘밸리의 그것과 매끈하게 동질화시키면서 온통 세계적인 자본의 흐름에 집중된 '기술 이전'이 되어야 하는 생명공학 이전은 실제 그러한 구체성 안에서 벌어지는 것이다.

웰스프링병원

마이클 피셔는 질 들뢰즈^{Gilles Deleuze}가 제시한 상상을 자기식으로 변용해 "윤리적 고원"이라는 개념을 제안한다(Fischer, 2001). 각기 다른 기술과 윤리-정치 사건들의 교차점과 상호작용을 언제나 이미 다양한 층위를 이루는 방식으로 생각해 보는 수단으로 말이다. 윤리-정치 지형의 전술적 출현을 볼 수 있는 렌즈는 임상 실험으로, 이것은 가치가 그것이 품은 모든 의미에서 통합되는 기술이다. 나는 여기서 생화학기술센터와 그것의 협력 회사인 지노메드에서 수행한 나의 현장 조사의 일부를 이용하여, 인도적 맥락에 놓인 임상 실험에 대해 이야기하려 한다.

1장에서 언급했듯이, 지노메드는 생화학기술센터가 인도의 제약 회사인 니콜라스피라말과 제휴하여 창립한 신생 회사이다. 지노메드가 운영하는 연구 공간은 둘인데 서로 매우 다르다. 델리에 있는 생화학기술센터 구내에 하나가 있고, 뭄바이에 있는 니콜라스피라말 소유 민영 병원인 웰스프링병원 내부에 다른 하나가 있다.[29]

이 두 지노메드는 문자 그대로 서로 다른 세상과 서로 다른 형태의 생명을 대변하면서, 기술과학 생산을 해당 맥락에서 복합적으로 이해하기 위해 장소가 얼마나 중요한지 여실히 보여 준다. 한편에는, 이 회사의 두 지부가 놓인 명백히 다른 환경이 있다. 가령 하나는 대학 연구자들과 시설, 생

---

29) 지노메드 뭄바이는 이제(2004년 현재) 나비뭄바이(Navi Mumbai)에 있는 더 큰 산업 시설로 옮겼다. 그러나 웰스프링병원은 파렐에 남아 있다. 파렐은 뭄바이의 일부인데 이곳의 정치사는 앞으로 내가 개괄할 것이다. 그러므로 내가 하는 이야기는 현장 조사를 실시한 2001~2002년 당시 지노메드의 특수한 상황을 추적한다. 내가 연구하는 분야가 빠르게 성장하기 때문에 나의 이야기는 이미 케케묵은 이야기가 되었지만, 그럼에도 불구하고 그것은 생명자본의 인도 '상륙'이 지닌 구조적 논리와 경험적 특수성들을 부각하는 데 도움을 준다고 나는 믿는다.

화학기술센터에서 벌어지는 일에 직접적으로 의존하고 있고 다른 하나는 그렇지 않다. 두 지점에서 수행되고 있는 작업 형태에도 차이가 있다. 정신분열증에 대한 인구 게놈 연구(이는 델리에서 천식과 제2형 당뇨에 대해 수행되고 있는 비슷한 프로젝트에 필적한다) 외에도, 뭄바이의 지노메드는 임상 실험에서 약품에 대한 약물유전체학적 반응을 연구한다.[30]

웰스프링병원은 주로 치료보다는 실험을 위한 장소이다. 외관을 보면 그야말로 '별 다섯 개'짜리 병원이다. 번쩍거리는 대리석 바닥과 복도를 가득 메운 편안한 소파, 화사한 노란색 침대보에 싸인 침대, 이 모든 것이 웰스프링을 병원보다는 호텔로 보이게 하고, 전인도의료과학연구소^{All Indian Institute of Medical Sciences}, 즉 생화학기술센터와 공동 연구를 진행 중인 델리의 인도 최고 권위의 병원과 매우 다르게 만든다. 웰스프링을 '보통' 인도 병원들과 더욱더 다르게 만드는 것은 눈에 띄는 환자의 부재이다.

이 부재의 원인은 웰스프링에서 기획되는 주된 일이 임상 실험이라는 데 있다. 인간게놈프로젝트와 같은 벤처 사업이나 SNP 분석과 같은 유전자 변이에 대한 연구들이 명시하는 목적은 치료 분자 개발을 한층 더 현실화하는 터전을 닦는다는 것이다. 그러나 DNA 염기서열 정보에서 신약 개발로 가는 길은 과학과 사업 두 면 모두에서 극도로 길고 복잡하다. 과학적으로, 질병에 대한 유전적 병인학^{genetic etiology}은 매우 복잡하고 복합적인 요인을 연구하는 학문이다. 사업 면에서, 치료 분자 개발 대상의 수적 증가는 게놈학이 제공하는 것이지만, 이것이 반드시 생명공학 회사와 제약 회사의 신약 개발에서 생겨나는 높은 금전적 위험을 줄여 주지는 않는다. 제

---

30) 「서론」에서 짧게 언급했듯이, 약물유전체학은 유전학과 약품 반응의 상호 연관성에 대한 학문이다.

약 회사의 경우, 이미 존재하는 증상에 대한 약품(소위 '나도 그래'me too 약품)을 만드는 경향이 있다. 어떤 시장 계산법으로는 새로운 증상에 대한 약품을 찾는 것보다 덜 위험하기 때문이다. 새로운 증상에 대한 약품은 성공할 보장도 거의 없다.[31] 신약 개발 회사들을 따라다니는 위험은 두 가지 차원에서 작동한다. 첫째, 임상 실험의 세 국면, 특히 수백 명에서 수천 명의 지원자에게 수행되어야 할 세번째 실험 단계는 극도로 자본 집약적이다. 둘째, 낮은 비율의 역반응으로도 미 식품의약국의 인가를 받지 못해 미국 내 판매가 불가능해질 수 있다.[32]

질병에 대한 유전적 병인학이 복잡한 반면에, 약품 반응에 대한 유전적 병인학은 상대적으로 간단하고, 약품의 대사 효소들로 이루어진 시토크롬P450군Cytochrome P450 Group과 연관된다. 그렇기 때문에 약품에 대한 안전 프로파일은 환자의 시토크롬P450 유전 프로파일과 밀접한 상호 연관성을 지닌다.

약물유전체학은 유전 프로파일과 약품에 대한 반응의 상호 연관성을 연구한다. 약품 반응에 대한 유전학이 질병 유전학보다 훨씬 덜 복잡하기 때문에, 약물유전체학은 DNA 염기서열 정보에 기반을 둔 치료제 개발보다 훨씬 더 쉽게 실현 가능하다. 동시에 약품에 대한 역반응을 일으킬 가능

---

31) 미국에서 임상 실험에 들어가는 다섯 건의 약품 중 단 하나만이 시장에 출시되는 것으로 추정된다.
32) 역설적으로, 어떤 약품이 시장에서 성공을 거둘수록, 부작용으로 인한 리콜의 위험이 더 커진다. 통계적으로 **낮은** 부작용 비율이 확대되어 숫자상으로 많은 **수**의 부작용 경험자들을 낳기 때문이다. 확대된 부작용 효과 때문에 시판 후 리콜을 실시한 가장 극적인 사례는 화이자의 항생제인 트로반(Trovan)이다. 이 약품은 동종 약품 중 최고의 플로로퀴놀론(fluoroquinolone)으로 여겨졌으나, 부작용으로 간질환을 보인, 낮은 비율의 그러나 점점 더 많아지는 환자들 때문에 화이자는 시장에서 이 약품을 철수시킬 수밖에 없었다.

성에 기반을 두고 환자들을 등급화할 수 있다면 역반응을 보이지 **않을** 환자 인구층에게만 약품을 판매할 수 있게 될 것이다. 이렇게 하면 제약 회사가 수백만 달러를 절약할 수 있게 된다. 그렇지 않으면 화이자의 트로반처럼, 낮은 비율의 역반응 사례들 때문에 약품이 시장에 나가지 못하거나 머물지 못할 수 있다. 이런 이유로 제약 회사들은 약물유전체학에 크게 관심을 갖는다. 여기서 핵심은 게놈학이 약속한 인식론적 재구성이 경제적 고려와 내적으로 완전히 통합된다는 것이다. 임상 실험의 특수한 합리성들의 출현은 순전히, 경제적 혹은 시장적 고려 및 가능성이 인식론적 가능성과 함께 각자 서로의 존재 가능성의 조건들을 제공하면서 공동생산한 결과물이다.[33)]

제약 회사가 약물유전체학을 임상 실험 체제에 통합함으로써 돈을 절약할 수 있다면, 임상 실험 비용이 상당히 적게 드는 소위 제3세계로 실험을 옮길 때에도 돈이 절약된다. 웰스프링과 지노메드가 정신분열증과 제2형 당뇨의 유전학을 연구하는 가운데, 그 세번째 주요 프로젝트는 잠재적 수익성이 가장 높은 것으로 약물유전체학과 관련된다.

약물유전체학적인 작업은, 웰스프링과 지노메드로 임상 실험 하청을 고려할 서구의 생명공학 회사와 제약 회사의 관심을 끌 만한 연구로 명백히 인지된다. 그러나 이를 매력적으로 만들 해당 자원은 생명공학에 대한 국가적 투자가 만들어 낸 인도의 새로운 약물유전체학적 역량만이 아니다. 인도의 **인구**도 중요한 자원이다. 생화학기술센터의 소장이자 지노메드

---

33) 아드리아나 페트리나(Adriana Petryna)는 현재 임상 실험을 연구하는 민족지학적 프로젝트에 개입해 있다. Petryna, 2005를 보라. 임상 실험의 역사에 대한 최고의 저서는 H. Marks, 1997이다.

의 중역인 사미르 K. 브라마차리가 인정하듯, 인도의 인구 단면도는 전 세계 인구의 스펙트럼을 망라한다. "만일 그 사람들이 캅카스Kavkaz인을 원하면 우리는 캅카스인을 줄 수 있습니다. 흑인을 원하면 흑인을, 몽골인을 원하면 몽골인을 줄 겁니다."[34] 이렇듯 인도는 임상 실험의 용광로가 된다.

인도의 제약 회사가 순전히 그 자체의 실험장으로서 최첨단 병원을 세우는 데 투자한다는 것은 웰스프링을 전체 게놈학적 지형 중 흥미로운 기관으로 자리매김한다. 윤리적 이해를 정치적·경제적 맥락에 자리매김하는 나의 논의에서 웰스프링을 한층 더 흥미롭고 적절한 예로 만드는 것은 웰스프링이 위치한 더 큰 도시적인 생태계이다.

웰스프링은 뭄바이 도심인 파렐에 위치하는데, 그곳은 또한 뭄바이 내 섬유산업이 자리한 지역의 중심이기도 하다. 뭄바이의 경제는 주로 섬유산업의 힘으로 성장했지만 이 섬유산업은 1980년대와 1990년대를 거치면서 빠르게 해체되어, 웰스프링병원의 창문 너머로 보면 한때 번성했던 공장의 빈 건물만 남아 있다.[35] 그 결과 파렐은 해고된 공장 노동자들로 넘쳐 나고 있고, 그들은 지난 10년 동안 주기적으로 노동조합을 결성했지만 죽어 가는 공장을 재점거하고 재가동하려는 노력은 확실한 실패로 끝났다. 웰스프링과 같은 병원들은 최근의 탈산업화로 인한 가난(아시아의 가장 큰 슬럼으로 여겨지는 다라비Dharavi와 같은 빈민촌과는 성격이 매우 다르다)과

34) 2002년 1월 7일 브라마차리를 인터뷰한 내용이다. 인구유전학을 위해 인구를 분류하는 어려움은 그 인식론을 이루는 구성 요소이다. 이에 대한 상세한 설명은 4장에 있다. 또한 그 결과로 인간게놈다양성프로젝트가 부딪힌 어려움들에 대한 설명은 Reardon, 2001에 있다.
35) 수다 데슈판데(Sudha Deshpande)와 랄리트 데슈판데(Lalit Deshpande)는 뭄바이의 섬유산업은 자유화 이전인 1970년대부터 쇠퇴했음을 보여 준다. 그들은 1970년대의 마지막 5년 동안 3만 4,000개의 섬유산업 관련 일자리가 사라졌고 1980년대 처음 8년 동안 8만 8,000개의 일자리가 사라졌음을 지적한다(Deshpande and Deshpande, 2003).

새로운 부유함 둘 모두와 인접해 있다. 새로운 부유함은, 빠르게 부상하는 중산층 소비 인구만이 구입할 수 있는 많은 외제 상품을 파는 근처 쇼핑몰과 같은, 기괴하게 번쩍거리는 다른 건축물들을 통해 전시되고 있다. 그러한 쇼핑몰들은 결국 공장들이 철거되고 그 자리에 고층 아파트 단지가 들어설 거라는 기대로 지어졌다. 파렐은 세계에서 제일 비싼 부동산 시세를 자랑하는 도시의 최고가 부동산을 뜻한다.

웰스프링이 파렐에 있는 것이 우연이 아님은 거의 확실하다. 연구자들이 일정한 금전적 보상을 통해 손쉽게 임상 실험으로 끌어들일 수 있는 현지의 거대한 실업 인구가 그곳에 있다. 만일 병원의 위치와 그 업무의 상호 관계가 직접적이거나 의도된 것이 아니라 할지라도, 이 경우에는 최소한 뭄바이에서 흔히 볼 수 있는 경향에 어긋나는 점이 있다. 보통 민영 병원들이 부자 동네에 자리 잡는 경향에 비추어 볼 때 웰스프링은 공장 지역에 자리 잡은 민영 병원이라는 보기 드문 사례이다.[36]

그러한 임상 실험의 윤리는 실험이 수행되는 지역의 생태 환경들 내에서만 이해되고 평가될 수 있다. 상대주의적인 방식이 아니라 특수하면서 역사적·물질적으로 생산된 방식으로, 실험 '지원자'라는 바로 그 개념을 교란하는 생태 환경들 내에서 말이다. 맑스가 『자본』 1권에서 산업혁명 동안 강제된 노동자 계급의 프롤레타리아트화를 묘사했듯이(Marx, 1976[1867]: 873~942), 뭄바이 전체 산업의 실질적인 죽음을 이끈, 자본주의의 절름발이식 모순들이 강제한 탈프롤레타리아트화가 어떻게 파렐에

---

36) 네하 마디왈라(Neha Madhiwalla)는 민영 병원의 분포도가 최고급 주거 지역의 분포도와 일치함을 보여 준다(Madhiwalla, 2003). 뭄바이는 인도에서 최고의 의료보험 혜택을 자랑하지만, 이 혜택의 분포는 예상대로 계급과 관련하여 매우 불규칙하고 비대칭적이다.

서 새로운 인간적 주체, 즉 실험적 치료 개입의 현장으로 탄생한 새로운 인구 주체를 생산해 내는지 볼 수 있다.[37] 여기서 중요한 점은, 단순히 그들[모집 주최측]이 일방적인 조건으로 임상 실험 지원자를 모집하는 전략의 미심쩍음을 판단하는 것이 아니라, 제약 관리의 규제적·윤리적 체제가 어떻게 현장에서 발생하는가를 묻는 것이다. 구체적으로 말하면, 임상 실험의 국가적-세계적 사업과 지역의 부채 형태의 관계를 이해하는 것이다.[38] 세계화 과정이 그런 것처럼 이 과정에서 생명사회성 자체가 상인과 고객의 관계로 구성된다.

결론

이 장에서 나는 생명정치가 세계 자본의 흐름과 함께 형성됨을 살펴보았다. 세계 자본의 흐름은 그 자체가 부채 관계로 형성되어, 지구적 기술과학 자본주의의 지역화된 특수한 형태를 낳고, (맑스적 의미의) 교환과 (푸코적 의미의) 통치성에 대한 의문을 동시에 불러일으킨다.

　내가 한 비교들은 장소의 특수성들을 조명한다. 그러나 다시 한번 말

---

37) 파렐의 정치생태계가 독특할지 모르나, 내가 설명한 내용이 결코 파렐에만 국한되지는 않을 것이라는 나의 짐작은 호아오 비엘(João Biehl)과의 대화를 통해 환기되었다. 비엘은 수년 동안 브라질의 한 지역인 바이아(Bahia)에 있는 HIV 테스트 센터를 연구해 왔다. 이 센터는, 널리 칭송받은 브라질 정부의 에이즈 진단과 치료에 대한 개입의 일환으로 브라질 정부가 설립했다. 이러한 국가의 개입은 다른 국가들이 따라야 할 모범으로 종종 거론되었다. 비엘은 최근 센터를 방문하여, 거대 다국적 제약 회사가 세웠고 주로 임상 실험의 현장으로 기능하는 거대한 별 다섯 개짜리 병원이 센터에 인접해 있음을 발견했다. 이 경우에, 이 병원의 임상 실험에 모집되는 인구군은 바로 HIV 테스트를 받으러 오는 사람들이었다. 이러한 이야기를 해준 비엘에게 감사드린다.
38) 의료적 개입의 현장과 지역적 부채 형태의 관계는, 남인도에서 이루어지는 장기 이식을 다루는 Cohen, 1999에 잘 설명되어 있다.

하지만, 웰스프링병원과 ICICI 지식공원의 비교는 그것들이 대칭을 이룰 것이라는 기대에서 비롯되지 않았다. 그것들은 특수한 맥락에 놓인 병렬물로서, 어느 곳에서든 '신생 회사' 문화를 정착시키는 동질화 과정에서 나타난 조화롭지 못한 현상들을 잘 보여 준다. 물론 이러한 특수성들은 뭄바이의 섬유산업이나 안드라프라데시의 농촌 발전과 같은 지역의 역사와 직결되는데, 그러한 현상들 자체는 생산의 역사적·세계적 관계에 의해서 조건 지어진다.

뭄바이 공장 지구의 역사는 이 장에서 다루기에 너무 길고 방대한 관계로, 나는 섬유산업 중심지에서 거의 전적으로 사업 중심지가 되어 가는 뭄바이의 변화에 대해 간단히 언급했다. 상품 자본주의에서 상업 자본주의로 옮겨 간 이 전환은 뭄바이 섬유산업 노동자에 대한 대량 해고를 야기했는데, 이들 중 대부분은 파렐과 바이쿨라Byculla의 공장 지구에 산다. 해고된 노동자들 대부분은 행상인이나 새로 건축된 쇼핑몰의 경비원으로 생계를 잇고 있다.

파렐에는 노동조합 활동이 활발하다. 1980년대와 1990년대에는 노동조합들이 공장을 재가동하는 데 집중했지만 지금은 해고 노동자들과 그들의 이력을 문서화하고, 공장 지구에 들어설 새로운 부동산과 사업에서 그들의 임대권과 구직권을 확보하는 데 주력한다.

조합 지도자들이 노동자의 관점에서 뭄바이에서 일어나는 변화를 가리키는 데 이용하는 단어는 **희생**이다. 가령 해고 노동자들이 일할 권리를 요구하는 공동체 조직을 창설한 다타 이스왈카르Data Isswalkar는 빠르게 바뀌는 뭄바이의 (건설되면서 동시에 판매되는) 경관이 가져온 결과를 다음과 같은 말로 설명한다.

우리는 왜 언제나 가난한 사람을 희생시키는가? 우리는 개발에 반대하지 않는다. 그러나 이 때문에 고통받는 사람, 그에게 우리는 어떤 도움을 주는가? 왜 그는 언제나 뒤처져야 하는가? 내가 말하는 바는, 당신들은 세계 끝까지 세계화의 길로 나아가며 개발에 대해 이야기하지만, 개발이나 세계화에 희생되는 사람은 언제나 가난한 사람이라는 것이다.……어찌 되었건 투자자들은 자신의 투자에 대한 안전 장치가 있는지 알고 싶어 하지 않는가? 그렇다면 노동자 또한 자신을 위한 안전 장치를 찾지 않겠는가? 그도 권리를 원하지 않겠는가? 이 따위 진실이 어디 있는가? 이것은 당신들이 사람보다 자본을 더 중요시한다는 것을 뜻하는가? 이 따위가 무슨 발전인가, 형제여? 이 따위가 무슨 세계화란 말인가?[39]

파렐의 상황은 두 가지 이론적 틀에 놓일 수 있다. 첫째는 프롤레타리아트화와 탈프롤레타리아트화라는 맑스적 틀로서 이는 변화하는 생산 방식과 섬유 제조업의 몰락, 실험을 위한 해고 노동자 모집과 직결된다.

둘째는 생명정치적 틀이다. 생명정치라는 푸코의 개념은, 정상화·표준화·시각화·계산을 위한 기법들을 통해, 인구군들을 포섭하고 그리하여 가장 넓은 의미의 '국가합리성' 내에서 그들을 **계산에 넣는** 방식들을 설명한다. 인구군들을 생명정치적 계산법에 **포섭**하는 이러한 논리를 명료한 용어로 바꿔 표현한 글에서 호아오 비엘은, 브라질이 국가적으로 에이즈를 관리하는 경우에 생명정치적 통치 기법이 어떻게 **배제된** 인구를 만들어 내는지 보여 준다. 병에 걸렸으나 치료 가능하고 치료된 환자들을 계산하는 체계에서는, 버려져 죽은 사람들을 포함시키지 않는 이러한 **배제**가 필수

---

39) 다타 이스왈카르, 2004년 7월 29일 저자와의 인터뷰

요소이다(Biehl, 2001; Biehl et al., 2001).[40]

비엘이 보여 준 사례와 뭄바이의 상황에 대한 이스왈카르의 설명 모두에서, 배제된 인구는 **희생된** 인구이다. 그러나 이렇게 배제된 인구가 (임상실험 체제와 같은) 세계 자본주의의 논리와 순환에 통합될 때 그들은 희생자에서 **소비의 대상**으로 전환된다. 노동자의 신체는 가치 생산의 원천으로서, 그리고 지식 생산의 원천으로서, 자본 체계들과 과학 체계들의 수중에 들어간다.

비엘과 (중국에 대한 연구를 수행한) 수전 그린할Susan Greenhalgh 같은 학자들은 국가의 계산 관련 **행위들**이 그 논리와 방법론의 필수 요소로 어떻게 비非행위를 포함하는지 보여 준다. 제임스 스콧James Scott의 말을 빌리자면(Scott, 1999), "국가처럼 보는 것"은 **인구를 보고 계산하는 특정한 방식이 지닌 합리성의 일부로서의** 특정한 형태의 눈멂을 낳는다.

구체성과 역사적 특수성이 다르긴 하지만, 이와 유사한 맑스적이고 생명정치적인 참조틀들이 안드라프라데시 상황에서 모습을 드러낸다. 안드라프라데시주 정부가 혁신과 기술 전이의 이데올로기를 적극 받아들이며 하이데라바드 내부와 근교에 기술과학 문화를 배양하려는 상황은 필연적으로 어떤 특정한 방식으로 국가적 우선 사항과 주체를 구성하는 것을 포괄한다. 그 특정한 방식이란 주로 부채를 진 농부군을 배제하는 것으로, 그들의 이해관계는 세계 자본의 순환에 포함되지 않는다.[41]

물론 그러한 생명정치적 현상들이 일어나는 역사적·제도적 맥락은 결

---

40) 비슷한 맥락에서, 중국의 "상상할 수 없는 인구군"을 다루는 Greenhalgh, 2003을 보라.
41) 그들이 그러한 순환에 '포함'될 수 있는 한 가지 방법은, 그들의 유전 물질과 정보가 생화학기술센터와 지노메드에 의해서 수행되는 종류의 인구유전학 실험을 위해 수집되는 것이다.

코 그리 단순하지 않다. 배제조차도 매끈한 형태로 일어나지 않는다. 하이데라바드에 혁신 문화를 창출하면서 나이두가 직면한 가장 큰 모순은 그 자신이 대의 민주주의의 흥망성쇠의 지배를 받는 입장에 있다는 사실과 관련이 깊다. 투표를 통해 나이두와 같은 정치인들에게 권력을 주거나 뺏는 이들은 실리콘밸리의 기업가나 국제통화기금 또는 세계은행의 전문가들이 아닌, 배제된 지역 농부들이다. 이것이 나이두와 서구의 자유시장 이론가들이 깨달은 모순이다.

그러므로 한편으로 나이두의 통치 기술의 일부는, 이해 당사자인 자유시장 자본가들과 부채를 진 유권자들 모두에게 일정한 형태의 목소리(반드시 공평한 목소리가 아닐 수도 있다)를 주는 것이다. 예를 들면, 나는 (의심의 여지 없이 MIT의 대학원생이라는 상징적 자본에 힘입어) 난데없이 나이두에게 이메일을 보낸 것만으로도 그와 만날 약속을 잡을 수 있었다. 다른 한편, 해외 거주 자본가들과 인도의 중산층이 인도가 세계시장에서 특히 중국에 비해 열악한 경쟁적 위치에 있음을 불평하는 것은, 대의 민주주의가 자유시장을 향한 질주를 더디게 하는 데 대한 불만을 상당히 노골적으로 드러내는 것이다. 이 점은 2001년에 출간된, 인도 경제 개혁의 첫 10년에 대해 설문 조사한 『이코노미스트』의 특별호에 분명하게 표현되어 있다. 이 설문 조사의 마지막 부분은 '경영 가이드: 인도 주식회사를 어떻게 운영할 것인가'라는 제목을 달고 있다. 이 글은 다음과 같이 시작된다. "만일 인도가 주식시장에 상장된다면 매력 있는 인수 대상이 될 것이다. 기업 인수인은 지난 10년 동안 실력을 키웠지만 지나친 신중함으로 발이 묶여 있는 기업을 보게 될 것이다. 분명 인도의 자산은 새로운 경영 체제에서 더욱 높은 수익을 낼 것이다"(Unger, 2001: 19). 특정한 처방은 '인도 주식회사'를 '기업 인수인'을 위한 '인수 대상'으로 틀 지을 때만 나올 수 있고, 인도가 그 '최대 잠재력'을 성취하기 위해서는 '교정'이 필요할 뿐이다. '교정'될 필요가 있는 것이 '임금과 급료' 같은 것들이라는 건 놀랍지도 않다. 물론 그 교정은 '엄격한 실용주의'라는, 월스트리트 증권업자들의 뛰어난 자질로 이루어져야 한다(Unger, 2001: 19).

파렐에서는 생명정치적 포섭과 배제의 다른 체제가 작동 중이다. 그 도시의 주요 산업의 완전한 몰락으로 인해 특정 인구군이 주류 경제 행위에서 배제되었으며, 이들은 임상 실험의 대상자로 모집됨으로써 문자 그대로, 매우 경쟁이 심한 교환의 순환에 포함되는 유전 물질의 원천이자 **실험 대상**이 된다.[42]

따라서 ICICI 지식공원에 대한 이야기는 생명공학적 혁신의 문화가 인도에서 뿌리내리기 위해 요구되는 정부의 우선순위 정책과 그로 인해 무시되고 소외되는 특정 분야들에 관한 것이다. 파렐의 상황이 세계 자본주의의 일례이기도 하다면, 이 경우 그 상황은 또한 게놈학과 생명공학이 가져온 **인식론적** 변화의 영향과도 관련된다.

1장에서 나는 인도의 공공 영역 과학자들이 그들이 보기에 서구의 연구자나 회사가 인도의 유전 물질을 수탈하는 것에 분노한다고 말한 바 있다. 인도 정부가 그러한 행위에 선매권을 갖는 메커니즘이 시장 메커니즘으로, 국가가 마치 기업처럼 행동함을 의미하는 역설도 지적했다. 그러나 여기서 역설은 갑절이 된다. 국가가 서구 기업에 대항하여 '인도의' 이해를 보호하는 유사 시장 주체로 행동하는 **동시에,** (국가가 설립한 회사를 통해) 인도의 인구군을 실험 대상으로 서구 기업들의 손에 넘겨주는, 본격적

---

42) 이는 표식 없는(unmarked) 게놈학의 선진 자유 사회 주체들과 대조를 이룬다. 내가 4장에서 논의하듯 이들은 **최상의 소비자**로 구성된다.

인 시장 주체로 활동하는 것이다. 물론 이런 상황에서 웰스프링과 지노메드는 계약의 주체가 된다. 그러므로 이는 이러한 기업들이 '인도의' 유전 물질을 갖고 사업을 할 때, 서구의 기업이 다른 서구 기업체들과 계약할 때 적용되는 동일한 시장 원리를 적용하고픈, 인도 정부의 바람이 일관적으로 추진된 결과이다.

파렐의 해고 노동자와 같은 인구군들이 국가와의 관계에서 특정한 유형의 주체, 즉 **시민**으로 구성되기 때문에 부조화가 발생한다.[43] 다름 아닌 안드라프라데시의 농부들이 가진 (대의 민주주의라는 근대적인 범주인) **시민권**citizenship이, 투표권을 통해 나이두가 원하는 매끄러운 기술 이전에 마찰을 일으키는 것이다. 파렐의 인구가 처한 생명정치적 부조화는 그들이 **실험 대상**인 동시에 시민권자로서 세계적 교환 체계의 필수 마디가 되는 방식에 있다. 결국 Rep-X가 샘플을 구하는 사람들이 인도 국가에 의해 대변되며 국가가 샘플 기증자를 대신해 그들의 이름으로 계약하는 당사자가 되는 것은 시민권의 결과이다. Rep-X가 샘플을 얻는 인구군들과 파렐의 인구가 꼭 겹치지는 않거나 혹은 전혀 겹치지 않음을 기억해야 한다. 그러나 그들은 시민으로서의 주체적 위치를 공유하고 그로 인해 국가, 시장, 국가-시장 구성체와의 특정한 관계 속으로 호명된다.

아드리아나 페트리나는 우크라이나의 체르노빌 생존자에 대한 분석에서 "생물학적 시민권"이라는 용어를 제안한다(Petryna, 2002). 페트리나의 분석틀에서 이 생존자들은 (체르노빌과 옛 소비에트 연방의 잔재 위에 세워진) 우크라이나라는 새로운 국민국가의 시민으로, 방사능 낙진의 피해자라는 지위를 통해 자신들의 시민권을 **구성**하고 **행사**한다. 체르노빌 피해

---

43) 주체성과 시민권 사이의 관계에 대한 이론적 탐색을 찾는다면 Balibar, 1995를 보라.

자들에 대한 보상금은 소비에트 연방과 구별되는 국민국가로서 우크라이나의 정당성을 구성하는(그야말로 정의하는) 필수 요소이다. 그러나 이 보상금은 기준치에 달하는 방사능 노출과 같은 계산 체계에 의해서만 구성될 수 있다. 그러한 계산이 보상받을 자격을 주고, 보상을 위한 특정한 방식으로 피해자를 수량화한다(이를 통해 자격이 주어진다). 이러한 계산 체계들은 방사능 재난의 그늘에서 성립된 국민국가라는 개념 및 제도와의 특수한 관계 속에서 존재한다. 다시 말해, 페트리나의 주장은 우크라이나의 시민권을 구성하는 조건은 생물학적인 것이라는 말이다.

우크라이나보다 더 오래된 국민국가인 인도에서 시민권은 **생물학적인 것**을 시민권 서열의 기초로 증명하는 (우크라이나의 경우와 같은 재난의) 순간들에 앞서 이미 존재한다.[44] 이는 안드라프라데시의 상황에서 분명하게 드러나는바, 인도의 시민권은 자유주의적인 정치이론이 말하는 시민권, 즉 선거권 행사의 권리와 매우 흡사하다. 그러나 파렐에서는 시민권이 재구성된다.

더 일반적으로, 이러한 재구성은 언제나 이미 시장 과학에 의해서 과잉결정되는 게놈학이 불러온 **인식론적** 변화와 함께 일어난다. 여기에서 드러나는 것은 '생명 그 자체'를 설명하고 초국가적인 교환의 순환들에 포함됨으로써 서서히 가치를 증식시키는 정보의 능력이다. 이는 인구군들을 (지적 재산권으로 이어지는) 가치의 원천과 (임상 실험 체제의) 실험 대상, 세계적 교환 네트워크를 형성하는 데 필수적인 통과 지점으로 탈바꿈시키는 방식으로 주체성을 재구성한다. 오늘날 인도의 생명공학에서 가장 기

---

44) 물론 인도(와 파키스탄)라는 국민국가는 인도대륙이 두 개의 국가로 분할되는 격변으로 구성되었다. 그러나 이 시민권 질서를 뒷받침하는 것은 종교가 아니라 이데올로기이다.

업적인 주체가 인도 **국가**이기 때문에, 이러한 새로운 주체성과 시민권의 관계가 핵심적인 문제가 되었다. 국가가 국가의 지위를 근거로 그에 속한 인구군을 대변하여 시장 계약을 맺는 상황에서는 더욱 그러하다. 해당 시민권이 페트리나가 이야기하는 생물학적 시민권과 정확히 평행을 이루지는 않지만, 이 새로운 세계적 규모의 게놈 이후 거래에서 관건이 되는 시민권의 한 요소는 명백히 '생물학적'이며, 다양한 층위에서 부채의 관계를 통해 구성된다.

이와 같이 이 책의 첫번째 부분은 유통을 다루었다. 이 유통은 두 가지 서로 다른 담론적 영역 또는 민족지학적 관점에서 기술되고 식별될 수 있다. 첫째는 특정 필수 통과 지점에 절대적인 중요성이 있는 유통 체계로서이고, 둘째는 특정 지역이 세계 유통 체계에 위치한다는 사실에 절대적인 중요성이 있는 구체적인 현장으로서이다.

나는 여기서 내가 연구하는 유통 과정에 속한 특정인이나 특정 형태를 위해 결과를 미리 결정짓기를 원치 않는다. 동시에 나는 경험이나 지역, 주체를 물신숭배하는 이러한 태도에 대해, 어떠한 구조물에 속해 있어(혹은 속하지 못하여) 불가피하게 그 구조물에 의해 제약받는 과정들이 만들어낸 결과를 단순한 우연성으로 **환원**하는 방식으로 저항하지도 않는다.

첫 두 장은 교환을 가능하게 하는 조건들과, 언제나 이미 가치의 두 가지 의미와 연결되는 교환의 과정들이, 서로 다른 세계화의 현장에서 나타나는 경향을 다뤘다. 이 책의 2부는 세계화하는 교환 체제들이 (기술과학과 시장에서) 표명되는 방식과 관련된다. 3장에서는 기업의 진술(대외 홍보)뿐 아니라 과학적 진술(사실)의 운영을 구성하는, 생명자본의 미래를 약속하는promissory 문법 구조를 면밀히 살펴볼 것이다. 4장에서는 '생명 그 자체'에 대한 '사실'과 관련된, 미래를 약속하는 표명articulation의 문법을 통해 구성되는 개인적이고 사회적인 주체들의 형태를 개괄한다. 5장에서는 국가와 종교와 같이, 그와 같은 표명의 형태와 실행을 가능하게 하는 지형을 형성하는 기본적인 믿음 체계들을 개괄한다. 그리고 6장은 샌프란시스코에 본부를 둔 신생 회사에 대한 민족지학적 설명을 통해 이 책 전반에 걸친 나의 주장 일부에 대한 사례를 제공한다.

2부

표명들

3장 비전과 과장 광고
약속하는 생명자본적 미래의 주술

하이데라바드에 있는 L. V. 프라사드안구연구소[L. V. Prasad Eye Institute]는 안구 질환을 연구하고 치료하는 최고의 비영리 센터이다. 시력 상실의 역학[疫學]을 이해하기 위해 이 연구소는 안드라프라데시 안구질병연구[Andra Pradesh Eye Disease Study]라고 불리는 큰 연구를 수행했다. 이 연구는 매우 충격적인 사실들을 밝혀냈는데, 그중 하나는 안드라프라데시주에 거주하는 맹인들 중 80퍼센트가 백내장과 같이 피할 수 있거나 치료 가능하거나 쉽게 수술할 수 있는 질병을 가졌거나, 단순히 안경을 구입할 수 없었다는 것이다 (Balasubramanian, 2002). 이 비율은 인도의 인구 전체에도 비슷하게 해당할 것이다. 이러한 상황을 바로잡기 위해서 연구소는 '비전 2020: 시력을 가질 권리'라고 불린, 세계보건기구[World Health Organization]가 주도하는 사업에 참여했다.

비전 2020에 관여한, 프라사드안구연구소의 저명한 연구원은 도라이라잔 발라수브라마니안[Dorairajan Balasubramanian]이다. 하이데라바드의 명성 높은 대학 연구 기관인 세포분자생물학센터의 소장이었던 발라수브라마니안은 안드라프라데시의 생명공학 정책 설계자이기도 했다. 그 과정에서 그는 안드라프라데시의 전 주지사였던 나라 찬드라바부 나이두가 주도한 또 다른 비전 2020 사업에 관여했다. 비전 2020은 나이두의 대외 홍보 장치의 핵심이 되었다.

나이두와 약속을 잡는 것은 놀라울 정도로 쉬웠다. 불시에 이메일을 보낸 것만으로도 충분했다. 그의 사무실에는 전자셀electronic cell 장치가 있어 내 메시지를 그의 비서에게 전달했고 비서는 방문 일정을 잡았다. 그러한 온라인(혹은 이 경우에는 오프라인)상의 빠른 반응은 인도 정치에서 전례가 없는 일이었으나, 나이두는 이메일을 통한 요청에 반응하는 것으로 유명했다. 요청자가 미국에 근거를 두었거나 과학과 기술에 관련된 사람이면 특히 그랬다.

예상대로 그 '만남'의 많은 부분은 기다림이었지만 그 역시 매우 흥미로운 경험이었다. 나이두는 매일 아침 회의를 소집했는데, 그의 사무실 밖에는 대기실이 두 개 있었고, 하나는 '일반인'용, 다른 하나는 귀빈용이었다. 분명 MIT에 다닌다는 이유로 나는 두번째 범주에 분류되었다. 이러한 일 처리를 보면서 나는 일반 대중과 특별 관객을 위한 관중석을 따로 마련한 무굴 황제의 법정을 떠올렸다. 내가 있던 대기실에는 워싱턴 D.C.에서 온, 부유해 보이는 인도인 교포가 있었다. 그는 실반학습센터Sylvan Learning Center에서 일하고 있었다. 다른 한 사람은 덴버에서 온 인도인 교포로 한층 더 부유해 보였다. 그 사람은 '티루말라Tirumala : 비전 2020'이라는 라벨이 붙은 화사한 분홍빛 폴더를 붙들고 주지사 앞에서 할 발표 연습을 하고 있던, 틀림없이 그 '지역민'인 노신사를 동반하고 있었다. 티루말라는 남부 인도에서 가장 성스러운 힌두교 순례지라 할 수 있는 티루파티 성전Tirupati Temple이 있는 곳이다. 나이두 체제에서는 종교와 종교 기관들두 비전을 추구해야 하는 모양이었다. 그리고 그 비전을 표명하는 데 미국과 연결된 연줄이 있는 게 도움이 되었다.

비전은 물론 미국 기업에서 노상 표명되는 것이고, 필시 실리콘밸리의 닷컴 붐에서 가장 지속적으로 또는 지나치게 표명되었을 것이다. 실리콘밸리의 닷컴 붐이 나이두 자신의 비전을 담은 착상의 주요 원천이었다. 과다한 비전과 광고에만 의존하여 운영된 회사들 중 가장 극적인 예는 생명정보학 회사인 더블트위스트^{Doubletwist}일 것이다.[1] 내가 처음 이 회사를 마주친 곳은 크레이그 벤터의 게놈연구협회^{Institute for Genomic Research}가 조직한 1999년 산업 게놈 회의였다. 당시 그 회사는 판게아시스템스^{Pangea Systems}로 불렸지만 막 더블트위스트로 스스로를 개혁하는 출발점에 있었다. 그 회사는 그곳에서 홍보 행사를 벌인 어떤 회사보다도 더 요란하고 눈에 띄었다. 당시의 닷컴 기업의 태도를 전형적으로 보여 주면서, 외관상 화려함을 유지하기 위해 분명 엄청난 액수의 돈을 쏟아붓고 있었다. 어느 시점에서는 샌프란스시코로 진입하는 101고속도로에 대형 광고판까지 세웠다. 미국의 도로변 광고 중 가장 비싼 지점에 말이다. 판게아에서 더블트위스트로의 전환은 그 회사의 판매부 차장인 롭 윌리엄슨^{Rob Williamson}이 표현하듯, 주석 알고리즘을 쓰는 생명정보학 회사가 "과학자에게 직접 전달되는 온라인 유전 연구를 위한 생명과학 포털 사이트"인 닷컴 기업으로 탈바꿈한 것을 의미했다. 즉 좀더 수월한 접근성을 위해 서로 다른 게놈 데이터베이스 자원들을 한자리에 두는 웹사이트가 된 것이었다.[2]

판게아/더블트위스트에 관한 이야기는, 상당 부분 벤처 자본으로 운

---

[1] 슬프지만 대단히 흥미로운 더블트위스트의 역사에 대한 이야기는 퇴사한 두 명의 직원과의 대화를 통해 재구성했다. 두 사람 모두 익명으로 처리하고 직접 인용하지 않는다.

영되는 실리콘밸리의 첨단 기술 분야에 떠도는 비전과 과장 광고[hype] 이야기의 토대를 이룬다. 실제로 더블트위스트의 무용담에서 벤처 자본가들이 한 역할은 그 회사의 많은 사원들이 자기 회사가 '더블크로스드'[Double-Crossed3)]되었다고 말하는 결과를 낳았다.

판게아는 두 스탠퍼드 졸업생, 조엘 벨런슨[Joel Bellenson]과 덱스터 스미스[Dexter Smith]가 설립했다. 벨런슨과 스미스는 계약직 일꾼으로, 인사이트의 유전자 발현 데이터베이스인 라이프섹[LifeSeq]의 첫 버전을 위한 암호를 작성한 일류 프로그래머들이었고, 그들이 작성한 암호는 산업 표준 발현 데이터베이스이자 1990년대 후반 인사이트 가치의 주요 원천이 되었다. 그러나 계약직이었던 두 사람은 인사이트가 받는 지적 재산권이나 로열티를 나눠 받을 수 없었다. 두 사람이 직원이 아닌 하도급자로 고용된 사실을 감안하면, 이는 인사이트의 입장과는 달리 벨런슨과 스미스에게 매우 씁쓸한 일이었다. 판게아를 설립하며 두 사람은 닷컴 붐 당시 가장 유명했던 실리콘밸리 벤처 자본 회사 중 하나로부터 1,000만 달러를 제공받았다.[4)] 그 대가로 벤처 자본가들은 회사 지분의 50퍼센트를 원했고, 벨렌슨과 스미스는 어리석게도 그 요구를 수용했다. 이 투자 이후에도 이름 높은 다른 많은 벤처 자본가들이 찾아왔다.

이 벤처 자본 회사는 별다른 성과를 내지 못한 작은 생명정보학 회사를 샌디에이고에 차린 바 있었다. 자본가들은 벨런슨과 스미스에게 판게

---

2) 인사이트 TV(Incyte TV)에 나온 윌리엄슨의 말을 인용한 것이다. 이 폐쇄회로TV(CCTV) 채널은 1999년 게놈연구협회 회의를 취재하여 참석자들의 방으로 방송을 내보냈다.

3) double-cross는 일차적으로 염색체의 이중 교차를 의미하지만, 비유적으로는 '배신', '간에 붙었다 쓸개에 붙었다 하기'를 뜻하기도 한다. ─ 옮긴이

4) 회사명은 익명으로 한다. 이 이야기의 윤곽과 벤처 자본이 신생 닷컴 회사들의 생명에 미친 영향은 회사명을 밝히지 않고도 전달할 수 있다고 보기 때문이다.

아가 이 회사를 인수할 것을 제안했다. 이들이 그 인수된 회사의 상당 부분을 소유하고 있었기 때문에 이 합병은 판게아에서 벨런슨과 스미스의 지분을 더욱더 낮추었다. 다시 말하면, 그 벤처 자본가들은 벨런슨과 스미스가 본인들의 회사에 대해 가진 영향력을 더 많이 포기하도록 돈을 쓰게 만든 것이었다. 벤처 자본가들은 결국 벨런슨과 스미스가 가진 회사 소유권을 희석하여 회사 창립자들을 이사회에서 몰아내는 데 성공했다.

이때, 캘리포니아의 산타클라라에 위치한 장비 회사 애피메트릭스Affy-metrix는 장비 공급 회사에서 정보와 신약 개발 회사로 변신하길 희망하고 있었다. 그들이 생각하는 방식은 유망한 신생 생명정보학 회사를 인수하는 것이었다. 애피메트릭스는 분명 높은 인지도 때문에 판게아/더블트위스트를 원했다. 2000년 3월 애피메트릭스는 더블트위스트에 3억 달러를 제안했는데, 이는 아직 이렇다 할 부가가치 상품을 개발하지 못한 회사 인수액으로는 경이적인 액수였다. 그러나 더블트위스트는 자신의 가치가 그 금액을 상회한다고 믿고 제안을 거절했다.

이 인수 실패는 아마도 애피메트릭스 역사상 가장 다행스러운 사건이었을 것이다. 일곱 달 후에 그들은 더블트위스트의 경쟁사인 니오모픽Neo-morphic을 인수했다. 그러는 동안 더블트위스트는 자신이 보유한 엄청난 벤처 자본을 탕진하며 주식 상장에 세 번 실패했고, 결국 2001년 말에 셀레라지노믹스로부터 1,000만 달러의 제안을 받는 궁극의 모욕을 당했다. 더블트위스트는 그 마지막 제안마저 퇴짜를 놓고 결국 자금이 떨어져 2002년 3월에 문을 닫았다. 이 회사는 7,800만 달러의 벤처 자본을 탕진해 버렸는데, 이 돈은 웨트랩 시설도 없이 실리콘밸리의 생명공학 분야에서 가장 공격적인 대외·투자 홍보 능력만을 가진 순수 소프트웨어 회사에게는 막대한 금액이었다.[5]

나라 찬드라바부 나이두의 비전이 대의 민주주의가 투표를 통해 그를 권좌에서 밀어냈기 때문에 실패했다면, 더블트위스트는 그들의 비전을 표명하는 데 모든 자금을 썼기 때문에 실패했다. 나이두와 더블트위스트는 실패작들이지만, 그럼에도 불구하고 그들 시대의 자본주의 지형을 집약하는 데 궁극적으로 성공했을 뿐 아니라, 실리콘밸리에서 두드러지고 안드라프라데시에서 눈에 띄게 모방한 혁신의 문화를 정의하는 데 큰 공헌을 했다. 이 장의 논의를 통해 보여 줄 것이지만, 비전과 과장 광고로 추동되는 이러한 혁신의 문화는 단순한 낭비나 비현실적인 것이 아니라, 투기 시장에서 지극히 생산적인 가치 생산 메커니즘인 것이다.

배경, 논점, 현장

이 장은 여러 가지 점에서 이 책의 가장 이론적인 부분이다. 여기에서는 생명자본의 **문법**이 탐구된다. 전술했듯이 미셸 푸코는 생명과 노동, 언어에서 발생한 변화를 추적함으로써 근대성을 이해할 수 있다고 주장했다 (Foucault, 1973). 이 장은 언어를 가장 직접적으로 다루며 생명자본의 담론 장치를 탐구한다.

---

5) 그러는 동안 벨런슨과 스미스는 1999년에 디지센츠(Digiscents)라 불린 또 다른 회사를 창립했다. 이 회사는 그해 『와이어드』(*Wired*) 11월호의 표지를 장식했다. 디지센츠는 생명공학과는 아무런 관련이 없었고 생산하고자 하는 제품에는 '아이스멜'(iSmell, 사용자의 다매체적 경험을 높여 주기 위해 향기를 내뿜는 컴퓨터 주변 기기)과, 아이스멜을 돌리는 '센트스트림'(ScentStream) 소프트웨어, 웹사이트·게임·영화·광고·음악 개발자에게 팔기 위한 수천 개의 향내를 모은, 인가 가능한 디지털 데이터베이스인 '센트 레지스트리'(Scent Registry) 등이 있었다. 2001년 4월, 디지센츠는 회사를 확장하기에 충분한 벤처 자본을 끌어들이는 데 실패한 후 직원 70명 모두를 해고하고 문을 닫았다.

생명자본의 문법은 특정한 형태의 자본주의가 낳은 결과이다. 일종의 첨단 기술 자본주의로서 생명자본은, 특히 미국적 맥락에서는 분명 종종 **투기**의 성격을 띤다. 상품 자본주의가 거의 배제된 상업 자본주의의 반영물인 것이다.[6] 동시에 생명자본은 기술과학 사업이기 때문에, 그 구성 기관들은 **과학적 사실**의 생산과 기술 **혁신**에 전념한다. 생명자본은 과학기술적 체제의 표명으로서 생명과학 분야들과 신약 개발에 관련되고 또한 시장에 의해 과잉결정되는 경제 체제에 관련된다. 생명과학 분야들은 새로운 기술과 치료 상품(혁신)을 가능하게 하는 사실 생산에 참여한다. 혁신적인 실험의 결과는 본래 미리 알 수 없다. 그런데 이러한 실험에 시장의 자본이 투입되려면, 그 투자에 따른 수익이 계산되고 기대될 필요가 있다. 그러므로 투기 시장은 혁신을 돕고, 혁신은 투기 시장을 낳는다. 투기와 혁신 사이의 이러한 관계를 보여 주는 명백한 일례가 1999년에서 2001년 사이 실리콘밸리에서 일어난 첨단 기술 닷컴 붐이다.

투기와 혁신은 모두 **비전**의 표명과 관련된다. 그러나 그것은 **과장 광고**라는 특정한 형태를 취하는 표명이다. 비전과 과장 광고는 미래를 향하는 담론의 형태들이다. 그러므로 생명자본의 문법을 추적하는 일은 **시간성** temporality에 대한 이론적이고 개념적인 의문들을 던지는 일을 포괄한다.

나는 문법, 투기, 혁신, 과학적 사실, 비전, 과장 광고, 시간성이라는 일련의 키워드를 제공함으로써 이 장을 시작했다. 이 모든 키워드는 글이 진행되면서 각자 또는 함께 설명될 것이다. 또한 이 모든 키워드는 **가치**의 생산과 연관된다. 이 지점에서 좀더 심도 있는 맥락을 제공하기 위해 나는 각 단어를 설명하는 데 좀더 많은 시간을 할애할 것이다.

---

6) 맑스가 이 둘을 구별한 내용은 「서론」에 있다.

이 장의 내용은 특히 미국적 맥락에 유효하다. 인도적 맥락에서 비전은 두 가지 이유에서 다르게 작동한다. 첫째, 인도의 생명공학 분야에서 가장 기업적으로 활동하는 주체는 대부분 국가적 주체이다. 반면 인도의 기업들은 스스로를 평가하는 데서 다른 논리와 척도, 즉 맑스의 상업 자본주의가 아닌 상품 자본주의와 더욱 관계가 깊은 논리와 척도를 받아들이는 경향이 있다. 인도의 생명공학 회사들과 제약 회사들이 평가되어 온 척도는 그들의 **제조상**의 성공과 그 당연한 결과인 수익과 이윤이다. 이와 상반되게 미국에서는 대부분의 생명공학 회사들과 제약 회사들이 그들의 투자자들에게 깊이 종속되어 있다. 투자자가 민영 기업이든(생명공학 회사 대부분은 벤처 자본으로 운영되기 때문에), 공공 기업이든(미국의 기업을 평가하는 데 월스트리트가 가진 근본적인 중요성 때문에, 그리고 미국의 법이 지정하는바 투자자들의 가치를 최대화해야 하는 미국 기업 경영자의 기본적인 피신탁 의무 때문에) 상관없이 말이다.[7] 나는 「서론」에서 미국과 인도의 제약 산업에 대해 이야기하면서 이 차이를 간단히 지적했는데, 이 장에서는 미국의 가장 유명한 생명공학 회사 중 하나인 지넨테크^{Genentech}의 주식 공개 사건을 재술하고, 더불어 그것을 인도의 가장 탄탄한 생명공학 회사 중 하나인 바이오콘^{Biocon}에 관한 이야기와 간략하게 병치시킴으로써 그 차이점을 다시 한번 강조하고자 한다. 지넨테크와 마찬가지로 바이오콘은 25년 이상의 역사를 가졌지만 지넨테크보다 20년 늦게 주식 공개를 했다.

그러므로 이 장의 분석 대부분은 인도보다는 미국에서 훨씬 더 패권이

---

7) 주식시장이 인도 기업들의 생명에 어떤 역할을 하지 않는다는 말은 아니다. 다만 인도 기업들을 평가하는 기준은 심지어 인도의 주식시장에서조차 투기보다는 눈에 보이는 물질적 지표에 기반을 둔다는 뜻이다.

두드러진 자본주의 형태인 투기 자본주의에 적합하다. 내가 이 장에서 쓰는 '생명자본'이라는 용어는 대부분, 생명공학 혁신과 자유시장 이데올로기의 패권적 중심지인 미국에서 기술-자본주의 논리를 드러내는 표명들에 대한 약어이다.

생명공학 산업은 1980년대 초에 성년을 맞이했다고 할 수 있다. 이 시기에 다수의 생명공학 회사가 상장했기 때문이다. 눈에 띄는 규제 철폐와 자유시장의 무분별한 흥분에 대한 노골적 수용, '기업가 정신'에 대한 상징적 가치 평가가 이루어진 시기였다. 1990년대 후반에 일어난 과도한 실리콘밸리의 닷컴 붐은 여러 면에서 1980년대 중반부터 예견되었다. 변화하는 첨단 기술과 변화하는 자본주의가 공동생산한 이 관계는 한편으로 현재 치료 분자 개발 사업과 관련된 (종종 회사별로 나뉘는) 뚜렷한 노동 분업에서 신약 개발의 특수한 상류-하류 지형의 출현을 포함한다. 다른 한편으로 그것은 자본주의적 관행과 가치 체계들이 위험 감수라는 이데올로기를 더욱 노골적으로 수용하는 방향으로 향하는 전반적인 전환을 포함한다.

가령 실리콘밸리에서 그 모습을 드러내는 자유시장 이데올로기에는 특수한 **기풍**^ethos^이 작동 중인데, 그것은 막스 베버^Max Weber^의 프로테스탄트 윤리를 이루는 합리적 부의 축적(Weber, 2001[1930]을 보라)과는 상당히 다르고, 클리퍼드 기어츠^Clifford Geertz^가 설명한 심층 놀이^deep play^에 더 가깝다. 그 기풍은 명백한 **비**합리성과 과잉, 도박을 특징으로 한다.『일반 경제학의 원칙들』^Principles of General Economics^에서 조르주 바타유는 과잉^excess^은 자본주의의 "근본적인" 충동이라 주장한다(Bataille, 1988[1967]). 여기서 특히 흥미로운 점은 과잉이 잉여가치의 원천으로 그리고 하나의 도덕 체계로 **가치 평가된**다는 것이다.

첨단 기술 자본주의는, 수전 스트레인지^Susan Strange^가 카지노 자본주의라 부르는 형태의 자본주의이다(Strange, 1986). 이러한 자본주의에서는 도박이 (이러한 변화의 시험장인 미국에서는 명백히) 자본주의의 기풍을 구성하는 요소가 된다. 새천년의 정신을 표현하는 자본주의 형태인 것이다.[8] 5장에서 탐구할 테지만, 이 가치 체계에서 부활한 메시아적 함의는 미국의 생명공학과 신약 개발의 경우 너무나 분명하다.

현재 미국의 게놈학이 구사하는 전략적 약속의 지평은 치료적 실현의 한 형태인 맞춤형 의료personalized medicine이다. 그러나 또한 관건이 되는 것은 상업적 실현으로, 이는 관련된 모든 기업에 해당하지만 대학과 국가도 점점 더 기업처럼 그에 매진한다. 여타 자본주의 사업에서와 마찬가지로, 이러한 상업적 실현은 투자 대비 높은 수익, 증대된 수입, 기업적 성장을 제공하는 성공적인 벤처 사업을 포함한다. 즉 이데올로기들은 점점 더 강하게 세계화와 동질화를 향하지만, 1~2장에서 주장했듯이 그 가시적인 형태는 여전히 특수하고 경향성 있는 가치 체계들을 포함하는 것이다.

치료적 실현과 상업적 실현을 서로 근접하게 만드는 것은 혁신의 이데올로기, 즉 특별히 미국적이면서 세계화 성격을 띠는, 높은 위험 부담을 감수하는 자유시장 개척 이데올로기이다. 혁신은 산업혁명 개념이나 맑스의 잉여가치 개념과 (연관은 되지만) 질적으로 다른 개념이다. 그것은 맑스가 보여 주듯 자본주의가 가진 힘의 원천인 신비스럽고 마법적인 산출 능력인, (자본이나 상품 등) 이미 존재하는 물건의 무한정한 생산만을 뜻하지 않는다. 그보다 혁신은 마이클 루이스Michael Lewis의 표현을 빌리자면, "새롭고 새로운 것"의 창조이다(Lewis, 1999). 기술과학적 자본주의의 마법은 끝없

---

8) 그들이 부르는바, 새천년 자본주의를 다루고 있는 에세이 모음집을 찾는다면 Comaroff and Comaroff, 2001을 보라.

는 황금 항아리의 마법이 아니라, 모자에서 토끼를 끄집어내는 마법이다. 그러므로 기술과학적 자본주의의 기풍과 권위, 마법은 자본주의의 생산적 잠재력뿐 아니라 **창조적** 잠재력과도 관련된다.

생명과학의 여러 분야 역시 과학적 사실들을 생산한다. 이 사실들은 생명과 같은 근본적인 것들에 대한 사실이므로 특정한 방식으로 가치 평가된다. 그리고 그것들은 (가정이나 이론, 추측과는 반대로) **사실**이기 때문에 특정한 권위를 갖고 작동한다. 게놈학은 '맞춤형 의료'라는 과장 광고되는 목표를 이루기 위해 특정한 형태의 과학적 사실의 창조를 가능하게 하고 신약 개발 과정에 대한 특정한 종류의 합리화를 가능하게 하는, 인식론적·기술적 집합체이다.

나는 4장에서 일련의 사실과 정체성을 생산해 내는 기술과 인식론의 집합체로서 맞춤형 의료를 탐구할 것이다. 이 장에서는, 과학적 사실 생산 사업이 자본주의적 가치 생산 사업과 결합함을 밝히겠다. 이 둘이 결합되어 있기 때문에, 하나를 배제하고 다른 하나만을 고려하는 것은 연루된 행위자들을 나누는 범주와 그들에 대한 이해를 심각하게 변질시킨다. 조지프 더밋은 이를 시장 "벤처 과학"에 의한 과학 연구의 과잉결정이라 부른다.[9] 이 장의 관심은 바로 벤처 과학의 문법으로, 이것은 미래를 약속하고, 많은 위험을 수반하며, (세계화를 지향하지만) 여러모로 미국적인 혁신 이데올로기에 침전되어 있다.

대투자자 홍보와 일반 홍보는 모든 기업 활동의 중심이다. 이것들은 담론의 형태들이다. 또한 예외 없이 과장 광고이다. 과장 광고는 진실이나 허위에 대한 것이 아니라, 신뢰할 수 있느냐 없느냐 하는 문제이다. 기업의

---

9) 출간되지 않은 더밋의 논문에서 인용했다.

성공적인 대투자자 홍보란 신뢰성을 주는 홍보를 말한다. 듣고 있는 사람 중 그 누구도 들리는 말을 그대로 믿지 않는다 해도 말이다.

생명자본에서는 진실과 허위라는 '고전적인' 과학적 이분법이 신뢰할 수 있음과 신뢰할 수 없음의 이분법과 **절합한다**. 신뢰할 수 있음과 신뢰할 수 없음은 로버트 머튼이 제시한 규범적 과학 구조를 교란하는, 비경제적인 사회도덕적 가치의 표명들이다.[10] 현대 생명공학 회사가 존재하고 살아남으려면 (가령 애초에 생명공학 벤처 사업을 가능하게 할 막대한 돈을 쏟아부을 투자자들에게) 진실보다는 신뢰성을 주어야 한다. 어떤 근본적인 차원에서 생명공학 회사가 약속하는 비전들이 믿을 만하기만 하다면 그것들이 진실인가 아닌가는 **중요하지 않다**.[11]

생명자본의 약속의 진술들은 기업의 대외 홍보와 관련되며, 실리콘밸리의 닷컴 붐 동안 보였던 첨단 기술의 약속 담론들과 매우 유사하다. 그러나 앞서 언급했듯이 생명공학 회사들이 내놓는 또 다른 형태의 진술들은 과학적 사실들이다. 그러면서 기업의 대외 홍보의 약속들조차, **사기성 있는** 기업 행위를 예방하기 위해 존재하는 규제들에 의해 구속되는 지형에서 이루어진다. 다시 말해, 기업 홍보는 모든 면에서 과장 광고이지만, **생명공**

---

10) 보편성(universality), 사심 없음(disinterestedness), 공유주의(communism), 체계적인 회의주의(organized skepticism)라는 네 개의 규범에 기반을 둔 머튼의 규범적 과학 구조에 대한 설명은 Merton, 1973(1942)에서 볼 수 있다.

11) 이는, 노스캐롤라이나 섬유 도시의 작은 교회들과 종파들의 프로테스탄트 윤리가 하는 역할은 도덕적 신용이 만드는 사업적 신용이라는, 즉 종교의 분파 조직들이 하는 기능은 다름 아닌 도덕적 신용을 강화하는 것이라는 베버의 유명한 논의와 일치한다. 또한 다르지만 비슷한 방식의 예로 인도의 자이나교도들은 의례를 후원하는 영광을 얻는 것으로 자신들의 사업적 신용을 역설한다. 그 비용이 종종 실제 수입을 훨씬 넘어서기도 하지만 말이다. 신뢰할 수 있음/신뢰할 수 없음이라는 상황에서 고려되는 도덕 경제는 발리섬의 닭싸움과 유사하다(Geertz, 1973). 신용에 대한 베버의 분석을 함께 토론해 주고, 자이나교도들이 보여 주는 상동성을 지적해 준 마이클 피셔에게 감사드린다

학 기업 홍보는 '진실'의 두 체제의 구속을 받는다. 각각의 경우 진실은 서로 다른 어떤 것을 의미하고 서로 다른 가치 체계 내에서 작동한다. 진실의 한 형태는 과학적 사실로서, 이는 엄격한 과학적 방법(비록 기술과학적 발전이라는 매끈한 이데올로기가 내세우는 것보다 훨씬 더 우연적인 성격을 지니고 있음을 과학기술학[STS]이 보여 주지만 말이다)에 대한 천착으로 확립되고 동료들의 검토를 받게 되어 있다. 두번째 형태의 진실은 윤리적인 사업 관행을 구성하는 것으로 모든 회사에 한층 더 보편적으로 적용된다. 또한 그것은 주로 투자자들에 대한 사기를 구성하는 허위를 저지하는 도덕적 질서를 함의한다. 그러므로 만일 홍보가 신뢰성에 대한 것이라면 윤리적 사업 관행과 과학적 사실은 모두 서로 다른 형태의 진실에 대한 것이 되고, 의문은, 언제나 이미 동시에 사실 생산과 치료 상품 개발, 잉여가치 생산에 매진하는 사업에서, 신뢰성과 각기 다른 형태의 진실 판별법을 다루는 담론 형식을 어떻게 표명하는가 하는 것이다. 그러한 표명에 대한 의문은 벤처 과학이 대변하는, 머튼이 서술한 과학적 기풍으로부터의 획기적인 전환을 이해하는 데 핵심적이며, 정치경제와 인식론의 결합, 즉 생명자본을 자본주의적 시스템과 체제, 과정의 특수한 집합체로 만든 결합이 어떠한 결과를 낳았는지를 묻는 지점으로 우리를 안내한다.

약속의 마케팅이라는 수사 또는 구조라는 관점에서 나는, 생명공학과 신약 개발로부터 나오는 상업적 가치 생산을, 그것을 위해서 필요한 시간적 지연에 연결하는 두 가지 주장을 제시하고자 한다. 첫째, 특정한 종류의 미래가 가능하도록 현재 가치를 생산하기 위해서는, 그러한 미래에 대한 비전이 팔려야만 한다. 그것이 결코 실현되지 않을 비전이라도 말이다. 과잉과 지출, 흥분, 위험 그리고 도박은 예상할 수 없는 것 혹은 상상할 수 없는 것을 창조하기 때문에 생산적이다. 그러나 이것은 생산의 시간적 순서가 전도될 때만 가능하다. 생산의 시간적 순서는 미래를 향해 가는 현재에서 멀어져, 현재를 감당하게 하기 위해 언제나 소환되는 미래로 간다. 미래주의적인 약속 담론인 과장 광고의 작동을 이해하기 위해서는 다름 아닌, 가치가 집중적으로 적재된 시간성의 작동을 진지하게 이해해야만 한다. 과장 광고는 단순히 냉소적인 것이 아니라 미래로 하여금 현재를 감당하게 하는 담론 형태라는 것이 나의 주장이다. 그리고 과장 광고가 현실에 반대될 수도 없다는 것이 이 장의 핵심적인 이론적 주장이다. 물론 과장 광고가 냉소적으로 읽힐 때 그것은 너무나 쉽게 현실의 대척점에 서지만 말이다. 오히려 과장 광고는 현실**이며**, 최소한 현실이 펼쳐지는 담론적 지반을 구성한다.

비전과 과장 광고, 투기, 시간성은 모두 가치에 대한 의문들과 연결된다. 프리드리히 니체Friedrich Nietzsche가 말하듯 "그 훌륭하고 명예로운 것들의 가치를 구성하는 것은, 다름 아닌 이 사악하고 명백히 대조되는 것들에 교묘하게 연결되고 매듭지어지고 꿰매어져 있기 때문에, 심지어 그것들과 본질적으로 동일하기 때문에 존재한다"(Nietzsche, 1973[1886]: 16).

이 장은 약속의 담론을 다룬다. 그러나 이것은 특수한 제도적 기반에 의해, **과학**과 **자본주의**의 특수한 결합에 대한 의문에 의해 조건 지어진다. 과학에 대한 머튼의 서술에서 벤처 과학으로 가는 전환을 이끈 것은 바로 이러한 결합이다. 이는 가치가 가진 두 가지 의미에 모두 영향을 미친다. 한편으로 이 결합은 기술과학을 한층 더 시장가치에 추동되게 만들지만, 다른 한편으로는 보편성, 사심 없음, 공유주의 그리고 체계적인 회의주의라는 가치들에 기반한 규범적 과학 구조를 교란하고 추방하고 고문한다.[12]

보편성, 공유주의, 사심 없음, 체계적인 회의주의라는 머튼의 규범들을 무시하는 것은 기업의 홍보를 '과장 광고일 뿐'이라고 무시하는 것만큼이나 쉽다. 결국 우리는 각 나라들 내에 그리고 나라들 간에 존재하는 엄청나게 불평등한 연구비와 시설 분배를 보기만 하면 된다. 또한 지적 재산권법에 고이 간직된 사적인 이해관계들이 과학이 공표한 공공에 대한 헌신을 점점 더 침해하는 것, 많은 과학자가 종종 명예롭지 못한 방법으로 명성과 이윤을 활발하게 추구하는 것, 과학적 결과에 대한 동료들의 평가가 객관적이고 공평하고 엄격한 검토에 의존하는 것만큼이나 브랜드 가치에 의존하여(누구에게서, 어디에서 이 결과가 나왔는가?), 결국 머튼의 규범들이 현실에서는 명목상으로만 존재한다는 결론을 내리게 하는 사실 등을 보기만 하면 된다.

그러나 법률적·정치적·이데올로기적 메커니즘들이 과학의 매끈한 기업화를 촉진하는 것은 동시에 이 매끈함에 마찰이 **일어난다**는 사실을 반영한다. 벤처 과학의 부조화는 '공적' 과학이 매끈하게 통합되고 있다는 것이 아니라, 겉보기에 매끈한 이 통합이 마치 자연스런 일인 양 이루어지고 있지만 **동시에** 관계된 행위자들과 더 큰 정치체 사이에 많은 불만을 유발한다는 것이다. 나는 이미, 인간게놈프로젝트의 공공 과학자들이 DNA 염기서열을 특허 내는 게놈 회사들을 향해 보인 반감을 언급한 바 있다. 이 반감의 많은 부분은 의심의 여지 없이 경쟁에서 밀리는 것에 대한 두려움에서 오는 것이다. 이러한 반감의 많은 부분은 에릭 랜더Eric Lander와 같은 공공 분야 과학자들에 의해서도 비슷하게 표출된다. 랜더는 밀레니엄Millennium 제약 회사와 인피니티Infinity 제약 회사의 공동 창립자이자 벤처

---

12) Merton, 1973(1942). 물론 기술과학의 기업화는 이들 규범 중 일부를 다른 것들보다 더 문제가 되게 만든다. 분명한 것은, 과학이 점점 더 상업화되면서 공유주의라는 규범이 종종 침해된다는 점이다. 또한 과학적인 사심 없음이라는 규범은 기술과학적 사업으로부터 시장가치를 극대화하려는 기업의 관심과 명백히 충돌한다.

과학의 출현을 상징하는, 가장 열성적이고 성공적인 과학자-기업가 중 하나이다. 그럼에도 불구하고 부인할 수 없는 점은, 공적 과학자들의 반대의 일부는 공유주의라는 규범을 지지하는 것이 실제로 중요하다는 감수성에서 비롯된다는 것이다.

요컨대 머튼이 말하는 과학의 기풍은 그것이 부분적이고 파편적이며 심지어 흔적만 남아 있을지라도, 여전히 과학의 가치 체계의 강력한 구성 원칙이다. 가령 생명의학 저널들은 산업과의 연관성이 명백히 드러나도록 하기 위해 저자들에게 강력한 개시 요건^{disclosure requirement[13]}을 제시한다. 그러나 동시에 국립 대학의 연구 분과들은 과학의 기풍이 사심 없음으로부터 멀어지도록 만들 수밖에 없는 방식으로 민영 회사들로부터 막대한 액수의 자금을 받는다.[14] 에릭 랜더는 앞장서서 유전자 염기서열 특허에 거세게 반대하는 사람이지만 동시에 세상에서 가장 공격적으로 성장한 생명공학 회사의 중역이기도 하다. 브라마차리는 인도 국민에게서 나온 유전 물질을 서구 회사가 수탈하는 것에 맹렬히 반대하지만, 동시에 인도 국민에게서 나온 유전 정보를 서구 회사에 인가함으로써 자신이 세운 신생 회사의 가치를 높이려 애쓴다. 생명공학 회사들이 생산한 과학적 사실은 대학의 과학자들이 거치는 것과 동일한 동료 평가^{peer-reviewed} 메커니즘을 거친다. 그러나 동시에 확정되지 않거나, 심지어 (법적으로 사기는 아닐지라도) 오해를 불러일으킬 만한 보도 자료를 발표하는 것도 너무나도 자연스

---

13) 개시 요건이란 보통 발명 특허를 줄 때 쓰이는 용어로, 발명가가 자신의 발명품을 대중에게 공개하고 그 사용법을 알려 주는 대가로 일정 기간 독점권을 부여받는 조건을 말한다. 여기서는 생명의학 저널들이 어떤 논문을 게재해 줄 때 그 논문에 대한 대중의 접근권을 오랫동안 보장하는 조건이다. ― 옮긴이

14) 이러한 상황에서 가장 큰 논란거리는 노바티스가 캘리포니아대학의 천연자원대학(College of Natural Resources)에 자금을 댄 사건이다.

러운 일이다. 이것이 벤처 과학의 골자이다. 즉 그것은 하나의 가치 체계가 다른 것으로 매끄럽게 대체되는 것이 아니라, 명백히 다른 두 가치 체계가 결합하여 서로가 서로를 먹여 살리는 제3의 체계가 되는 것이다. 유사 공생과 유사 기생이 이루어지는 하나의 덩어리인 것이다.

만일 **이것이** 벤처 과학이라면 머튼 과학의 가치 ——원래는 머튼이 순전히 규범적 영역에서 구성한—— 는 또 다른 형태의 가치, 즉 자유시장의 가치를 통해 실현된다. 그리고 가치는 시장을 통해 실현되는데, 금전적 가치뿐 아니라 규범적 가치도 실현될 수 있는 **유일한** 방법이 시장 메커니즘의 활용일 정도이다. 과학에 대한 시장의 이러한 형태의 잠식이 바로 제약 회사들이 종종 하는 다음과 같은 주장을 수용 가능하게 한다. 즉 그들에게 약품의 (특히 미국에서 볼 수 있는 터무니없이 높은 수준의) 가격 결정권이 주어지지 않는다면, 충족되지 않은 의료적 요구를 위한 새로운 연구나 새로운 치료제는 미래에 없을 것이다.

여기서 니체의 통찰이 빛을 발한다. 즉 '훌륭하고 명예로운' 것들의 물질적 가치와 상징적 가치 모두는 (머튼의 과학적 규범들과 마찬가지로) 그것들이 '사악하고 명백히 대조되는 것들'(기업적 잠식)에 '교묘하게 매듭지어지고 꿰매어져 있기 때문'에 가능할 수 있다는 것이다. '교묘하게'라는 말이 여기서는 핵심이다. 벤처 과학의 표명들은 기술적이거나 법률적·정치적·이데올로기적인 구속의 자연스러운 결과가 아니다. 그보다는 전략적으로 정교화된 형태의 담론과 실천이다. 그렇다고 그 표명들이 냉소적인 조작으로 단순화될 수 있다는 뜻은 아니다. 그 '교묘한 매듭짓기', 다시 말해 전술적이고 담론적인 표명의 수단으로 약속의 주문을 외우는 것, 즉 '과장 광고'가 이 장의 분석 대상이다. 머튼의 과학이 기업적 과학과 동일해지는 것은 의심의 여지 없이 혼란스러운 현상이지만, 또한 거부할 수 없이 강력하고 중대한 현상으로서, 이는 전 세계적으로 수용되고 유포되며 그러한 전술적 표명들이 이루어질 수 있는 기반을 형성한다.

이 장에서 펼쳐질 나의 주장의 근거가 될 현장이 꼭 어떤 지역이나 기관인 것은 아니다. 나의 첫번째 현장은 한 개인이면서 동시에 하나의 수행적 공간이다. 그 개인은 랜디 스콧으로 그는 1990년대 후반의 주요 게놈 회사 중 하나인 인사이트지노믹스의 창립자이다. 최근에 그는 '소비자 게놈학'consumer genomics 회사인 지노믹헬스Genomic Health를 세웠다. 이에 대한 이야기는 5장으로 미룬다. 스콧은 이 책에서 반복 등장하는 중심 인물이다. 이는 그의 개인사와 표명들 때문이기도 하지만, 이 장에서는 특히 그가 과학자 겸 기업가 겸 경영자라는 특정한 형태의 공인을 구현하고 있기 때문이다(다른 많은 신생 회사 창립자들과 달리 스콧은 상당한 능력으로 꽤 오랫동안 자신이 창립한 회사를 경영하는 경향이 있다).

스콧에 대한 나의 이야기는 그의 공인으로서의 면모에 대한 것이지, (브라마차리에 대한 이야기처럼) 내가 같은 민족이라는 특권적인 위치에 있기 때문에 가능해진 이야기가 아니다. 그 이유는 부분적으로 내가 스콧에 대해 그러한 접근을 할 수 없었다는 데 있다.[15] 그러나 다른 이유는 스콧의 수행적 인격을 분석하고 싶었기 때문이다. 그가 약속의 주문을 외우고 상징적 자본을 창출할 수 있게 하는 힘이 바로 그 수행적 면모이기 때문이다.

내가 스콧을 본 수행적 공간은 회의장인데, 그것은 시사회의 기능을 하는 산업 회의이거나 주로 투자자를 겨냥한 회의였다.[16] 그러므로 이러한 연설의 현장에서 그가 겨냥한 청중은 투자자와 소비자, 즉 그의 기업들이 존재할 수 있는 가능성의 조건들을 제공해 주는 사람들이었다. 나는 약속

---

15) 나는 그가 기억할 것 같지 않은, 요식적인 대화를 그와 한 번 짧게 나누어 봤다.

된 미래와 자기 회사의 현재를 마법처럼 만들어 내기 위해 연설의 현장에서 투자자와 소비자를 향해 펼치는 랜디 스콧의 수행에 대해 이야기할 것이다. 월스트리트에서는 이러한 형태의 수행적 주술을 '화제주'story stock[매력적인 소문으로 사게 되는 주식]라 부른다.

스콧에 대한 나의 이야기는 주술을 **과정으로서**, 즉 담론이자 드라마로서 묘사하려는 시도이다. 나의 두번째 현장은 사람에서 사건으로 넘어간다. 이 사건은 지넨테크의 주식 공개이다. 이 생명공학 회사의 주식 공개는, 회사가 시장에 내놓은 상품이 하나도 없는 상태에서 모든 예상을 뛰어넘어 3,500만 달러를 모금한 후 1980년 10월에 마감되었다. 지넨테크의 주식 공개는 생명공학 회사를 위한 주술이 얼마나 필요한지를, 그리고 그 주술의 잠재력이 얼마나 큰지를 잘 보여 준다. 그것은 생명공학 산업의 투자 시장 입성을 예고했으며, 동시에 1990년대 후반 닷컴 붐의 '비이성적인' 열광을 예견했다. 지넨테크의 주식 공개 이야기는 생명공학 산업에서 발생하는 호황과 불황의 주기적인 시장 사이클에 대한 구조적인 의문들을 불러일으키는데, 이 의문들에 대한 답은, 생명공학 산업이 존재할 가능성의 조건들을 제공함과 동시에 이 조건들을 구속하는 모순들 또한 제공하는 약속의 담론 지형에 주의를 기울이면 얻을 수 있다. 나는 지넨테크의 이야기와 그에 상응하는 인도 기업 바이오콘의 이야기를 대비시킨다. 바이오콘은 일찍이 1978년에 설립되었지만 2004년에야 주식을 공개했다. 이 두 기

---

16) 스콧은, 내가 참석했던 콜드스프링하버 게놈 회의에서 DNA 특허 받기의 윤리적·법적·사회적 함의에 대한 세션에 초대받기도 했다. 이러한 회의들이 공공 인간게놈프로젝트의 '공식적인' 연차 총회를 구성해 왔는데, 1999년은 크레이그 벤터와 셀레라지노믹스에 대한 공공 연구자들의 반감이 최고조에 달한 시기였다(1장을 보라). 스콧은 그 당시 인사이트의 수석 과학부장이었는데 이로 인해 공교롭게도 당시 셀레라의 가장 크고 직접적인 경쟁자가 되었다.

업의 이야기에는 (최소한 이 시점에) 인도와 미국의 투기 시장이 지닌 서로 다른 특징이 담겨 있다.

세번째 현장은 담론적인 장치이자 법적인 도구인 '미래 지향적 진술' forward-looking statement이다. 이것은 미국 증권거래위원회Securities and Exchange Commission가 인가한 진술로서, (보도 자료나 그와 유사한 형태의 홍보와 같은) 약속의 표명에 탐닉하는 기업들이, 실제 사건이 그들의 진술에서 예견된 내용과 다르더라도 자신의 표명에 대한 책임으로부터 면제되도록 해준다. 하지만 미래 지향적 진술과 의도적으로 조작된 진술, 즉 거짓말을 구별하려는 노력은 존재한다. 미래 지향적 진술에 대한 분석은 약속이 범람하는 기업 세계에서 진실과 신뢰성의 관계를 더욱더 자세하게 탐구할 수 있게 해준다.

기업의 약속 표명은 미래 지향적 진술에 의해 법적으로 용인되면서 동시에 구속된다. 이러한 법적 용인과 구속은, (약속하는 진술을 하는 회사의 정확한 역사적·물질적 진화를) 예측할 수 없기 때문에 진실이 아닌 것과 고의적인 거짓말이기 때문에(그리하여 가령 투자자에 대한 사기 행위를 구성하는) 진실이 아닌 것 사이에 경계를 긋는다. 최근 미국에서 쏟아져 나온 기업의 부정행위들은 상당수가 기술 회사와 관련이 있고 거의 대부분이 닷컴 시절의 '비이성적인 열광'에 기인하는데, 이 부정행위들에서 볼 수 있듯이, 위에서 말한 두 가지 형태의 비非진실 사이의 경계는 의문시되거나 흐려지고, 종종 넘나들기 용이하다. 다음의 세 개의 절을 통해 나는 첫째, 생명공학의 '화제주'의 중심이 되는 수행 형태들, 둘째, 미국에서 생명공학 산업 발전을 가능하게 해온 약속의 투기 지형, 마지막으로 진실과 신뢰성에 대한 이론적 이해를 위한 수행성이 생명자본에 미치는 영향을 자세히 살펴볼 것이다.

랜디 스콧

이 절에서 나는 게놈학 혁명의 핵심 기업가 중 한 사람인 랜디 스콧의 담론적 수행성discursive performativity을 묘사할 것이다. 그 무대는 1999년 마이애미에 있는 힐튼 리조트에서 열린 한 게놈 관련 산업 회의이다. 이 회의는 당시 셀레라지노믹스의 최고 경영자였던 크레이그 벤터가 이끈 비영리 단체인 게놈연구협회가 조직했다. 1999년은 게놈학에 있어서 특별히 흥미로운 해였는데, 이유는 게놈학 공동체가 인간 게놈 염기서열의 설계도를 생산하기 직전이었기 때문이다. 그해는 또한 게놈학 공동체가 공적 자금을 받는 인간게놈프로젝트와 수많은 민영 게놈 회사(그중 셀레라지노믹스가 단연코 가장 돋보였다) 사이에서 현저하게 분열된 시기이기도 했다. 그 마이애미 회의는 민영 게놈 회사들의 회합 자리였다.

1999년 마이애미에서 관심을 독차지한 회사는 셀레라가 아니라 그 경쟁사인 (현재는 인사이트지노믹스인) 인사이트 제약 회사였다. 1999년 마이애미 회의는, 인사이트의 수석 과학부장이었던 랜디 스콧이 한 기조 연설을 기점으로 인사이트의 행사로 탈바꿈해 버렸다. 거기에 있던 지명도나 인지도가 하나의 목적을 위해 조직되었던 것이다. 스콧은 자신이 하는 일을 잘 알고 있었고 그것을 훌륭히 수행했다.

그는 연설의 많은 부분을 생물학과 인사이트에서 진행 중인 다양한 프로젝트를 설명하는 데 할애했다. 하지만 흥미로웠던 점은 **비전이 그 연설의 특징을 이룬다는 것**이었다. 스콧은 미래를 위한 비전을 팔고 있었다. 여기엔 2010년까지 일정이 짜인 계획에 대한 개요가 포함되었는데, 그에 따르면 2010년경에는 생물학적 경로에 대한 진정한 이해를 달성할 수 있을 것이었다. 즉 그것에 대한 체계적이고 주석이 달린, 이용 가능한 정보과학적 이해를 성취할 것이고, 인사이트는 그런 이해 구축의 선도자가 될 것이었다.

물론 미래 지향적 비전의 장점은 그것이 반드시 진실일 필요가 없다는 것이다. 예를 들어, 많은 미래 지향적 선언들은 법률상 비전 제시자가 자신이 내세운 비전을 실현시킬 책무에서 자유롭게 해주는 면책 사항의 조건들을 지니고 있다.[17]

법적 문제는 제쳐 두더라도 비전은 판매를 위해 반드시 진실일 필요가 없다. 스콧의 연설은 순전히 과학자로 구성된 청중만큼이나, 아니 그 이상으로 또 다른 청중을 겨냥하고 있었다. 그들은 이와 같은 행사를 통해 분명 사업적 판단을 하게 될 투자자였다. 투자자들이 이런 비전에 돈을 쏟아붓는 것이 위험한 일임은 말할 것도 없다. 특히 게놈학에 대한 투자는 더욱 위험한 것이, 이 분야에는 아직 이렇다 할 구체적인 상품이 없기 때문이다. 그러나 무엇이 실제로 생산될 수 있는가와는 별개로, 미래에 대한 비전을 판매함으로써 스콧은 자금이 미래에 확실히 투자되도록 만들 수 있었다.

게놈 회사의 제품은 약품의 생산을 가능하게 하는 조건이 되는 (일정한 형태의) 정보의 창출이다. **스스로의** 가능성을 만드는 조건(그로 인해 약품을 생산할 가능성을 실현하는 조건)은 오로지 약품의 생산을 가능하게 하

---

17) 암의 진단과 치료, 예방에서 유전자가 하는 역할을 연구하기 위해 헌츠만암연구소(Huntsman Cancer Institute)와의 협력을 발표하면서 인사이트가 주장한 것과 같은 면책 사항은 다음과 같은 식이다. "여기에 포함된 역사적 정보만 제외하면, 이 보도 자료에 발표된 내용은 1995년 증권소송개혁법(Private Securities Litigation Reform Act)이 규정한 '안전 피난처'(safe harbor) 조항의 효력 안에 있는 미래 지향적 진술들이다. 이 미래 지향적 진술들은 실제 결과가 실질적으로 다르게 도출되게 할 수 있는 위험과 불확실성에 노출되어 있다. 다른 결과를 야기할 만한 요인들에 대한 논의를 확인하려면, 1999년 6월 30일을 종착점으로 한 4분기에 대한 분기별 10-Q 보고서를 포함한 인사이트의 증권거래위원회 보고서를 보라. 인사이트에게는 이러한 미래 지향적 진술들을 업데이트할 어떤 의도나 의무도 없다." www.incyte.com/news/1999/huntsman.html을 보라. 나는 이 장에서 그러한 진술들에 대해 상술할 것이다.

는 조건에 대한 **수행적** 창출, 즉 비전을 통해서만 창출된다. 하지만 이러한 비전의 실현은 공동 책임이 아니며, 최소한 초기 단계들에서는 회사에 그 책임이 있다. 나아가 이러한 비전은 법률적 계약의 성격은 없는 반면, 투자 자들에게 직접 호소해 회사에 자본을 투자하게 함으로써 그 비전의 (가능한) 실현을 가능하게 만든다. 미래에 대한 약속의 비전이 현재 회사의 존재를 가능하게 하는 조건을 탄생시키는 이유가 여기에 있다. 이는 비전이 미래에 실현될 것을 보증하지는 않지만, 그러한 실현을 위한 필요조건이다.

보증guarantee 또한 분쟁의 소지가 있는 개념이다. 게놈 회사의 약속의 비전에 담긴 암묵적인 보증은 그 회사에 자본을 투자하는 투자자들을 향한 것("우리는 이 제품의 생산을 가능하게 함으로써 당신의 투자에 보답할 것이다")이지만, 비전의 수행은 수많은 청자들을 대상으로 하고 각자에게 다른 의미로 다가간다. 가령, 그 회의에서 랜디 스콧이 겨냥한 주요 청자는 과학자들이었는데, 그들은 그들 자신의 연구를 가능하게 한다는 관점에서 스콧의 비전에 흥미를 가졌다. 하류 지형에 있는 제약 회사들은 특별히 큰 관심을 보였다. 그들은 실제로 게놈학이 가능하게 하거나 원활하게 할 수 있는 약품을 생산하기 때문이다. 일반 대중에게 이것은 훨씬 덜 직접적인 관심사이고, 정책 입안자들에게는 그 중요성이 다르게 다가간다. 이렇게 미래에 대한 수행은, 생산될 수 있는(혹은 없는) 실제 미래 상품과 별개로, 각기 다른 관계자들에게 매우 다른 미래를 창출하는 기능을 한다.

또한 투자 홍보를 하는 회사가 공기업인지 사기업인지에 따라 사소하지만 명백한 차이가 있다. 후자의 경우, 투자자들은 종종 벤처 자본가들이거나 다른 민간 투자자들이고, 전자의 경우에는 월스트리트와 공적 주식 시장이다. 최근, 특히 기술과학적 자본주의가 노골적으로 드러내는 투기적 성격은, 약속의 진술을 하는 수행의 본성을 월스트리트가 인정한 결과이다. 그러한 공기업들(주로 생명공학 회사들)은 실제 상품을 만들기 위해서는 여전히 수년을 보내야 하지만, 약속(1999년에서 2000년 사이 게놈 회사들의 특징이었던 것)만으로 주식 가격을 올릴 수 있고, 전술한 바와 같이 이 회사들이 월스트리트에서 화제주로 지칭되는 것이다.

그러나 스콧의 이야기에는 다른 것도 있었고, 그것은 게놈 정보라는 상징적 자본을 치료의 선구체가 되는 정보로 보는 것과 연관이 있다. 마이애미 회의의 마지막에 그 놀라운 순간이 있었으니, 1장에서 언급했듯이 스콧이 "자신을 위해서가 아니라 생명을 위해 일하는 게놈학 공동체"를 위해 축배를 든 순간이었다. 이 축사는 이미 지적했듯이 인사이트의 기업 슬로건인 '생명을 위한 게놈학'을 그대로 반영한다.

자크 데리다는 투기란 언제나 이론적**이면서** 신학적이라고 주장한다. 랜디 스콧 자신이 복음주의적 기독교인이라는 사실은 여기서 무의미하지 않다. 그러나 그의 동기를 추정하고자 하는 바람으로 내가 이 점을 지적하는 것은 아니다. 즉 스콧이 훌륭한 기독교인이기 때문에 훌륭한 게놈 기업가라고 말하는 것은 **아니**라는 말이다. 대신 나는, 비전을 내세우는 기업의 생명과학적 담론들이 형태상으로 볼 때 메시아적 담론과 유사하다는, 담론들의 자연스러운 동거를 주장한다. 과학과 종교라는 두 세계를 공존하게 만드는 능력을 지니고 있기 때문에 그는 분명 그 담론을 유난히 잘 활용하는데, 이 점은 5장에서 상술할 것이다. 그러므로 생명공학은 기술이라는 그리고 자본을 통해 연계되는 생명이라는 메시아적인 위치를 차지하고, 이때 자본은 자연스럽게 물신숭배를 매개하는 사물이 된다.

분명 이 메시아적 위치는 생명공학 산업 구조의 일부이며, 스콧의 기독교 신앙이나 혹은 그것의 결여 이상의 것과 관련된다. 이 점은 조슈아 보거Joshua Boger에 대한 배리 워스Barry Werth의 묘사에서도 증명된다. 조슈아 보거는 버텍스^{Vertex} 제약 회사의 창립자이지 유대인인데, 배리 워스는 그 회사에 관한 자신의 책 『10억 달러짜리 분자』$^{The\ Billion\ Dollar\ Molecule}$에서 그를 다루었다. 여기 보거의 대투자자 홍보에 대한 워스의 설명을 발췌한다. 그 홍보가 어떤 식으로 언제나 이미 종교적이면서 구원적인 프로젝트로 자리매김되었는지 보라.

> 보거는 자신의 이야기가 이해하기 쉬워야 한다는 것과, 투자자들이 자신에게 가장 원하는 것이 확신임을 알고 있었다. 그래서 그는 버텍스의 슬라이드 쇼를 과학이나 사업 전략에 대한 논문이 아닌, 일종의 원정으로 구성했다. 원정의 목표인 성배는 구조에 중심을 둔 설계도이자 더욱 안전하고 효과적이며 더욱 큰 이윤을 내는 약품이라는, 초월적인 상품^{prize}이었다. 그러한 이야기에서는 언제나 그렇듯이 추진력은 정의로움과 탐욕의 결합체였다. (Werth, 1994: 96)

그럼에도 불구하고 구원과 이윤을 동시에 추구하는, 이 수행적 담론의 구조는 보거 자신의 배경과 성격에 의해 뒷받침되고 과잉결정되었다. 스콧의 기독교 신앙이, 그가 말하는 종류의 이야기와 인사이트가 만들어 가는, 미래를 불러오는 방식에 결정적이진 않더라도 명백히 의미심장한 역할을 하는 것처럼 말이다. 워스도 다음과 같이 말한다.

> 그것이 주요 텍스트였다. 보거가 언급하지 않은 하부 텍스트 또한 있었는데 그중 가장 흥미로운 것은 자신에 대한 것이었다. 보거는 [버텍스를 설립하기 전 자신이 근무했던—순데르 라잔] 머크와의 관계를 슬라이드 쇼에서 전혀 언급하지 않았지만, 어디서도 그 점이 언급되지 않고서는 그가

소개되지 않았다. 제약 산업에 대해 아는 청자들에게는 머크로부터의 그의 이탈이 버텍스의 역사 중 가장 알고 싶은 내용이었다. 그 이야기는 그야말로 부친 살해적 의도 또는 복수의 기운을 풍겼기 때문이다. 여기 보거가 있었다. 역사상 가장 생산적인 제약 회사이며 월스트리트의 기준인, 미국에서 가장 존경받는 기업의 후계자로서 자신이 받을 수 있는 모든 것을 거부한 그 사람이 말이다. 창세기를 다시 읽을 필요는 없었다. 반항 어린 이탈을 한 보거의 무용담은 아담의 이야기만큼이나 오래된 것이었다. (Ibid.: 96~97)

원정, 메시아적 표명, 구원 그리고 이탈과 같은 모티프들의 주제적 구성은, 좁게는 미국의 투자 이야기에서, 넓게는 미국 문화 전반에서 희망, 위험, 행복 그리고 성공이라는 담론들에 대해 의문을 던진다. 이 모든 요소가 인간 게놈 염기서열을 결정하기 위한 시도에 존재하고, 이 시도는 종종 생명 그 자체라는 '성배'를 찾기 위한 원정으로 묘사된다. 또한 인간 게놈의 설계도가 공개되었을 당시에 인간게놈프로젝트의 위원장이었던 프랜시스 콜린스까지 열렬한 기독교인이었다는 사실은 섬뜩함마저 준다. 콜린스는 질병 유전자를 추적해 내는 자신의 열정이 "그때까지 어떤 인간도 알지 못했고 신만이 아셨던 어떤 것을 감지해 내는 것"과 같았다고 했고 또한 "어떤 면에선 아마도 그러한 발견의 순간들은 숭배의 순간이기도 했을 것이다"라고 말했다(Davies, 2001: 72에서 재인용).

여러 번 빛을 발한 뛰어난 수행에서 스콧은, 진정한 목표는 생명을 구하는 것이며 게놈학은 생명을 살릴 수 있는 통로이고 인사이트의 전위적 과학자들이 이끄는 게놈학 공동체는 순전히 그러한 비전을 성취하기 위해 존재함을 확고히 했다. 이 수행에서 게놈학은 직업이 아니라 신의 부르심이었다. 스콧의 일꾼들은 과학자가 아니라 전도사였다.

나아가 최소한 스콧의 경우, 그 선교적인 열정은 건강에 대한 어떤 막연한 이상주의적 바람이 아니라 고통에 대한 실제 사례들이 기초를 이루고 구체화된 것이다. 그러므로 스콧은 자신의 연설을 '생명을 위한 게놈학'이라는 좌우명과 비전을 확증하는 데 나무랄 데 없는, 슬픈 이야기로 매듭지었다. 즉 최근 암 진단을 받은 자신의 친구가 있는데, 10년 후면 게놈학이 그의 생명을 구할 수 있을 것이라는 이야기였다.

그리고 이 완벽하게 슬프고, 완벽하게 적절한 순간에, 완벽하게 구성된 이야기를 한 뒤, 인사이트 제약 회사의 회장이자 수석 과학부장인 랜디 스콧은 감정에 복받쳐 울었다.

지넨테크의 주식 공개

나는 생명자본의 약속(들)이 특정한 종류의 현재를 가능하게 하는 조건들을 제공한다고 주장했다.[18] 그러나 현재 실제로 일어나는 일은 어떤 것인가? 그리고 그 약속은 속성상 현재를 가능하게 하면서 동시에 현재를 옹호할 수 없게 만드는 모순을 어떻게 만들어 내는가? 이러한 의문을 제기하는 한층 더 직접적으로 역사적인 방법은 다음과 같다. 1999년에서 2000년 사이 닷컴 호황기 동안, 설립된 지 10년도 안 된 데다가 눈에 보이는 이렇다 할 치료 상품 하나 없던 회사들의 주식이 수백 달러를 호가한 현상을 어떻게 설명할 것이며, 바로 그 주식들이 종종은 한 자릿수로 떨어져 매매된 극적인 침체는 또 어떻게 설명할 것인가? 물론 간단한 답을 찾자면 궁극의

---

18) 게놈학에서 약속의 역할을 확인하려면 또한 Fortun, 2004를 보라.

작인인 시장, 즉 시장의 전반적인 침체에서 생명공학 회사 주식이 폭락한 원인을 들 수 있다. 그렇지만 그보다 더욱더 복잡한 일련의 답들이 있으며, 이 답들은 과장 광고의 작동 배경이면서도 그것에 의해 창출되는 정치경제와 관련된다는 것이 나의 생각이다.

사실 생명공학 산업은 1970년대 후반 탄생 이후 줄곧 주기적인 호황과 불황을 겪어 왔고, 이러한 주기는 지난 5년 동안의 닷컴 붐과 침체와 형태상 매우 유사했다. 생명공학은 손에 잡히는 상품 하나 없이 높게 부풀려진 주가에 장단을 맞추어 왔는데, 놀랍게도 그 배경은 훨씬 더 보수적이어서 닷컴 경제를 특징지은 실리콘밸리의 (명백한) 고위험 투자와 함께하기를 꺼린 1980년대 경제 체제였다. 사실 약속에 대한 명백히 비이성적인 반응이 생명공학 산업의 존재와 성장을 가능하게 한 유일한 요인이었다. 이런 반응이 없었더라면 이 산업은 약품을 시장에 내놓는 데 필요한 엄청난 양의 시간과 투자를 감당해 내지 못했을 것이다. 상품 출시가 아닌 약속이 지속적인 가치를 창출할 수 있다는 깨달음은, 1980년 10월 14일 지넨테크가 주식 공개를 하던 날에 일찌감치 싹트기 시작했다.

지넨테크의 주식 공개는 주식당 35달러의 100만 개의 주식으로 마감되었고, 그 액수는 모든 이의 기대치를 넘어선 것이었다. 특히 1982년에야 첫번째 상품(재조합 인슐린)을 생산한 회사로서는 믿을 수 없을 정도로 큰 액수였다. 지넨테크 주식 공개 이후 6년 동안, 다른 19개의 생명공학 회사들이 상장되었고 주식 공개를 통해서 총 54억 2,300만 달러를 모았다(세투스는 두번째로 주식 공개를 해서 1억 700만 달러나 모았다).[19] 그러므로 약속의 비전은 생명공학 산업의 특징 이상의 의미를 지닌다. 그것은 그 산업을

---

19) Robbins-Roth, 2000을 보라

존재하게 하는 것이다.

그러나 이 약속의 중심에는 갈라진 틈이 있고, 그 틈은 무한한 약속과 그러한 약속과 관련하여 필연적으로 불충분하게 여겨질 수밖에 없는 것 사이에 있다. 그러므로 약속은 현재의 가능성의 조건들을 창출하는 한편, 필연적으로 그 실현의 실패의 조건과 실패라는 결과도 창출한다. 이때, 성공적인 장기 마케팅과 홍보는 비전의 표명이 아니라, 구상된 것과 (불충분하게) 성취된 것 사이의 틈 메우기이다. 생명공학의 주기적인 호황과 불황은 이렇게 이해되어야만 한다. 약속과 그것의 실현 사이에 벌어진 간극이 야말로 **사건들**이 벌어지고 **정치**──연설과 전술──가 장악하는 공간이다. 약속의 비전이 생명공학 산업을 가능하게 해왔다면, 그것은 또한 모든 신약 개발에 수반되는 위험(이 경우에는 약속을 지키지 못할 위험)을 생명공학의 계산법 한가운데에 위치 지어 왔다.[20]

나는 이 책의 여러 지점에서, 인도에서는 투기 자본주의가 제조 자본주의에 비해 훨씬 덜 발달했으며 이로 인해 미래에 대한 주술보다는 판매액과 이윤이 인도의 생명공학과 제약 산업을 이끌어 가는 원동력이라 주장했다. 물론 이러한 상황은 인도의 '세계화' 노력과 함께 변화하고 있다. 그럼에도 불구하고 인도의 신약 개발에서 보이는 자본주의의 문법에는 질적인 차이가 있다. 지넨테크의 이야기와 바이오콘의 이야기를 대조함으로써 이 점을 밝혀 보고자 한다.

나는 인도의 제약 산업이 이미 확립된 산업인 반면, 생명공학은 꽤 근

---

20) 지금까지 설명한 것은 베르너 하마허(Werner Hamacher)가 "유령적 현실성"(spectreality)이라고 지칭한 것이다(Hamacher, 1999). 이것은 '실재'가 주술로 불러내어지고 그 '주술'이 '실재'를 실현하지 못하는 실패의 토대를 놓는 상황에서, '실재하는 것'와 '주술로 불러내어진 것'을 구분할 수 없음을 향한 제스처이다.

래에 일어난 현상으로 아직 확고한 기반을 잡지 못했음을 지적했다. 이 점은 대부분 사실이지만, 방갈로르에 본사를 둔 바이오콘은 두드러진 예외다. 이 회사는 키르칸 마줌다르[Kirkan Mazumdar]가 1978년에 창립했으므로 지넨테크보다는 두 살 어리다.[21] 회사가 가동되는 대부분의 기간 동안, 바이오콘은 특별히 매혹적이지도 혁신적이지도 않은 사업 모델인 효소 합성에 주력했다. 그러나 주식 공개 이전 몇 달 동안 바이오콘은, "차이는 우리의 유전자에 있다"라는 회사의 새로운 슬로건에 반영되어 있듯 인도 생명공학의 세계적이고 미국 지향적인 변화를 상징하게 되었다. 바이오콘은 효소 제조업체에서 신약 발견·개발 회사로 스스로를 개혁하는 과정에 있다.

그러나 이러한 개혁조차도 공공연하게 제조 부문의 규모 확대를 그 특징으로 한다. 지넨테크나 암젠[Amgen], 밀레니엄과 같은 미국 생명공학 회사의 '확장'은 통상적으로 다른 회사가 만든 상품에 특허를 내는 것이거나

---

21) 인도의 많은 생명공학 리더들이 여성이라는 점은 대단히 흥미롭다. 마줌다르(지금은 마줌다르-쇼Mazumdar-Shaw) 외에도, 방갈로르에 본부를 둔 또 다른 생명공학 회사인 아베스타젠(Avesthagen)의 창립자이자 최고 경영자인 빌루 파텔(Viloo Patel)이 있다. 1995년부터 2004년까지 인도의 생명공학국(Department of Biotechnology)을 이끌었던 이가 만주 샤르마(Manju Sharma)라는 여성이었듯이, 2장에서 언급한 ICICI 지식공원의 최고 경영자 역시 디판위타 차토파디아야(Deepanwita Chattopadhyaya)라는 여성이다. 인도에서 수적으로나 비율로나 수많은 여성들이 대학과 단과대학 수준에서 생명과학 분야로 진출하는 마당에, 직업적 역할의 성별화의 위험을 무릅쓰고 이 현상의 원인을 섣불리 설명하려 하지는 않겠다. 내가 아는 한 이 책에서 언급한 미국의 생명공학 기업들 중 여성이 최고 경영자인 곳은 거의 없다. 눈에 띄는 예외라면, 셀레라지노믹스의 게놈 이후 시대의 환생인 셀레라다이어그노스틱스(Celera Diagnostics)이다. 물론 인도에서 여성들이 리더로 부상하는 이러한 현상은, 대단히 저조한 일부 여성 발전 지표들과 가정과 직장에서 여성에게 가해지는 일상적 잔악 행위의 여전한 존속과 공존한다. 이는 아마르티아 센(Amartya Sen)이 이끌어 낸 여성의 행복과 여성의 힘 사이의 모순을 반영한다(Sen, 1999: 189~203). 여성의 기업적 재능을 육성하려는 인도의 의식적인 노력은, 최근 M. S. 스와미나탄연구재단(M. S. Swaminathan Research Foundation)이 생명과학 분야에 종사하는 여성 기업가들을 격려한다는 명백한 목표를 갖고 첸나이(Chennai)에 여성 생명공학 공원을 설립한 것과 같은 구상들에 반영되어 있다.

다른 회사 인수를 뜻하는 반면, 주식 공개를 코앞에 둔 바이오콘의 '확장'은 더 높은 상품 제조 능력을 가능하게 하는 새로운 시설 구축에 대한 선언을 포함한다. 미국 생명공학 회사들이 확장할 때 그들의 제조 능력을 높이지 않는다는 것이 아니다. 다만 제조 능력 향상은 기업 홍보와 투자자와의 관계의 일부로서, 그리고 근본적으로 가치를 조정하는 행위로서 기능하는 사업 요소가 아니라는 것이다. 다른 한편, MIT 교수이자 바이오콘의 과학 자문 위원인 찰스 쿠니[Charles Cooney]는 다음과 같은 말로 바이오콘의 미래 지향 전략을 말한다. "기술적 역량을 구축하고 세계적인 기업들의 경쟁에서 상품을 시장에 내놓음으로써 그 역량을 입증하라. 그리고 꾸준히 이윤을 획득하는 과정에서 기술과 상품의 포트폴리오를 확장하라."[22] 제조 능력 입증을 통해 회사를 세우라는 이러한 요구는 지넨테크의 역사와 문자 그대로 정반대를 이룬다.

『비즈니스 인도』의 한 기사에서 표현되었듯이 "바이오콘의 진정한 성장의 역사는 3년밖에 되지 않았다".[23] 창립 후 20년 동안 바이오콘은 스스로를 생명공학 회사라 불렀지만, 유니레버[Unilever]와 제휴하면서 효소 합성에 몰두했다. 이 역시 생명공학이긴 했지만, 미국에서 과장 광고가 주도한 생명공학은 아니었다. 후자의 생명공학은 나이두의 「비전 2020」과 같은 문서에서 집약된, 최근 인도의 생명공학 비전의 핵심이 되었다.[24] 바이오콘은 최근에서야 미등록 약품 시장에 뛰어들어, 특히 특허를 받지 않은 미등

---

22) 이 인용은 『비즈니스 인도』(Business India) 2003년 12월 8~21일자 67면에서 가져왔다. 다음 문단에 있는 바이오콘에 대한 짧은 역사적 설명은 여기에서 가져온 것이다.

23) Ibid.: 64.

24) 마줌다르-쇼 본인은 비전 게임에 몰두하여 카르나타카(Karnataka)주의 생명공학 비전 그룹을 이끈다. 이것은 어떤 의미에서 안드라프라데시의 비전 2020에 해당하는 카르나타카와 방갈로르의 비전이다.

록 히트 상품들을 역공정하는 데 주력했다. 그들은 주로 콜레스테롤을 낮추는 약품에 주력했지만, 2004년에는 재조합 인슐린을 시장에 출시할 계획을 세우고 있기도 했다. 지넨테크와의 비교라는 관점에서 이 점은 하나의 우연의 일치를 이룬다. 앞서 서술했듯 지넨테크가 1982년 시장에 내놓은 첫번째 치료 상품이 재조합 인슐린이었기 때문이다.

지넨테크와 대비해서 본 바이오콘의 이야기는 인도의 생명공학이 미국의 생명공학에 비해서 반드시 20년 뒤떨어지는 것은 아니라는 것을 보여 준다. 그러나 생명공학에 대한 미국의 기술과학적 상상(성장이 주도하고 치료 분자 개발에 초점을 맞추는)을 따르는 인도의 생명공학 사업은, 인도의 과학과 경제 정책이 '세계화'를 시도하는 시점에서 벌어진, 심지어 바이오콘에게도 최근에 이루어진 진전이다. 세계화란 분명, 최소한 부분적으로나마, 서구에서 잘 나가는 종류의 과학을 하고 그 과정에서 국내 시장과 서구 시장을 개척하려는 시도를 의미한다. 그러나 미국적인 모양새로 세계화하려는 이러한 시도는 조화롭지 못한 모습을 드러낸다. 바이오콘은 여전히 미국의 신약 개발 회사들만큼 투자로 추동되는(그리고 반드시 그래야 할 필요가 있는) 회사가 아니고, 제조가 여전히 회사의 주요한 가치의 원천으로 남아 있다. 내가 바이오콘의 고위 간부에게 주식 공개의 효과에 대해서 물었을 때, 그는 회사의 일상적인 작동 면에서 큰 차이가 없다고 대답했다. 그의 말에 따르면, 손에 잡히는 유일한 차이는 한층 향상된 회사 회계의 투명성이며 그것은 세계적인 주자가 되고 있음을 주장하는 회사에게 "좋은" 일이다.[25]

---

25) 이는 2004년 6월 16일에 바이오콘의 고위급 경영자와 나눈 대화를 기반으로 한다. 그의 이름은 밝히지 않는다.

미래 지향적 진술

지금까지 (랜디 스콧과 같은 이들이 수행한) 비전 담론의 **수행**과 생명공학의 과장 광고의 가치와 정치경제에 대해 논의했다. 이것은 주로 시장가치와 관련된다. 이미 지적했듯, 머튼의 과학 규범이 벤처 과학으로 교란되고 과학적 사실 체제가 홍보 체제와 결합할 때에는 상징적 자본과 도덕적 가치 또한 문제가 된다. 나는 이 절에서 미래 지향적 진술에 대한 분석을 통해 홍보의 담론적 체제를 탐구할 것이다. 구체적으로 말하면, 기술 자본주의의 진실과 신뢰성에 대한 의문들을 탐구하고, 그러한 사업에서 비전을 제시하는 수행은 진실을 날조하는 행위이지만, 이것이 거짓말을 만들어 내는 것과는 동일하지 **않음**을 입증할 것이다.

미래 지향적 진술은 생명공학 회사들에만 국한된 것은 아니다. 그러므로 이 절은 생명자본에만 국한되지 않고 자본주의적인 과정 전반을 다루는 여러 부분 중 하나가 될 것이다. 미래 지향적 진술과 같은 담론 형태에 대한 분석이 생명자본에 대한 분석에 필수적인 데에는 아래와 같은 여러 가지 이유가 있다.

앞서 설명했듯이 1980년대에는 생명공학 산업과 레이건식의 자유시장 기풍이 함께 진화했다. 이것은 자유주의적 자본주의 경제의 가치 체계와 질적으로 다른 방식으로 약속의 주문을 **높이 평가하는** 신자유주의 기풍이었다. 이 시기에 출현한 생명공학 산업과 이 담론적 약속의 지형은 둘 다, 우리가 현재 인지하는 상류-하류 지형으로 신약 개발 시장의 윤곽을 재구성하는 데 도움을 주었다. 게놈학과 같은 새로운 생명공학들은 이 지형에 새로운 상류적 요소로 끼어들었다. 이렇듯 신약 개발의 상류-하류 지형은, 이렇다 할 인과관계가 없다 할지라도, 기업의 약속의 주문이라는 담론 지형과 긴밀한 상관관계를 맺고 있다.

신약 개발 회사들은 첨단 기술 경제라는 맥락에 위치해 있다. 약속의 주문은 모든 기술 회사의 생명을 구성하는 부분이다. 이는 많은 회사들이 비교적 신생 회사이며 신자유주의적 가치 평가의 기풍에서 형성되었기 때문이기도 하고, 기술 회사들이 상품을 보여 주고 가치를 실현하기 전에 이미 높은 수준의 자본 투자를 필요로 하는 경향이 있기 때문이기도 하다.

이러한 상황은 생명공학에서 더욱 심화된다. 신약 개발이 고도로 자본 집약적인 벤처 사업일 뿐 아니라, 치료 분자의 궁극적인 실현이 가능해진다 하더라도 최초 연구 시점에서 10년 이상 걸리기 때문이다. 오늘날 존재하는 생명공학 회사 대부분이 20년이 채 안 된 점을 감안하면, 그 회사들의 생명과 역사의 상당 부분은 상품보다는 미래 상품에 대한 비전을 팔아야 하는 회사들의 이야기이다. 그러므로 미래 지향적 진술은 담론적 도구로서(더욱 일반적으로 말하면 약속의 주문은 삶의 한 형태로서) 현대 미국 자본주의 전반을 구성하는 특징인 한편, 생명공학 회사들이 연루되면 신약 개발의 고위험, 시간·자본 집약적 성격 때문에 위험이 상당히 강화된다.

마지막으로, 앞서 언급했듯이 생명자본주의의 중대한 특수성들은 경제와 **인식론**의 결합, 나아가 경제와 '생명 그 자체'에 직결된 인식론의 결합에서 도출된다. 모든 생명공학 회사가 신약 개발을 한다고 주장하지만, 신약 개발 시장의 상류에 위치한 회사들은 주로 혹은 대부분 신약 **발견**에 몰두하는 경향이 있다. 상류에서 이루어지는 발견의 많은 부분은 어떤 물건이나 상품의 **생산**에 대한 것이 아니며, 한편으로는 치료 분자로 능히 전환될 가능성이 있는 선도 분자의 확인이고, 다른 한편으로는 그러한 분자가 유기체로 변모하는 순간 엄청난 독성을 발휘하지 않을 것임을 보여 주는 초기 시험이다.

그러므로 유기화학물 합성('생명공학 혁명'이 시작된 지 20년이 지난 상황에서도, 인간의 몸에서 최적의 상태로 기능하는 약품을 만드는 여전히 가장 흔하고 믿을 만한 방식인)을 통한 전통적인 신약 발견에서조차도, 약품 개발 작업에 앞서 주로 단백질 동역학과 관련되는 과학적 사실 생산과 시험이 이루어진다. 먼저 인간 임상 실험에 투입한 후 (성공적이면) 시장에 내놓을 만큼 충분하게 생산한다.

생명공학과 생명제약의 발전으로 이와 같은 상류 지형의 인식론적 요소가 훨씬 더 중요해졌다. 생명공학이 약속하는 것은 인체의 생화학 과정에 투입되어 비정상적인 기능을 바로잡는 의약품의 개발이다. 이로 인해 신체의 생리학적·생화학적 과정에 대한 이해는 종종 세포나 분자 단위로 이루어지고, 치료 분자 개발의 예비 단계의 전면과 중심에 놓이게 된다.

게놈학과 더불어, 신약 개발 전체 과정을 조건 짓는 상류 지형의 과학 지식은 그 성격이 한층 더 변질되었다. 어떤 차원에서는, 1~2장에서 간략하게 언급했듯이, 게놈학은 신체의 생화학(그리고 생물리학)에 대한 이해를 바탕으로 물질화되고 상품화될 수 있는 정보를 만든다. 4장에서 거론하겠지만 그것은 또한 치료 분자보다는 분자 진단 시험을 훨씬 더 용이하게 만들어 낸다. 그 이유는, 게놈 정보가 밝힐 수 있는 유전자 상속 패턴이 시험 대상이 되는 각 개인의 미래 질병 가능성을 즉시 보여 줄 수 있기 때문이다. 그것도 어떤 식으로든 치료 분자 개발의 일정이나 불확정성, 자본 요구도를 변화시키지 않으면서 말이다. 좀더 핵심에 가까운 것은 다음과 같은 사항일 것이다. 거의 모든 질환의 발병이 갖는 복잡한 다인성으로 인해 유전자 차원에서 잘못된 부분을 '바로잡을' 수 있는 치료제 설계는 극도로 어렵고, 치료 분자 나아가 게놈 정보에서 '합리적으로' 도출된 분자들이 인간의 신체 시스템에서 실제 작용하는 방식은 여전히 불확정적이기 쉬우며, 이는 궁극적으로는 한층 더 복잡한 임상 실험 절차들을 통해서만 해소할 수 있을 것이다.

이것이 의미하는 바는, 맞춤형 의료라는 새로운 상품 패키지는 점점 더 **진단** 능력을 중심으로 한, 미래에 실현될 만한 건강과 질병에 대한 과학 지식 체제에 초점을 맞추기 쉽다는 것이다. 다시 말하면, 생명자본의 특수성들은 법의 보호를 받는, 미래 지향성을 지닌 기업의 담론적 홍보가 어떤 식으로 인식론과 게놈학의 과학적 지식, 그리고 맞춤형 의료와 절합하는가에 대한 질문에서 도출된다.

미래 지향적인 진술은 다음과 같이 정의된다.

① 소득 총액, (소득 손실을 포함한) 정기 소득, (배당 손실을 포함한) 주당 배당 소득, 자본 지출액, 배당금, 자금 구조, 기타 재정 세목들에 대한 예측을 포함하는 진술

② 발행자의 상품·서비스와 관련된 계획이나 목표를 포함한, 미래 운용에 대한 경영 계획과 목표를 표현하는 진술

③ 재정 상태에 대한 경영진의 토의 및 분석이나, 증권거래위원회의 규칙과 규제에 따른 운영 결과에 포함된 것을 아우르는, 미래의 경제적 수행에 대한 진술

④ 세부항목 ①~③에서 언급된 항목들의 기초를 이루거나 그것들과 관련된 전제에 대한 모든 진술

⑤ 발행자가 고용한, 발행자의 미래 지향적 진술을 평가하는 외부 평가자의 보고서

⑥ 증권거래위원회의 규칙이나 규제에 의해 지정될 수 있는 다른 항목들에 대한 예상이나 평가를 포함하는 진술[26]

1995년의 증권소송개혁법은 미래 지향적 진술에 대한 '안전 피난처'를 제공하였는데, 이는 그러한 진술을 발행하는 자(보통 기업의 투자홍보부)가 자신의 진술에 포함된 약속이나 예측을 실현하지 못한 경우에도 아무런 책임이 없음을 뜻한다. 여기서 곧바로 분명해지는 점은, 약속이나 예측을 실현하는 데 실패한다고 해서 그것이 거짓말을 구성하지는 않는다는 것이다. 거짓말은 의도성을 지닌 것으로 사기 행각을 가리킬 수 있다는 의미에서 말이다. 그 안전 피난처는 허위 보도, 뇌물, 위증, 주거 침입, 문서 위조, 화폐 위조, 사기성 은폐, 횡령, 사기성 재산 전환, 펀드나 유가 증권의 횡령과 같은 중범죄와 경범죄를 저지른 이들에게는 적용되지 않는다. 그와 같은 범죄들은 모두 거짓말하는 행위라 할 수 있기 때문이다.[27]

그렇다면 어떤 종류의 (허위와 반대되는) 비非진실이 미래 지향적 진술일까? 이 점을 밝히기 위해 앞서 각주 17번에서 인용한 진술을 예로 들어 보자. 이 내용은 암의 진단과 치료, 예방에서 유전자의 역할을 연구하기 위해 인사이트가 헌츠만암연구소와의 협력을 천명하면서 제출한 것이다.

여기에 포함된 역사적 정보만 제외하면, 이 보도 자료에 발표된 내용은 1995년 증권소송개혁법이 규정한 '안전 피난처' 조항의 효력 안에 있는 미래 지향적 진술들이다. 이 미래 지향적 진술들은 실제 결과가 실질적으로 다르게 도출되게 할 수 있는 위험과 불확실성에 노출되어 있다. 다른 결과를 야기할 만한 요인들에 대한 논의를 확인하려면, 1999년 6월 30일

---

26) 1933년의 미국 증권법의 27A항은 http://www.sec.gov/divisions/corpfin/33act/sect27a.htm에서 볼 수 있다.
27) 획기적인 1995년 법에 대한 논의를 포함하여, 미래 지향적 진술에 대해 1933년부터 현재까지 증권거래위원회가 가한 규제의 변화를 확인하려면 Fortun, 2004를 보라.

을 종착점으로 한 4분기에 대한 분기별 10-Q 보고서를 포함한 인사이트의 증권거래위원회 보고서를 보라. 인사이트에게는 이러한 미래 지향적 진술들을 업데이트할 어떤 의도나 의무도 없다.[28]

미래 지향적 진술 내에 단단히 자리 잡은 진실은, "나는 거짓말을 하지 않을 것이며 이것은 진실이다"라는 발행자 입장의 암묵적인 진술이다. 다른 말로 하면, 인사이트와 헌츠만암연구소의 협력이 어떤 결과를 내든, 인사이트는 읽는 이에게 자신의 약속들로 **사기 치지** 않았다는 것이다. 그 진술을 읽은 이들 중 일부가 바로 그러한 약속들이 불러일으킨 기대감으로 인사이트에 투자했다 하더라도 말이다. 미래 지향적 진술이 공식화하는 것은, 데리다가 지적하듯 이행되지 못한 약속이 언제나 비진실로 인식되고 심지어 인정된다 할지라도 그것을 거짓말로 규정하는 것이 불가능하다는 사실이다. 그런 의미에서 미래 지향적 진술은 거짓말에 대한 데리다의 대중적-문화적 개념에 잘 들어맞는다. 그는 "구조적인 이유들로……엄밀한 의미에서 누군가가 진실을 말하지 않았음을 입증한다 해도 그가 거짓말을 했음을 증명하는 것은 언제나 불가능하게 될 것이다"라고 했다 (Derrida, 2001[1995]: 68).

그렇다면 벤처 과학이라는 형태를 한 생명자본이 가진 긴장은 기업 홍보의 '거짓말'과 과학의 '진실' 사이의 긴장이다. 이 분야에서 기업 홍보는 "결국 거짓말이 되지 않을 것"이며, 과학은 그것의 진술이 과학적 사실의 하나가 될 때 진실에 값하는 **권위를 갖게** 된다. 이러한 긴장이 더욱더 팽팽해지는 것은 그러한 사실들에 **선천적인** 진실이 수여될 때이다(그 진술의

---

28) 이는 www.incyte.com/news/1999/huntsman.html에서 볼 수 있다.

본질을 이룬다는 의미에서 선천적이기도 하지만, 관련된 사실들이 '생명 그 자체'에 대한 지식과 연관될 때에는 '진실된' 사실에 의해 구성되는 자아의 본질을 이룬다는 의미에서 선천적이다). 이는 내가 4장에서 탐구할, 게놈학에 의한 주체성의 구성을 이해하는 데 특히 중요하다.

머튼의 과학 개념의 진실과 반대되는, 벤처 과학의 진실이란 무엇일까? 그것은 **진실은 어딘가에 놓여 있다**[29]는 것인데, 여기서 '놓여 있다'는 말은 존재함과 진실이 아님을 둘 다 의미한다. 벤처 과학의 진실은 언제나 이미 삭제될 위험에 있다. 그것은 권설이다. 그러나 이 권설은 **거짓말이 아니며 또한 실책**[error]**도 아니다.**[30] 만일 거짓말을 의도된 기만이라고 말할 수 있다면 실책은 의도되지 않은 실수, 즉 약속하는 진술을 '실패하도록' 만들 수 있는 불확정적 조건들을 적절하게 계산하지 못한 실패라 말할 수 있다. 벤처 과학의 미래 지향적 진술은 정확하게 계산하는 실패가 될 수 없다. 그것이 약속하는 미래는 그야말로 **계산할 수 없기** 때문이다(그러므로 미래를 계산하는 것이 훨씬 더 중요해진다).[31]

벤처 과학의 진술을 구성하는 것은 하나의 의문 그 자체이다. 왜냐하면 그것은 '사실'을 구성하게 될, 공식화된 과학적 진술이 아니기 때문이

---

29) 원문은 The truth lies somewhere이다. lie는 '놓여 있다'와 '거짓말하다'라는 의미를 모두 갖기 때문에 이 문장은 "진실은 어딘가 거짓말을 한다"는 뜻도 된다. —옮긴이
30) 데리다는 「거짓말의 역사」에서 거짓말을 실책과 다른 것으로 논의한다. Derrida, 2001(1995) 을 보라.
31) 물론 이러한 계산할 수 없음은, 대학의 보조금 신청과 같은 비기업적인 과학적 맥락에서도 작용한다고 말할 수 있다. 그 둘의 차이점은 (계약을 향하는) 약속과 (상상을 향하는) 비전 간의 서로 다른 관계에 있다. 가령 과학적 보조금 신청서에서 진술된 목표가 법적 계약이 아니라 할지라도, 이정표와 목표를 향한 진전을 보조금을 주는 조건의 일부로 평가하는 요소들이 있다. 그리고 물론 기업의 비전에 개입되는 상상은 시장이라는 제도적 맥락과 매우 관련 깊은 수사와 문법에 깊이 뿌리박혀 있고, 이 장의 논의의 기초를 구성하는 것은 바로 제도적 맥락과 수사적 구조의 관계이다.

다. 과학적인 사실은 그것이 어디에서 생산되었는가와 별개로 과학적 사실로 남는다고 말할 수 있다. 그러나 기업들이 대학의 연구실과는 다른 과학적 사실들을 생산한다는 말은 아니다. 기왕에 착수된 과학 벤처의 종류들이 달라지고, 과학 행위가 벤처 과학화하면서 그 의제가 달라지고, 이 달라진 의제가 기업의 대외 홍보와 대투자자 홍보를 구성하는 **비과학적인 콴쇨** 주장들을 완전히 바꾼다는 말이다. 나아가 이 차이는 이러한 시장 지형들을 정의하는, 투자자와 벤처 자본가들, 제약 회사와 환자 소비자들, 그리고 월스트리트의 투기꾼들과 같은 서로 다른 종류의 행위자들에 의해 구성된다. 이 모든 것이 머튼의 규범 속에서 진행되는 대학의 과학과는 다른, 일체의 생명자본과 벤처 과학의 패키지의 중심을 이루게 된다. 대학의 연구실과 마찬가지로, 기업도 그들의 운영 통로인 **콴쇨** 주장이 생산되는 맥락과 상관없이 잘못된 과학적 '사실들'(결과적으로 거짓임이 입증되고 그 순간 사실로 작동하기를 멈추게 되는 것)을 생산할 수 있다.

거짓말과 실책, 또는 진실과 실책의 관계에 존재하는 시간성이라는 문제가 있다. **콴쇨**의 경우에는 진술이 선행되고 종종 실제 사건이 수행된다(혹은 그렇게 되지 않는다). 실책의 경우에는 (가령 유전자 검사의 결과와 같은) 실제 사건이, 그로 인해 '사실'이 되는 어떤 진술에 앞선다. 내가 지금까지 주장했듯, 벤처 과학은 **콴쇨** ──언제나 삭제될 위험에 있고 주로 과학이 발생할 가능성의 조건들(회사의 존속, 자본과 같은)을 창출하는, 형식적으로 비과학적인 표명들과 연관되는 진실 ──과, 이따금씩 실책일 **수 있지만** 반드시 그렇지는 않은 사실 사이의 변증법으로 구성된다. 그렇지만 발생할 수도, 그렇지 않을 수도 있는 특정한 실책과 상관없이 사실은 그것이 권위를 가진 진실이라는 사실 위에서 작동한다.

그렇다면 신약 발견과 개발에서 진실과 유사한 진술들의 유형을 만들어 볼 경우, 우리는 세 가지에 대해서 말할 수 있다. 첫째는 회사와 투자자 간의 상호작용과 회사의 대외 홍보 기구 둘 다에서 작동하는 약속이고, 둘째는 신약 발견 과정 동안 작동하는 사실이며, 셋째는 임상 실험이 생산하고 규제와 전문가(미국에 본부를 둔 임상 실험의 경우에는 식품의약국의 조정자들)의 중재라는 개념들과 필연적으로 관련되는 **증거**이다. 이 각각은 생명자본주의적 기업의 미래 구상을 함께 구성하는, 각기 다른 종류의 퀀셜 생산 사업을 구성한다. 나아가 사실과 증거, 홍보를 생산하는 사업들은 철저하게 서로 얽혀 있다. 과장 광고를 '단순히 냉소적'이라고 치부하는 것이 그 작동 메커니즘을 이해하는 생산적인 방식이 될 수 없는 이유가 바로 여기에 있다. 냉소주의 탓으로 돌리는 것은 진실과 거짓 사이에 단순한 이분법을 세우는 처사로(과장 광고는 언제나 어떤 식으로든, 유형적으로뿐 아니라 규범적으로도 거짓말과 연관되어 있다), 이 이분법은 진실과 거짓이 각기 다른 종류의 퀀셜로 함께 구성되는 방식들을 이해하는 데 도움이 되지 않는다.

여기서 핵심은 기업 홍보의 형태들이 과학적 사실의 생산과 함께 묶여 있다는 것이다. 과학적 사실은 최고의 권위를 지니는데, '생명 그 자체'에 대한 과학적 사실은 더욱더 그러하다. 그러므로 기업의 수사적이고 담론적인 장치를 탐구할 때는, 특히 게놈학의 '최종' 목표 혹은 현재의 전략적 약속의 지평이 맞춤형 의료일 때는 게놈학이 제공하는 과학적 사실들의 종류들을 탐구할 필요성이 발생한다. 맞춤형 의료는 새로운 종류의 치료제뿐 아니라, 의술의 기법, 행위, 제도적 구조를 아우르는 새로운 총체, 즉 상당 정도 시장에 의해 결정되는 체계도 가리킨다. 바로 이러한 더욱더 넓은 기술적·제도적 총체라는 맥락에 게놈학의 사실들과 맞춤형 의료라는 약속을 놓아야 할 필요가 있는 것이고, 이 문제는 4장에서 다룰 것이다.

결론

이 장에서 나는 생명자본의 문법과 관련하여 세 가지 작업을 시도했다. 즉 그것의 수행적 표명, 제도적 효력, 기업의 신뢰성과 과학적 진실 말하기의 결과를 탐구했다. 나는 생명과학과 자본주의의 세계적 체계와 교환 과정들을 추적함으로써 이 책을 시작했다. 여기서의 교환은 자본과 상품의 유통을 포함하지만, 좀더 구체적으로는 생물학적 재료, 치료 상품을 뜻하며, 특히 게놈학의 결과로 나오는 다양한 종류의 **정보**를 뜻한다. 이 모든 것들은 상호 연결되나 서로 다른 형태의 통화로, 그리고 물질적·상징적 가치, 잉여가치, 도덕적 또는 윤리적 가치의 원천으로 작동한다. 이러한 교환의 형태와 체계들 내부에서 과잉과 가치 하락, 모순들이 끊임없이 벌어진다는 것이 나의 주장이다.

생명자본의 표명들이 발생하는 담론적 지반을 고찰하기 시작한 셈인데, 여기선 '표명'이 언제나 이미 발화의 능력과 가능성을 가리키는 동시에 울퉁불퉁하고 패권적인 행위의 장에서 서로 연결되는 과정을 가리킨다.

이러한 담론적 지형들은 다양한 차원에서 구성되지만, 특히 미국의 첨단 기술 분야에서 투기 자본주의의 주도라는 맥락에서 구성된다. 여기에는 현대 자본주의의 담론적 장치를 구성하는 근본 요소인 ─ 과장 광고와 홍보라는 ─ 약속의 주문이 있다. 이 점은 첨단 기술 자본주의 형태, 특히 신약 개발에서 악화되는데, 손에 잡히는 상품(치료 분자)이 시간상 그리고 자본과 자원 투자 면에서 대단히 먼 미래의 이야기이기 때문이다. 약속의 주문이라는 담론 지형에서는 현재를 가능하게 하는 조건들을 창출하기 위해 미래에 대한 비전을 팔게 되는데, 이 주문은 혁신의 이데올로기뿐 아니라 신자유주의적 자본주의의 기풍과도 공명한다. 반면 제조 자본주의가 여전히 신약 개발을 주도하는 인도 같은 상황에서는 그 공명이 미약하다.

그러나 생명자본주의의 핵심적인 특징들 중 일부는 생명과학 분야 내부에서 일어나는 인식론적 변화에 기인하고, 이 때문에 게놈학은 대단히 중요한 접합 지점이 된다. 벤처 과학의 한 형태인 생명공학은 단순히 머튼의 과학 기풍과 자유시장 기풍의 결합이 일어나는 장場이 아니라, 생명에 대한 평가와 시장에 대한 평가의 결합을 가져오는 '생명 그 자체'에 대한 개념들을 재구성하는 장임을 나는 열렬히 주장한다. 문법에 충실하자면, 생명에 대한 아리스토텔레스적 문법에서 생명이 포에시스로 착안되었다면 이 새로운 문법에서는 생명이 투자 대상으로 인식된다고 할 수 있다. 생명자본이 사용하는 이러한 새로운 문법의 시제는 미래에 대한 선언이 현재의 불확실성으로 귀결되는, '미래에 완료되는 현재 시제'라 할 만하다. 이 미래에 대한 선언은 기업 표명의 담론적 지형과 과학적 사실 생산의 인식론적 지형에 동일한 정도로 관련된다. 이러한 문법이 생명을 하나의 사업 계획으로 구성하는 것이다.

이 장이 기업의 담론적 표명에 특별한 관심을 기울였다면, 다음 장은 사실에 대한 인식론적 표명, 특히 게놈학이 생산하는 사실들에 각별한 관심을 기울일 것이다. 나는 현재 게놈학의 전략적 약속의 지평인 맞춤형 의료를 분석할 것인데, 왜냐하면 그 자체가 기업과 과학이 결합한 총체이기 때문이다. 맞춤형 의료는 게놈 회사가 현재에 가치를 실현하기 위해 불러낸 미래이면서 동시에 게놈학이 이미 제공했거나 미래에 제공할 것으로 기대되는 종류의 정보가 약속하는 미래이다. 맞춤형 의료에 대한 분석은 약속에 대한 분석이자, 게놈학이 생산하는 과학적 사실을 섬기는 물신숭배에 대한 분석이다.

4장 약속과 물신숭배

게놈학적 사실과 맞춤형 의료, 혹은 하나의 사업 계획으로서 생명

한스-외르크 라인베르거^{Hans-Jörg Rheinberger}는 운반 RNA^{transfer RNA}에 대한 발견과 기능 해명의 역사를 개관하면서, 실험적 생물학의 배경을 이루는 물질 문화가, 생산되는 '지식'의 형태와 생산 방식에 심대한 영향을 미친 다고 주장한다(Rheinberger, 1997). 이와 유사하게, 실제로 운영되는 게놈 학 연구실의 물질성이 게놈학이 이뤄 내는 기술적·학문적 변화의 종류를 알려 준다. 단일뉴클레오티드폴리모피즘스^{SNPs}에 대해 연구하는 주요 기 초 연구 기관 중 하나인 화이트헤드연구소 산하 기능유전체학센터^{Center for Functional Genomics}가 그 한 예이다.[1]

매사추세츠주 케임브리지에 있는 화이트헤드연구소는 세계에서 가장 저명한 학문적 생물학 연구 센터 중 하나로, MIT와 연결된 반^半자율 기관 이다. 최근 강해진 이 연구소의 영향력은 대부분 인간게놈프로젝트의 주 요 기관 중 하나로서 그것이 가진 중요함에서 온다. 실제로 이 연구소는 공 공 게놈 염기서열의 약 30퍼센트를 생산해 미국에서 공공 게놈 염기서열

---

1) SNP에 대한 설명은 1장에 있다.

을 결정한 가장 큰 연구소가 되었다.[2] 화이트헤드연구소에는 기능유전체학센터 외에도 여러 가지가 있지만, 공간상 이 센터가 연구소를 장악하고 있다. 그리고 케임브리지 중심가에 있는 본관 연구소 말고도, 같은 도시의 다른 지역에 게놈 센터를 구비한 두 개의 건물이 있다. 그중 한 건물에서는 유전자 배열 작업이 진행 중이고, 다른 건물에는 기능유전체학 부서가 있다. 이들 중 많은 방법의 일부를 채택해 게놈 염기서열 정보를 이해하는 일을 하는 곳은 후자이다. 두 건물 모두 랜더 연구실의 일부이다. 에릭 랜더는 인간게놈프로젝트의 슈퍼스타 중 한 사람이자 밀레니엄 제약 회사의 공동 창업자일 뿐 아니라, 화이트헤드연구소의 게놈학 부서장을 맡고 있다.

화이트헤드의 기능유전체학 연구실은 켄달 스퀘어 I[Kendall Square I]에 위치해 있는데, 정보원에 따르면 이곳은 "화려한 동네"이다.[3] 이곳은, 빨간 벽돌 광장 둘레로 즐비한 활기찬 상점과 식당들 가운데, 사무실 건물들이 생뚱맞게 개성 없이 솟아 있는 구역이다.

이곳 내부는 연구실보다는 기업 사무실처럼 생겼다. 호화로운 오렌지색 카펫이 깔려 있고, 접수계에는 비서가 있으며, 냄새도, 하얀 연구복도, 화학 오물도 없다. 내게 내부를 안내해 준 박사 후 연구원의 작업대에조차도 이런 것들이 전혀 보이지 않았다. 그 작업대에는 컴퓨터 한 대만이 그 여성이 무슨 일인가를 하고 있다는 물증으로 놓여 있었다. 마치 만화 『딜버

---

2) 영국에 있는 생거센터(Sanger Center) 역시 게놈 염기서열의 삼분의 일 정도를 결정해 공공 염기서열 결정에 대한 또 다른 주요 공헌자가 되었다.

3) 화이트헤드연구소의 출입권을 얻는 일은 생명공학 회사의 출입권을 얻는 것만큼이나 어려웠다. 생명공학 회사들과 달리 이 연구소가 걱정하는 바는, 인류학자가 독점적 정보에 접근하는 게 아니라 인류학자가 그곳에서 낭비하게 만드는 시간의 양이다. 그래서 참여 관찰을 연장하려는 나의 요청이 그곳의 한 연구실 감독관에게 거절당했다. 이 때문에 나는 자발적으로 내게 연구소를 구경시켜 준 박사 후 연구원에게 특별히 감사드린다.

트』*Dilbert*에서 나온 듯한 칸막이 공간이었다. 이 사람의 책상 뒤쪽에는 세 개의 작업대만 있었다.

내가 그 유명한 애피메트릭스 칩^Affymetrix Chip^을 처음 보게 된 것은 이 작업대들 중 하나에서였다. 캘리포니아주 산타바바라에 본부를 둔 생명공학 회사인 애피메트릭스는 그들이 지네칩^GeneChip^ 세트라고 부르는 DNA 칩의 발명 기업이자 제조 기업이다. 이 DNA 칩은 가로·세로 1센티미터 크기의, 유전자가 부착된 실리콘 웨이퍼 기판^silicon wafer substrate^이다. 이 판 위에서는, 특정한 이상 증상이나 이상 증상 소인에 대한 반응으로 어떠한 유전자들이 선택적으로 조절되는지 알기 위해 두 세트 혹은 두 '상태'의 유전자 표본을 비교하기 위한 혼성화 작업을 할 수 있다. 보통 이러한 이상 증상은 특정한 유전자를 틀거나 잠그게 만드는 생화학적 상호작용이거나, 생물학적 통로를 구성하는 수많은 생화학적 상호작용을 유발하는 증상이다. 다른 말로 하면, 그 칩 자체가 유전자의 발현을 넓게 조망하기 위한 유전자 다발을 일목요연하게 보여 준다. DNA 샘플들이 이 실리콘 칩 위에서 합성되어 DNA 칩이 만들어진다. 하나의 상품이자 지식 생산의 대상인 이 칩 속에는 신비주의와 권위가 서로 손을 잡고 있다.

본질적으로 하나의 기계인 이 DNA 칩은 하나의 실험 공간, 즉 한 장의 실리콘 웨이퍼 위에 놓인 온전한 실험실[4]이자 과학적 사실을 전달해 주는 사자使者다. 왜냐하면 이 칩은 (게놈 전체로 생각할 수 있는) 전체 유전자 다발에 걸쳐 발생하는 유전자 발현 프로파일을 제공할 뿐 아니라, 그러한 유

---

4) 생명의학에 적용하기 위한 칩을 만드는 또 다른 회사인 캘리퍼테크놀로지(Caliper Technologies, 캘리포니아주 마운틴뷰에 위치)는 실제로 자기 제품을 칩 위의 연구실(또는 칩 연구실)이라 부른다.

전자 발현 프로파일이 다양한 형질과 상호 연결되기만 하면 그를 통해 우리는 그 다양한 형질에 대한 우리의 유전적 편향을 알 수 있을 것으로 예상되기 때문이다.

이 DNA 칩은 세 가지 능력이 있다. 첫째, 그것은 치료 대상이 될 수 있는 후보 유전자 수색을 도움으로써(비록 이 칩이 제공하는 정보는 실제로 그러한 정보에 기초한 신약 개발의 아주 초기 단계에 해당하지만 말이다), 그리고 진단 테스트(훨씬 쉬운 과제)를 개발하는 데 이용될 수 있는 유전자 표지를 찾아냄으로써 치료제 개발의 초기 단계들을 효율화할 수 있다. 그러므로 둘째, DNA 칩은 '예방의학'을 구성하는 기술과 건강관리 체계의 중심이 되는 진단 테스트를 개발하는 데 쓰일 수 있다. 셋째, 그것은 **고효율** high-throughput 유전자 발현 연구를 가능하게 한다. 이것은 게놈 전체나 그 일부에 대한 대규모 병렬적 분석으로서 발견의 속도를 몇 배 높일 수 있다.

예를 들어, 애피메트릭스 칩의 유용성을 보여 준 초기의 한 주요 논문에 따르면, 이 칩은 급성골수성백혈병과 급성림프구백혈병을 구별하는 데 쓰였다(Golub et al., 1999). 이것은 획기적인 논문이었다. 사전 생물학적 지식 없이, 50개 유전자의 서로 다른 유전자 발현 패턴에 근거하여 두 암의 분류를 가능하게 했기 때문이다. 일반적으로 종양의 분류는 임상적, 병리학적, 그리고 세포학적 분석을 필요로 했다. 이러한 암들을 분류하는 일은 올바른 치료 체제를 선택하는 데 결정적으로 중요하고, 이 두 종류의 백혈병에 대한 치료 체제는 상당히 다르다. 서로 다른 임상 과정을 거친 세포들은 종종 생체 검사에서 비슷하게 보이므로, 백혈병 형태에 대한 기존의 진단은 복잡한 종합 검사를 요한다. 이 DNA 칩은 이러한 암 진단의 형태를 시각에 의존한 분석 체계에서 분자에 기초한 체계로 진전시켰고, 이 실험에서는 38명의 환자들에게서 추출한 골수 샘플에 표현된 거의 7,000개에 이르는 유전자의 활동을 비교 측정할 수 있게 했다.

랜더 연구소에서 수행된 이 연구는 애피메트릭스 칩의 과학적, 특히 진단적 가능성과 함께, 그러한 가능성을 실현한 산학 협동의 지형을 보여주었다. 화이트헤드연구소의 이 연구는, 애피메트릭스와 (종양학 치료제 시장의 선발 주자인) 다국적 제약 회사 브리스톨-마이어스스큅, 그리고 생명제약 개발 회사가 되고자 하는 생명공학 회사인 밀레니엄 제약 회사가 구성한 컨소시엄으로부터 재정 지원을 받았다.

다시 말해 그 DNA 칩은 개인과 집단에 걸친, 또한 각기 다른 질환 상태에 걸친 유전적 변이 패턴을 확인하게 해줄 뿐 아니라, 그 확인을 고효율 방식으로 할 수 있게 해준다. 여기서 **속도**와 **정보**가 가장 중요하다. 이 고효율 분석을 가능하게 하는 것은 그 칩의 특정한 물리적 속성이다. 혼성화 자체는 그 실리콘 웨이퍼의 성질과 모양[5] 덕분에 가능해진 것이기도 하지만, 또한 **소형화** 덕분이기도 하다. 혼성화 밀도를 높였기 때문에 한 번에 칩에서 더 많은 정보를 빼낼 수 있어 발견 속도를 높일 수 있는 것이다. 이렇듯 칩의 물리적 구조는 생산 가능한 과학적 사실의 성격과 직결되고, 이 점은 애피메트릭스 기술을 보호하는 일련의 지적 재산권 보호책들로 입증된다.

내가 본 칩들은 작은 직사각형 케이스에 들어 있어 마치 멋진 현미경 슬라이드처럼 보였다. 그것들 위에서 혼성화하고 탐색하는 일은 까다로운 작업이며 완전히 자동화되어 있다. 화이트헤드연구소에는 칩을 안에 고정시켜 버튼을 누르면 정보를 배출하는 기계들로 채워진 큰 방이 있었다. 그 박사 후 연구원의 작업대 위에는 저렴한 수제 DNA 칩으로 변형되는 과정

---

5) 애피메트릭스 칩 위에서 이루어지는 혼성화 작업에는 사진 석판술에 기초한 특허 기술이 사용되는데, 이는 실리콘 웨이퍼에 형태를 옮기는 과정으로 통합된 채로 개그에 쓰인다.

에 있는 유리 슬라이드들이 있었다.

그 층의 중앙에는 1960년대의 「스타 트렉」에 나오는 우주선의 일부인 듯 별나게 생긴 나선형 층계가 있었다. 아래층에는 이른바 '변이' 그룹이 있어 게놈 비교 작업을 했다. 그곳은 규모가 연구실보다는 거의 공장에 가까웠지만 생김새는 전형적인 '웨트랩' 분자생물학 연구실이었다. 그곳에는 젤을 쏟아부을 수 있는 구획과 측정 실린더들이 쌓여 있는 선반들, 연구소에서 쓰기 적합한 작업대들이 있었다. 생명정보학 작업이 이루어지는 위층의 많은 부분은 각기 격리된 사무실로 채워져 있었다. 그 박사 후 연구원과 나는 주로 그와 같은 건물의 구조에 대해 대화를 나눴다. 그곳은 특이하게 구성된 공간으로, 상호작용을 거의 하지 않는 듯 보이는 두 그룹이 함께하며 '기능유전체학'이라는 학문적 제휴의 공간을 만들어 내고 있었다.

이러한 화이트헤드연구소의 구조는 기관들 간의 관계라는 더 큰 맥락에 위치한다. 밀레니엄 제약 회사가 같은 건물 몇 층 아래에 있어 이 회사 사람들이 종종 기능유전체학 그룹의 회의에 참석한다. 전술했듯이, 에릭 랜더는 밀레니엄의 창립자 중 한 명이다. 화이트헤드연구소 회의는 문자 그대로 대학의 연구를 산업 현장으로 보급하는 물리적인 공간이고, 내가 대화를 나눈 많은 게놈 과학자들의 의견에 따르면 밀레니엄의 경쟁력을 키워 주는 주요 원천이다.[6] 화이트헤드와 밀레니엄의 상호작용은 실제

---

6) 물론 그러한 현장은 또한 즉시 '공공의' 과학자로 알려진 랜더의 이미지를 손상시킨다. 여기서는, 넓게 보아 게놈 회사라 할 수 있는 밀레니엄이 게놈 염기서열 데이터베이스 생산을 가치의 주된 원천으로 보지 않고 가치 사슬의 좀더 하류에 집중하면서 궁극적으로는 그 자신이 신약 개발 회사가 되고자 노력하고 있음을 알아야 한다. 그러므로 랜더가 게놈 회사의 중역 자리에 있으면서, '공공의' 과학자로서 유전자 특허를 내는 것에는 사업상 모순이 없다. 오히려, 셀레라와 인사이트와 같이 공격적으로 유전자 특허 내기에 몰두하는 회사들에 대한 그의 반대는 단순히 공공 연구자의 이해관계뿐 아니라, 밀레니엄의 이해관계로 인한 것으로도 볼 수 있다.

로 단순히 건축 설계 차원이나 비공식적 차원에서만 일어나는 것이 아니다. 앞서 언급했듯이, 화이트헤드의 기능유전체학 그룹은 밀레니엄과 애피메트릭스(화이트헤드에서 이 회사 칩을 광범위하게 사용한다), 브리스톨-마이어스스큅(밀레니엄은 종양학 관련 약물유전체학과 치료제 분야에서 이 회사와 긴밀한 유대를 맺고 있다)으로 구성된 컨소시엄의 자금을 받는다. 그러므로 화이트헤드 컨소시엄은 (상류 지형의 각기 다른 두 종류의 공급자로서) 기능유전체학 회사과 장비 회사, 하류 지형의 대형 제약 회사, 그리고 위의 세 회사 모두에게서 자금 지원을 받아 기초 연구를 하여 산학 협동 파트너 회사들의 개발 프로그램의 자양분으로 제공하는 대학의 연구실을 통해, 신약 개발 시장의 주요 요소들과 주체들을 한데 묶는다. 이러한 일 처리는 게놈학이 축약하는 벤처 과학 세상을 전형적으로 보여 준다.

배경, 논점, 현장

지금까지 이 책에서 나는, 이 장에서 명시적으로 다루고자 하는 수많은 경험적·이론적 쟁점을 소개했다. 첫째, 생명자본이란 새로운 경제 체제와 새로운 인식 체제의 결합이다. 둘째, 생명공학과 그에 따른 게놈학 '혁명들'은, 분석을 가능하게 하고 새로운 형태의 지식을 창출하며 '생명 그 자체'의 정의와 이해理解, 심지어 그 문법까지 재구성하는 기술-자본주의의 총체이다. 셋째, 생명자본의 표명이란 기업 홍보와 약속의 주문의 표명이 과학적 사실의 표명들과 결합된 것이다. 새로이 부상하는 벤처 과학 체제에서 머튼의 과학 규범이 중대하면서도 동시에 위기에 처하는 시대인 것이다.

　이 모든 것은 의술적 관점에서뿐 아니라 인식론적 관점에서 그리고 그것이 신약 개발 지형을 재구성하는 방식에 주안점을 둔 관점에서도 게놈학이라는 기술과학을 진지하게 분석하고 이해하는 일이 특별히 중요해지고 있음을 뜻한다. 나는 여기서 이러한 작업을 여러 차원에서 수행한다. 첫째, 나는 약물유전체학pharmacogenomics과 맞춤형 의료의 논리와 합리성을 면밀하게 탐색한다. 서로 연결되지만 상이한 게놈 이후 체제를 가진 이 두 분야가 게놈학의 현재 전략적 약속의 지평을 구성한다고 보기 때문이다. 다음으로, 나는 이러한 게놈 기술들과 인식론들이 제공하는 종류의 지식이 어떻게 신약 개발 사업의 방향을, **치료제**가 아닌 **진단제**로 향하게 하는가를 보여 준다. 이러한 방향 유도는 신약 개발 사업이 게놈학에 의지하는 정도만큼 성공을 거두게 될 텐데, 이 길에서 진단제는 그 종점에 있거나 최소한 반드시 거쳐야 할 필수 통과 지점이 된다.[7]

이러한 종류의 지식은 주체성의 구성에 큰 영향을 미친다. 특히 게놈학이 과학적 지식에 대한 물신숭배에다가, 해당 유기체 전체, 심지어 전체 인구를 지시하거나 대변하는 것으로 이해되고 있는 유전자에 대한 물신숭배를 어떤 식으로든 결합할 때는 더욱 그러하다.[8] 나는 '게놈 물신숭배'가 의미하는 바를 설명하고 그것을 맑스주의의 상품 물신숭배와 연관 지을 것이다. 과학 지식의 생산 사업과 시장 혁신 그리고 잉여가치 창출 사업의 결합이 일어나는 벤처 과학 지형에서 맑스주의의 상품 물신숭배가 매우

---

7) 필수 통과 지점이라는 개념을 확인하려면 Latour, 1987을 보라.
8) 'subject'란 언제나 이미 두 가지 상보적인 방향을 가리키는 미묘한 양의적 단어들 중 하나이다. 그것은 학문(discipline), 그리고 개인적으로 혹은 집단적으로 구성된 주체성(subjectivity)이라는 의미를 모두 포함한다. 그러므로 이는 생명과학, 그 안의 다양한 전문 분야들과 하위 분야들을 의미하면서 동시에 여러 종류의 인간 주체들(왕의 신민들, 정치 주체 등)을 의미한다. 에티엔 발리바르가 강조하듯이, 'subject'의 두번째 의미는 그 자체가 모순을 이룬다(Balibar, 1995). 한편으로 그것은 **종속**—**훈육**되어야 할 주체—을 의미하면서, 다른 한편으로는 **행위자**, 즉 단순한 객체가 아닌 주체를 함축한다.

중요한 개념이기 때문이다.

이 두 가지 가치 체계들의 결합을 이해하는 열쇠는 그것들이 **위험**이라는 문제를 중심으로 어떻게 절합하는가를 보는 데 있다. 전술한 DNA 칩과 같이 게놈학을 대표하는 장비들이 제공하는 지식의 형태들은 본래 검사를 받는 개인의 미래 질병 위험을 예언하는 일과 관련된다. 이때 생명공학 산업과 제약 산업은 여러 차원의 위험에 직면한다. 특히 상류 지형에 있는 생명공학, 게놈, 기타 회사들에게는, 자본 집약적이고 위험성이 큰 시장에서 신생 회사가 되는 위험이 있다. 그러한 회사는 거대 제약 회사의 힘뿐 아니라, 신약 개발의 예측 불가능성과도 싸워야 한다. 하지만 거대 제약 회사들에게도 신약 개발의 위험이 따르니, 그것은 바로 월스트리트와 주식 평가에 빚을 지고 있는 시장에서 임상 실험의 고비용과 엄청난 불확실성이다. 이 모든 구속은 생명공학 회사와 제약 회사에 그들의 시장을 확대해야 한다는 엄청난 압력을 가하는데, 이 때문에 특히 제약 회사들은 여전히 진단제 개발보다는 치료제 개발이라는 영역에 도전한다.

다시 말하면, 미래에 발병 가능한 질병을 예측함으로써 예비 환자라는 내용으로 개별적 주체성들을 구성하는 게놈 정보는 또한 시장을 확대하려는 신약 개발 회사들을 위해 예비 **소비자**라는 주체성을 구성한다. 이러한 확장은 끊임없이 '치료제'의 영역을 확장함으로써 최소한 실속을 차릴 수 있을 정도로 이루어질 수 있다. 이 점은 조지프 더밋(Dumit, 2003, 2004)과 데이비드 힐리(Healy, 1997, 2002), 피터 크레이머(Kramer, 1997)와 같은 저자들이 향정신적 약품 개발에 대한 연구에서 특별히 생생하게 보여 준 바 있다. 물론 월스트리트의 주식 평가에 의해 조건 지어지는 미국의 시장 체계에서 끊임없이 치료제의 영역을 넓히는 작업은, 다국적 제약 회사들이 책정한 터무니없이 높은 약품 가격이 최소한 일부 요인이 되어 에이즈와 같은 질병으로 수백만 명이 죽는 세계적인 맥락에도 놓여야만 한다. 그러한 사람들은 이 회사들을 위해 의미 있는 시장을 형성할 구매력이 없다.[9]

인식론적·기술적 총체로서 게놈학과 새로운 기관과 규범의 총체로서 벤처 과학이 가져오는 변화에 대한 이 장의 논의의 핵심은 다음과 같다. 위험에 대한 두 종류의 이해 중 하나는 환자의 질병 프로파일과 관련되고 다른 하나는 시장 관련 위험과 관련되는데, 이 둘은 끊임없이 작용하고 서로 관계를 맺는다. 게놈학이라는 벤처 과학 세계에서는, 이러한 두 종류의 위험이 서로를 구성한 결과 개별 DNA 프로파일이 시장의 계산이 된다. 그러한 지식의 형태를 생산하고 그에 따라 행위할 수 있느냐 없느냐에 따라 가치가 평가되는 호명된 개인이나 시장 주자들 모두에게 그렇다. 즉 생명자본에게 생명은 하나의 사업 계획인 것이다.

이 장에서 나는 게놈 관련 사실이 '게놈 물신숭배'로서 권위 있게 기능하는 방식을 보여 준다. 앞으로 얘기하겠지만, 게놈 물신숭배가 의미하는 바는, 한편으로 게놈학이 결정론적이지는 않지만, 다른 한편으로 유전자

---

9) 이러한 상황들 중 가장 유명한 사례는, 에이즈로 황폐화된 아프리카에서 벌어지는 항레트로바이러스(anti-retroviral) 치료제의 구매 가능성에 대한 논쟁이다. 사회운동가 그룹들에 따르면, 참담한 아프리카의 상황은 상당 부분 거대 제약 회사들의 폭리 때문이다. 다시 말하지만, 이러한 상황에서 인도의 제약 회사들은 그 역시 자본주의적이긴 하나, 미국 회사들과는 다른 가치 지형 위에서 작동하면서, 패권을 쥔 시장 지형을 변화시키고 불안정하게 만드는 전략적 행위자로 출현했다. 가장 두드러진 사례는, 뭄바이에 본사를 둔 제약 회사 시플라(Cipla)가 상표 미등록된 항레트로바이러스 약품을 미국과 유럽 제약 회사들이 청구하는 금액보다 훨씬 싸게 남아프리카에 제공하겠다고 제안한 사건이다. 이러한 제안은 서구 회사들이 볼 때 자신들의 지적 재산권을 침해하는 '해적 행위'이지만, 그러한 인도 회사들에게 도전해 성공할 확률은 높지 않다. 그렇게 파괴적인 전염병이 창궐하는 상황에서 공격적으로 이권만 챙기는 것으로 비칠 수 있기 때문이다. 그러나 다시 한번, 세계적인 생명정치 지형과 건강과 질병, 삶과 죽음이라는 상황들이 시장 전략과 기업 간의 싸움에 의해 어떻게 과잉결정되는지 보는 것은 흥미롭다. 여기서 시플라 관련 이야기를 더 자세히 서술하지는 않겠지만, 그러한 이야기들이 세계적인 생명자본 지형에 대한 복합적인 이해에 핵심이 된다는 점에는 의심의 여지가 없다.

결정론이 우리 자신에 대한 우리의 개념적 이해에 존재한다는 사실이다. 이는 과학과 '문화'의 접촉면에 하나의 추상이 작동 중임을 함의한다. 프리드리히 니체는 말한다. "자연과학자들이 하듯 우리는 '원인'과 '결과'를 **물질적인 것들**로 변화시켜서는 안 된다.……우리는 '원인'과 '결과'를 오로지 순수한 **개념**으로서, 다시 말해 설명이 **아닌** 지시와 상호 이해를 위한 관습적인 허구로서 채택해야 한다"(Nietzsche, 1973[1886]: 33. 강조는 니체).

이 책에서 나는 유전자 결정론을 본격적으로 다루지는 않았으나, 그것이 게놈학이라는 주제와 그에 대한 분석에 늘 보이지 않게 개입함은 이론의 여지가 없다. 그것은 또한 본성 대 양육이라는 대결에서 별다른 비중을 차지하지 못한다. 가령 심리와 인식에 생물학적 기반이 있다고 믿는 저명한 인지과학자인 스티븐 핑커^Steven Pinker는 최근 "본성"을 능가하는 "양육", "생태"를 능가하는 "교양"을 주장하는 이들의 "환경적 결정론"을 반박하는 책을 썼다(Pinker, 2002). 나는 이 논쟁을 피하길 원하지만, 생명사회성을 그토록 단순한 이분법 구도로 환원하는 것이 철없는 단순화와 순수화의 과정이기 때문은 아니다. 내가 주장하는 바는, 게놈학이 가진 권위가 비롯되는 핵심 원천이 '게놈 물신숭배'에 있다는 것이다. 그것은, 우연적이고 파편적이며 논쟁의 여지가 있고 끊임없이 수정되는 지식 생산의 과정이 낳은 결과가 **아닌**, 결정적이고 궁극적인 것으로서 과학 지식이 가진 권위에 대한 물신숭배이자, 유기체 전체, 인구 전체 또는 종을 대신하고 대변하는 것으로 인식되는 유전자의 권위에 대한 물신숭배이다.[10]

대신 나는 생명사회성^biosociality이라는 폴 래비노의 개념을 수용하고자

---

10) 이러한 후자의 이해는, 리처드 도킨스(Richard Dawkins)와 같은 사회생물학자들의 연구로 특별한 신뢰성을 얻는다(가령 Dawkins, 1976을 보라).

한다(Rabinow, 1992). 이 개념은 생물학적 구조들과 사회적 구조들이 협동·상호작용하면서 진화하는 방식에 관심을 가지며, 그 덕분에 **인과성**을 이해함에 있어 사회생물학과는 근본적으로 다른 이해를 낳는다. 인과성에 대한 설명을 순수한 우연성에 대한 설명과 이분법적 대립 구도에 놓는 것은 옳지 못하다. 나는 베버(그리고 베버를 인용하는 래비노)에게 고무된바, 특정한 사회적 관계의 출현을 낳는 다각적이고 다변적인 인과관계에 지속적으로 관심을 가질 필요가 있음을 주장하고자 한다. 물론 핑커가 주장했듯이, 질병에 대한 이해나 인식에는 생물학적인 기반이 있다. 그러나 문제가 유전자와 형질의 관계이든 게놈학과 자본주의의 관계이든 간에, 내가 거부하는 접근 방식은 일련의 복잡하고 다원적인 상호작용들(유전자 차원에서나 '유전적' 요인과 '환경적' 요인의 상호작용 차원에서나 다원적인 상호작용들)을 단순한 직선적 관계로 순화해 버리는, 즉 니체의 말로 하자면 '원인'과 '결과'를 '물질적인 것들'로 만들어 버리는 방식이다.

이러한 일이 분자유전학과 게놈학, 심지어 (아마도 특히) 대학의 게놈 연구에서 일어나고 있음을 부인할 수 없다. 2000년 마이애미에서 게놈연구협회가 개최한 게놈 회의에서 그 한 예를 찾아 볼 수 있다. 베일러Baylor 의대에서 인간게놈프로젝트를 지휘하는 저명한 공적 게놈 연구자인 리처드 기브스Richard Gibbs는 인간게놈프로젝트에 대한 경과 보고서를 발표했다. 그 보고서는 모든 사람이 얼마나 잘하고 있는지, 왜 그 도전이 시작일 뿐인지, 공공 사업과 민영 사업이 어떻게 잘 협조하고 있는지 등의 충분히 예상된 내용을 펼쳐 놓았다. 그러다 끝 부분에서 기브스가, 다음에 할 진짜 작업은 유전자와 질병을 상호 연관 짓는 일이라고 말했을 때 이야기는 흥미로워졌다.

기브스는 5,000개의 단일 유전자 질병single-gene disease이 존재할 가능성이 있다는 놀랄 만한 **과학적** 주장을 했다. 나아가 기브스는 과학 논문의 예를 증거로 자신의 주장을 정당화했다. 가령『자연 유전학』*Nature Genetics*과 같은 저널의 경우 점점 더 많은 수의 논문이 질병을 "**일으키는** 유전자/돌연변이체"에 대해 논의하고 있는데, 바로 그것이 그토록 단순한 상호 연관성을 시사한다는 것이다.[11] 이러한 그의 주장을 사람들이 그냥 지나칠 리 없었다. 셀레라지노믹스의 최고 경영자인 크레이그 벤터는 질병과 단일 유전

---

11) 예를 들어『자연 유전학』2009년 9월호에 실린 논문과 투고 글들 제목을 보라. "Mutations in MKKS *cause* Bardet-Biedl syndrome"(Slavotinek et al., 2000); "Methylation of the CDHI promoter as the second genetic hit *in* hereditary diffuse gastric cancer"(Grady et al., 2000); "Domain-specific mutations in TGFBI *result in* Camurati-Engelmann disease"(Kinoshita et al., 2000); "A defect in harmonin, a PDZ domain-containing protein expressed in the inner ear sensory hair cells, *underlies* Usher syndrome type IC"(Bitner-Glindcicz et al., 2000a); "A recessive contiguous gene deletion *causing* infantile hyperinsulinism, enteropathy and deafness identifies the Usher type IC gene"(Bitner et al., 2000b); "Mutations in MKKS *cause* obesity, retinal dystrophy and renal malformations associated with Bardet-Biedl syndrome"(Katsanis et al., 2000); "The common PPAR Pro12Ala polymorphism in *associated with* decreased risk of type 2 diabetes"(Altshuler et al., 2000); "Heterozygous germline mutations in BMPR2, encoding a TGF-receptor, *cause* familial primary pulmonary hypertension"(Lane et al., 2000); "Mutations of the gene encoding the protein kinase A type I-regulatory subunit *in* patients with the Carney complex"(Kirschner et al., 2000); "Autosomal recessive lissencephaly with cerebellar hypoplasia is *associated with* human RELN mutations"(Hong et al., 2000); "Mutations in MYH9 *result in* the Mary-Hegglin anomaly, and Fechtner and Sebastian syndromes"(Seri et al., 2000); "Mutations of MYH9, encoding non-muscle myosin heavy chain A, *in* May-Hegglin anomaly"(Kelly et al., 2000); "Nfl; TRP53 mutant mice *develop* glioblastoma with evidence of strain-specific effects"(Reilly et al., 2000); "Identification of the gene *causing* mucolipidosis type IV"(Bargar et al., 2000)[논문명들에서 이탤릭체로 되어 있는 부분은 저자가 강조한 것이다]. 이것들이 해당 호 전체 30편의 논문 중 단일 유전자와 질병을 연결시킨 14편의 논문이다. 논문 제목의 일부 표현은 조금 덜 위협적이다. 두 편의 논문은 유전자와 특정 질병을 그저 **연관**시키고 있고, 한 논문은 특정 돌연변이체를 가진 유전질이 X 질병을 **발전**시킨다고 말한다. 다른 한 논문은 돌연변이가 Y 질병의 **바탕**을 이룬다고 하고, 다른 두 편은 돌연변이가 어떤 질병이라는 **결과**에 이른다고 하며, 세 편의 논문은 돌연변이가 단순히 그러한 질병들 **내에 있다**고(보인다고) 말한다. 그러나 **다섯 편**의 논문은 돌연변이가 질병을 **일으킨다**고 주장한다.

자의 상호 연관성에 대한 주장은, 다른 데서 떨어뜨린 열쇠를 가로등 아래가 가장 밝기 때문에 거기서 찾는 것과 같은 것이라고 했다.

유전자 결정론은 과학적 사실이지만, 과학 저널이 의견을 표명하는 어떤 사안이 과학적 사실이라는 정도로만 그러하다. 벤터가 암시했듯 유전자 결정론은 또한 사실로 물신화된 인공물일 뿐이다. 공적 DNA 염기서열 데이터베이스인 젠뱅크의 초기 개발에 참여했던 한 과학자는 후에 내게 기브스의 이야기에 대한 심한 혐오감을 표현했다. 본래 단일 유전자 질병이라는 것은 없다는 것이다. 왜냐하면 모든 질병이 서로 다른 개인에게서 서로 다른 시기에 나타난다는 사실 자체가 발병에 관여하는 유전자는 둘이상임을 말해 주기 때문이다. 덧붙여 그가 말하길, '단일 유전자 질병'이라는 개념은 젠뱅크에서 하나의 분류 범주로, 그리고 초기에 간략한 분류로 성립된 데이터베이스에서 명백하게 복잡하지는 않은 것으로 분류된 유전자들에 대한 약어로 개발되었다. 그는 분류를 위한 임시 조처가 그토록 신망 높고 저명한 과학자에 의해 5,000개의 단일 유전자 질병의 존재라는 '사실'을 대변하는 것으로 완전히 전유되는 방식에 경악을 금치 못하겠다고 했다.[12]

여기서 "관습적인 허구로서"라는 니체의 문구가 특별히 공감을 얻는다. 유전자 결정론과 같은 물신화 작전에 대항하는 설득력 있는 논의는 과학적 방법으로 도출된 '사실'의 **내용**에 반대하는 것이 아니다. 그 논의는 연구의 방법을 우연적인 타협이나 어림짐작, 끊임없는 수정의 과정으로가 아니라 '실제 세계'에 대한 자연스럽고 확실하며 투명한 재현으로 떠받들

---

12) 분류 방식의 사회적 결과에 대한 철저하고 방대한 분석을 찾는다면 Bowker and Star, 2000을 보라.

면서, 동시에 복잡하고 상대적이며 특수하고 다인적인(이 경우에는 생물학적인) 과정을 단순한 인과의 현상으로 물신화해 버리는, 정화의 과정에 반대하는 것이다. 브루노 라투르^{Bruno Latour}가 근대성의 징후라고 주장하는 것이 바로 이러한 정화 작업이고(Latour, 1993), 물신화하는 작전들의 이러한 통합이야말로 물신숭배의 과정이다. 이렇듯 '게놈 물신숭배'에 대한 나의 비판은 유전자와 형질의 관계(나는 이 관계가 가령 리처드 기브스가 말한 것보다 언제나 더 복잡할 것이라 믿는다)에 대한 것이 아니라, 그러한 관계에 대한 자연스런 표명일 수 없는 것을, 자연스럽고 최상의 권위를 지닌 것으로, 그리고 다른 더 많은 복합적인 가능성들을 배제하면서 '실제로' 일어나는 일로 만드는 작전들과 과정들에 대한 것이다.

게놈학이 주체를 구성하는 과정에서 작동하는 추상의 한 형태는 과학적 사실을 **생산**하는 차원에서 작동하는 것으로, 그것은 상호 연관성을 인과관계성으로 가정한다. 두번째 형태의 추상은 첫번째 추상과 관련되는 것으로, 일단 '객관적인' 과학적 사실의 생산 문제가 은폐되었을 때 주체의 구성이 그 과학적 사실에 **의존**하는 방식이다. 조지프 더밋은 이것을 "객관적 자아 형성"^{objective self-fashioning}이라고 부르고 객관적 자아를 다음과 같이 설명한다.

> 객관적 자아는 전문 지식에 대한 참조를 통해 개발되고, 사실을 통해 호소된 개인이라는 능동적인 범주이다. 객관적 자아는 또한 인간 본성을 구현한 과학적이고 대중적인 이론이다. 객관적 자아 형성은 자아에 대한 객관적인 지식을 생산하는 애매한 지점에 대한 관심을 촉구한다. 어떤 관점에서 보면, 과학은 우리 자신이 객관적으로 누구인지를 정의해 주는 사실을 생산하고 우리는 그것을 받아들인다 다른 관점에서는, 우리는 매체

를 통해 얻은 사실들로 우리 자신을 구성하고 인간에 대한 이러한 범주들이 인간 본성에 대한 새로운 이론이 구성될 문화적 기반이 된다. (Dumit, 1998: 88~89)

문제가 되는 주체 구성이, 다름 아닌 객관성에 대한 인지에서 그 최상의, 물신숭배를 야기하는 권위를 도출해 내는 '객관적' 담론과 조우한 결과일 때, 객관적 자아 형성이라는 더밋의 개념은 객관과 주관 사이의 애매한 변증법에 주의를 집중시킨다. 맞춤형 의료나 양전자방출 단층촬영술^{position} emission tomography 스캐닝 같은 경우(위의 인용문에서 더밋이 분석한 경우)에서처럼, 객관적 지식이 호명하는 주체를 내부로부터 구성하기 위해 만들어진 것이 바로 객관적인 지식이라 하더라도 말이다. 다시 말하면, 사실은 그것이 특정한 방식으로 구성하는 바로 그 주체들로부터 나온 정보로 구성되는 동시에 주체 형성의 기반을 제공한다. 주체에 의존하는 동시에 객관적인 사실들이 주체를 구성하는 이러한 작용이 가능한 까닭은, **사실들**이 과학적으로 도출되었다는 이유로 최상의 권위를 지니기 때문이다.

객관적 자아 형성의 **주체**인 '사람'은 좀더 탐구해야 할 중요한 범주 또는 정체성이다. 더밋은 표식 없는^{unmarked} '자아'로부터 "인간 본성에 대한 새로운 이론(종종 **사실임을 표방하여** 수행적 힘을 획득하는)의 문화적 기반"을 형성하는 사람이라는 범주로 우아하게 옮겨 간다. 다시 말해, 과학적 사실은 그것이 문화적으로 특수해서가 **아니라**, 보편적이라는 이유로 지금과 같이 작동할 수 있다. 그러나 이러한 사실이 주체를 호명하는 방식은 특수하다. 맞춤형 의료의 '주체'가 눈에 띄거나 혹은 명백하지 않더라도, DNA 칩과 같은 기술이 개인에게 그의 유전 프로파일과 그 결과 일어날 질병의 가능성을 말해 줄 잠재력이 있다는 점에서 DNA 칩과 같은 게놈 기술들이 작용하는 방식은 사실 상당히 특수하며, 자연스럽게 미국과 인도 사이의 편차와 부조화를 보여 주기도 한다.

이 장에서 게놈 물신숭배가 호명한 주체는, 다르게 언급된 경우를 제외하면 DNA 칩과 같은 기술에 의해 자신의 미래의 건강이나 질병의 가능성을 미리 듣는 미국인이다. 그러한 주체는 예비 환자가 된다. 그러나 생명자본주의의 집합체인 맞춤형 의료는, 특히 미국에서 생산된 인식론과 기술들은 상품에 의해 과잉결정되어 있고 그로 인해 그 소비를 위한 시장을 필요로 한다는 사실에 지속적인 관심을 기울일 것을 요구한다. 달리 말하면, 객관적 자아가 구성된 (미국) 예비 환자들은 언제나 이미 예비 **소비자**로서, 미국적 맥락에서 맞춤형 의료라는 합리성의 토대를 이루는 주체성들의 혼합인 것이다.

인도 사람들도 맞춤형 의료의 소비자로 여겨질 수 있을 텐데, 맞춤형 의료에 대한 물신화된 '인도적 주체'가 자동적으로 예비 환자 또는 예비 소비자로 여겨지는 것이 가능할 때 국제 무대에서 활동하고픈 인도의 바람이 확실하게 충족될 것이다. 그러나 2장에서 논의했듯이, 생명자본이 작동하는 바탕인, 세계적인 비대칭의 경향적인 축들은, 게놈학과 관련된 인도인 주체의 위치는 **소비자**가 아니라 **실험 대상**에 가까움을 함축한다. 가령 뭄바이의 파렐에 있는 인도의 신생 회사 지노메드가 수행한 약물유전체학적 실험에 참가한 실험 대상의 게놈 프로파일은, 임상 실험을 수행하는 서구의 생명공학 회사나 제약 회사에게 귀중한 자료가 되는 결과를 낳을 약물유전체학적 분석에서 더욱 유용할 가능성이 크다. 나는 이미 2장에서 파렐의 약물유전체학적 실험에서 실험 대상으로 주체가 구성되는 것에 초점을 맞추었기 때문에, 이 장에서는 게놈학적 사실에 의해 객관적 자아 형성이 일어난 결과, (필시는 미국인이지만 반드시 그렇지는 않을 수도 있는) 예비 환자의 주체성이 예비 소비자로 구성되는 것에 초점을 맞춘다.

이는 내가 표식 없는 '주체'를 통해 주체성을 구상할 수 있게 해주는데, 이 표식 없는 주체는 자신의 지리적 위치에 상관없이 생명자본주의적 현상들에 종속되기 쉬우나 최소한 오늘날에는 미국인이거나 서구의 (신)자유주의적 주체이기 쉽다.

그렇다면 걱정되는 바는 이것이다. 생명자본이 맞춤형 의료의 주체를 예비 환자이면서 동시에 예비 소비자로 구성하는 것과 같이, 인식론적 합리성과 경제적 합리성의 결합이 특수한 주체를 구성하는 결과를 낳는 방식을 생각해 보는 일이 가능하다고 나는 믿는다. 나아가 그러한 기술이 세계에 퍼지고 그러한 기술을 향해 세계가 욕망을 표현하고 있음은, 맞춤형 의료가 서구의 (신)자유주의적 주체를 구성하듯 인도인 주체를 구성하지 않는다고 믿을 이유가 없음을 시사한다.[13] 그러나 내가 주장해 왔듯이, 현재 지구적 생명자본의 경향적인 배치에서 맞춤형 의료의 인도인 주체들은 (미국의 흑인들이나 맞춤형 의료와 관련된 주체 범주에서 그들과 비슷하게 표지된 인구군과 유사하게) 주로 실험 대상으로 구성되기 십상이다.

이론적으로 '주체성'을 생각하는 이와 같은 글이 어떻게 그 개념을 그토록 쉽게 '장소를 배제하는' 방식으로 분석할 수 있는가를 생각해 보는 것이 중요하다. 그것도 파렐의 실험 대상이라는 주체성이 그들을 다른 말로 (그리고 타자적 개념으로) '인도인'으로 표시하고 있는 상황에서 말이다. 이것은 민족지학과 이론이 풀어야 할 심각한 문제이다.

---

13) 이 표식 없는 '서구의 (신)자유주의적' 주체는 반드시는 아니더라도 백인일 가능성이 높다. 게놈학과 같은 인식론과 기술이 갖는 인종적 차원과 함의는 방대하며 나는 이 책에서 그러한 분석을 시도하지 않는다. 이러한 핵심적인 주제를 더 알고 싶다면, 가령 Duster, 2003; Kahn, 2000; Montoya, 2003; Reardon, 2001, 2004를 보라.

민족지학은 지역성을 살리는 자신의 능력에 자부심을 갖는다. 그리고 분석적이고 경험적인 힘을, 이론화되고 있는 체계와 체제, 과정들의 실제적이고 특수한 표현들을 설명하는 데 종종 실패하는 보편화에 맡겨질 것들을 특수화하는 자신의 능력을 통해 얻어 낸다는 점에 언제나 자부심을 갖는다. 그러나 과학은 분석적이고 경험적인 힘을, 그것이 지닌 보편성 즉 **사실**을 생산하는 실험은 장소와 관계없이 언제나 같은 사실을 생산할 것이라는 사실로부터 도출한다.

가령 DNA 칩은 그것이 파렐의 실직한 인도인 공장 일꾼이나 팔로알토에 있는 생명공학 회사의 최고 경영자 등 그 누구의 약물유전체학적 프로파일을 분석하기 위해서든 상관없이, 개인들 사이의 유전적 변이성에 대해서 동일한 **사실**을 생산할 것이다(생산된 정보의 상세 항목들은 다를 것이지만 말이다). 그러나 그 두 가지 경우에서 구성되는 주체성은 다를 가능성이 크다.

유통에 관한 처음 두 장에서 나는, 인도인들이 미국식의 특수한 신자유주의적 자유시장 상상을 완벽하게 모방한 경우조차도 바로 그 모방의 행위 **때문에** 동일한 시장 체계들이 출현할 조건들을 변화시켜 두 지역 간의 부조화를 낳음을 강조하는 데 심혈을 기울였다. 이와 유사하게 여기서 나는, 과학이 인도나 미국 어디서 수행되든 명백히 동일하다는 인식론적 체계를 그대로 복제한 경우에도 그 두 가지 맥락에서 주체성이 조화롭지 못하게 표명되는 결과에 다다름을 주장한다. 그러한 부조화는 하나(인도)를 특수하고 지방색을 띠며 우발적이고 '경험적인' 것으로 인식하고 확정하게 하면서, 다른 하나(미국)를 보편적이고 인식론적 합리성에 근거하며 장소 개념이 배제되고 '이론적인' 것으로 인식하고 확정하게 한다.

다시 말해서, 만일 생명정치(이 경우에는 생명자본주의)의 출현이, 가령 인도에서 그것의 출현이 이러한 이론화로부터 의미심장한 방식으로 벗어날 거라는 각주를 단 채, 내가 이 장에서 하는 방식으로 이론화될 수 있다면, 인도와 같은 '예외'를 설명하는 것이 어떻게 가능하겠는가? 그러한 '예외적인' 현상들이 구조적이고 경향성이 있으며 단순히 우연성으로 환원될 **수 없는** 것임을 **여전히** 고집하면서 말이다. 혹은 만일 우리가 생명정치를 하나의 이론적 개념으로 진지하게 받아들인다면, '다른 곳'의 생명정치학적 현상들을 우연성에 대한 설명으로 환원하지 않으면서 어떻게 '다른 곳의 생명정치'를 설명할 수 있을까?[14]

약물유전체학과 맞춤형 의료

이 절은 미래를 약속하는 생명과학의 과장 광고에서 게놈학의 '궁극적인' 꿈이 되는(그리고 이를 통해 암암리에 게놈 염기서열을 제치고 성배의 지위를 차지하는) 맞춤형 의료에 대한 개요를 제공한다. 나는 게놈학을 과학적 사실로 **규정하는** 맞춤형 의료의 비전을 이용하여, 이 사실에 수반되는 물신숭배 덕분에 맞춤형 의료가 주체를 구성하는 능력을 갖게 됨을 주장할 것이다. 그런 다음, 이러한 사실들이 생명자본에서 생산과 소비, 주체성이 맺는 관계에 대해 어떠한 통찰을 제공하는지 숙고할 것이다.

맞춤형 의료라는 문제는, 게놈 이후 신약 개발은 정확히 어떤 것인가 하는 문제의 핵심에 닿는다. 질병의 진단과 치료에 대해 이른바 '유전적 접

---

14) 이 주장은 로런스 코언(Lawrence Cohen)과 나눈 대화들에 크게 힘입었다. 그에게 감사드린다. '다른 곳의 생명정치'라는 표현과, 내가 이 논의 말미에 사용한 용어들은 대부분 그가 주조한 것이다.

근'이라 불리는 것에 포함된 단계들은, 첫째, 유전적 요소를 통해 질병 확인하기, 둘째, 질병과 관련된 유전자(들)를 특정한 염색체 부위에 맞춰 넣기, 셋째, 관련된 유전자(들) 확인하기 정도로 구성된다고 볼 수 있다. 바로 이 세번째 단계에서 우리는 해당 질병에 대한 환자의 유전적 소질을 확인하기 위해 환자에게 관련 유전자(들)가 존재하는지, 어떻게 발현되어 있는지를 식별하는 진단학을 발전시킬 수 있고, 유전자 자체를 약품(유전자 치료)으로 사용할 수 있으며, 병인학의 분자 단위 메커니즘을 목표로 삼는 치료법을 '합리적으로' 개발하는 데 필요한, 질병의 기본 생태에 대한 이해를 얻을 수 있다. 나아가 진단 테스트는 질병의 발병을 예방하기 위한 단계(개입의 형태든 생활 방식의 변화의 형태든)의 전조가 될 수 있거나, 약품에 대한 개인의 유력한 유전적 반응을 고려해 맞춤형 처방과 약품 요법을 제공하는 약물유전체학의 전조가 될 수 있다.[15] 물론 이러한 발전들 중 일부는 다른 것들보다 더 쉽게 실현될 것이다. 예를 들어 진단 테스트의 발전은 비교적 간단하다. 질병의 기본 생태에 기반을 둔 맞춤형 치료제는 훨씬 복잡한데, 왜냐하면 질병이란 언제나 다양한 요인에서 비롯된 복잡한 현상이고, 분자 차원에서 이해하기 어려우며 올바르게 이해되었다 하더라도 제대로 겨냥해 바로잡는 것이 쉽지만은 않기 때문이다. 유전자 치료 역시 유전자를 전달하는 최적의 방법을 찾지 못해 지체되어 왔고, 거기다 1999년의 실험에서 자원자 제시 겔싱어[Jesse Gelsinger]가 사망해 더욱더 지체되었다.

　게놈학의 '역사'나 '전망'에 대해서 쓰거나 말할 때, 대부분의 과학자는 이러한 발전의 일부는 다른 것들보다 더욱더 즉각적으로 실현 가능함을 인정한다. 프랜시스 콜린스와 빅터 맥쿠식은 이 점을 다음과 같이 요약

---

15) 이 단계들은 Collins and McCusick, 2001을 요약한 것이다.

한다. "각 질병에 대한 진단 및 치료에 유전적 접근을 적용하는 일의 진행 속도는 연구 투자와 해당 질병의 기초를 이루는 생물학적 복합성의 정도에 따라 다르다.……진단과 관련된 기회는 상당히 빨리 실현될 가능성이 있지만, 위험한 상황에 처한 사람에게 혜택을 줄 것으로 판명된 예방 조처가 일단 개발되면 가장 큰 임상적인 유용성을 지니게 될 것이다.……대체로 유전자 변이체 확인으로부터 얻을 수 있는 완전한 치료적 혜택이 주류 의학에 도달하려면 더 오랜 시간이 걸릴 것이다"(Collins and McCusick, 2001: 543). 그러나 진짜 문제이지만 위와 같은 설명에서는 상대적으로 단순하면서 등가적인 일련의 결과들로 치부되어 간과되는 것이 바로 이러한 시간성(이러한 게놈학적 발전이 각 분야에서 실현되는 시간차)임을 나는 주장한다. 이른바 치료적 지체라고 하는 이것이 실제로 민족지학의 창 ethnographic window이면서 동시에 게놈 이후 신약 개발의 정치적 지형이다. 그리고 '완전한' 치료제 개발이 실제로 일어날 것인가, 그렇다면 어떠한 치료제가 언제 어떻게 만들어질 것인가를 결정하는 것은 바로, 치료적 지체 동안 세계에서 벌어지는 사건의 총체이다. 콜린스와 맥쿠식의 논문이 그렇듯, 과거 소련식의 예측 가능한 5개년, 10개년 계획 같은 것을 만드는 것은, 마법의 수정 구슬을 응시하는 식의 상대적으로 진부한 미래 예언을 하지 않는 대가로 민족지학의 창을 닫아 버리는 처사이다(3장에서 주장했듯이 그러한 예언의 형태 자체는 민족지학의 창과 정치적 지형을 창출하는 데 지대한 영향을 미치지만 말이다).[16]

---

16) 현장 조사를 하는 동안 꾸준히 내 눈에 들어온 것은, 이러한 민족지학의 창들에 대해 공공 과학자보다 더 나은 개념을 갖고 있는 이들이 바로 기업이라는 사실이었다. 기업이야말로 아무리 문제적인 방식이라 할지라도 종종 사회를 고려하지 않을 수 없는 입장에 있기 때문이다.

직감을 통해서 보든 맞춤형 의료를 둘러싼 과장 광고를 통해서 보든, 그러한 일에 수많은 잠재적인 혜택이 있음은 분명해 보인다. 만일 약품 치료가 각 개인에게 맞춰 이뤄진다면 환자가 혜택을 입을 것이 분명하고, 더욱 효과적인 약품이 나올수록 그리고 더욱 정확한 처방이 내려질수록 더 나은 치료 결과가 나올 것이다. 그러나 이 과정에 관련된 회사들도 신약 개발의 각 단계에서 이득을 얻을 수 있다. 더 높은 성공률과 더 빠른 시장 출시, 절감되는 비용, 더 큰 시장 점유율 등이 그것이다.

이 절에서 나는 과장 광고에 대해, 특히 약물유전체학이 하는 약속의 중심에 있는 모순과의 대비를 통해 위와 같은 이득을 공표하는 과장 광고에 대해 탐구한다. 그 모순이란 맞춤형 의료 시대인 만큼 질병뿐 아니라 어떠한 인구군을 대상으로 삼느냐에 의해 결정되는 제약 시장의 파편화이다. 그러나 처음부터 내가 강조하는 바는, 3장에서 언급했듯이 과장 광고에 대한 탐구는 단순히 과장 광고의 공허한 약속에 대한 폭로가 아니라는 점이다. 오히려 그것은 가능한 치료적 혜택을 시장의 기회와 결합시킴으로써 생명자본의 '윈-윈' 전략이 되는 경로를 추적할 수 있게 해준다. 이 장의 남은 부분에서 나는 게놈 물신숭배라는 개념을 전개함과 동시에 이 결합의 결과와 영향을 자세히 논의할 것이다.

이 시점에서 중요한 것은 약물유전체학과 맞춤형 의료를 혼동하지 않는 것이다. 맞춤형 의료는 약물유전체학과 동일한 것이 아니라, 약물유전체학과 증상 전 진단의 혼합체이다. 약물유전체학의 목표는 질병의 근인近因들에 대한 깊은 통찰을 제시하는 것이 아니라, 약동학(약품에 대한 신체의 반응)과 약력학(약품이 신체에 미치는 영향) 두 가지 차원에서 치료적 개입의 효율성을 극대화하는 것이다. 그럼에도 약물유전체학은 당분간 맞춤형 의료가 가장 빠르고 실용적으로 실현될 수 있는 형태일 가능성이 높다. 그 이유로는, 질병에 대한 유전적 영향과 약품 작용에 대한 유전적 영향 사이에 중요한 차이점들이 있음을 들 수 있다. 주요한 차이점은 유전적 병인학이 종종 지극히 복잡하다는 사실과 관련된다. 이러한 복잡성과, 질병을 일으키는 변종들이 생기는 지극히 희박한 가능성이 결합하면, 단일 유전자의 치료적 또는 미래 예측적 가치는 상대적으로 한정된다. 그러므로 잠재적인 질병의 모든 표지는 통합 방식으로 결정되거나 연구되어야만 한다.

다른 한편, 사람들은 단일 유전자가 많은 일반 약품의 작용에 상당한 영향을 끼친다는 것을 깨달았다. 그 영향은 약동학을 변화시키는 물질 대사에 대한 유전적 영향과 약력학을 변화시키는 약품 작용의 경로에 대한 유전적 영향을 포함한다. 전자의 영향의 대부분은 약물대사효소^{Drug} ^{Metabolizing Enzyme}의 유전자 코드를 지정하는 유전자에 국한되는데, 이러한 효소들은 주로 산화 효소의 시토크롬P450^{CYP450} 류에 속한다(소수의 약품들은 소거 혹은 배설되기 전에 CYP450에 의한 변형을 겪지 않기도 한다). 그러므로 약품 작용에 대한 유전자 연구는, 그와 유사한 질병 발생학에 대한 유전자 연구보다 상업적인 가치를 실현하는 치료적 통찰을 더 많이 제공하기 쉽다.

분자 단위의 유전자의 변이와 이것이 약품 반응과 맺는 관계에 대한 연구는 새로운 것이 아니다. 그러나 유전자 변이에 대한 기초 연구인 **약물유전학**^{pharmacogenetics}이 게놈학 혁명 덕분에 태어난 **약물유전체학**^{pharmaco-}^{genomics}으로 전환되었다. 약물유전체학은 상업적 동기로 추동되어 산업화되고 고효율로 이루어지는 과학이다. 그러므로 약물유전학에서 약물유전체학으로 가는 전환은, **관찰**이 중심을 이루는 접근에서 **처리**가 중심을 이루는 접근으로의 전환을 의미한다. 게놈학과 같은 생명과학 분야들을 산업화하는 데 있어 이 새로운 과학의 빠른 본성에 대한 욕구와 현실화는, 지식 **생산**의 패러다임을 변화시킬 뿐 아니라 생산된 지식의 **본성** 자체를 바꾼다는 점에서 매우 중요하다.

하나의 개념으로서 약물유전체학은 일찍이 1957년에 아르노 모툴스키Arno Motulsky가 제안했고, 그 용어는 1959년에 프리드리히 보겔Friedrich Vogel이 만들었으며, 이 주제에 대한 최초의 책은 1962년에 베르너 칼로Werner Kalow가 썼다. 그 책에서 칼로는 인간의 인구군에서 약품 반응이나 독성에 영향을 미치는 것으로 확신하는 여러 개의 유전형질 샘플을 기록했다. 실제로 가족의 병력을 일반 건강 진단의 일부로 받아들이는 오래된 관습은, 환자의 유전자 구조는 그것이 거의 밝혀진 상태가 아니더라도 치료적 개입에 관한 결정에 영향을 미친다는 생각에 기반을 둔다.

처리 위주의 약물유전체학적 접근으로 전환된 것은 변형된 표현형에 대한 사전 탐지가 더 이상 필요하지 않다는 장점을 수반한다. 즉 근본적인 유전적 원인을 공부하기에 앞서 병리학이 필요하지 않고, 미래의 병리학을 예견하기 위해 유전자 변이성을 연구할 수 있다(이 점은 다음 절에서 상술할 것이다)는 말이다. 유전자를 고효율로 분석하는 것이 가능해지듯, 그와 같은 전환을 이끄는 주요 동력은 주로 기술적인 것이다.

약물유전체학적 처리로 가는 길에는 세 단계가 있다. 첫 단계는 **유전자 안에 있는 다양한 변이를 발견하고 정의하는 것**이다. 이와 같은 변화를 가능하게 하는 강력한 지표는 1장에서 설명한 단일뉴클레오티드폴리모피즘SNP이다. 발견 이후 SNPs는 약품 반응에 있어 임상적으로 기록된 편차들과 **상호 연관** 지어져야 한다. 그래야 특정한 약품 반응에 상호 연관되는 것으로 추정되는 유전 프로파일을 환자가 갖고 있는지 아닌지를 결정할 **진단 테스트**를 개발하는 데 SNPs를 이용할 수 있다.

유전적 변이들에 대한 분석에서 그 분석에 힘입어 처선이 야품 읔 만드는 데까지 이르는 과정에는 **대상 확인, 대상 활성도 검출, 대상 타당성 검증**의 세 단계가 있다(Jazwinska, 2001). 각 단계는 각기 다른 기술 및 사업 모델과 상호 연관된다. 그러나 생명자본에 대한 나의 더 큰 틀의 요지에서 가장 중요한 것은, 이러한 다른 단계들을 추적할 때 속도와 정보의 기본적인 모순이 어떻게 드러나는가이다. 즉 불충분한 정보라는 문제에서 너무 많은 정보라는 문제로 빠르게 옮겨 가는 병목 지점[bottleneck]에 대한 것이다.

대상 확인은 게놈학의 역할에 대한 일반적인(이제는 거의 '역사적'이라 부를 수도 있다) 개념으로, 내가 '1세대' 게놈 회사 또는 대상 확인 회사라고 부르는 것들에 의해 유명해졌다. 그렇지만 인간 게놈 염기서열의 설계도가 생산된 지 1년이 못 되어, 그리고 이러한 회사들이 다수 탄생한 지 5~7년 후에는, 대상 확인이 게놈학을 통한 신약 발견과 개발에서 더 이상 주요한 병목 지점이 아니라는 점이 분명해졌다. 사실 대상 확인은 대체로 그것의 성공 때문에 수많은 새로운 문제들을 낳는다. 이제 문제는 새로운 대상을 생산하는 것이 아니라, 초기에 발견한 포트폴리오를 처리하기 용이한 규모로 다듬고 어떤 대상이 성공할 확률이 가장 큰지를 확인하는 일이 된다. 나아가 분자의 결함에 대한 확인은 질병에 대한 초기 진단에 유용하고 발병이 진행되는 생화학적 통로들에 대한 실마리를 제공한다. 그러나 이러한 정보가 치료법 개발에 어떤 식으로든 유용하리란 보장은 없다.

대상 활성도 검출은 잠재적인 약품 대상을 암호화하는 유전자 내에서 일어나는 변이의 정도를 명확히 인식하기 위해 유전자 분석을 활용하는 작업으로 정의할 수 있다(Ibid.). 그러므로 대상 활성도 검출은 첫째, 변이체에 대한 정의를, 둘째, 변이체들의 **영향**에 대한 정의를 포괄한다. 고혈압에 관계된 75개의 후보 유전자의 변이에 대한 최근 분석에서 74개의 유전자에 있는 SNPs가 확인되었다(Halushka et al., 1999). 이 연구는 잠재적인 약품 대상으로 선정된 어떤 유전자에서도 유전적 변이를 찾을 가능성이 높음을 시사한다.

대상 타당성 검증은 유전자 변이에 대한 지식이 특정한 대상과 질병의 진행 과정 사이의 관련성을 보여 주기 위해 이용되는 과정으로 정의할 수 있다(Jazwinska, 2001). 이것은 일반적으로 임상 실험 동안 경비를 절감하는 데 유용하다. 대상 유전자 변이와 임상 과정 사이의 관계를 보여 줌으로써, 제약적製藥的 개입이 기대하는 치료 결과를 낼 수 있을지를 임상 실험 전에 예견할 수 있게 해주기 때문이다. 대상 타당성 검증 단계는 두 단계로 이루어진다. 첫째는 특별한 관련성이 있는 임상 실험 인구군의 특성을 잘 파악하는 것이고, 둘째는 시험용 유전자 내에 있는 혹은 그에 인접한 변이체들을 확인하는 것이다.

약물유전체학의 기술상의 난제는 게놈 염기서열 결정 작업과 매우 다르다. 여기서 초점은 (대상 확인 회사의 사업 모델의 토대를 이루는) 새로운 유전자 **발견**에서, 유전자 변이와 다양한 형태의 반응 사이의 상호 연관성과 통계적 분석을 명료화하는 데로 옮겨 간다. 다른 말로 하면, 약물유전체학과 맞춤형 의료는 1999~2000년의 게놈학과는 다른 과학적·기업적 사업을 구성한다.

지금까지 이 절에서는 게놈학과 관련된 **상류 지형의** 과학적·사업적 쟁점이 어떻게 대상 확인에서 활성도 검출과 타당성 검증으로 옮겨 갔는가를 논의했다. 이어서 내가 이론적으로 숙고하고자 하는 것은, 과학적 사실로 기능하는 새로운 게놈 지식의 주관적 결과들이다. 유전자 변이성과 관련된 정보에 기초하여 진단 테스트를 만들어 내는 능력은 이러한 변화의 주요한 일부이고, 테스트가 대세를 이루는 사회를 향해 가는 추진력은 상류 지형의 기술과학적·사업적 게놈 세계에서 비롯된다.

이미 주장했듯이, 생산된 정보의 엄청난 양 덕분에 게놈학적인 약품 발견에 도사린 병목 지점을 뚫고 나가면, 그것이 새로운 병목 지점을 만든다. 대상 확인도 그와 같은 경우로서, 확인된 대상의 활성도를 검출할 수 있는 새로운 방법에 대한 요구를 낳는다. 대상 확인이 맞춤형 의료로 가는 예비적인 단계일 뿐인 주요한 이유 중 하나는, 대상 확인이 반드시 치료로 연결되지는 않는다는 것이다. SNP 확인 기술이 크게 발전하면서 또 다른 장애가 떠오르고 있다. 즉 엄청난 양의 SNP 정보를 얻지만, 어떤 특정한 SNP가 실제의 치료적 대상 또는 염색체 차원의 치료적 반응을 예견해 줄 거라는 보장이 없는 것이다. 하플로타이핑haplotyping의 중요성이 점점 더 커지는 것은 바로 이러한 맥락에서이다.

하플로타입haplotype이란 보통 어떤 특정한 유전자 내에서, 동일 염색체 상에서 이루어지는 SNPs의 결합이다. 공동의 하플로타입이 존재하는 이유는 대부분의 유전자에서 SNPs는 공동 상속되기 때문이다. SNP 지노타이핑genotyping은 맞춤형 의료를 만드는 데 유용한 정보를 생산할 때 많은 이점을 갖지만, 하플로타이핑은 두 가지 이유에서 더 큰 가능성을 지닌다. 첫째, 하플로타입 분석은 유전자 분석의 복잡함을 크게 감소시킨다. 게놈에는 SNPs가 최대 1,000만 개 있다고 알려진 반면, 하플로타입은 그 연관 불평형성linkage disequilibrium 때문에 모집단에서 보통 매우 적은 수만이 발견된다. 가령, 베타 2-아드레날린 수용체beta 2-adrenergic receptor에서는 13개의 SNPs가 확인되었다. 이론상 이것들은 한데 뭉쳐 2의 13제곱 개, 즉 8,192개의 하플로타입이 된다. 그러나 베타 2-아드레날린 수용체는 단지 12개의 하플로타입만을 갖고 있는 것으로 판명되었으며, 모집단에서 흔히 발견되는 것은 그중 4개뿐이다. 더욱 중요한 것은, 하플로타입이 지노타입genotype보다 한층 더 정확하게 유전자의 **활성도**를 예측하는 것으로 여겨진다는 점이다. 개인적 다형태성^{polymorphism}은 유전자의 기능에 서로 다른 영향을 미칠 수 있기 때문이다. 그러므로 유전자에 있는 단일 SNP의 예방 치료 가치는 상대적으로 제한되어 있다. 하플로타입은 이러한 결과들을 통합하고 그를 통해 **다형태성이 가져오는 결과의 총합을 제공한다.** 지노타이핑에서 하플로타이핑으로 가는 전환은 잠재적인 변이체들을 분석하는 것에서 질병에 대한 통합적인 표지를 생산하는 것으로의 전환을 의미한다 (Housman and Ledley, 1998).

그러나 하플로타입 분석을 통합하여 치료제 개발 프로그램을 만드는 작업의 실용성에 좋지 않은 영향을 미치는 문제들이 있다. 하플로타입은 지표들이다. 이것들은 질병과 밀접히 연관되지만 질병의 원인이 되지는 않는다. 그러므로 하플로타입 분석은 과거에 그랬듯이 진단 도구로 사용될 가능성이 가장 크다.

하플로타입은 질병을 유전^{遺傳}으로 이어받을 가능성을 진단할 수 있지만 약품 반응을 예견하는 데에는 신통치 못하다. 그러므로 상류 지형의 관점에서 진단 테스트를 맞춤형 의료의 종점으로 보려는 움직임은 논리적인 이치에 들어맞는다. 유전자의 변이성이 염색체상의 위치와 공동 상속에 상응할 때, 그 유전자의 변이성에 대한 이용 가능한 과학적 지식으로서 하플로타입이 부상하는 상황이기 때문이다.

요약하면 이렇다. 한편에서는 하류 지형의 치료 분자가 있어, 치료적 개입이 종종 의료 행위의 종점으로 인식된다. 다른 한편에서는 통틀어 예방의학이라 불릴 만한, 질병에 대한 상류 지형의 진단·예측·감시·통제가 있다. 바로 이와 같은 상류·하류 지형의 목적과 실행이 과학적이고 민족지학적인 차원에서 작동하여, 관련 행위자들에게는 전략적 실천의 장을, 사회이론가들에게는 분석적 개입의 장을 열어 주는 것이다.

상류와 하류 지형의 집합체들은 상당한 자본력과 정치력을 동원하여 큰 사업적 이득을 추구해 왔다. 부상하는 진단 산업이 예방의학에 매진해 왔다면, 하류 지형의 제약 회사들은 치료제 개발에 매진해 왔다.

그러나 제약 회사들은, **치료적** 개입을 향하는 하류 지형의 논리에서 벗어나 질병 발현의 더 초기 단계로, 즉 질병이 완연히 발현하는 지점보다는 그 **기미가 보이는 지점**에서 치료적 개입을 하는 체제로 가야 한다는 압력을 받고 있다. 이 점은 특히 우울증 치료제 프로작^{Prozac}이나 최근 질병으로 인정된 주의력결핍과잉행동장애$^{Attention Deficit/Hyperactivity Disorder, ADHD}$라는 '유행병' 치료제 리탈린^{Ritalin}과 같은 향정신성 약품에 대한 처방과 사용이 증가한 데에서 확인된다(Kramer, 1997; Healy, 1997, 2002를 보라). 상류 지형에서 출현한 진단적 총체를 의술 부문의 핵심적인 기업가적 행위자로 보는 나의 분석에 근거하건대, 위와 같은 움직임은 시장을 확대하려는 제약 회사의 욕구에서 나왔을 뿐 아니라, 제약 산업이 **그 자신의 보험 산업이 되려는** 의도의 발현이다. 거대 제약 회사들이 치료제 분야에서 진단제의 침략에 대항하여 들 수 있는 유일한 보험은, 질병으로 인식되었던 것에서 질병 발현의 훨씬 더 이른 단계로 관심을 옮기는 것이다. 물론 그 도착 지점에서는 종종 새로운 질병이 만들어지고, 오래된 질병은 치료적 개입을 요구하는 순간이 앞당겨지면서 상당히 다르게 재정의된다. 이것이 '자기' 통치의 합리성으로서, 이는 진단 테스트와 치료적 개입을 통해 언제 자기를 배려하는 것이 바람직한가에 대한 개념 설정과 관련된 더욱 광범위한 문화적 변화이다. 이는 또한 게놈 이후 새로운 의학을 구성하는 주요 행위자들의 복잡한 관계에 의해 자아가 통치당하는 데서 기원한다.

나는 지금까지 어떤 종류의 기술과학적 생산이 있고 생산자들에게 어떻게 다양한 보상이 돌아가는가를 보면서, 맞춤형 의료의 생산적인 측면에 초점을 맞추었다. 다음 절에서는 게놈학이 소비자들에게 어떻게 문자 그대로 일련의 과학적·기업적 실천이자 소비재로 번역되는지, 더욱 중요 하게는 과학적 사실로 번역되는지 탐구할 것이다. 또한 기업의 벤처 사업 으로서 그리고 과학으로서 게놈학의 영향을 살펴보고, 그를 통해 생명자 본이 사업 기회와 주체성을 구성하는 방식을 이해하는 데 있어 결정적인 발견법의 역할을 하는 **위험**을 이해하고 이론화하는 것의 중요성을 부각시 킬 것이다.

SNP 칩과 게놈 물신숭배, 다형태적 주체들

나는 이제 인식론적 전환이 주체의 구성과 맺는 관계를 탐구할 텐데, 주체 란 과학적 지식이 그것의 인식된 객관성에서 권위를 도출해 내는 지점이 다. 여기서 조지프 더밋이 객관적 자아 형성에 대한 분석에서 제기한 문제, 즉 그가 객관적인 몸이라고 부르는 것과 살아 있는 몸 간의 관계에 대한 의 문이 나온다(Dumit, 1998). 이것은 사실이 하는 기능을 "세상 속의 사실" (Ibid.: 86)로 이해하길 요구하는 문제이다.

　지식과 주체성, 여기서는 (학문적인) 유전학 분야와 (구성된 개인이라 는 의미의) 주체 간의 **구성되고 우연적인** 관계를 이해하기 위해 검토할 필 요가 있는 것은 다름 아니라 인식론적 전환과 주체 구성 사이의 갈라진 틈 이라는 것이 나의 주장이다. 그러므로 나의 의문은 생명사회성의 출현을 가능하게 하는 '생명'과 '사회'의 **절합 메커니즘**과 관련된다. SNPs의 마디 를 중심으로 나는 이러한 의문들을 던질 것이다.

　우선 돌연변이에 대한 연구와 돌연변이 생성mutagenesis에 대한 연구를 구별함으로써 논의를 시작하겠다. 유전학에서 돌연변이는 언제나 중요히

다. 그러나 고의로 돌연변이를 생산해 내는 능력은 매우 다른 문제이며 지난 세기 동안 점점 더 유도되고 정밀해졌다. 한 돌연변이 현상에서는 하나의 유전자가 파괴된다. 그러나 DNA 재조합 기술 이전에는 그 유전자의 어느 지점에서 돌연변이가 일어나는지, 단일 염기의 변화와 DNA의 삽입 및 삭제가 어떻게 일어나는지 알 방법이 없었다. 유전자 복제와 염기서열 결정은 그 파괴된 유전자의 위치를 **정확히 파악하게** 해줌으로써 돌연변이 생성에 힘을 더해 준다. 이는 DNA 재조합 기술이 **단일** 유전자에 대한 격리와 연구를 가능하게 함을 뜻한다. 돌연변이 생성은 새로운 일이 아니지만, DNA 재조합 기술이 가능하게 한 특수성과 **위치 유도성**^{site-directedness}은 유전자를 변이된 주체로서 활약하게 만든다. 여기서는 특수성이 핵심 개념이지만, 그 특수성의 수준은 개별 유전자 차원에서 펼쳐진다.

다시 말해, 돌연변이는 이제 그저 연구 대상이 아니라, 정확히 말해 유전공학 차원에서 **창조**될 수 있다.

돌연변이 주체는 그에 상응하는 야생형에 대한 공식화 없이 존재할 수 없다. '야생형'^{wild type}은 흥미로운 용어이다. 이 용어는 가장 단순하게는 돌연변이를 일으키지 않은 유기체를 지시하는 데 쓰이지만, 종종 말 그대로 마치 야생에서 발견되는 그대로의 유기체를 뜻하는 것으로 이해되기도 한다. 그러나 야생형 유기체는 다분히 인공적인 구성물이다. 자연에 야생형이 있을 가능성은 지극히 희박하다(지노타입은 그 자체가 자연선택과 돌연변이의 결과로 만들어지기 때문에, 돌연변이화하지 않은 지노타입이라는 개념 자체가 시대착오적이다). 단지 통제되지 않고 그 성격이 규정되지 않은 돌연변이체가 있을 뿐이고, 그중 일부가 다른 것들보다 선택적 우월성을 가졌을 뿐이다. 그러므로 '야생형' 유전질은, 그 이름이 암시하듯 연구실에서 생산된 다른 많은 구성물들과 마찬가지로 자연의 복제품이 아니라 분석 도구이다. 동일하게, 그리고 이 논의에서는 더욱 중요하게, 그 유전질들은 돌연변이 생성의 세계에서 **필수적인** 분석 도구이다. 그 세계에서는 돌연변이가 '정상적인' 참조 항목의 반대 지점에 놓여 있기 때문이다. 돌연변이는 정상 항목에 오류가 난 결과다. 나아가 돌연변이는 특정한 형태, 즉 가치가 부착되어 있는 형태의 오류이다. 돌연변이는 야생형과 단순히 다른 것이 아니라, 규범적인 야생형으로부터 벗어난 **비정상체**이다.

그러므로 야생형은 우리가 자연에서 흔히 발견할 수 있는 것이 아니라는 의미에서 '정상'체가 아니다. 그러나 그것은 하나의 규범이다. 조르주 캉길렘Georges Canguilhem에 따르면, 규범은 "존재하지 않는다. 그것은 존재하는 것의 교정을 가능하게 함으로써 그 존재하는 것의 가치를 절하하는 역할을 한다"(Canguilhem, 1989[1966]: 77). 또한 자크 데리다가 지적하듯 규범은 애매한 개념이다. 그에 따르면 "그것은 사실성뿐 아니라, 도덕적·윤리적·정치적 법칙까지 아우른다. 규범은 또한 이따금씩 사실로 부과되며, 그 이름으로 우리는 완벽하게 정상화된다"(Derrida, 2002b: 199). 야생형은 돌연변이를 가치 절하하는 참조 항목으로 기능한다.

돌연변이는 유전자의 구조와 기능의 관계를 이해하기 위해 연구된다. 연구실과 임상 실험실의 상호작용이라는 맥락에서 이러한 기능을, 조금 억지스럽지만 완전히 허무맹랑하지는 않은 정도로 확대해 보자면, 돌연변이는 과학자들에게 질병에 대해 말해 줄 수 있다. 몸이나 정신이 좋지 않은 상태는 아픈 사람들이 의사에게 자신의 병에 대해 말하기 때문에 질병으로 확인되고 연구되고 또 치료된다. 사람들이 아프지 않은 상태에서 질병을 이해하는 한 가지 방법은 우선 표본 유기체를 사용하는 것이다. 그래서 과학자들은 돌연변이를 **창조한다**(또는 존재하는 돌연변이를 적절하게 연구한다). 이는 비정상체들이 질병으로 나타났을 때 더 잘 탐지하고 이해하기 위해서이다. 그러한 돌연변이는 정상 유기체에 대한 인식을 진전시키는데 도움이 된다. 그리고 이 지점에서 정상과 규범 사이의 차이가 도출된다. 즉 돌연변이는 그것이 돌연변이가 되기 위해서는 야생형 비돌연변이체가 필요하지만, 돌연변이가 제공하는 정상성에 대한 통찰은 반드시 어떤 특정한 야생형이 실제로 보여 주는 '정상성'의 일면일 필요가 없다. 그것은 오로지 '병리학적' 돌연변이의 관점에서 정의된 이상화된 정상성이자, 자연적 현상이 아닌 병리적 증상이 없다는 점에서 정의되는 정상성이다. 다시 말하면, 돌연변이는 야생형이 어떻게 작동하는지 말해 주기보다는, 비돌연변이체가 어떻게 작동하지 않을 것인지를 말해 주는 역할을 한다. 그러므로 연구실에서 탄생한 돌연변이는 정상성과 병리학이 대립하는 **지형**에서 작동하며, 참조가 되는 규범에 대해 일탈이라는 (대체로 부정적인) **가치**를 지닌다. 유전자와 유전적 발현 경로들이 서로 상호작용함을 인정하는 순간, 우리는 다양한 요소에 의해 매개되어 다른 유전자와 경로들에 영향을 미치는 피드백 효과의 존재를 인정해야만 한다. 비유적인 구성물로서 돌연변이와 개념적으로 유리한 지점인 유전자는 생물학적 체계들에 대해 매우 중요한 관점들을 제공하지만, 이들은 잘해야 완전함을 가장한 부분적인 관점일 뿐이다.

이때 돌연변이적 관점이나 단일 유전자적 관점이 갖는 한계 하나는, 표현형들이 다른 것들과 갖는 상호작용이 아닌, 단일 유전자의 존재와 동일시되는 경향이 있다는 것이다. 또 다른 한계는 누군가 무슨 말을 하려면 애초부터 표현형이 필요하다는 것이다. 돌연변이의 언어 체계에서는 표현형을 갖고 있지 않으면 대화를 할 수가 없다.

고전 유전학에서 분자유전학으로의 전환은 돌연변이에 새로운 지위와 이해를 부여한다. 즉 돌연변이는 진화에 대한 이해를 돕는 변칙적인 유기체에서, 정상성에 대한 이해를 위해 가장된 일탈을 돕는, 특수하게 개조된 유전자로 탈바꿈한 것이다. 그러나 우리가 표본 유기체에 대한 연구를 넘어 인간 질병에 대한 이해에 다다르면, 돌연변이의 눈으로 보는 세상에 있는 수많은 불완전함들은 저주스러운 불완전함이 될 수 있다. 본성 대 양육이라는 논란을 시작하지 않더라도, 대부분의 질병이 다중적 유전인자에 의한 것이라는 사실로 인해, 다양한 생물학적 상호작용들을 도외시하는 인간 유전 정보에 기초하면 인간 질병에 대한 이해를 진전시키는 일이 불가능해진다.

분자생물학에는 하나의 불연속점이 있어 필요한 불연속성을 올바르게 볼 수 있게 하는데, 그것이 바로 SNP이다. 어떤 차원에서 돌연변이에서 SNP로 가는 불연속성은 기술적인 원인과 결과를 갖는다. SNPs는 인간게놈프로젝트 때문에 가능해져 편리한 표지가 되지만, 동시에 인간 게놈 염기서열 결정을 더욱 쉽고 잠재적으로 더 수익성 있는 것으로 만드는 이정표도 된다(유전자 염기서열을 치료로 번역할 때 유용한 고리를 생산하는 데 도움이 된다는 점에서 그렇다). SNPs가 가져온 미묘한 인식의 변화가 있다. 앞선 경우에서 하나의 돌연변이를 하나의 표현형과 동일시하던 것이, 여러 변이체들을 특정한 표현형이 될 가능성과 동일시하는 것으로 미묘하게 변경된다. 그러므로 SNPs는 분자생물학의 언어와 그에 대한 이해에서 담론적이고 개념적인 전환을 유발한다. 나아가 SNPs는 다른 관점, 즉 일탈보다 **위험**risk과 관련된 관점을 도입한다. SNPs는 비정상성이나 탈선이 아닌, 취약함과 질병 소인에 대해 이야기한다. 돌연변이와 SNPs의 주요 차이점은 **일탈**deviation과 **다름**difference 사이의 차이이다. 돌연변이와 달리 SNPs는 명백히 개인의 표현형과 유전적 일탈의 엄격한 상호 연관성을 보여 주지 않는다. 모든 면에서 건강하다고 여겨지는 사람이 뉴클레오티드 차원에서는 얼마든지 변이체들을 갖고 있을 수 있지만, 이 변이체들은 구성된 정상성의 기준에 맞지 않는 일탈을 구성하지는 않는다. 대신 그것들은 위험, 미래의 질병 가능성을 구성한다. SNP는 질병이 아니라 **변칙**anomaly으로, 캉길렘에 따르면 "서서히 질병으로 변질될 수 있지만 질병을 만들지는 않는" 것이다(Canguilhem, 1989[1966]: 140).

SNPs는 돌연변이가 그것의 표현형과 맺는 단순한 상호 연관성에 대한 것이 아니다. 그것은 유전자의 차이가 아닌 유전체의 변이에 대한 것이고, '정상적인' 개체와 '돌연변이' 개체 사이의 차이가 아닌, 전체 인구 내의 그리고 인구군들 간의 변이에 대한 것이다. 그러므로 차원의 측면에서 SNPs는 독특한 이중 초점 시각을 제공한다. 한편으로, 분석의 직접적인 차원은 유전자보다 훨씬 작은 뉴클레오티드이지만, 다른 한편으로 그 분석은 뉴클레오티드를 전체 인구군이라는 맥락에 놓았을 때 이루어질 수 있다. 돌연변이가 탈선적인 표현형을 발생시키는 데 연루되는 것과 같은 방식으로 질병에 연루되는 SNPs는 거의 없다. SNPs가 가능하게 하는 것은 건강에 영향을 미치는 유전자 상속 패턴에 대한 확인이다.

이는 맞춤형 의료가 의존하는 지식의 한가운데 자리 잡은 하나의 모순을 함축한다. 이 모순은 그 지식이 생명 자체를 점점 더 분자 단위로 이해하는 데서 얻어진 것이라는 사실과 관련된다. 그러나 더 많은 사물이 분자 단위로 축소될수록, 치료제를 '개별화'하기 위해서는 인구군에 기반을 둔 통계적인 정보에 의존할 필요가 커진다. 이는 **오직** 인구 분류라는 기초 위에서만 치료제를 개별화할 수 있음을 의미한다. 인간게놈다양성프로젝트의 역사에 대한 제니 리어든Jenny Reardon의 연구가 보여 주듯, 이러한 분류를 구축하는 일은 지극히 어렵다(Reardon, 2001). 사실 처음부터 문제가 되는 것은, '인종'이나 다른 형태의 민족적 범주와 다르면서 유전자 분석의 대상이 되는 '인구군'이란 무엇인가 하는 것이다.

인구군을 분류하고 어떠한 종류의 범주들이 애초에 '인구군'으로 가정될 필요가 있는지를 (그러한 범주 내에서 분류하는 행위를 하기도 전에) 정의하는 이러한 딜레마는 인도에서 특별히 명백히 드러난다. 인도에는 인구군을 분류하는 '자연적인' 단위로서 인종이 미국에서처럼 이미 만들어진 사회과학적 원자가를 갖지 못한다. 카스트 제도를 기초로 유전자 연구를 위한 인구 분류를 하는 것은 정치적으로나 인식론적으로 위험하며, 인도의 친족 패턴이 인도인의 소문난 유전적 '동질성'을 심각하게 훼손하면서 각 지역마다 큰 다양성을 보인다는 사실은 인구 분류를 훨씬 더 복잡하게 만든다(인도의 북부 공동체들은 남부 공동체들에 비해 전통적으로 이족 결혼을 더 많이 한다). 그러나 유전자 연구를 위한 인구 분류는 게놈학 발전을 위한 노력에 필수적이다. 생화학기술센터가 이끄는 인도 정부의 노력이 그 한 예로서, 생화학기술센터는 인구유전학을 세계적인 게놈 지식 생산에서 인도의 위상을 확립하는 길로 보았다. 생화학기술센터의 연구는 인구유전학을 초석으로 삼았는데, 이는 그곳의 연구자들이 스스로 설정한 과학적인 의제의 실행을 시작이라도 하려면 인구군이 어떤 것인지 정의할 수 있어야 함을 의미한다.

내가 발견한 것은, 그러한 정의들이 보통 인도의 두툼한 지도책 『인도인들』*People of India, 1992*의 인류학적 개관에 의존함으로써 내려진다는 것이다. 그러나 이따금씩 더 임의적이고 무리한 분류 방식이 채택되기도 한다. 나는 아리아인과 드라비다인 간의 유전적 차이를 발견하려는 시도라고 스스로 주장하는 한 프로젝트를 우연히 알게 되었다. 이 범주들은 (특히 그러한 용어로 표현되었을 때) 정치적으로 위험할 뿐 아니라, 현실에서 확립하기가 매우 어렵다. 여기에는 '아리아'와 '드라비다'에(혹은 ㄱ 조합에) 기원을 두었음직한 수많은 비^非브라만과 비드라비다인이 배제되었기 때문이다. 나아가 이 연구자가 수집하고 있던 '아리아인'과 '드라비다인'의 DNA 샘플은 둘 중 하나로 분류되는 근처 델리대학의 대학생들로부터 나왔는데, 대학은 특별히 국제적인 현장으로 십중팔구 모든 가능한 방식으로 혼합된 DNA를 가진 기증자들로 북적거리는 곳이다. 그 자신이 브라만인(그러므로 '아리아인'의 범주에 들어가는) 이 연구자는 두 그룹 사이에서 통계적 의미를 지닌 유전적 차이를 찾을 수 없었기 때문에 프로젝트를 시작한 지 6개월 만에 연구를 포기했다. 이 연구자는, 가령 리처드 르원틴^{Richard Lewontin}이 주장하듯 그 결과를 서로 다른 인구 그룹들 사이에 유전적 **유사성**이 있을 가능성에서 나온 것으로 보지 않았다(Lewontin, 1993). 대신 그는, 샘플들이 "유전적으로 불순한" 사람들이, (연구자가 보기에) 놀라울 정도로 편리한(그에게는 아마도 신성하게 여겨질) 인구 이원 구조를 가로질러 결혼을 한 생각 없는 조상의 후손에게서 나왔다는 식의 좌절감을 드러냈다. 이 연구자가 더 큰 모멸감을 느낀 이유가, 자신의 실험이 아리아인과 드라비다인 사이의 근본적인 유전적 차이를 드러내 줄 우아한 해답을 제공하지 못했기 때문인지, 자신의 실험에 참가한 아리아인의 선조가 드라비다인의 피로 '오염'되었을지도 모른다고 그가 생각했기 때문인지는 명확히 분간하기 어려웠다.[17]

이 장에서는 **개별화된**(특히 맞춤형 의료 체제에서 활약하는 개념) 유전자 결정론에 초점을 맞추는 데 주력했지만, 이런 이야기를 하는 것은 인구들 사이에 유전적 동질성이 있다는 근거 없는 믿음이 이 결정론적인 지식

---

17) 조너선 마크스(Jonathan Marks)가 보여 주듯이, 유대교 사제들의 유전자에 연속성이 있음을 보여 주려는 노력들은 비슷한 정도로 순탄치 않았으나 '성공'으로 기록되었다(Marks, 2001).

생산 사업을 구성하는 강력한 요소임을 말하기 위해서이다. 궁극적으로 맞춤형 의료 생산을 돕는 도구가 되고자 하는 인구 게놈 프로젝트들의 기초를 이루는 그러한 근거 없는 믿음과, 맞춤형 DNA 진단 프로파일을 함의하는 맞춤형 의료 체제의 결과로 나오는 유전자 결정론이라는 개별화된 위험 사이의 이러한 긴장은 디코드지네틱스의 보건부문데이터베이스와 관련된 논쟁에서 같은 정도로 명백히 드러난다. 디코드는 자신이 수집한 DNA 샘플이 '유전적으로 동질적인' 아이슬란드의 인구군에서 나왔다는 이유로 독특하다고 선전되는 기업이다. 한편으로는, 인구유전학 실험을 위한 유전적 동질성의 **가치**에 대한 믿음은, 가령 아일랜드 회사인 하이버젠 ^HiberGen^과 같은 조직에 의해서 의문시되어 왔다. 이 회사는, 아일랜드의 인구군은 비록 아이슬란드인보다 유전적 동질성이 덜하지만 디코드의 샘플과 동일하게 가치 있는 인구 유전 정보를 생산할 수 있다고 주장한다.[18] 생화학기술센터와 같은 인구유전학 사업단도 동질성의 가치에 대한 믿음에 의문을 던지며, 디코드와 반대로 인도의 거대한 가족 규모와 유전 상담[19]을 받을 기회의 희박함에 맞물린 인도 인구의 유전적 **이질성**이 자신들로 하여금 아이슬란드나 아일랜드, 미국에서는 가능하지 않을 정도의 광범위한 가계 분석을 할 수 있게 해준다는 가정에 사업 모델을 둔다. 다른 한편으로, 유전적 동질성에 대한 믿음 그 자체가 디코드가 생산하기 시작한 지식에 의해 침식당하는 듯 보인다. 그 지식에 따르면, 아이슬란드 혈통이 아닌 선원들로 가득 찬 아이슬란드의 항구들에서는, 유전적 동질성에 대한

18) 하이버젠의 창립자 중 한 명인 패트릭 본(Patrick Vaughan)과 나눈 대화가 바탕이 되었다.
19) 개인이 걸릴 가능성이 있는 유전적 질병이 무엇인지, 그것을 어떻게 예방하거나 치료할 수 있는지 등을 알려 주고 도와주는 프로그램이다. ― 옮긴이

믿음을 가진 이들이 인정할 수 있는 정도 이상으로 순수 혈통의 오염 사례들이 더 많이 일어나고 있다.

DNA가 말해 주는 매우 불순한 이야기들에 의해 순수한 인구에 대한 근거 없고 이데올로기적인 개념이 쓴 가면이 벗겨지는데, 나의 논의의 목적은 분류의 범주들이 그 근거 없는 개념에 어떻게 의지하는지를 보여 주는 데에만 있지 않다. 분류를 위한 이러한 가공물들이 과학적 사실로 기능하기 시작할 때 일어나는 인식상의 폭력을 보여 주는 것 또한 나의 목적이다. 만일 생화학기술센터의 연구자가 아리아인과 드라비다인 사이의 유전적 차이를 발견했다고 주장했다면 아마도 이 폭력이 발생하여 단순한 인식 이상의 형태가 되었을 것이다.

불연속성에 대해 조금만 더 생각해 보자. 불연속성은 어떻게 발생하며, 개념·비유·관점의 변화는 어떻게 발생하는가? 내가 언급했던 한 가지 방법은 기술적인 것이다. 그러나 과학 내부에서 일어나는 담론상의 변화를 바라보는 다른 방법은, 매독 연구의 과정에 대한 루드비크 플렉^{Ludwig} ^{Fleck}의 연구가 그렇듯이 과학 외부에서 일어나는 담론상의 변화라는 맥락에 그것을 놓는 것이다(Fleck, 1979[1935]). 이와 유사한 관계인 거시 문화적 불안과 과학의 수사 간의 관계는, 울리히 벡$^{Ulrich\ Beck}$이 "위험 사회"라고 부르는 현대 사회의 맥락에 SNPs를 놓음으로써 SNPs를 둘러싼 위험 담론의 기반이 될 수 있다.

자신의 책 『위험 사회』$^{Risikogesellschaft,\ 1986}$에서 벡은 계급에 기초한 부의 분배 논리에서가 아니라 위험 분배에 대해 새롭게 역전된 논리에서 현대 사회를 어떻게 그려 볼 수 있는지 설명한다. 이 장의 맥락에서는 두 가지 개념이 중요하다. 첫째는 현대의 (최소한 서구) 사회에서 각자가 처한 위험에 대해 **지식**을 갖는 일의 중요성이고, 둘째는 전통적인 계급 동맹의 붕괴와 그와 함께 일어나는 사회의 **개별화**의 중요성이다. SNPs가 예견하는, 질병에 걸릴 위험은 정확히 근대화에서 비롯된 위험은 아니지만, SNPs의 중요성은 후기 근대성에서 위험 담론이 갖는 광범위한 영향력을 잘 보여 준다. SNPs를 둘러싼 위험 담론을 벡이 추적하는 위험 담론과 비교하면, 환경 문제를 둘러싸고 1960년대와 1970년대에 생겨난 담론이 어떻게 생활방식 및 유전학과 깊이 관련된 담론에 의해 대체되었는가를 알 수 있다.

위험 사회에 대해 벡이 보여 주는 미래도의 수많은 면모들은 SNP 중심의 세계관과 흥미로운 조화를 이룬다. 벡에게 위험 사회란 그 계산법에 언제나 잠재적인 재앙을 넣는 사회이다. 그에 따르면, 그 "예외적인 상태가 규범이 된다"(Beck, 1986: 24). 이와 마찬가지로 SNPs의 경우 역시, 구성된 '정상성'이 아닌 변이성이 규범이 된다. 둘째, 벡에 따르면 "합리성에 대한 과학의 독점은 깨졌다"(Ibid.: 29). SNPs도 마찬가지다. SNPs는 인간의 건강 상태에 대한 **진실**을 말해 주기보다는, 그 건강 상태가 미래에 어떻게 전개될 것인가에 대한 가능성을 표현한다. 그것은 궁극적으로 가능성에 대한 진술이라는 틀 안에서 작동하는 것이다. 벡의 위험 사회에는 "완벽한 시스템도, 완벽한 인간도 없다"(Ibid.: 30). 그리고 SNPs에는 야생형이 존재할 여지가 없다.

또 다른 중요한 관점은 현대의 위험 사회의 개별화로서, 여기에는 '자연적인' 계급에 기초한 동맹이란 없다. 질병의 가능성과 연관된 위험은 지극히 개인적인 위험이고, 이론상 각 개인은 SNP 프로파일을 근거로 계산될 수 있는 질병의 위험 또는 가능성을 말해 주는 자신만의 프로파일을 갖게 된다.

SNPs에 의해 구상되는 치료적 개입은 맞춤형 의료이다. 지식 생산의 현대적 담론 지형이 불가피하게 가치를 생산하는 자본주의 지형이기도 하기 때문에, 개연성에 의해 호명되는 각각의 다형태적 주체들은 미래의 치료적 개입의 대상일 뿐 아니라 예비 소비자이기도 하다. 게다가 맞춤형 의료가 생산될 **가능성**은 (미래의 질병에 대한 환자의) **보험**이다. 언제나 이미 존재하는 소비자로서의 환자가 제약 회사의 보험이듯이 말이다. 프랑수아 에발드^{François Ewald}가 주장해 왔듯이, 위험이라는 개념은 보험이라는 개념과 깊이 연관성을 맺고 있어 위험 그 자체가 자본이 될 지경이다(Ewald, 1991). 다시 말해, SNPs는 두 가지 다른 형태의 위험 담론에 얽혀 있다. 즉 환자가 미래에 질병에 걸릴 위험(벡이 말하는 개별화)은, 결국 상품으로 현실화되어야만 하는 치료제 개발을 위해 제약 회사가 하는 높은 투자의 위험과 불가분하다.

지금까지 나는, 특정한 담론적·인식론적 변화가 주체의 범주를 정상성과 병리 현상에서 변이성과 위험으로 재구성하게 하여, 그로 인해 치료적 개입의 잠재적인 대상으로서 **모든** 개인을 가능성이라는 계산 속에 위치 지음을 논했다. 그러나 여기에는 하나의 추상이 작동한다. 과학적 사실에 대한 물신숭배에 의존하는 추상 말이다.

과학 지식에 대한 물신숭배는 맑스주의에서 말하는 상품 물신숭배와 비슷한 메커니즘으로 작동한다.[20] 물신숭배를 통한 신비화의 순간은 과학 지식이 **진실**로 나타나는 '착시적인' 출현을 통해 오는 것이 아니라, 우연적이고 사회적으로 구성된 것이 **자연스러운 것**으로 출현함으로써 발생한다. 나는 이 과학 지식에 대한 신비화를, 지식을 생산하는 **인식론적 물신숭배**의 실제 역사적 과정들이 만든 물질적·언어적·개념적 결과물이 아니라, 단순히 이미 만들어진 발견을 기다리기만 하는 물자체라 부른다.[21]

---

20) 『자본』 1권에 있는 상품 물신숭배를 찾는다면 Marx, 1976(1867): 163~177을 보라.

인식론적 물신숭배가 지닌 이데올로기적 힘은, 엄격한 과학적 방법이 확립한 진술을 그 자체로 자연스러운 것, 즉 '과학적 사실'로 격상하는 신비화가 눈에 보이지 않는다는 점에서 나온다. 유전자 결정론은, 과학자들이 서둘러 우리에게 SNPs는 가능성에 대한 일련의 진술이라고 말하는 그 순간에도 과학적 '사실'의 지위를 획득한다. 인식론적 물신숭배가 가지는 아이러니(그리고 영향력)는 가능성의 진술들이 확고한 적법성을 가지고 작동하기 시작한다는 것이다. 그러므로 가능성의 진술들은 수행적인 힘을 얻는다. 하나의 가능성의 진술과 대면할 때 그 사람이 무슨 일을 **하는가**라는 문제에 부딪히면 이렇다 할 대응이 떠오르지 않게 되고, 이로 인해서 그 가능성의 진술은 물신화된 예언적 진술로 굳어지는 것이다. 그러므로 물신숭배야말로 **자연화**(어떤 진술이 구성되는 역사에 대한 부인)의 작용이자, 그 진술을 자연화하면서 그것을 **연관성**의 진술에서 **인과성**의 진술로 바꾸는 작용이다.

그러나 주체를 형성하기 위해서는 진술이 종종 필요하지만 그것만으로는 충분치 않다. 주체는 물질적인 동맹자를 요구하기 때문이다. 진술을 사실의 구성뿐 아니라 주체의 구성과 엮는 것은 다름 아닌, 결정론적인 진술이 표현되는 장비, 즉 DNA 칩이다.

'예방의학'은 진단학을 그 계산법의 중심에 두는 기술, 사업 모델, 건강관리 실천들의 총체이다. 내가 주장해 온 것처럼 게놈학이 우리에게 약속

---

21) 물론 인식론적 물신숭배의 힘은 그것이 진리 주장으로 기능하는 점과 나누어 생각할 수 없다. 그러나 내가 궁극적으로 하고자 하는 바는, 과학적 사실에 대한 인식론적 물신숭배에서 비롯된 명백한 '진실함'을 설명력으로 이용하는 게 아니라, 그 물신숭배가 진리 주장으로 어떻게 기능하는지 설명하는 것이다. 또한 Haraway, 1997에 나오는 도나 해러웨이의 "인식론적 물신숭배" 개념을 보라. 나의 설명은 해러웨이의 주장에서 깊은 영향을 받았다.

하는 많은 것들 중 하나는 진단 기술의 발전인데 이 발전에는 그에 상응하는 치료제 개발이 없다. DNA 칩 자체는 암호해독 장비로서, 유전자의 발현과 질병 소인 사이의 관련성을 풀어 주기 때문에 진단 테스트 개발에 이용된다. 이 칩의 가장 전도유망하고 잠재적으로 수익성이 높은 용도는 이러한 사실에서 나온다.

지금까지 인식론적 물신숭배에 대한 나의 분석은 도나 해러웨이의 유전자 물신숭배 개념에 빚을 지고 있다(Haraway, 1997). 유전자 물신숭배는 유전자를 사유재산으로 귀화시킨 자본주의적인 틀 안에서 작동하는 일종의 자본주의적 주물^{呪物}이지만 상품 물신숭배와는 다르다. 해러웨이가 보는 그 주물의 중요성은 단순히 그것이 자본주의에 귀화했다는 점에만 있는 것이 아니다. 중요한 것은 유전자가 물자체로서만이 아니라 (그것이 유전자이든 유기체이든) 본질적으로 관계 속에서 구성된 주체를 완벽하게 대변하는 물자체로서 **육화되고 있다는** 점이다. 나는 해러웨이의 이 생각을 조금 더 밀고 나가, 유전자 물신숭배는 **주체를 구성하는** 물신숭배의 한 형태라고 주장하고 싶다. 즉 대상(SNPs의 경우에는 그 칩과 칩에 있는 정보 그리고 동시에 그 정보에 의해 표현되는 사실)에 대한 그 숭배는 **소외**(물자체에 대해 가정된 초월적 지위)**에 의해** 작동하지 **않고, 호명에 의해** 작동한다고 나는 생각한다.[22]

---

22) 호명(interpellation)은 루이 알튀세르가 이데올로기 작동의 기반으로 설명하는 자기 인지의 과정이다(Althusser, 1994[1970]). 알튀세르의 표현을 따르면, 호명의 전형적인 예는, 경찰이 누군가 불특정한 사람에게 소리치는 걸 듣고, 한 보행자가 경찰관에 의해 호명되는 주체로 자신을 인지하는 상황이다. 이는 이미 존재하는 권력 장치에 대한 편입의 과정이다. 즉 부르는 개체에 권위를 부여하고, 불리는 개체를 권위의 목소리에 **종속시키는** 제도적 구조의 틀 안에서만 작동하는 부름과 부름에 대한 인지인 것이다. 알튀세르에 의하면 바로 그 순간, 호명되는 사람은 명백히 요청받지 않았음에도(경찰관이 부르는 사람은 다른 사람일 수도 있다) 국

이데올로기적인 과학적 '사실'이 구성되는 통로는 바로 다형태적 주체polymorphic subject 구성이다. 그러나 이러한 주체 구성은, 정보와 표현 도구, 주체와 같은 결정 인자들이 언제나 이미 '자연스럽게' 잠재적인 상품으로 과잉결정된, 인식론적·이데올로기적 공간에서 일어난다. 다시 말해, 주체로부터 분리된 상품 물신숭배와 주체와 깊게 연관된 비자본주의적('전자본주의적') 물신숭배가 대립하는 데서 나오는 긴장은 SNPs와 SNP 데이터베이스, DNA 칩과 같은, 과학적·자본주의적 표현 기술을 통해 결합한다. 주체는 유전적으로 결정된 가능성에 대한 진술을 통해 구성되는 동시에, 장차 이루어질 개인에 대한 치료적 개입의 대상으로 구성된다. 후자의 경우, 그들은 **자본 주체**로 구성되어 (미래의) 치료제에 대한 (미래의) 구매자가 된다. 이를 통해 치료를 위한 수단으로서 제약 시장이 갖는 불가피성, 은혜로움, 자연스러움이라는 이데올로기가 구성되고, 동시에 주체와 과학적 사실도 구성된다. 게놈과 관련된 주물들은 시장(에 내다팔 수 있는 것)이다.

물신숭배라는 개념을 좀더 탐구하기 위해 나는 윌리엄 피츠William Pietz의 견해를 길게 인용하여 분석해 보고자 한다.

물신숭배라는 개념이 어떤 식으로든 유용한 특수성을 가지려면, 개인이나 사회 전반에 의해 강력한 호응을 받으며 가치 평가되는 객관적인 현상들을 지시해야만 한다. 물신숭배에 대한 담론의 역사가 시사하는 바는, 주물은 개인이나 문화 집단, 사회의 존재 자체나 정체성이 의존하는 것으

가에 속한 어떤 특정한 주체가 된다. 그러므로 호명은 한 개인이 특정한 권력 구조(이 경우에는 시민과 국가의 관계)와 특정한 지식 체계(이 경우에는 그 권력 구조에 대한 암묵적인 인식)에 편입된 결과로서 스스로를 하나의 **종속된 주체**로 인지하는 과정이다.

로 경험되는, 과도하게 가치 평가된 물질적인 대상으로 인식될 수 있다는 것이다. 이 점은, 물신숭배에 대한 비판은 역사에 있는 특정한 주물에 대한 유물론적 현상학으로 시작해야 함을 암시한다. 그렇다면 사회적으로 높게 평가되는 사물들에 대한 이러한 탐구에 의해 밝혀질 육화 관계들과 제도적 구조들은 다음과 같은 두 가지 경로를 취해야 한다. 첫째, 맑스적인 분석은 그러한 과다한 사회적 가치 평가를, 해당 사회 체제를 구성하는 다양한 제도들 속에서 물신화된 사회 권력의 구조들 사이에서 벌어지는 갈등과 모순들 속에 놓고 보아야 한다. 둘째, 개인의 정체성을 숭배되는 사물에 지극히 사적인 형태로 투여하는 것은, 그 사물을 리비도적 상상력에 대한 논의들 및 그 상상력의 작동 방식에 대한 시나리오들과 연관 짓는 방식으로 연구되어야 한다. 리비도적 상상력은 사람들이 자신의 가치(혹은 그것의 결핍)에 대한 근거를 스스로 어떻게 이해하는지를 표현하는 공간이기 때문이다. 요컨대, 물신숭배에 대한 비판은 숭배되는 사물에서 출발하여 그러한 형태의 가치의 근원을 사회 권력의 객관적인 구조들과 사적인 가치에 대한 주관적인 인식들에서 찾아야 한다. (Pietz, 1993: 558~559)

생명자본과 같은 정치경제적·인식론적 구조 속에 위치하면서, 가치에 대한 결합적 표명들과 완전히 일치하는, 물신숭배에 대한 결합적 표명들에는 두 가지가 있다. 그리고 이것들은 맑스적 상품 물신숭배 개념과 프로이트적 물신숭배 개념에 연결된다.

물신숭배에 대한 모든 분석은 반드시 두 가지 중요한 생각들을 인정함으로써 시작되어야 한다. 첫째는 주물이 추상의 한 형태이지만 역사적이고 유물론적인 용어로 이해되고 추적되어야 한다는 것이다. 주물은 분명 물질이 추상화된 형태로서, 세속의 사물들이 신비하고 마법적인 힘을 부여받는 방식을 지시한다. 여기서 두번째 개념이 도출되는바, 주물은 **생생하게 살아 있다**는 것이다. 특히 물신숭배의 대상(이 경우에는 자본과 상품, 과학적 사실들)은 스스로 생성되면서 동시에 문제가 된다.

게놈 물신숭배에서 가치 평가되는 '객관적 현상들'은 (하나의 체계이자 유통되는 일련의 사물들로서) 자본주의와 (하나의 인식이자 이 경우에는 '생명 그 자체'에 대한 일련의 사실들로서) 과학에 최상의 권위를 부여한다. 이것들은 미국과 인도에서 비록 다른 방식이지만 동일한 정도로 가치 평가된다. 미국에서는 자유시장과 과학적 사실에 대한 물신숭배가 그것들의 자연화 과정에 의해 생겨나는데, 자유시장은 우리 시대에 유일하게 성공한 정치경제적 구조물로, 과학적 사실은 우연하고 잠정적이지 않고 언제나 이미 '진실한' 것으로 인식된다. 인도에서는 그 두 가지가 노골적인 욕망의 대상이 되는 방식으로 물신숭배가 생겨난다. 두 경우 모두, "과도하게 가치 평가된" 대상들은 물질성과 추상성을 동시에 지닌다. 즉 하나는 상품인 **동시에** 자유시장 체계 또는 상상이고, 다른 하나는 손으로 만질 수 있는 정보, 생물학적 물질, 치료제, 연구 기관인 **동시에** '혁신의 문화'인 것이다.

물신숭배에 대한 비판은 피츠가 주장하듯, "역사에 있는 특정한 주물에 대한 유물론적 현상학"이다. 다시 말해, 물신숭배에 대한 비판의 유용한 받침돌은, 그 자체가 물신숭배의 대상이 되거나 어떤 식으로든 해당 주물을 대변하는 상징적인 사물에서 주물성을 찾는 것이다. 이 장에서 내가 사용한 그러한 사물은 DNA 칩이다.

게놈 물신숭배를 연구하는 데 쓰이는 사물로서 DNA 칩이 갖는 유용함은, 도나 해러웨이가 생명자본을 구성하는 "물질적-기호적" 사물이라 부르곤 했듯이(Haraway, 1997), 그것이 분석을 위한 다층적 근거와 방향을 제공한다는 데 있다. 해러웨이가 보여 주듯, 물질적-기호적 사물은 그 객관적인 특성을 들어 단순히 세속의 물건이라고만 말할 수 없지만, 그렇다고 그러한 특성을 진지하게 고려하지 않고 분석할 수도 없다. 가령 DNA 칩은 그것이 소형화되지 않았다면 현재의 상태가 되지 못했을 것이다. 다시 말해 그것이 실리콘 웨이퍼 기판이 아니었다면, 혹은 특허받은 사진 석판술 과정에 의해 그 표면에 DNA 분자를 부착할 수 있게 되어 가능해진 혼성화 작업을 위한 템플릿이 아니었다면 현재의 상태가 되지 못했을 것이다. 이 칩은 그 물질적인 속성으로 인해 특허를 받고 지식을 생산하는 **상품**이 된다. 동시에 DNA 칩은 물신숭배에 대한 비판이 고려해야 할 두 가지 방향인 "육화 관계들"과 "제도적 구조들"을 동시에 가리킨다.

물신숭배에 대한 비판을 유전자나 게놈, DNA 칩, 벤처 과학, 게놈학, 신약 개발에 적용하면 그것은 자본주의와 '생명 그 자체'의 결합을 잘 지적해 내게 되는데, 피츠는 그 비판에 꼭 필요한 여러 용어들을 언급한다. 여기에는 '가치 평가', '제도', '개인 투자', '개별 정체성', '리비도적 상상력' 등이 포함된다.

가치는 자본주의적인 잉여가치 생산과, 규범의 영역에서 운행되는 윤리·도덕 가치를 함께 가리킨다. 그러나 인식론이 특히 '생명'이나 '인간다움'에 대한 지식과 직결될 때 그것은 또한 개인을 특정한 종류의 주체로 구성하는 데 상당한 영향력을 갖는다. 새로운 인식론적 구성이 맞춤형 의료와 같은 결과로 이어질 때는 개인의 정체성 구성과 주체성에 대한 이해관계가 눈에 띄게 첨예해진다.

그러므로 피츠가 앞선 인용에서 결론짓듯이, 각기 다른 가치 체제(이 경우에는 자유시장과 생명과학)의 결합은 "사회 권력의 구조들"과 "사적인 가치에 대한 주관적인 인식들"에 동시에 연관된다.

한편으로 그 칩은 유전형질이나 질병 소인을 표현하는 표지들을 보여주지만, 동시에 그 표지들이 통계상 그에 상응하는 유전형질이나 질병 소인과 직접적이거나 단순한 인과관계를 갖지 않는다는 점은 인정된 사실이다. 맑스가 이미 확인했듯이, 물신화 현상은 단순히 그 칩이 가진 사용가치 때문만이 아니라 교환의 가능성 때문에 일어난다. 이 경우, 칩은 특히 현재 진행되는 생명공학 연구 진척에 반드시 필요한 벤처 자본을 모으는 위험 천만한 모험에 연루된 약속의 도구라는 성격을 갖는다. 정말이지, 그 칩이 제공하는 (미래 질병 소인에 대한) 과학적 '사실' 자체를 개인과 인구군 간의 DNA 염기서열 변이에 대한 권위 있는 정보로 보지 않고 그 '사실'의 성격을 이해하는 것은 불가능하다. 미래 질병을 진단하는 논리가 진단의학과 예방의학 산업을 사업 모델로서 보는 논리와 단단히 얽혀 있기 때문이다. 만일 게놈 주물들이 그것들이 생산되는 과학과 시장의 틀에 완전히 밀착되어 있다면, 생명자본의 기술-기업 세계에서 생명은 언제나 이미 하나의 사업 계획이다.

소비자의 힘과 자본 주체

이제 나는 오늘날의 자본주의의 동역학을 소비의 동역학으로 환원하지 않으면서, 소비에 대해 한층 더 정교한 이론을 생산하는 것의 중요성을 강조하고 싶다. 나는 특히 새로운 형태의 잉여가치 소비를 이해하고, 잉여가치 소비가 생명자본을 결정하는 힘이 되는지, 만일 그렇다면 어떤 식으로 되는지를 살피며, 나아가 위험의 분배를 뒤틀린 형태의 잉여가치 소비로 위치 지을 필요성을 주장한다.

나의 분석은 잉여가치 **생산**에 대한 맑스의 분석에서 출발한다. 자본주

의 체계에서 맑스가 발견한 착취의 핵심 원천은 잉여가치의 생산이다. 잉
여가치가 어떻게 착취로 이어지는가를 이해하기 위해서는, 맑스가 해소하
기 위해 분투했던 근본적인 경제적 모순은 등가물들의 교환이 어떻게 잉
여가치의 생산으로 이어지는가 하는 문제임을 먼저 이해해야 한다. 그러
면 노동력이라는 맑스적 개념에 대한 이해가 가능해진다.

　노동자가 자본가와 교환하는 것은 노동이 아니라 바로 이 노동력이라
는 사실은 매우 중요하다. 노동력은 창조적인 **잠재력**으로서, 미리 결정된
가치가 **아니기** 때문이다. 그것은 본래 그 안에 있는 잉여가치를 생산해 내
는 잠재력을 갖고 있다. 그러므로 자본가가 주는 임금에 대한 노동자의 노
동이라는 일견 등가물의 교환으로 보이는 이 행위는 그 안에 비등가성의
요소를 감추고 있다. 왜냐하면 임금은 고정된 금액이지만, 노동은 실제로
노동력으로서, 임금으로 지출된 돈을 **초과하는** 가치를 생산할 잠재력을 지
니기 때문이다.[23] 잉여가치는 "대체로 등가물을 초과하는 가치이다"(Marx,
1973[1858]: 324. 이하에서는 *Grundrisse*로 표기) 그러므로 임금은 자본가
의 **생산적 소비**를 구성한다.

　　살아 있는 노동은 원료와 도구와 같은 정도로 자본의 존재 조건을 구성
　　한다. 이렇게 그것은 그 자신의 형태[와―순데르 라잔], 노동자의 소비라
　　는 형태로 스스로를 두 배로 재생산하지만, 그 정도는 노동자를 살아 있
　　는 노동력으로서 재생산하는 데서 그친다.……임금의 지급은 생산의 행
　　위와 동시에 그리고 나란히 가는 유통 행위이다. 또는 시스몽디가 이러한

---

23) 그들이 '충분한' 보상을 받는다 해도 그 일은 여전히 강제성을 띤다. 노동자는 자본가가 지불
　할 것을 받기 위해 일하기 때문이다.

관점에서 말하듯이, 노동자는 자신이 받는 임금을 재생산하지 않는 방식으로 소비하지만, 자본가는 임금을 재생산을 위한 방식으로 지출한다. 그는 임금의 대가로 노동을 받는데 그것이 임금과 임금 이상을 재생산하기 때문이다. (*Grundrisse*, 676)

덧붙이자면 다음과 같다.

만일 노동자가 하루를 살기 위해 노동일의 절반만 일해도 된다면, 그는 노동자로서 살아가기 위해 그러한 절반만 일해야 한다. 그 노동일의 나머지 절반은 강제 노동, 즉 잉여노동이다. (*Grundrisse*, 324)

특히 예비 노동력이 있는 경우, 임금은 노동자의 생계유지를 위해 필요한, 이론상 최소 액수를 향해 내려가는 경향이 있다. 노동자가 일하지 않아도 되도록 충분히 받지 않는 한, 노동력은 지속적으로 재생 가능하다. 이것이 등가물의 교환이 잉여가치의 창출로 이어지는 방식이다.

등가물의 교환으로 노동력을 얻은 덕분에 자본은 노동시간을 얻었다. 이 노동시간은 노동력에 포함된 노동시간을 초과하는바, **등가물 없는** 교환인 셈이다. 그것은 교환의 **형태**로 **교환 없는** 이질적인 노동시간을 전유해 왔다.…… 가치로서 노동력의 사용가치는 그 자체가 가치를 증식시키는 힘이다. 즉 가치의 실체이자 가치를 생산하는 실체이다. 그렇다면 이러한 교환에서 노동자는 객관화된 노동시간의 등가물을 받으면서, 가치를 생산하고 가치를 증식시키는 살아 있는 노동시간을 주는 것이다. (*Grundrisse*, 674. 강조는 맑스)

맑스는 필요 노동시간과 잉여 노동시간을 구분하는데, 전자는 노동자가 자신의 생존 수단을 재생산하는 데 필요한 노동시간으로 이는 사용가치 생산에 들어간다. 이것을 초과하는 모든 것은 잉여 노동시간으로 자본가에게 잉여가치를 안겨 준다. 잉여가치를 극대화하기 위해서는, 노동자는 (이론적으로) 최소 생계를 유지할 만큼만 임금을 받아야 한다. 그러므로 자본가는 언제나 잉여 노동시간을 극대화하려 시도한다.[24] 잉여가치의 생산이라는 바로 이 지점에서 노동자에 대한 착취가 일어난다.

생명자본과 관련된 '소비'에 대한 이해를 증진하는 첫번째 단계가 노동자 착취의 중심점으로서 잉여가치를 이해하는 것이라면, 두번째 단계는 주체가 무엇인지를 이해하는 것이다. 주체란 결국 반드시 노동자를 의미하지는 않는다. (어떤 식으로든 계급, 프롤레타리아트, 생산관계 등과 연관이 있는) **노동**에 대한 (주로 맑스주의적인) 정치경제학적 분석과 **주체성**에 대한 푸코의 분석 사이에는 간극이 있는데, 우리가 '생명과 노동, 언어'에 대한 푸코적 정치학과 생산관계를 강조하는 맑스적 정치학에 동일한 관심을 기울이는 이론화 작업을 시도한다면 바로 이러한 간극을 메워야 한다. 다른 말로 하면, 소비와 생산의 관계란 소비가 생산물을 위한 주체를 제공하는 것이라 말할 수 있다. 그러므로 생산과 소비의 변증법적 관계에서는 노동과 주체성이라는 문제들이 합치한다.

이러한 맥락에서 나는 맞춤형 의료의 소비 주체를 형성하는 결정적인 발견법인 위험에 대한 이야기로 되돌아갈까 한다. 우리가 언제나 이미 예비 소비자인 예비 환자가 있는 진단 체제를 향해 감에 따라 중요해지는 문제는 어떠한 '새로운 주체성'이 그 과정에서 형성되는지(마치 그 '주체성'이

---

24) 맑스가 노동자를 지칭할 때 남성 대명사를 썼기 때문에 나도 그에 따른다.

그 자체만으로 정의될 수 있는 것처럼 말이다)가 아니라, 기업의 가치 평가와 (자신들과 타인의) 위험 계산에 종속되는 **소비자** 주체를 생산하기 위해 규범 구조의 전체 체계에서 어떠한 변화들이 일어나는가 하는 것이다. 이를 탐구하기 위해서는, 내가 비전과 과장 광고를 다룬 3장에서 제기한 일부 문제들을 보는 관점에서 위험을 이야기해 보는 것이 중요하다.

기본적으로 위험은 예언과 우연성 간의 변증법적 관계에 얽혀 있다. 여기서 예언은 두 가지를 의미한다. 첫째, 예언은 위험-이득 분석과 보험료 계산, '기업 실사'에 기초한 투자 결정 등을 통해 우연성을 **계산하는** 하나의 방식이다. 환자-소비자 주체가 장차 병에 걸릴 위험은, 위험을 자본**으로** 보는 전체 위험 계산 방식에서 계산되는 것이 위험임이 인정될 때**만** 위험**으로** 위치 지어질 수 있다. 둘째, 예언은 우연성을 **길들이는** 하나의 수단으로, 그 일부 방식은 과장 광고에 대한 앞선 분석에서 기술한 대로 예언을 **통해** 경향적인 미래를 주술적으로 불러내는 것이다. 그러므로 위험을 예언의 형태로 계산하는 것은 언제나 이미 위험과 타협하는 형태로 예언을 수행하는 과정으로서, 대투자자 홍보와 화제주를 통해 투자자들이 기업에 투자하게 하는 것일 뿐 아니라, **동시에** 진단 테스트를 바탕으로 예비 환자들로 하여금 선제적이거나 예방적인 조치를 취하게 하는 것이다.

약품을 개발하는 회사가 적절하게 계산하고 길들여야 하는 위험에는 여러 종류가 있다. 여기에는 어떤 사람이 특정한 증상이 진전되지 않아 환자가 되지 않고 그로 인해 특정한 약품을 소비하는 시장의 일부가 되지 않을 가능성도 포함된다. 또한 개발 중인 약품이 임상 실험의 실패로 인해 애초에 진단제로 개발되지 못할 가능성도 있고, 개발된 특정 약품이 특정한 환자를 위한 처방전으로 선택되지 않을 가능성도 있다(시장 경쟁).

다시 말하면, 진단 테스트는 개인의 미래 질병 위험에 대한 표지이면

서, 동시에 한정된 시장 규모(충분하지 않은 환자 수)와 한정된 시장 점유율
(한 증상에 대한 너무 많은 수의 약품들), 그리고 신약 개발의 실패 및 판매
이후의 부작용이라는 신약 개발 회사의 위험을 상쇄해 주는 대항력이다.
방정식을 '건강한' 환자에서 '예비 환자'로 바꿈으로써, 모든 사람이 현재
아무리 건강하다 해도 미래에 아플 수 있음을 암시함으로써, 약품의 잠재
적인 시장이 '병에 걸린' 사람들에서 구매력이 있는 모든 사람에게 확대되
는 것이다. 치료제 분야가 진단의 결과에 따른 예방적 사용으로 점차 그 영
역이 넓어지는 것처럼 말이다.

　여기서 나의 주장은, 치료제 영역과 잠재적인 소비자 시장의 이러한
확대는, 게놈학이 제공하는 지식에 의해 그리고 게놈학이 예방의학으로
불리는 다른 의료 체제에 개입하는 방식에 의해 가능해진다는 것이다. 그
러나 테스트가 대세를 이루는 사회를 향해 나아가고 시장을 넓히려는 이
러한 충동은, 게놈적인 인식론이나 기술을 드러내 놓고 이용하지 않는 생
명공학 회사와 제약 회사들의 판매 전략에서 명백하게 드러난다. 가령 이
점은 소위 라이프스타일 약품(이 중 가장 수익성이 높은 부류는 리피토^{Lipitor}
처럼 콜레스테롤을 낮추는 약품이다)의 판매 전략에서 볼 수 있다. 조지프
더밋은 그러한 판매 전략을 스스로 부르는바 "제약적인 문법"의 일부라 분
석한다(Dumit, 2003).

　그러므로 진단제를 향해 나아가는 치료제 개발의 노력의 확장과 '병
에 걸린' 사람들뿐 아니라 '예비 환자'를 포함하는 치료제 시장의 확장은
게놈이 주도하는 치료제에만 국한되지 않는다. 여기서 나의 주장은 이렇
다. 게놈학은 DNA 칩과 같은 도구에 의해 그 문법이 표현되는 것으로, 가
능성에 대한 진술 속에서 작동하고 모든 주체를 예비 환자로 구성함으로
써 어떤 특정한 주체 구성을 가능하게 한다. 이때 이 주체 구성은 기업이

자신이 만들 치료제에 대한 시장의 존재 가능성을 미리 예비 소비자에게 보여 줌으로써 기업 자신을 위해 시장을 창출하고 투자자에게는 시장의 존재를 증명해야 할 필요를 한껏 강화한다. 다시 말해, 게놈학이 가능하게 한 것은 **시장 담론을 위한 인식론적 합리성**이다.[25]

맞춤형 의료의 계산법의 핵심은, 고용주나 건강관리 단체들의 차별적인 대응이나 전문가(강제성을 함의하는)가 **아니라** 환자들 자신에게 위험의 최소화와 예방이 달려 있다는 것이다. 환자들은 약품 광고가 상정하듯 반드시 합리적 행위자로서 구성되어야 하고, 그들에게는 어떤 경우에도 '자유로운' 선택을 행사할 수 있는 계층적 지위를 차지하는 이들만이 구입 가능한 매우 한정된 선택 사항들 중에서 '자유 선택'을 하는 외양이 주어져야 한다. 맞춤형 의료와 예방의학의 사업 모델에서 진단 테스트와 예방 또는 치료 약품들은 비누나 향수와 똑같은 방식으로 소비되는 물건들이다. DNA 칩은 (자기 통치라는 합리적인 선택을 한다는 실용적인 의미에서) '자유로운', 그러나 불확실한 주체를 만들어 내는 기술인데, 이 주체는 영원히 가능한 소비라는 합리성과, '합리적인' 자기 통치를 요구하는 (지속되는 소비를 통해 이루어지는) 합리성에 동시에 종속된다.

그렇다면 이러한 상황에서 우리가 부딪히는 문제는 푸코가 통치합리

---

25) 물론 이것은 특별히 미국적인 현상이다. 이는 매우 다른 제약 관련 원칙들이 작동하는, 에이즈로 고통받는 아프리카 같은 지역에서 약품을 구하려는 분투와 동시에 일어난다. 한쪽에서는 한 일류 신경외과 의사가 자기 생각에는 다섯 개의 약품을 복용하는 것이 절대적인 최소치라고 한 내용을 더밋이 인용하지만(Dumit, 2003), 다른 한쪽에서는 크리스틴 페터슨(Kristin Peterson)과 같은 학자의 작업이 있어, 나이지리아 같은 곳에서 전 지구적 자본주의의 결과로 약품 구입을 둘러싼 문제들이 얼마나 심각해졌는지 보여 준다(Peterson, 2004). 인도는, '제3세계' 국가이면서 동시에 부상하는 '세계적 주자'인 덕분에 최소한 현재는 이러한 극단적 원리를 보여 주지 않는 것 같다. 대신 2장에서 보았듯이, 인도의 게놈학 주체는 실험적 주체로 구성되는 경향이 있는데, 이 역시 전 지구적 자본주의 놀리가 낳은 걸과이다.

성 또는 통치성이라고 부르는 것이다(Burchell et al., 1991). 결국 '합리적인' 소비자 선택을, 이 소비자들에게 약품을 판매하는 기업이 추정하듯, 소비자의 합리성이 합리적인 선택이라는 가정을 믿고 진부하거나 단순하게 다룰 수는 없다. 사회학이나 정치학에서는 그럴 수 있는 것과 달리 말이다. 만일 소비자가 '비합리적으로' 행동하면 기업의 미래 그 자체가 위험해지기 때문이다. *BRCA* 유전자에 대한 미리어드^Myriad^의 유방암 테스트에 대한 반응이 보여 주듯, 사람들이 유전자 테스트 결과에 반응할 수 있는 길은 실로 다양하다. 이 책 전체에 걸쳐 나는, 미래 예측의 어려움 **때문에** 끊임없이 미래를 정확하게 예측해야 하는 (벤처 자본가와 기업가, 제약 회사, 생명 사회 기관, 정책 입안자, 소비자 겸 환자를 포함하는) 행위자들을 언급한다. 중요한 문제는 그러한 통치가 각기 다른 기관들과 국가들, 역사적·전략적 정세들 각각에서 그리고 그 모든 곳을 관통해서 어떻게 표명되는가 하는 것이다. 생명자본의 소비자 주체는 의심의 여지 없이 신자유주의 주체 형태이지만, 이 주체 구성에 관여하는 것은 다름 아닌 생명자본의 (내가 앞선 절에서 게놈 물신숭배로 언급한 바 있는) **인식론**임을 기억할 필요가 있다.

맞춤형 의료 또는 게놈학 또는 신약 개발은, 프랜시스 콜린스와 빅터 맥쿠식이 그리는 것과 같은 기술과학 발전의 목적론적 결과가 아니라, 궁극적으로 기술들과 인식론들의 총체이다. 이 기술들과 인식론들은 그것들의 표명의 정치경제적 기반, 즉 전 지구적인 자본 관계들과 자유시장의 패권에 의해 과잉결정되는 기반과 함께 경향성을 띠고 공동생산된다.[26] 나는 이 책에서 이러한 기반을 형성하는 구조적 구속물들과 전략적이고 우연적인 표명들에 관심을 두는 것이다.

---

26) Collins and McCusick, 2001을 보라.

결론

나는 지금까지 생명자본이 새로운 정치경제 체제와 새로운 인식론 체제의 결합임을 주장했고, 이 장에서는 게놈학의 인식론적이고 기술적인 함의라는 문제를 분석의 전방에 두었다. 또한 언어와 담론에 대한 관심도 지속시켜, 과학적 사실이란 기업의 약속 표명과 마찬가지로 그것이 지닌 사실성으로 인해 신빙성과 권위를 지니는 특정한 형태의 수행적 담론임을 제안했다. 이 사실성이 '생명 그 자체'에 대한 정보에, 그리고 기업 행위로 과잉 결정된 신약 개발 사업에 동시에 결합되는 것은, 주체가 재구성되며 '생명'의 문법조차 우리 모두가 투자할 수 있는 신빙성 있는 미래로 재구성됨을 함축한다.

이는 위험에 대한 분석을, 더 넓게는 언제나 이미 (예비 소비자 겸 환자의 계산이 기업의 계산과 서로 얽혀) 이중으로 굴절되는 계산의 필요성을 전면으로 가져온다. 이 장과 앞 장에서 그 윤곽을 그려 내려 했던 것이 바로 이러한 두 가지 형태의 계산이 이루는 관계이다. 니클라스 루만^Niklas Luhmann이 지적하듯, "근대성은 허위로 구성된 이중의 현실을 유지하기 위해 적절한 시기에 가능성에 대한 계산에 영향을 주었다. 현재는, 언제나 다르게 나타날 수 있는 미래를 계산할 수 있다"(Luhmann, 1998: 70). 맞춤형 의료의 경우, 유전 상담을 둘러싼 윤리적 딜레마들이 분명히 보여 주듯, 이 계산은 훨씬 더 노골적이고 또한 훨씬 더 논란이 많다.[27]

맞춤형 의료의 경우, "언제나 다르게 나타날 수 있는 미래"라는 구절은 동시에 일어나지만 형태는 다른 두 가지를 암시한다. 첫째, DNA 칩이

---

27) 이러한 딜레마의 일부에 대한 뛰어나고 구체적인 설명을 찾는다면 Rapp, 2000을 보다.

예견하는 것과 같은 게놈적 사실에 대한 진술은 순전히 **가능성**에 대한 진술이므로 실제 결과는 궁극적으로 우연성에 의한 것이다. 가령 (이미 문서로 잘 정리되어 있듯이) *BRCA* 유전자(유방암 위험에 대한 지표)에 대한 테스트는 게놈 진단 테스트 중 가장 인기 있고 가장 크게 과장 광고된 것이지만, *BRCA* 테스트에서 음성 판정을 받은 사람이 유방암에 걸릴 가능성이 있듯이 양성 판정을 받은 사람이 유방암에 걸리지 않을 수도 있다(물론 이 '걸리지 않는다는 것'이 '아직은 아니다'보다 우세하다고 평가하기는 불가능하다. 이 유전자를 가진 것으로 판명된 개인에게는 이 질병에 걸릴 가능성이 언제나 존재하기 때문이다). 그러므로 미래는 언제나 진단 테스트가 나타내는 가능성과 '다르게' 나타날 수 있다. **심지어 그 테스트가 어떤 식으로든 잘못되지 않고도 말이다.**

루만의 구절을 처음 읽을 때, 가능성에 대한 진술에 상존하는 우연성, 즉 가능성에 대한 진술을 예언적 진술이 아닌 것으로 만드는 우연성을 본다면, 그것을 두번째로 읽으면 내가 지금까지 주장한 생명의 **계산 가능성**을 보게 된다. 맞춤형 의료는 언제나 미래를 다르게 나타나게 할 수 있다. 그것은 **미래를 다르게 나타나게 할 수 있는 행위의 가능성이나 필요성을 가리키기** 때문이다. 이러한 행위는, 앞서 콜레스테롤을 낮추는 약품의 예나 라이프 스타일 변화를 통해 보였듯이, 예방을 위한 치료적 개입(그로 인해 치료제의 영역을 넓히고 약품을 개발하는 회사들을 위한 시장을 확대할 수도 있는) 일 수 있다. 다시 말해, 맞춤형 의료는 **우생학적 기술**로 기능함으로써 '미래를 다르게 나타나게' 만들 수 있다.

대놓고 미래를 계산하고 그것에 수량화할 수 있는 합리성을 부여하는 이러한 능력은, 3장에서 묘사한 기업이 행하는 약속의 주문이라는 현상에 담긴 시간의 전도이다. 이 시간의 전도는 특정한 미래를 창출하기 위해 현재를 계산하는 것이 아니라, 현재를 창출하기 위해 미래를 불러온다. 물론 이때 노골적인 위험 계산도 이루어진다. 특히 미래에 대한 약속이 실제로 이루어질 수 있다는 믿음에 기초한 벤처 사업에 기업이나 투자자가 엄청난 액수의 자본을 투자할 때는 더욱 그렇다. 그리고 물론 그러한 미래는 다르게 나타날 수도 있으므로, 미래 지향적 진술은 그러한 결과로부터 스스로를 보호하는 보험의 한 형태이다.

루만은 가능성이 "잠정적인 선견지명"을 제공한다고 주장한다. 나의 주장은 물신숭배의 순간은 이러한 잠정성이 확정성에 대한 이해를 대체할 때, 앞서 서술한 리처드 기브스의 단일 유전자 질병에 대한 연설에서 드러나듯 가능성이 예언으로 **물신화될** 때 온다는 것이다. 한편 데리다는 잠정적인 세상에 놓이는 것에는 의무가 수반됨을 우리에게 상기시킨다(Derrida, 2002b).

데리다의 해체적인 방식은 대응의 **실패**, 즉 결정하거나 종결짓지 못하는 **실패**로 쉽게 오독된다. 그러나 가야트리 스피박이 지적하듯(Spivak, 1976, 1985, 1988), 해체가 요구하는 것은 종결의 어려움과 텍스트와 분석 구조의 붙잡기 힘든 성격 또는 윤리적 딜레마를 인정하고 명백하게 보여주는 일의 중요성이다. **행위의 잠정적 성격을 충분히 알고** 행동하는 것이 절대적으로 필요한 일임을 분명히 하는 방식으로 말이다.[28] 생명자본에서 과학과 기업의 담론은 잠정적이고 위험천만하며 개연성에 근거하여, 진정 언제나 유예되는 성격을 지닌다. 물신숭배적인 작전은 이러한 점들을 유

---

28) 비슷하게, 로즈메리 쿰이 "우연성의 윤리학"(Coombe, 1998: 5)을 가리키면서 그 중요성을 강조하는 것은 개입의 잠정적 윤리를, 확실하고 선긍정된 윤리로 물신화하는 것에 대한 거부이다. 이 점에서 내가 쿰의 개념을 어떻게 사용하는지 확인하려면 1장을 보라.

예되지 **않고** 영원하며 역사가 없는, 확고하고 위험이 최소화된 예언적 진술로 안정화하려는 시도이다. 이 장의 목표는 바로 이러한 특성들이 어떻게 작용하는지를 보여 주는 것이다. 이 분석은 그와 같은 정화 작전들이 이루어 놓은 자연화 작용을 폭로하는 잠정적 개입이다. 우리의 생명이 재구성되는 것은 다름 아닌 잠정적 사실과 가능한 미래가 제공하는 공간 속이기 때문이다.

이 책은 '경제적인 것'와 '인식론적인 것'을 동시에 고려함으로써 구성된다. 인식론적인 것에서 특정한 인식론은 언제나 이미 담론으로서, 서적으로서 글로 표명되어 있다. 다시 말해, 경제적인 것이 언제나 이미 가치 체제와 관련된다면, 인식론적인 것은 언제나 이미 서적과 관련된다. 그러면서 가치는 언제나 이미 자본과 도덕으로 구성된다.

그러므로 최소한 서로 다른 두 가지 주요한 역사적·이데올로기적 구성체가 이루는 맥락에 놓지 않은 상태로 경제적인 것을 분석하고 연구하는 것은 불가능하다. 해당 체계가 자본주의적이면 더욱 불가능한데, 이때의 두 가지 주요한 구성체 중 하나는 종교, 특히 기독교이고 다른 하나는 국가이다.

물론 자본주의와 종교/기독교, 국가는 근대성의 제도와 이데올로기를 구성하는 세 가지 주요 구성물이고, 그들이 그러한 구성물이 된 이유 중 하나는 그들 모두가 제도적이면서 **동시에** 이데올로기적이기 때문이다. 자본주의와 기독교, 그리고 그들의 공동생산의 관계는 잘 알려진 대로 막스 베버와 발터 벤야민Walter Benjamin과 같은 사회이론가들이 분석한 바 있고 (Weber, 2001[1930]; Benjamin, 1996[1922]), 그것들의 상호 연관성은 '가치'라는 용어의 이중성에 암시되어 있다. 그러나 자본주의와 마찬가지로 기독교도 변화하는 것인데, 베버의 프로테스탄트 윤리가 혁신에 대한 비합리적인 열광이라는 신자유주의적 자본주의 논리로 대체되고 있다면, 미국에서는 분명 기독교 자체도 공격성과 구원적 요소가 강한 '거듭남'[born-again]의 형태로 변형되었다고 말할 수 있다.[29]

한편, 국가에 대한 상상과 자본주의, 특히 인쇄 자본주의의 부흥 사이의 관계는 베네딕트 앤더슨[Benedict Anderson]에 의해서 잘 정리된 바 있다(Anderson, 1991[1983]). 그와 동시에 국가주의와 종교적 인식은, 아르빈드 라자고팔[Arvind Rajagopal]이 주장하듯이 서로 완전히 매개된 방식으로 여러 종교를 막론하고 복음주의적인 형태로 서로를 재긍정하고 강화한다(Rajagopal, 2001).

이 책의 목적은 인식론적 체제와 경제적 체제의 공동생산을 분석하는 것뿐 아니라, 그러한 현상들을 역시 새롭게 생겨나고 또 문제가 되는 더 넓은 사회 구조물과 이데올로기를 이해하는 맥락에 놓는 데 있다. 이러한 목적을 위해 나는 계속해서 표명의 중요성을 강조한다. 3장에서 기업 대외 홍보의 담론적인 표명에 초점을 맞추었다면 이 장에서는 그러한 표명들이 **사실** 생산이라는 담론 사업으로서의 과학과 절합하는 방식에 초점을 맞췄다. 5장에서는 생명자본이 구원적이고 국가주의적인 수사와 상상에 깊이 연관되는 방식을 탐구할 것이다. 미국에서는 '거듭남'의 메시아주의에서 생명자본을 명백히 볼 수 있는 반면, 인도에서 명백해지는 것은 국가주의를 둘러싼 염려와 격론의 관점에서 이렇게 새롭게 부상하는 모든 것의 관

---

29) 여기서 나는 거듭난 기독교인들이 본성상 공격적이라고 말하는 것이 아니다. 그보다는, 복음주의적 프로테스탄티즘은 의식이 기독교로 전환되는 순간을 명백하고 의심의 여지 없는 구원의 순간으로서 명시적으로 만들기 때문에 어떤 특정한 종류의 기독교를 대변한다고 본다. 이 특정한 기독교란, 베버가 묘사한 금욕주의적 프로테스탄티즘보다 명백히 더 천년왕국설을 신봉하는 기독교이자, 신자유주의적 자본주의를 특징짓는, 위험과 도박, 혁신, 과잉에 대한 새천년의 찬양과 더 많이 공명하는 듯 보이는 기독교이다.

계이다. 이는 미국과 인도 사이에 '구원' 대 '국가'라는 상대주의적 이분법을 세우려는 시도가 아니라, 새로운 사회 형태의 기초를 이루는 다양한 인과관계들에 대한 베버의 분석에 영향을 받아, 전 지구적인 기술-자본주의적 체제의 상상을 조건 짓는 기반들 자체가 어떻게 변화하고 문제가 되는지를 보여 주려는 시도이다.

5장 구원과 국가
생명자본의 기초를 이루는 믿음 구조들

국가적 자긍심을 예증하는 두 이야기로 이 장을 시작해 보겠다. 인도와 미국의 사례이다. 미국에는 실리콘밸리의 인도 교포들 중 가장 힘 있고 눈에 띄는 첨단 기술 소프트웨어와 생명공학 전문가들 외에도 많은 수의 시크교도 택시 기사들이 있다. 종종 격렬해지는 그들의 국가주의는 요전 날 내가 버클리 근처 친구 집에 갈 때 만난 한 택시 기사와 나눈 대화를 통해 볼 수 있다. 내가 처음부터 그에게 힌디어로 말을 걸자 그는 즉시 내게 마음을 열었다. 나는 그가 불과 3년 전에 암리차르^Amritsar^에서 왔고 고향을 그리워하고 있음을 알게 되었다. 그는 내가 미국에 정착할 계획인지 물었고, 나는 그렇게 되더라도 나의 마음은 여전히 인도에 있을 것이라고 대답했다. 이 말을 듣자 그는 뒤를 돌아보며 활짝 웃었고, 힌디어로 "그래, 형제여. 이 망할 나라에 너무 오래 머물면 우리의 피마저도 하얗게 변하지"라고 말했다. 그는 택시비도 받지 않았다. 인도인 교포가 고도로 밀집한 지역에서 다른 인도인을 태우는 것이 그리 새로운 일이 아닐 텐데 말이다. 그러나 그가 말했듯이 "어떻게 우리나라에서 온 사람에게 돈을 받겠는가?"

나의 두번째 일화를 위해 배경을 바꿔, 하버드대학의 존 F 케네디 캠

정대학원John F. Kennedy School of Government에서 열린 '기업 사기와 성난 투자자들'Corporation Fraud and Rattled Investors이라는 제목의 포럼에 대한 이야기를 통해 최근 터진 수많은 미국 기업들의 스캔들에 대해 반추해 보고자 한다.[1] 이 포럼의 연사들 중에는 뉴저지의 민주당 상원 의원이자 과거 골드만삭스의 최고 경영자였던 존 코자인John Corzine, 아버지 조지 부시의 재직 시절 증권거래위원회 의장이었던 리처드 브리든Richard Breeden, 그리고 뉴욕증권 거래소의 공동 소장이었던 캐서린 키니Catherine Kinney가 있었다.

모든 참석자는 그 당시 터진 기업 스캔들이 결코 시스템의 실패를 반영하지 않는다는 의견에 만장일치로 동의했다. 한편으로 그들은 그 위기의 예외적인 성격을 지적했지만, 다른 한편으로는 어떠한 입법 조치도 기업 사기라는 문제를 사라지게 할 수 없다고 주장했다. 그들의 주장에 따르면, 기업 사기란 시스템의 문제가 아니라 **도덕적인** 문제였다. 어떤 것이 예외적이면서 동시에 근본적이라는 모순은 한 번도 반성되지 않았다.

기업 스캔들이 시스템이 아니라 도덕이 붕괴한 결과라고 강조하는 데에는 넓은 범위의 이데올로기적·정치적 지위를 대변하는 그 모든 참가자에게 위안이 되는 어떤 것이 분명히 있었다. 이러한 경향에는 두 가지 이유가 있다. 그러한 진단이 도덕성과 구원, 구제라는 담론적 구조의 허점을 해명해 주기 때문이고, 또한 이를 통해 시스템의 실패를 인정하는 데서 오는 더 큰 대가를 피해 갈 수 있기 때문이다. 도덕의 붕괴라는 진단은, 특정한 인물과 개인(또는 기업)의 행위에서 위기의 원인을 발견하고 또 그것으로 위기를 **축소**할 수 있게 해준다. 또한 그러한 진단은 언제나 존재하는 구원의 가능성을 가리키며, 그를 통해 화이트칼라 범죄자들이 언제나 회개하

---

1) 이 포럼은 2002년 9월 16일에 존 F. 케네디 행정대학원의 정치학 협회가 주최했다.

고 교화될 준비가 되어 있음을 함축한다.

그러나 국가주의에 대한 진단에 더욱더 적절한 것은 스캔들이 발생했을 때 시스템의 실패를 인정하는 데서, 즉 그것을 일탈이 아닌 구조적 문제로 읽는 데서 비롯되는 함의들이다. 시스템의 실패를 인정하는 것은 단순히 자유시장 자본주의의 실패를 인정하는 것일 뿐 아니라, 독특하게 **미국적인** 가치로 가득 찬 자유시장 자본주의, 미국이 전 지구적 패권을 획득하는 것으로 방향이 맞춰진 자유시장 자본주의의 실패를 인정하는 것이다. 다시 말하면, 자유시장의 무절제에 대한 문화적으로 특수하고 관례화된 표현들을 서서히 침식하는 구조적인 진단들은, 정치경제 체제에 대한 침식일 뿐 아니라 국가적인 가치 체계에 대한 침식으로 인식된다. 이 일화가 보여 주는 종류의 '자연화된' 국가주의와 반대로, 이 역사적 국면에서 인도의 국가주의는 더욱 거리낌 없이 표현되고 더욱 자주 심문을 받는 하나의 정서이다.

배경, 논점, 현장

이 장에서는 생명자본주의의 비전과 과장 광고가 깊이 박혀 있는 믿음 체계, 구체적으로는 종교와 국가를 살펴본다. 막스 베버에게 영감을 받은 나는 우선 저변에 있는 구원의 흐름과 생명자본주의의 현현 방식에 대한 유형학을 만들어 보고자 한다. 첫째, 종교와 과학, 자본주의의 공동생산물들을 살펴봄으로써, 둘째, 이러한 생산물들을 연설speech과 의례ritual라는 수행적 현장에 놓음으로써, 그리고 셋째, 생명과학과 자본주의의 기초를 이루는, 구원과 국가의 담론적이고 수사적인 구조를 이론적으로 분석함으로써 그 유형학을 만들 것이다.

그러므로 이 장에서는 생명자본이 미국에서 구원의 성격으로 현현하고 인도에서 국가주의적인 모습으로 현현하는 현상에 대한 유형학을 만들어 보려 한다. 국가주의적 상상력과 담론뿐 아니라 구원적 상상력과 담론이 작동하는 차원이나 영역도 다양하다. 가령 자본주의는 (베버가 『프로테스탄티즘의 윤리와 자본주의 정신』*Die protestantische Ethik und der Geist des Kapitalismus*에서 주장하듯) 종교에 의해 조건 지어지는 구조물일 뿐 아니라, 하나의 종교적 현상이기도 하다. 이 점은 '개종'[전환]conversion이라는 말의 이중 의미를 통해서 접근할 수 있다. 개종이라는 용어는 한편으로는 종교적인 정의의 일부로서 종교적 믿음의 거대한 변형을 가리키지만, 다른 한편으로는 사용가치에서 교환가치로 가는 그다지 중대하지 않은 변형을 가리킨다. 구원의 담론은 종종 의례의 기저를 이루고 의례를 통해 유포되는 것으로서 가부장주의적·제식적·리비도적 성격을 지닌다.[2) 그러므로 구원의 담론과 실천은 또한 여러 가지 점에서 명백히 **성별화되어** 있다.

베네딕트 앤더슨의 유명한 말처럼, 국가주의는 공동체의 상상이며, 해당 국가가 인도와 같은 식민지 독립국일 때는 다르게 굴절된다(Anderson, 1991[1983]). 국가의 존재 자체가 식민지 권력에 의해 고무되면서 동시에 그에 대항하는 방식으로 구성된 근대적인 상상에서 탄생했기 때문이다.

인도가 독립한 후 첫 40년의 대부분 기간 동안, '국가주의'라는 개념은 여전히 대체로 비종교적인 반反제국주의로 구성되었다. 그러나 국가주의를 모든 인도인에게 자연스럽고 일상적인 것으로, 그리고 대체로 세속성과 진보성을 가진 것으로 보는 이 지배적인 관점(이 관점에서 인도인들

---

2) 종교가 의례 행위를 이용한 문화 체계로 이해되는 방식들을 찾는다면 Geertz, 1973: 87~125를 보라. 자본주의를 제식(cult)으로 보는 논의를 찾는다면 Benjamin, 1996(1922)을 보라.

은 포스트식민적 주체라는 그들의 의식에 의해 특징지어진다)은 최근 15년 동안 점점 더 많은 공격을 받게 되었다. 인도의 국가주의를 점점 더 애매하고 논쟁적인 위치에 처하게 하는 정치적 현상들은, 여러 가지 면에서 인도의 해방 투쟁을 주도한 국민회의당이 손쉽게 얻은 범인도 패권의 붕괴에서 비롯된다고 할 수 있다.[3] 예를 들면, 인도 연방 내부에는 여러 주들의 더 큰 연합 자치권을 요구하는 정치 운동이 증가해 왔고, 그 결과 주로 특정한 주들이나 지역들을 대변하는 '지역' 정당들이 주요한 정치 주자들로 성장해 왔다.[4] 정체성 정치는 종종 카스트 제도에 기반을 두는 것으로 인도의 정치 조직에서도 점점 더 두드러진 역할을 해오고 있다. 그리고 힌두교의 문화적 국가주의는 (비록 국민회의당의 세속적인 국가주의에 비하면 상대적으로 잘 드러나지 않았으나) 인도 독립 운동 내내 인도의 정치를 이루는 하나의 요소였는데, 힌두교 국가주의를 표방하는 인도인민당이 이끄는 연립 정부가 1998년 권력을 잡은 사례가 보여 주듯, 현재는 한층 더 두드러지게 그 모습을 드러냈다.[5] 이러한 변화의 한가운데에는(그리고 분명 그러한 변화들이 공동생산한) 경제 자유화라는 공격적인 새로운 프로그램이 있다. 이 프로그램은, 현재 영국이 아닌 미국에 의해 대변되는 서구에 대한 이끌림과 혐오의 공존을 특징으로 한다.

다시 말하면, 생명자본이 미국에서는 구원적인 것이고, 인도에서는 국

---

3) 독립 운동 시기에 이 당은 인도국민회의(Indian National Congress)로 불렸다. 이 당명은 당이 범인도적인 패권을 쥐고 있음과 그것이 국민이라는 대의에 찬성함을 함축한다. 이때 국민이란 해방되어야 할 **인도**의 국민과 당이 열렬히 지지하는 근대적 개념의 국민 모두를 뜻한다.

4) 그러한 정치적 구성체의 예는, 2장에서 기술한 나라 찬드라바부 나이두의 텔루구데삼당이다.

5) 인도인민당이 명성과 권력을 얻게 된 과정, 특히 이 과정이 텔레비전에 의해 매개된 방식에 대한 민족지학적 탐구를 찾는다면 Rajagopal, 2001을 보라. 인도인민당이 주도한 연립정부는 2004년 5월 선거에서 패배했다.

가주의적인 것이라고 말할 수 있지만 그것이 두 지역 간의 어떤 본질적인 '문화 차이' 때문은 아니라는 것이다. 이 차이는 역사적이고 물질적인 원인에서 비롯된다. 담론적·의례적·제식적 성격을 지닌 표현은 미국 기술과학과 기업 문화를 이루는 구성 요소이고, 문화적 부활과 세계화라는 현재의 국면에서 오늘날 인도 정치 조직체들은 국가주의가 갖는 효력을 쉽게 활용할 수 있다. '미국:구원, 인도:국가'라는 공식은 매우 부적절하다. 결국 오늘날 인도의 정치 기반을 재형성하고 있는 것은 부활한 **종교적** 국가주의이기 때문이다. 동시에 노골적이고 공격적인 국가주의가 점점 더 미국의 문화와 정책을 정의하는 특징이 되어 가고 있음도 확실하다.

물론 내가 이 책의 여러 장들의 키워드를 정의하기 위해 사용한 다른 모든 개념과 마찬가지로 '구원'과 '국가'라는 용어는 이분법적 대립항이 아닌, 서로에 대한 변증법적인 대응물로 기능한다. 힌두교 우파의 통합은 종교적인 정체성뿐 아니라 인도의 **국가적** 정체성에 대한 움직임이다. 그 의도는 어떤 '세계 차원의' 힌두교적 의식을 창조하는 데 있기보다는(그러한 의식이 인도가 세속 국가라는 점이 무엇을 의미하는가 하는 문제로 전환될 수 있다는 점을 제외하고), 역사적으로 진화해 온 그대로의 국민국가라는 특정한 개념을 심문하고 그 개념에 도전하는 데 있다. 이와 동시에, 미국의 국가주의, 특히 부시 정부의 모습을 한 국가주의는 명백히 메시아적인 의미를 함축하고 있다. (인도에서) 종교는 국가적 정체성이고, **동시에** (미국에서) 국가적 의식은 메시아적이다.

나는 신약 개발을 **기적의** 사업으로 보는 시각이 얼마나 지배적이고, 신약 개발의 기적에 대한 이야기들이 이 산업의 역사의 각 '혁명적' 순간에 얼마나 끊임없이 불쑥불쑥 등장하는지를 보여 줌으로써 논의를 시작할 것이다. 이러한 이야기들은 실체가 없는 추상의 구조물들이 아니라, 새로운 기적의 치료제가 구한 실제 생명들과 관련된다(과학을 직선의 발전으로 보는 역사 기술에서는, 물론 이러한 기적들은 언제나 결과적으로 부적합했던 것으로 여겨진다). 다음의 세 이야기를 살펴보자. 처음 두 이야기는 배리 워스Barry Werth의 저서 『10억 달러짜리 분자』The Billion Dollar Molecule, 1994에, 세번째 이야기는 신시아 로빈스-로스Cynthia Robbins-Roth의 저서 『연금술에서 주식 공개까지』From Alchemy to IPO, 2000에 기술되어 있다.

제2차 세계대전 동안 페니실린을 사용한 기적 이야기의 절정은, 1942년 연쇄상구균에 의한 열병으로 죽어 가면서 설파제에 반응하지 않던 한 여성에게 약품을 투여한 순간이다. 워스가 말한다. "토요일 오후 3시 반, 환자가 머크의 페니실린을 처음 맞았을 때 체온은 40도였고 혈액 세제곱센티미터당 박테리아 수는 50개를 '훨씬 상회'했다. 다음 날 새벽 4시경에 체온은 정상이 되었다. 월요일에는 혈액에서 균이 사라졌다. 이 여성은 1990년에도 여전히 살아 있었고 코네티컷에 살았다"(Werth, 1994: 123~124).

1940년대 후반, 기적의 약품이 된 것은 코티손Cortison이었다. 워스에 따르면, "1948년 9월, 머크는 심한 류머티즘 관절염에 걸려 침대에서 몸을 돌릴 수도 없었던 29살 여성의 치료를 위해 미국의 메이오클리닉Mayo Clinic에 10그램짜리 코티손 여섯 상자를 부쳤다. 그 여성은 이미 엄청난 양의 페니실린과 스트렙토마이신, 금염, 혈청을 맞았으나 효과를 보지 못한 상태였다. 코티손을 주사한 3일 후 환자는 손을 머리 위로 올릴 수 있었다. 그로부터 4일 후에는 쇼핑을 갔고 '내 인생에서 이보다 더 좋은 적은 없었다'고 단언했다"(Ibid.: 129).

로빈스-로스는 『연금술에서 주식 공개까지』를 벳시 패터슨에 관한 이야기로 시작한다. 벳시 패터슨은 비호지킨림프종non-Hodgkin's lymphoma에 걸렸다는 진단을 받고, 화학요법으로 인해 그 질환만큼이나 심한 고통을 겪고 있었다. 화학요법으로 암이 일시적으로 완화되긴 했지만, 그 대가는 조기 폐경, 당뇨, 심한 염산결핍성빈혈folic acid deficiency anemia, 경미한 신경손상 등이었다. 18개월 후에는 또 다른 종기가 흉부 스캔에 나타나 다시 한번 화학요법과 싸워야 했다. 바로 이 시점에서 이 환자는 리툭산Rituxan을 시험해 보길 원했다. 이 약품은 IDEC 제약 회사가 개발한, 새로운 단일클론항체monoclonal antibody 치료제였다. 리툭산을 통한 치료의 결과를 로빈스-로스는 다음과 같이 기술한다(Robbins-Roth, 2000: 6~7).

> 환자의 목에 있던 혹들은 완전히 사라졌고, 등과 가랑이에 난 것들은 줄어들면서 더 이상 고통을 유발하지 않았다. 두번째 투약 이전 6월에 시행한 CT 스캔은 종양의 상당한 감소를 보여 주었다.
> 이 대단한 반응에는 독성이 수반되지 않았다. 부작용도 거의 없었다.
> …… 생명공학은 우리가 신약을 발견하고 개발하는 방식을 완전히 바꾸었고, 이전에는 치료할 수 없었던 질병을 고칠 수 있게 도와주었다. 벳시와 같은 이야기들이, 그토록 많은 사람들이 생명공학에 시간과 돈, 경력을 투자하는 이유 중 하나이다.

이러한 이야기들을 제시하는 나의 목적은 이 이야기들에 비웃음을 퍼붓거나 냉소를 보내는 것이 아니라, 그 이야기들에 일관된 기적의 구조, 나아가 이전 치료(그것들 역시 한때는 기적이었다)의 부적절함에 기반을 둔 구조를 보여 주는 것이다. 특별한 구원의 이야기들, 심하게 아픈 개인을 영웅적으로 구한 사례에 구현되어 있는 것은 바로 직선의 발전 구조이다('구조받은' 환자들이 모두 여성이라는 점도 주의를 요하는 또 하나의 특징이다).[6] 이는 "만일 당신이 마음을 누그러뜨리고 페니실린이나 코티손, 리툭산(이들 각각은 당시 상대적으로 실험적인 치료제들이었다)을 받아들인다면 구원받을 것이다"라는 형태의 구조이다. 이것은 역병이나 전염병의 확산을 막기 위해 치료제가 개입한다는, 공중 보건의 수사가 **아니다**. 다시 말해, 신약 개발 산업의 상징적 자본은 아프리카에서 에이즈를 없앤다는 이야기에서 **오는 것이 아니다.** 나아가 이러한 이야기들은 치료만이 아니라 부활에 대해서도 기술한다. 즉 이 이야기들에서 관건이 되는 것은 생존이나 호전뿐 아니라, 다시 한번 삶을 맘껏 향유하는 것이다.[7]

앞선 세 이야기에 반영된 것처럼 의료가 구원의 도구로서 생명자본의 한 구조를 그대로 되풀이하는 것이라면, 시장은 도덕적 목적의 도구로서 19세기 이후 선교 사업의 일부로 표명되어 왔다. 가령 맑스가 상품의 신학적 성격에 대해 쓰고 있을 당시에, 데이비드 리빙스턴David Livingstone은 상업과 기독교가 사이좋게 함께 갈 수 있다는 확고한 믿음을 갖고 아프리카를 원정하고 있었다. 19세기 중반에는, 복음을 전하고 산업혁명의 생산 요구를 충족시킬 원료를 구할 수 있는 현장으로서 아프리카를 보는 제국주의적 상상이 극성을 부렸고, 이는 오늘날에도 잔존한다(기독교연합Christian Coalition의 매체의 실력자인 팻 로버트슨Pat Robertson이 서아프리카에서 복음화와 채굴을 하는 것이 일례이다[Roth, 2002]).

---

6) 신약 개발의 역사를 직선인 발전 과정으로 보는 제약 산업에 대한 한층 더 자세한 설명을 찾는다면 Mahoney, 1959; Mann, 1999를 보라.

7) 신약 개발의 구원적인 수사에 대해 생각해 보는 일은 우리를 다름 아닌 사용가치의 **역사적** 그리고 **문화적** 기원이라는 문제로 이끈다. 마셜 살린스(Marshall Sahlins)가 지적하듯, 사용가치는 맑스의 이론에서 자연화된다(Sahlins, 1976). 사용가치를 자연화하는 것은 **비교**를 어렵게 만든다. 왜냐하면 상품 교환 체계 바깥에 있는 물건의 사용가치는 고려의 대상이 아닌 것으로 인지될 수 있기 때문이다. 약품이 처한 정치경제적 맥락이 작용한 결과는 바로, 가령 미국 대 아프리카(생활 방식 향상을 위한 약 대 생존을 위한 약)에서 약품의 매우 다른 사용가치이고, 이점에 대해 주의를 놓치지 않는 것이 매우 중요하다.

이렇게 미국에서 이용되는 신약 개발의 수사는 공중 보건의 수사가 **아니다.** 여기에 다시 인도와 관련된 부조화의 요소가 있다. 해방 직후 40년 동안 사회주의적인 복지국가 정책을 펼쳐 온 상대적으로 가난한 나라인 인도는, 공식적이 차원이나 대중적인 차원에서 신약 개발을 (언제나 명백한 것은 아니었지만) 공중 보건이라는 목표를 달성하는 길로 인식하는 경향을 보여 왔다. 다시 한번 말하지만, 이 부조화는 서로 다른 국가적, 역사적, 그리고 제도적 맥락의 결과이다. 그리고 이러한 부조화는 미국의 '구원의' 수사와 인도의 '공중 보건의' 수사 사이에서 일어나기보다는, 미국의 혁신 문화에 대한 인도의 모방과 실제로 인도에서 일어나는 모방의 시도들이 의도와 달리 빗나가는 현상 사이에서 일어난다. 이러한 모방의 시도들은 여러 가지 면에서 인도의 특허 체제와도 맞지 않는다. 인도의 특허 체제는 인도가 세계무역기구에 가입하기 이전부터, 인도인들을 약품에 대한 최상의 소비자로 구성하기보다는 하나의 '공중'으로 구성하는 방식으로 구축되었기 때문이다. 미국에서처럼 인도의 신약 개발은 언제나 민간 사업이 되려는 경향을 지녀 왔지만, 인도의 특허법은 (상품이 아닌 공정에 대해서만 특허를 줌으로써) 미등록 약품에 대한 역공정을 허용했고, 이를 통해서 자유시장 경쟁을 허용하고 인도의 약품 가격을 세계에서 가장 낮은 수준으로 유지했다.

인도 내의 관련 주 당국과 시장 주자들 그리고 미국에 거주하는 교포 인도 기업가들이 인도에 혁신의 문화를 불러일으키려는 시도에는 모순의 씨앗이 담겨 있다. 그러한 문화는 언제나 이미 그 핵심에 신자유주의를 품고 있는데, 이는 치료적 **접근**에 공익(비록 시장이 제공하지만)이라는 특권적 지위를 부여하는 가치 체계와 갈등을 일으키게 된다. 인도의 특허 체제는 인도가 세계무역기구에 가입하면서 실제로 큰 위기에 처하게 된다. 세계무역기구의 특허 체제는 인도의 지적 재산권 구조들보다 미국의 그것에 훨씬 더 가깝기 때문이다.[8] 인도의 세계무역기구 가입은 내가 이 책에서 자세히 살펴볼 사항이 아니지만, 나는 이를 인도의 국민국가와 재계, 세계화를 향한 정치 조직이 가진 모순적인 욕망과 양면성이 매우 잘 드러난 예로 언급한다. 한편으로, 인도의 제약 산업에 해가 될 가능성이 높고 약품 가격을 올릴 가능성이 높은 특허 체제는, 많은 인도인에게 반제국주의적이고 국가주의적인 분노를 불러일으키는 미국 신식민주의의 예로 인식된다. 동시에 다른 한편으로는, 세계적인 주자가 되고자 하는 인도의 욕망이 있어 혁신의 문화와 세계무역기구 같은 초국가적인 체제들과의 제휴를 열렬히 수용하기에 이른다.

다시 말해, 가령 혁신과 같은 가치로 가득 찬 이데올로기는 그것이 실제 적용되는 상황에서 세계화되고 동질화되지만, 표명되는 장소에 따라 구원적이고 국가주의적인 담론과 의식이라는 다른 영역들을 개입시킨다. 나아가, 이러한 '동질화하는' 세계화 과정이 세계적인 비대칭 축 내에서 서로 멀리 떨어져 있는 지역들 사이에서 일어나기 때문에 혁신은 동일하거나 예상된 방식으로 실현되지 않는다. 그러므로 이 장에서 나는, **혁신**의 문화를 성취하는 것이 전 지구적인 기술 자본주의를 신봉하는 많은 인도인이 내세우는 이론적 근거이지만, 그것을 실현하는 통로가 어떻게 서구 회사를 위한 **하청업**, 즉 혁신적이지도 **않고** 지적 재산권이 계약 주체에게 귀속되는 일이 되는지 보여 줄 것이다.

불평등한 교환 관계와 관련해 국가 정책을 민감하게 만드는 식민주

---

8) 2004년 말경, 인도의 제약 회사들은 세계무역기구의 회원국이 되어야 했는데, 이는 그들이 그 날 이후 개발된 신약을 역공정할 수 없음을 뜻했다.

의 의식과, 세계시장 시스템에서 주요한 주자가 되고자 하는 1990년대 이후의 결심 사이에서 생겨나는 긴장은, 일상의 작업에서 그리고 국가 정책 표명과 발의, 인센티브, 규제(1장에서 언급한, 인도에서 나온 유전 물질의 유출에 대한 생명공학국의 지침이 한 예이다) 차원에서 작동한다. 또한 그 긴장은 지역의 문제들을 자력으로 해결하는 데 과학과 기술을 사용하는 것과 국제 무대로 발돋움하는 데 과학과 기술을 사용하는 것 사이의 갈등에서도 작동한다. 미국에서 벌어지는 생명자본의 구원적 표명을 인도의 명백한 국가주의적 표명과 나란히 놓고 보면, 명백히 동질화를 추구하는 '세계적인' 체제와 실행들이 각기 다른 역사적 지형(인도의 경우에는 식민주의와 그 뒤를 이은 40년 동안의 국가 사회주의가 그 특징을 이룬다)에서 다르게 나타나는 방식을 진지하게 받아들이게 된다. 인도에서는 그러한 모순들이 포스트식민적 조건을 나타내는 징후인데, 로런스 코언은 그 조건을 "마치 근대성인 것처럼"(Cohen, 2003)이라고 표현한다.

미국과 인도의 기술 자본주의를 연결하고, 인도의 기술과학 분야를 '마치 미국인 것처럼' 구성하려는 시도를 하는 핵심 행위자들은 실리콘밸리에 근거를 둔 해외 거주 인도인nonresident Indian 기업가들이다. 이 해외 거주 인도인 기업가라는 범주는 1973년 인도 정부가 외환규제법안Foreign Exchange Regulations Act을 통해 공식적으로 만들어 냈고, 이를 통해 해외 거주 인도인들을 인도에 자본을 재투자할 명백한 동기를 가진 별개의 그룹으로 규정했다. 강조하건대, 이 해외 거주 인도인 기업가들을 위한 시민권은 순전히 본국에 자본을 송환할 수 있는 능력에 의해 결정되었다. 그 일부 원인은 인도 정부가 2002년까지는 이중 시민권을 허용하지 않았기 때문이다. 그러나 1973년의 법안은 '인도 혈통'이라 불리는 범주를 창안했다. 이들은 언제나 인도 여권을 지니고 다니는 사람이거나 그러한 사람의 여성 배우자(인도 혈통을 지닌 여성의 남성 배우자는 인도 혈통으로 여겨지지 않는다)인데, 그 법안은 해외 거주 인도인 기업가들에게 그러하듯 이들에게도 비슷한 투자 인센티브를 제공한다(Ramachandran, 1992; Rajagopal, 2001: 241~242). 그러나 인도 여권을 소지한 해외 거주 인도인 기업가들에게 부여되는 형식적인 시민권은 다분히 명목에 불과하다. 그들이 투표 기간 동안 인도에 실제로 머물거나 외국 대사관에서 근무하는 정부 관료가 아닌 이상, 불합리하게도 그들은 인도에서 치러지는 선거에 투표할 권한이 없기 때문이다. 그러므로 해외 거주 인도인 기업가들을 위한 시민권은 오로지 자본을 송환할 수 있는 재정적 능력으로만 정의되고, 인도 정부는 그러한 정의를 만들어 내는 데 상당히 의식적으로 개입한다. 역으로, 해외 거주 인도인 기업가들에게 자본의 송환은 (그들이 여전히 형식적으로 해외 거주 인도인 기업가이든, 인도 시민권을 버리고 단순히 '인도 혈통'이 되었든) 자신들의 시민권을 행사하는 행위이다. 자본은 문자 그대로 해외 거주 인도인들과 그들의 모국을 연결해 주는 사회적 유대가 되지만, 그것이 그러한 유대로 기능하는 것은 오로지, 이미 자리 잡고 있는, 덜 구조적인 다른 결속의 끈이 있기 때문이다.

넓게 보면 나는 이 장에서 네 개의 현장을 함께 위치 짓는다. 첫째는, 희귀한 유전적 색소침착증pigmentation인 탄력섬유성위황색종Pseudoxanthoma elasticum, PXE 치료를 위한 환자 권익 옹호 단체이다. 이 그룹은 PXE인터내셔널이라 불리며, 미국에 본부를 두고 미국과 유럽 전역에 네트워크를 형성하고 있다. 이 단체는 언제나 이미 자신을 기업으로 틀 짓는데, 이러한 틀 짓기는, 단체의 창설자 중 한 명인 패트릭 테리Patrick Terry가 복음주의 기독교인이면서 자유시장에 대해 확고한 믿음을 가졌다는 사실에서 비롯되었다는 점 때문에 특히 흥미롭다. 이러한 점으로 인해, PXE인터내셔널은 기업과 협상할 때 시장의 전략과 전술을 채택하는 조직이 되었을 뿐 아니라, 테리는 지노믹헬스$^{Genomic Health}$라는 게놈 회사도 설립했다. 그것도 인사이트지노믹스를 설립한 랜디 스콧과 함께 말이다.

이 이야기는 1장과 2장에서 서술된 바 있는, 인도의 최고 공립 게놈 연구소인 생화학기술센터의 이야기와 놀랄 만큼 유사하다. 그 이야기에도, 세계시장 지형에 뛰어들기 위해서 스스로를 시장 주자로 틀 지으며 그 과정에서 지노메드라는 연합 신생 회사를 분리 신설한 비영리 조직체가 있다. 차이점이 있다면, 생화학기술센터의 경우에는 그 센터가 채택하는 전략들이 미국의 세계적 패권을 열렬히 받아들이면서 동시에 그것에 저항하고자 하는 양면적인 국가주의적 욕망으로 특징지어지는 반면에, PXE인터내셔널과 패트릭 테리의 전략은 자유시장과 기독교에 대한 무한한 신앙(둘 다 스콧이 공유하는 가치 체계들이다)을 그 특징으로 한다는 것이다. 두 경우 모두 연합 신생 회사는 각 맥락에서 주체성의 구성을 반영한다. 지노메드의 경우에는 인도인들이 임상 실험에 모집되는 실험적 주체가 되고, 지노믹헬스의 경우에는 미국인들이 최상의 소비자 주체가 된다. 이 점은 스스로를 '소비자 게놈학' 회사라고 주장하는 지노믹헬스의 사업 모델에서 드러난다.

두번째 현장은 연설과 의례의 현장이다. 회의장은 기술 자본주의의 역학과 새로운 네트워크들이 펼쳐지는 방식을 추적할 수 있는 핵심 현장이다. 산업계의 게놈 회의를 구성하는 의례의 요소는 파티인데, 이는 실리콘밸리의 신생 회사들이 공유하는 하나의 문화이기도 하다. 이러한 파티는 엄청난 지출과 과잉 소비로 이루어지는, 명백히 리비도적 현장이고, 종종 카지노 자본주의의 도박과 심층 놀이$^{deep\ play}$를 의미하기도 한다. 나는 의례적이고 제식적인 자본주의의 표현들을 보여 주기 위해 이러한 파티에 대해 기술하려 한다. 이 표현들은 수행을 통해 상품 가치를 창출하고 특정한 기업체에 힘을 부여한다. 이것은 단순히 투자자와 소비자의 관심을 끈다는 점에서 중요한 것이 아니다. 회사 사원들에게, 그들이 참여하는 '생명 살리기 사업'에 대한 충성심뿐 아니라 자신들이 근무하는 특정한 회사의 대의명분에 대한 충성심을 촉진하는 데 필수적이다.

이 등식의 한쪽에 있는 인도/국가에 대해 논하는 김에, 좀더 큰 제도적인 맥락에서 생화학기술센터의 이야기로 돌아가 보겠다. 더 큰 맥락이란 인도의 과학산업연구심의국으로서, 이곳은 인도의 과학 분야 우선순위를 한층 더 세계화와 시장 지향적인 의제들로 향하게 하는 움직임의 선두에 선 40개의 국립 연구소와 기관을 아우르는 상부 기관이다. 여기에는 이 연구소들이 연구를 수행하는 세계적인 맥락, 즉 다층적이면서 서구에 유리한 맥락이, 그리하여 이 연구소에서 일하는 인도 과학자들에게서 국가주의적인 분노를 자아내는 상황이 있다. 그러나 동시에 이 연구소들의 연구 의제가 향하는 방향은 다분히 세계화로서, 그들은 미국이 대변하는 세계적 대타자$^{the\ global\ Other}$와 같이 되고픈 열망을 명백히 표명한다.

이러한 변화를 감독하는 이는 현재 과학산업연구심의국의 국장인 라메시 마셸카르이다. 그가 이전에 몸담았던 기관은 푸네^{Pune}에 있는 국립화학연구소$^{National\ Chemical\ Laboratories}$인데, 이곳은 인도의 기술과학 권력자들의 세계화 욕구가 낳은 발 빠른 기관이다. 나는 근본적인 세계적 비대칭의 상황에서 세계적 주자가 되고자 하는 욕망에 내재할 수밖에 없는 다층의 모순에 주의를 기울이며 국립화학연구소의 이야기를 할 것이다. 하이데라바드에 있는, 또 다른 과학산업연구심의국 산하 연구소인 세포분자생물학센터의 경우는 국가주의와 국가의 이익을 매우 다르게 표명함으로써 위의 경우와 대조를 이룬다. 세포분자생물학센터는 한편으로는 세계의 기술을 적극 수용하지만, 다른 한편으로는 인도의 각 지역과 국가의 필요에 초점을 맞춘 기술과학 의제를 통해 인도 국민의 욕구를 만족시키는 국가 사회주의적 사상에 훨씬 더 경도되어 있다. 핵심은 이러한 대안들이 과학과 반反과학 사이의 문제나, 국가주의의 수용과 그에 대한 거부 사이의 문제가 아니라는 점이다. 두 관점 모두 과학의 발전 가능성에 대한 근대주의적인 신념을 담고 있고, 이 신념은 인도의 독립 이후 줄곧 인도를 지배해 왔다. 그리고 두 관점 모두 국가의 이익에 노골적인 관심을 표명한다. 수전 벅-모스에 따르면, 20세기 내내 나타난 자본주의와 공산주의의 명백한 대립은 사실 동일한 근대주의적 충동에 대한 서로 다른 표명을 대변하는 것으로, 그들의 다름이 표현된 방식은 서로를 비추는 (부조화하기는 하나) 거울 이미지와 소름 끼칠 정도로 비슷하다(Buck-Morss, 2002). 인도 과학 분야에서 세계적 자유시장과 국가 사회주의적 충동 간의 대립에 대해서도 유사한 논지를 펼칠 수 있다. 그들 간의 절충은 오늘날 과학산업연구심의 국 산하 연구소들에서 명백한 긴장으로 남아 있다.

내가 논할 네번째 현장은 실리콘밸리, 특히 실리콘밸리에 있는 해외 거주 인도인 기업가들이다. 그들 대부분은 국가의 지원을 받는 인도 대학과 연구 기관에서 교육을 받았고, 모국으로 혁신의 문화를 송환하는 핵심 주자들이다. 나는 이 기업가들과 그들이 세운 기업형 조직(그중 가장 두드러지는 것은 인도기업가모임Indus Entrepreneurs이다)을, 미국에서 인도로 자본을 송환하는 데 참여하는 다른 해외 거주 인도인 기업가 그룹들과의 비교를 통해 설명할 것이다. 다른 해외 거주 인도인들 중 가장 활발한 참여자들은 세계힌두협회Vishva Hindu Parishad와 같은 힌두 민족주의 조직들이다. 내가 이 맥락에서 논의할 주요 인물은 세계힌두협회의 창설자 중 한 명이자 미국에서 가장 유명한 인도인 기업가라 할 수 있는 칸왈 레키Kanwal Rekhi이다.

나는 여러 가지 맥락에서 레키와 접촉했는데,[9] 그는 내 이야기에서 전통적인, 나와 같은 민족에 속하는 정보원보다는 유명 인사의 역할을 한다. 랜디 스콧과 매우 흡사한 방식으로 말이다.[10]

PXE인터내셔널과 지노믹헬스

이 장에서 지금까지 설명한 기적의 치료적 개입에 대한 이야기라는 맥락에서, 3장에서 소개한 랜디 스콧의 연설로 돌아가 보자. 그와 같은 이야기들처럼, 인사이트를 위한 스콧의 홍보 연설은 게놈학을 위한 홍보(여기서 게놈학은 생명을 위한 게놈학과 맞물린다)로 표현되었는데, 이는 혁명성과 가부장주의를 담은 기원에 대한 이야기이다. 그 모든 특성은 수행이 창출하는 장래성과 나란히 간다.

이 기적적인 이야기들에 담겨 있는 가부장주의는 단순히 그 수사적 구조의 일부만은 아니다. 종종 그 수사적 구조는, 명백히 그리고 이따금씩은 심할 정도로 구원의 성격이 강한, 특정 기업의 벤처 사업에 구현되어 있다. 랜디 스콧과 함께하는 패트릭 테리와 샤론 테리의 이야기, 즉 PXE인터내셔널과 지노믹헬스의 이야기가 이 점을 잘 보여 준다. PXE인터내셔널의 이야기에는 생명사회 공동체, 지적 재산권, 인터넷의 영향 등에 대한 여러 가지 이야기가 담겨 있다. 여기서 나는 이것을 생명자본이 하는 구원의 약속으로 설명할 것이다.

---

9) 여기에는 세속적이고 진보적인 맥락도 포함된다. 레키는 인도의 힌두 민족주의 조직들의 배타적이고 이따금씩 폭력에 의존하는 정치에 대해 반대를 표명하기도 했다.
10) 이에 대한 논의는 3장에 있다.

패트릭 테리는 과거 건설업에 종사했으나, 자신의 두 아이가, 보통 20대 중반에 실명하는 희귀한 유전적 색소침착증인 PXE에 걸렸음을 발견하고 아내와 함께 생명의학에 뛰어들었다. 그러니까 테리는 정상적인 공식 훈련 과정을 거치지 않고, 어쩔 수 없는 상황에 처한 일반인으로서 과학에 뛰어들었던 것이다. 그는 자신의 과학을 "경험이 형성한 관점"이라 부른다.[11] 부부는 PXE에 관해 할 수 있는 한 많은 정보를 찾고, 미국과 유럽에서 같은 질환에 걸린 아이들의 부모와 네트워크를 조직하고, 환자 권익 옹호 단체인 PXE인터내셔널을 설립했다.

그 외에도, 패트릭 테리는 랜디 스콧과 함께, 지노믹헬스라고 불리는 생명공학 회사의 공동 창업자 중 한 명이다. 스콧에 따르면 지노믹헬스의 비전은 이렇다.

> [지노믹헬스의 비전은] 건강관리 시스템에 새로운 힘을 준다. 새로운 게놈 기술들은 모든 환자의 질병과 건강 상태를 완벽한 게놈 패키지로 나타나게 해줄 것이다. 모든 질병에는 분자 차원의 원인이 있고, 유전자 차원에서 암호화된 일정한 수준의 반응이 있다. 모든 개인은 그들이 걸린 질병과 유전자 코드의 분자적 변화에 기초하여 치료제에 반응한다. 지노믹헬스의 사명은 치료팀이 모든 종류의 질병에 대해 적절한 치료 지침을 활용할 수 있게 하는 개별화된 분자적 분석을 의사와 환자에게 제공하는 것이다. 우리의 궁극적인 목표는 맞춤형 의료를 현실로 만들고 간호의 질을 획기적으로 향상시키는 것이다.[12]

---

11) www.pxe.org.

테리 부부가 해온 일들 중 하나는 지노믹헬스와 같은 회사들과 협약을 체결한 것인데, 그 내용인즉 PXE인터내셔널의 일원들이 연구를 위해 DNA를 회사에 제공하면 그 회사가 생산하는 지적 재산권을 이 환자 권익 옹호 단체가 공유하는 것이다.

패트릭 테리는 자신이 처한 모든 위치를 펼쳐 놓으며 이야기를 시작한다. 그는 아버지이자 PXE인터내셔널의 경영자이고, 지노믹헬스의 공동 창업자이자 연구자이다(그가 공적인 연설에서는 기독교인임을 강조하지 않으나, 사적인 대화나 연설 이후 토론에서는 거리낌 없이 그 점을 강조하는 것은 흥미롭다[13]). 이는 스콧의 연설 방식과 똑같다. 스콧 역시 종종 자신의 발표를 시작하는 방식으로 자신이 관련된 일과 책무, 동기를 개관한다. 테리는 전형적이면서도 독특한 벤처 과학자의 사례이다. 그는 지네틱얼라이언스Genetic Alliance라고 불리는, 환자 권익 옹호 단체의 동맹 업체를 통해 활발한 정책 활동을 벌이고 있다. PXE인터내셔널을 통해서는 PXE에 대한 연구를 발기하고 수행하며 재정을 지원하는 노력을 전 세계적으로 펼치고 있다. 이러한 활동의 많은 부분은 방금 언급한 것들과 같은 연구 협력체의 설립을 통해 이루어지는데, 그러려면 복잡한 계약과 제휴, 이해理解를 교섭해야 한다.

---

12) 이 내용은 지노믹헬스의 웹사이트에 있는 것이다. http://www.genomichealth.com/message.htm. 이것은 2000년 지노믹헬스 창립 후 몇 달간 회사가 역점을 둔 작업이었다. 2004년 회사의 역점은 암(cancer) 게놈학으로 넘어갔다. 이 변화를 반영하기 위해 회사의 웹사이트에 있는 메시지가 바뀌었다.

13) 이는 매우 다른 포럼에서 테리가 한 두 강연을 직접 본 경험에서 나왔다. 하나는 생명공학의 재산권 문제에 대한 협회에서 주로 학자와 정책 입안자를 대상으로 한 발표였고, 다른 하나는 주로 의대생으로 이뤄진 하버드 의대 수업이었다. 두 강연에서 그는 매우 비슷한 이야기를 했고, 본 토론과 뒤풀이 토론에서 자신의 종교적 신앙과 믿음에 대해 말하는 걸 꺼리지 않았다.

그런데 이 모든 것은 테리가 지닌 아버지의 위상에서 나온다. PXE인 터내셔널은 어떤 추상적인 담론의 차원이 아니라 그 탄생의 실제 구조에서 가부장주의적인 벤처이다. 게다가 테리는 스콧과의 협력이 순전히, 자유시장에 대한 자유지상주의적인 성향과 믿음(둘 다 복음주의 기독교인이다) 면에서 자신들이 공유한 믿음으로 가능해진 것이라고 주장한다. 테리에 의하면 스콧은 "평범한 사람, 뛰어난 사람, 좋은 사람, 가정적인 사람"이다.[14] 이것이 테리가 다른 사업가들에게 잘 느낄 수 없는 믿음의 바탕을 이룬다. 그가 느끼기에 PXE의 대의명분에 관심을 보였다가 나중에 그것을 배신하는 사람들도 있는 마당이니 말이다.

테리와 스콧은 기독교에 대한 믿음을 시장에 대한 믿음과 결합한다. 테리는 치료제 **생산**을 위한 통로로서뿐 아니라 치료제에 대한 **지식**과 **분배**를 위한 통로로서 시장의 가치를 믿는다. 지노믹헬스가 웨트랩 연구에 기반을 둔 회사라는 것만큼이나 혹은 그 이상으로 하는 일은, "행동할 수 있는 치료 관련 정보"[15]를 제공함으로써 소비자들의 힘을 키우는 것이다. 그목적은 테리가 이르는바 "소비자 게놈 혁명"이라는 것의 조성이다. 테리는 "환자"와 "치료제"보다는, "소비자"와 "표적 치료"의 관점에서 사고한다. 전자의 용어들이 품은 규범적인 함의를 좋아하지 않기 때문이다. 그가 좋아하지 않는 또 다른 것은 전문적인 통제자로서 의사의 역할인데, 그것이 이상적으로 개별화된 환자-소비자의 자기 인식에 대한 탐구를 방해한다

---

14) 2001년 패트릭 테리와 나눈 사적인 대화에서 인용했다.

15) www.genomichealth.com. 테리는 지노믹헬스의 창립 멤버 중 하나였지만 현재(2004년 8월)는 중역진에 속하지 않는다. 그러므로 이 설명은 2001년 스콧과 테리, 그리고 지노믹헬스와 PXE의 관계에 기초하기 때문에, 반드시 현재 그들의 사적인 혹은 제도적인 관계를 반영하지는 않는다.

고 느끼기 때문이다. 그러므로 그는 구원적인 시각에서 의학을 생각하지만, 또한 의학이 그 구원의 약속을 달성할 수 있게 변화할 수 있도록 시장이 개입해야 한다고 믿는다. 그는 시장의 대한 믿음을 표명하면서 동시에 이 믿음을 **수행**한다.

나아가 PXE인터내셔널은 공식 협상 단체로 활동하는 제도적 조직체일 뿐 아니라, 네트워크로 짜인 생명사회 공동체로서, 소규모의 친밀한 공동체들이 갖는 모든 집단 압력을 행사한다. 가령 테리는 공동체가 회원들에게 금연과 같은 "좋은 습관을 강제"하기 위해 집단 압력을 활용한다고 말한다. 테리의 삶은 시장과 주체 간의 관계에 대한 탐구이다. 그는 자식을 잃은 아버지에서 사업가가 되고 또한 정치인과 종교인이 되었기 때문에, 우리로 하여금 이 기업적-종교적-정치적-자본주의적 사회에 어떠한 가족관이 담겨 있는지 묻게 한다.

테리와 스콧이 공동 창업한 회사인 지노믹헬스의 경우, 구원·약속·수행·시장의 관점에서 내가 하려는 논의들 중 일부를 연상시킨다. 지노믹헬스를 분석하려면 스콧의 예언 방식을 다시 살펴볼 필요가 있다. 스콧이 가령 1999년 마이애미에서 열린 게놈연구협회의 산업 회의에서 인사이트를 홍보하고 있을 때는 그의 잠재적 소비자가 제약 회사였다. 지노믹헬스와 관련된 경우에 그의 잠재적 소비자는 일반인, 즉 예비 환자-소비자이다. 이는 완전히 다른 이해와 다른 일정을 낳고 또한 컴퓨터 산업과의 상동 관계, 환자와 소비자에 대한 테리의 의견과의 부합이라는 결과를 낳는다.[16]

---

16) 지노믹헬스를 위한 스콧의 홍보에 대한 나의 분석은 2001년 게놈트라이컨퍼런스(Genome TriConference)에서 게놈 이후 의학에 대한 세션 중 스콧이 한 연설에 기반을 둔다. 이 회의는 2001년 3월 7일 샌프란시스코에서 열린 대투자자 회의였다.

지노믹헬스에 대한 홍보 연설에서 스콧은 게놈학의 역사를 10년 단위로 나눈다. 1980년대에는 초기 기업들이 고전적인 DNA 연구에 기초한 상품을 시장에 내놓았고, 1990년대는 산업화와 고효율 기술의 시대였으며, 금세기의 첫 10년은 그가 부르는바 소비자 게놈학의 시대로서 생물학 정보와 인터넷 역량 간의 통합이 핵심이 된다는 것이다. 다시 말해 스콧의 견해에 따르면, 새로운 '게놈 이후' 의학을 이끄는 총체는 (진단학과 같은) 생물학 정보, 그러한 정보가 일반 환자에게 전달될 때 이를 중개하는 의사소통 기술들(인터넷), 그리고 환자 권익 옹호 단체과 같은 생명사회 공동체들의 네트워킹이다. 그것은 PXE인터내셔널과 같은 조직이 증명하는 종류의 소비자의 힘을 그 중심에 품는 비전이다.

이렇게 스콧은 지노믹헬스를 하나의 기업으로 보는 자신의 또 다른 비전과 완전히 얽힌 '소비자 게놈학'이라는 비전을 갖고 있다. 이는 환자가 정보와 기술을 직접 구입할 수 있게 하여 의사의 역할을 최소화하는 비전이다. 이 비전에서 제약 회사는 여전히 치료제 개발에 종사하지만, 스콧은 진단제 개발과 치료 능력 사이의 간극이 어떤 민족지학의 창을 창출함을 깨닫는다. 즉 지노믹헬스를 하나의 기업으로 존재하게 하는 데 결정적인 창 말이다.

스콧은 소비자 게놈학에 대한 자신의 생각을 다음과 같이 개관한다.

게놈학은 본질상 사적이다. 이것은 거대 산업 단위가 다른 기업들을 위해 상품을 생산하는 일이 아니다.[17] 여기 앉아 있는 우리 모두는 게놈을 갖고 있고, 게놈은 우리만의 독특한 이야기이다. 우리 가족에게도 역사가

---

17) 이는 물론 인사이트가 원한 바 그대로였다.

있고……그들은 완벽하게 정상적인 가족이었고, 어떤 유전병도 유전적 결함도 갖고 있지 않다고 생각했다.……[그러나―순데르 라잔] 아무리 우리 자신이 건강하다고 생각해도 우리는 궁극에는 우리의 유전적 결함과 미래에 우리를 찾아올 질병이라는 현실과 맞닥뜨릴 것이다. 그러므로 우리는 한배를 탄 것이다.[18]

이 인용 하나로 스콧은 내가 이 장과 앞 장에서 줄곧 주장한 많은 내용을 가리킨다. 그는 자신의 비전이 담긴 삶을 자신이 생각하는 게놈학의 역사에 겹침으로써 인사이트의 비전으로부터 멀어지고 또 그것을 뛰어넘는다(인사이트의 사업 모델이 스스로의 퇴화를 자초하려는 순간에 그는 이 회사를 떠난다). 이러한 움직임은, 언제나 이미 기업적인 시도의 성격을 띠는 과학의 역사를 자연스럽게 따르는 것으로 그려진다. 그러나 그의 삶은 또한 개인적인 항해로서, 그 한계가 즉시 분명해지는 개별화이다. 좀더 큰 인구 맥락에 놓이지 않으면 이해될 수 없는 개별화이기 때문이다. 스콧은 내가 4장에서 지적한, 인구 구분의 근본적인 어려움을 교묘하게 피해 간다. 그것이 미래의 금전적·치료적 구원에 대한 비전이자 통로로 인구게놈학에 투자하는 사람들에게 힘든 과학적·사업적 현실이 되는 어려움인데도 말이다. 그는 자동적으로 가족을 적절한 인구 단위의 기초로 이용한다. 물론 가족은, 자신의 기독교 신앙을 원동력으로 삼는 사람에게는, 기독교·도덕·가치가 충만한 단위이다. 모든 사람은 궁극적으로 각자의 유전적인 수명을 향한 기독교적인 긴 여정에 놓여 있으나, 그 과정에서 스콧은, 그가 인사이트의 사원들에게 하듯이(이에 관해서는 이 장의 후반부에서 보여 줄 것이다)

---

18) 랜디 스콧, 2001년 3월 7일 게놈트라이컨퍼런스에서 한 연설.

공동체의 이미지, 즉 언제나 이미 예비 소비자인 예비 환자들의 공동체의 이미지를 불러낸다. 이 여정이 시장에 의해 과잉결정됨을 잊지 않도록 하기 위해 스콧은 다음과 같이 말한다. "그러므로 문제는 우리가 어떻게 이러한 상품들을 시장에 내놓는가, 우리가 어떻게 그것들을 소비자에게 전달하는가이다."[19]

테리와 스콧의 경우와 같은 이야기들은, 구원이 믿음 구조의 기초를 이루는 것으로, 시장 기업과 사업 모델로, 그리고 치료/의학/건강으로 표현될 때 쓰이는 수사와 언어를 잘 드러내 준다. 그 이야기들은 사적 동기와 소명, 인간적 관심이 이뤄 내는 매우 개별화된 이야기들이, 시장과 과학, 국가에 내재한 구조적 메시아주의와 함께 구성됨을 보여 준다. 생명을 구하는 것이 기업의 이익을 구하는 것과 융합되고, 인도의 경우에는 '제3세계' 국가를 '세계적 주자'로 만드는 것과 융합된다. 그러는 사이 삶과 죽음을 다루는 데서 오는 신성화는 상품에 대한 물신화를 통해 매개되는 신성화와 융합한다. 맑스가 보여 주듯, 상품에 대한 이러한 물신화는 상품을 인간 관계에서 분리시키면서 동시에 사회적 유대를 형성하는 매개체로 만든다.

생명과학 산업의 힘은 이러한 두 가지 신성한 원천의 결합에서 나오지만, 생명과학 기업에 몸담고 있는 종사자들에게서, 치료제의 시장 개발을 통해 질병을 뿌리 뽑는다는 **대의**에 대한 충성뿐 아니라 **특정한** 회사에 대한 충성을 이끌어 내는 개별 기업체들의 사회적인 힘이 어디에서 오는지는 여전히 설명되지 않는다. 생명과학과 생명과학 기업들 **모두**가 어떻게 수행적인 구원의 힘을 얻는지에 대한 후자의 의문이 내가 다음 절에서 탐구할 내용이다.

---

19) 랜디 스콧, 2001년 3월 7일 게놈트라이컨퍼런스에서 한 연설.

파티

장-조제프 구 Jean-Joseph Goux 는 신자유주의적인 자본주의의 가치 체계에 대한 분석에서 이렇게 말한다. "세속적인 것은 실용적 소비가 이루어지는 영역이지만, 신성한 것은 잉여에 대한 비생산적인 소비로 열리는 경험의 영역이다"(Goux, 1990: 207~208).

생명자본이 가진 구원의 잠재력은 신약 개발 사업이 지닌 본성 그 자체, 즉 아픈 사람을 낫게 한다는 명분에 있다. 그러나 이것만으로는 신약 개발이 현재 미국에서 이루어지는 것과 같은 구원의 사업이 되기에는 부족하다. 신약 개발의 치료적 잠재력은 다른 믿음 체계들, 특히 자유시장 혁신에 대한 신자유주의적인 믿음과 절합되어야 한다. 다시 말해, 생명자본의 구원의 잠재력은 '생명'에서 나오는 가치뿐 아니라, '자본'에서 나오는 가치와도 연관된다. 자본과 신학의 이러한 관계는 맑스에 의해 산업혁명 시기에도 존재했음이 확인되었으나, 첨단 기술 혁신의 경우에서처럼 그 마법이 단순히 무한정한 잉여가치를 생산하는 게 아니라 모자에서 토끼를 끄집어내는 것일 때에는 그 관계가 다른 종류의 수행적 힘을 획득한다.

맑스가 상품 물신숭배에 대한 유명한 분석에서 말했듯이(Marx, 1976[1867]) 자본주의는 언제나 신학적이었지만,[20] 자본주의와 프로테스탄트 기독교 간의 관계는 베버에 의해 명확히 다루어졌다(Weber, 2001[1930]). 만일 자본주의의 '정신'이 프로테스탄트 윤리에 의해 활성화되었다고 말할 수 있다면, 생명자본주의의 정신은, 특히 미국에서는 '거듭남'born-again

---

20) 맑스는 상품을 "형이상학적인 교활함과 신학적인 변덕으로 가득 차" 있다고 본다(Marx, 1976 [1867]: 163).

의 윤리에 의해 활성화된다고 할 수 있을 것이다. 베버는 자신의 책 『프로테스탄티즘의 윤리와 자본주의 정신』에서 프로테스탄트 윤리와 자본주의 정신의 결합이, 자신과는 다른 사회 형태는 분리시키는 경향을 지닌 사회적 구조 속에서 역사적으로 발생한 일이라는 것을 논증하는데, 나는 여기서 영감을 받았다.

그러나 베버는 『경제와 사회』$^{Wirtschaft\ und\ Gesellschaft}$에서 금욕주의와 신비주의 사이에 특수하고 맥락에 위치한 이분법적 구도를 세웠다(Weber, 1978[1968]). 다름 아닌 이 이분법의 **붕괴**야말로 반드시 추적할 필요가 있는 것이다. 베버의 말처럼 만일 이 신비주의가 "세상으로부터 도피하는 것"(머튼의 규범적 과학에서는 추상, 지식, 진실로 표현할 수 있을 듯하다)이고, 금욕주의는 "세상에 봉사하는 것"(생명을 구하는 일에서 신약 개발의 상징적 자본)이라면, 머튼의 과학과 베버의 자본주의가 갖는 신비적이고 금욕적인 면모들은 벤처 과학에서 제각기 가장 명백한 모양으로 붕괴한다.[21]

나는 여기에서, 신자유주의적인 자유시장에서 벌어지는, 일견 비합리적인 지출을 진지하게 고려하지 않으면 (생명)자본주의 세계, 특히 미국에서의 자본 축적과 잉여가치 생산을 정화할 가능성이 없음을 주장하고자 한다. 이러한 지출은 마르셀 모스가 묘사한 '태고' 사회의 포틀래치(선물이 분배되는 파티)와 비슷하지만(Mauss, 1990[1954]), 그것이 새천년의 (시장 이데올로기에 의해 과잉결정되는) 목표 지향적인 형태의 과잉이라는 점에서는 다르다.

본질적으로 내가 이 절에서 시도하는 것은 베버 분석의 방법론에 충실

---

21) 머튼의 규범적 과학 구조를 찾는다면 Merton, 1973(1942)을 보라. 조지프 더밋의 벤처 과학이라는 개념과 그것이 어떻게 머튼의 규범을 위태롭게 하는지는 3장에서 논의했다.

한 가운데 현대 자본주의의 관점에서 그의 분석을 재측정하는 일이다. 구는 여기에서 내게 영감을 주었다. 한편으로 그는 신자유주의 이론가 조지 길더George Guilder의 자유시장 혁신에 대한 열정을 연구했고, 다른 한편으로는 자본주의의 "근본적인 충동"은 지출임을 전제하는 경제학의 "일반 이론"에 찬성하는 조르주 바타유(Bataille, 1988[1967])의 자본주의 분석에 기대고 있다.

한편으로, 자본주의를 기초적이고 단일한 논리로 보는 바타유의 전체화하는 논리는 내가 이 책을 통해 저항하고자 하는 방식이고, 내가 미국과 인도를 비교하는 것은 자본주의가 단일한 논리(그 역사의 각기 다른 국면에서 자본주의는 분명 패권을 잡기도, 종속되기도 하지만 말이다)라는 생각을 단호하게 거부하는 한 방법이다. 다른 한편으로, 나는 '비합리성'과 열광, 지출, 과잉의 중요성에 관심을 기울이는 것이 매우 유용하다고 본다. 일탈이 **아닌**, 내가 추적하는 자본주의 형태의 구성 요소로서 말이다. 이 점은 특히 미국에서 명백하다. 더욱 중요한 것은 이러한 것들이 자본주의, 특정한 기업체, 믿음을 요구하는 제식을 만드는 과잉이라는 것이다. 특정한 기업체들의 제식적인 힘은 장래성의 수행(과장 광고와 대외 홍보)을 통해 명백히 작용하는 사회적 힘의 한 형태이지만, 이것은 냉소주의로 이해될 수 없다. 필요한 것은 의례의 형태를 취하는 수행을 통해 발생하는 신비화이다.

랜디 스콧과 패트럭 테리와 같은 행위자들에게 생명공학은, 베버가 지적하는바 종교개혁으로 도입된 소명이라는 요소를 갖는다(Weber, 2001 [1930]). 그러나 이 소명은 금욕주의가 아닌 **지출**, 세속적인 쾌락과 짝을 이룬다. 비록 이러한 과잉이 스콧이나 테리와 같은, 거듭난 인물들에 의해 실천되지 않더라도 그것은 기업적 생명공학의 의례의 구조를 이루는 일부이다. 그러나 클리퍼드 기어츠가 표현하듯(Geertz, 1973), 의례의 수행에서 그 권위를 이끌어 내는 힘의 원천을 종교로 본다면, 이 과잉의 의례의 구조는 엄연히 종교적이다.

나는 여기서 이에 관한 두 사례를 자세히 소개할 것이다. 이 사례들은 특별히 미국적이며 스포츠 팀에 대한 충성심과 유사한 충성심을 비춰 준다. 그러나 이 충성심은 일정한 정도의 시간과 정서적·금전적 지출뿐 아니라, 기업의 대의에 대한 노동의 헌신을 포함한다. 나아가 일부 기업은 그들을 에워싸는 '제식적인' 이미지를 구축할 수도 있다. 이는 그들이 비전을 갖고, 충성심을 촉진하는 패권적인 방식으로 그 비전을 표명한 결과이다.

첫번째 사례는 1999년 마이애미에서 게놈연구협회가 개최한 산업 게놈 회의를 무대로 한다. 이 회의에서 한 회사가 인기를 독차지했다면 그것은 인사이트였다. 그들은 참석자들에게 미리 편지와 팸플릿을 보냈다. 인사이트TV는 그 회사가 모든 참석자의 호텔방에 미리 설치해 놓은 폐쇄회로TV[CCTV] 채널로서 인사이트를 더욱 돋보이게 했다.

이 회의를 '인사이트' 회의로 압축해 버린 중심 사건은 쫑파티에서 일어났다. 나는 푸니트[puneet][22]와 함께 있었는데, 이 친구는 컴퓨터 과학 분야에서 석사 학위를 받은 인도 대학원생이었고 그 회의 내내 생명정보학이나 게놈학, 제약 회사에서 일자리를 찾으며 시간을 보내고 있었다. 쫑파티에서 그는 일자리 제안을 모으고 추려 보는 데 막바지 노력을 기울이고 있었다. 그날 낮에 그는 샌프란시스코 인근 생명정보학 회사인 판게아시스템스에서 입사 제안을 받았고,[23] 저녁에는 판게아의 라이벌 회사인 니오모

---

22) 실명이 아니다.
23) 그때 이후 이 회사는 더블트위스트로 회사명을 바꾸고 결국 파산했다. 이에 대한 이야기는 3장에 있다.

픽에서도 제안을 받았다. 푸니트는 실제로 그해 초반에 니오모픽에서 인턴십을 해서 그곳에 친구와 지인이 많았고, 그 때문에 니오모픽의 경쟁사에서 일하는 것을 껄끄러워했다. 그럼에도 그는 이제 판게아가 더 큰 회사이니까 그곳으로 가는 게 낫겠다고 했다.

그러나 엄청나게 시끄러운 악단이 연주를 하면서 축제가 시작되자 더 이상의 대화는 불가능해졌다. 우리는 인사이트의 사원인 제임스 커크를 만났고, 인사이트가 그 회의에서 얼마나 완벽하게 인기를 독차지하고 있는지를 푸니트가 열광적으로 토로한 덕분에 그 인사이트 사원은 우리 두 사람에게 호감을 보여 주었다. 이는 분명 인사이트 사람들이 공유하는 감정이었고, 그 회사 직원들이 입은 연청색 티셔츠의 경쾌한 물결은 당시 상황으로 그들이 매우 으스대고 있음을 선명히 보여 주었다. 인사이트와 그 주요 경쟁자인 셀레라가 회의에서 보여 준 수행의 차이는 그 파티에 참석한 파견단의 규모에서도 명백히 드러났다. 이 시점에서는 셀레라의 감색 티셔츠는 인사이트의 연청색 티셔츠에 가려 거의 보이지도 않았다.

그날 저녁의 나머지 시간에는 춤과 음악과 볼거리가 넘쳐 났다. 정말 **거창한** 파티였고, 파티 참가자들에게는 축하와 방종, 자신감, 적극성이 넘쳤다. 이들은 쾌활하고 행복한 사람들이었으며 스스로도 그것을 즐기고 있었다. 매우 혼잡한 댄스 플로어의 한가운데에서, 푸니트는 회의 내내 찾아다녔던 인사이트의 한 직원을 만났다. 자기 형의 친구인 시드 콜린스(별명은 '스퀴드'Squid)였다. 자신의 역량과 배경으로 인사이트 사람들에게 구애해 보려는 푸니트의 모든 노력과 열망, 시도를 제치고, 그가 진정 해야 할 필요가 있었던 일은 스퀴드를 만나는 것이었다. 푸니트가 자기 친구의 동생임을 안 순간, 스퀴드는 그에게 인사이트에서 일할 것을 제안했다.

푸니트는 행복했다. **바로 이것이** 그가 기다려 온 것이었다. 니오모픽와 판게아, 쿠라젠^{CuraGen} 모두 매우 좋은 회사였고, 로슈와 밀레니엄은 매혹적이라 숙고해 볼 가치가 있었다. 그러나 이 순간은 인사이트가 주인공이었으니 스퀴드의 제안은 푸니트를 그 순간의 일부로 만들어 주었다. 정말이지 그 파티는 점점 더 인사이트의 것이 되었다. 인사이트 사람들이 그곳에 서서 파티를 장악했다.

푸니트의 이야기는 나로 하여금 브랜드의 문제를 생각하게 했다. 어떻게 한 회사의 이름이 그토록 매력적이어서 사람들이 단지 그 이름의 일부가 되기 위해 개인적인 관계와 원칙을 망각하게 하는 것일까? 어떻게 사람들이 그토록 완벽하게 하나의 이름의 일부가 되어 자신의 행동과 인성을 그 이름이 의미하는 행동과 인성으로 바꿀 수 있는 것일까(개별적이면서도 전체화하는 이러한 다층적인 기업 '문화들'이 어떻게 나타나는 것일까 하는 문제도 있다)? 어떻게 사람들은 신의를 그토록 쉽게 저버리고, 더 나은 이름에게서 더 나은 제안을 받았을 때 물질적인 면에서뿐 아니라 보이지 않는 여러 면에서 자신을 변화시킬 수 있는 것일까? 어떻게 푸니트는 이틀 동안 서로 경쟁 관계에 있는 회사들 사이에서 단지 어느 한쪽에 속할 수 있다는 **전망**만으로 그토록 자주 편을 바꿀 수 있었을까? 그렇게 뭔가 보이지 않는 방식으로, 인사이트라는 브랜드에 가치가 부여된 것이다. 순수한 맑스적 개념에서 이것은 일종의 잉여가치이지만, 가치에 대한 단순한 맑스적 범주에서 이를 완벽하게 이해하기란 어렵다. 보이지 않는 것들과 과잉, 비전, 미래라는 주물들에서 태어나, 사람이나 사물이 아닌 상표와 회사 이름에 자리 잡은 이 가치는 과연 무엇일까?²⁴⁾

마지막 발표로 회의 내내 진행된 셀레라와 인사이트 간의 보이지 않는 대결이 공개적으로 드러났다. 당시 부재한 크레이그 벤터(그 당시 셀레라의 최고 경영자였다)를 대변하는 한 여성이 스콧을 비꼬았고, 스콧은 이제 완전한 통제권을 쥐고 수월하게 반박을 가했다. 대단원은 명백히 랜디 스콧이 승리하는 순간이었고, 그 순간은 그가 으스댈 수 있는 시간이었다. 그가 무대로 걸어 올라오자 장내는 "랜디! 랜디!" 하는 환호로 가득 찼다. 다른 쪽에서는 몇몇 용감한 감색 티셔츠들이 냉담한 조롱과 조소를 보내고 있었다. 푸니트는 인사이트 사람들의 열광에 휩쓸려 이제는 연청색 무리의 일부가 되어 있었다. 그는 이 순간 이곳에서 인사이트가 형성하는 기업적 집단성에 완전히 동화되어 환호하고 있었다.

스콧은 건배를 제안했다. 게놈학 공동체를 위해. 그 이유는 "이 방에는 자신을 위해 게놈학에 종사하는 사람은 단 한 명도 없습니다. 우리는 생명을 위해 게놈학에 몸담고 있습니다"였다.

내가 걸어 나올 때, 한 젊은 금발 여성에게 이끌려 댄스 플로어에 나오고 있는 스콧을 지나쳤다. 내가 마지막으로 본 그의 모습은 정력적인 댄스 스텝과 그의 등 뒤로 깍지 낀 두 손과 그의 뒷주머니에서 삐져나온 연청색 손수건이었다. 그는 행복하고 강하고 승리를 거둔 남자였다.

나의 두번째 이야기는 지넨테크에 대한 것으로 예전에 그곳 직원이었던 사람에게 들었다. 이 사람의 신원은 밝히지 않겠다. 들은 이야기를 그대로 옮기지 않고 요점만 설명하겠다.

지넨테크는 막 특허 침해 소송에서 승소한 상황이었고, 축하를 위해 2,000명의 사원을 사내에 설치된 임시 천막에 불러 모아 승소 사실을 발표

---

24) 바타유는 이런 형태의 과잉은 근본적으로 자신이 "일반 경제"라 부르는 것으로부터 나온다고 주장하곤 했다. 그의 주장에 따르면 "일반 경제"는, 자본주의의 근본적인 논리이자 원동력인 잉여소비의 징후로서 지출을 그 특징으로 한다. Bataille, 1988(1967)을 보라. 또한 기업 브랜드명과 상표, 그리고 그와 유사한 이미지들이 어떻게 공간 개념이 아니기 때문에 특정한 종류의 인기 있는 상상을 창출하는지를 확인하려면 Coombe, 1997을 보라.

했다. 정보원에 따르면, 발표 직후 모두가 열렬히 기립 박수를 쳤으며(정보원은 이를 이해할 수 없었다고 했다. 사원 대부분이 "형편없는 급료"를 받고 있었기 때문이다), 이후 회사가 연 파티에서는 많은 음식과 음악, 음료가 제공되었고 임시 무대에서 장미 꽃잎이 흩날렸다. 적당한 시간 동안 흥청거리며 논 후에 사원들은 모두 텐트 밖으로 소집되어 회사 측에서 제공한 불꽃놀이를 구경했다. 지넨테크는 샌프란시스코 남부, 샌프란시스코 국제 공항 바로 북쪽에 위치해 있었기 때문에, 회사가 불꽃놀이를 하는 15분 동안 공항에 들어오고 나가는 비행기들을 막았다는 이야기가 도시 전설로 남았다. 정보원 자신은 이 전설이 사실이더라도 놀랄 일은 아니라고 했다. 오히려 놀라운 일은 회사 측이 여보란 듯이 사치를 벌이고, 사원들이 회사의 사치에 당연한 듯 완전히 동화되어 자신들이 무적이라고 느끼는 것이었다. 그 과정에서 기업이라는 후광과 더 큰 대의에 참여한다는 소속감이 가슴속에 새겨졌다. 이때의 대의는 질병을 퇴치한다는 것뿐 아니라, 지넨테크에 헌신한다는 실천적 대의까지 포함한다. 생명자본에서 천직 의식은 '생명 그 자체'에 대한 사업에 종사한다는 사실에서 생기는 상징적 자본뿐 아니라, 자본주의 즉 의례의 과잉을 통해 구축되는 특정하고 구체적인 기업정신의 일부라는 점에서 나온다. 이는 시장 전반 및 특정한 기업체에 대한 신앙과 완벽하게 결합된 구원의 치료적 담론을 낳는다.

인사이트의 파티가 시사하듯, 과잉을 특징으로 하는 수행은 기업의 존재를 그에 속한 노동자들의 삶에 아로새기는 의례적 방식이다. 노동자들에게 소속감을 심어 주는 일이 중요하기 때문이다. 1999년 게놈연구협회에서 인사이트가 자신만의 파티를 벌인 배경에는 1998년 같은 상황에서 셀레라가 개최한 파티가 있다. 마이애미 해변에서 벌어진 이 파티는 1998년의 회의를 셀레라의 것으로 만들었다(이 파티는 크레이그 벤터가 공공 분야 과학자들보다 먼저 인간 게놈 염기서열을 결정하겠다고 선언한 직후 일어났다). 이는 1998년 셀레라의 창립 이후 회사가 보여 준 첫번째 공개적인 과시로서, 이 파티야말로 크레이그 벤터의 선언만큼이나, 실질적인 의미에서 셀레라가 인간 게놈 염기서열 결정 경주에 뛰어든 회사임을 순식간에 대중에게 각인시킨 사건이었다.

1999년 파티가 그해의 회의를 인사이트의 것으로 탈바꿈시켜 버린 사실을 게놈연구협회가 놓칠 리 없었다. 이 협회는 당시 셀레라와 밀접한 관계에 있었다.[25] 확실히 2000년 게놈연구협회 회의에서 눈에 띄었던 점은 그러한 계획된 흥청거림에서 인사이트를 찾아볼 수 없었다는 것이다. 그 이유는 정보원이 불쾌함을 드러내며 내게 알려 준바, 게놈연구협회가 인사이트 사람들에게 어떠한 주요 파티도 맡기지 않았고 그 전해처럼 쉽게 자신을 홍보하도록 허락하지도 않았기 때문이다. 2000년 회의 기간 내내 인사이트는 행동반경이 축소되어 머리 위로 거대한 홍보 기구를 띄우는 것에 만족해야 했다.

그러는 동안 셀레라는 자신의 존재를 드러내야 했을 뿐 아니라, 인사이트가 전해에 했던 것보다 더 대담하고 화려한 방식을 채택해야 할 필요도 있었다. 그리고 게놈연구협회라는 조직을 통해 인사이트가 손쉽게 화려한 홍보를 할 수 없도록 막은 것은 분명 절반의 승리였다. 그리하여 셀레라는 2000년의 파티를 빌라 비즈카야^Villa Vizcaya에서 개최했다. 이곳은 1916년 실업가인 제임스 디어링^James Deering이 겨울 별장으로 지은 이탈리아 르

---

25) 퍼킨-엘머가 셀레라 경영을 부탁하려 할 당시 벤터는 게놈연구협회를 이끌고 있었다. 게놈연구협회는 1998년과 1999년 사이에는 벤터의 아내와 동료 게놈 과학자인 클레어 프레이저 (Claire Fraser)가 지휘했다.

네상스풍의 저택과 정원이었고 예술 작품과 골동품으로 가득 차 있었다. 그날 저녁 행사에는 라이브 밴드와 풍부한 음식과 술이 포함되어 있었다.

자본주의의 '종교적인' 면모를 음침한 금욕주의로 축소하면 자본주의가 작동하는 실질적이고 과잉적인 형태를 고려하지 못하게 되듯이, 이러한 과잉을 '비이성'으로 축소하는 것도 지나치게 단순한 처사이다. 그런데도 이러한 판단이 너무나 쉽게 내려지고 있는데, 오늘날(2004년) 특히 실리콘밸리와 같은 곳에서는 더욱 그러하다. 실리콘밸리에서는 그러한 사치가 닷컴 붐이 변형된 하나의 '일탈'로, 합리적으로 자본을 축적하는 '현실'에서 잠시 일탈하는 쇼에 지나지 않는 것으로 폄하된다. 그렇지만 그러한 형태의 과잉은 언제나 여러 형태의 합리적인 계산으로 뒷받침된다. 자본주의의 합리적인 축적이 언제나 과잉으로 뒷받침되는 것처럼 말이다. 과잉과 합리적인 축적은 변증법적으로 서로 얽혀 있는 자본주의의 요소들이다. 그러므로 2000년 게놈연구협회 파티에 나와 함께 참가했던 한 생명정보학 회사의 판매부장은 그 파티의 사치스러움을 자연스러운 것으로 받아들였다. 그것을 흠잡을 데 없이 건전하고 재정적으로 신중한 판매와 홍보 전략으로 볼 정도였다. 어쨌거나 전 세계에 흩어져 있는 잠재적인 투자자와 소비자에게 일일이 전화하는 것보다, 한 장소에 모인 그들에게 극적인 방식으로 자신의 존재를 홍보하는 것이 비용이 더 적게 든다고 그는 내게 말했다. 특히 행복한 추억이 서려 있고 노골적으로 뭔가를 강매당한다는 느낌이 들지 않는 장소라면 더욱더 효과적이라는 것이다.

그러한 명백한 소비의 형태가, 스캔들이 (엔론, 월드콤^{WorldCom}, 타이코^{Tyco}와 같은) 미국 기업계의 역학으로 다시 떠오르는 맥락 속에 어떻게 위치 지어지는가는 중요한 문제이다. 과잉 소비는 생명공학 관련 산업 회의와 같은 연설의 장에서 중심을 이루는데, 인사이트와 셀레라가 후원한 위와 같은 대규모 파티뿐 아니라 산업 관련 박람회에서 매일같이 열리는 소규모 파티에서도 사정은 마찬가지이다. 가령 퍼킨-엘머는 1999년 게놈연구협회 회의에서 참가자들을 위한 도박장을 열었는데, 이러한 파티는 단순히 기업의 과잉과 소비의 장일 뿐 아니라 명시적으로 리비도적인 장이기도 하다. 예를 들어, 내가 그 도박장에서 만난 퍼킨-엘머의 한 사원은 거나하게 취해 있었다. 그는 파티에서 여러 여성에게 쉬지 않고 수작을 거는 와중에 내게 와서 자기 회사의 진짜 목적은 세계를 장악하는 것이라고 귀띔해 주었다. 그러한 진술을 술김에 지껄이는 말로 치부하기보다는, 그와 같은 의례적인 수행의 방식들을 참가자들로 하여금 자신이 무적이라고 느끼게 하는 현상으로 보아야 한다는 것이 나의 입장이다. 자신에게 대적할 자가 없다는 느낌은 그러한 힘의 원천인 기업을 신성하게 만든다.

물론 기업의 스캔들은 언제나 태만한 도덕성, 즉 일탈이라는 개념으로 틀 지어진다. 그러한 틀 짓기는 매일의 과잉이 온전하게 지속되도록 허용한다. 신성한 것의 변증법적 관계는 이분법적 구도에서 그 반대에 있는 세속적인 것과 연결되지 않고, 변증법적 대립항인 명예롭지 못한 것과 연결된다. 신성한 힘은 끊임없이 유예되지만 언제나 실재하는 명예롭지 못한 남용의 위험을 통해서만 발생한다. 현장의 기업이나 사업에, 그리고 잉여 소비의 순간에 성스러운 힘을 부여하는 과잉 그 자체에는, 과잉을 어떤 식으로든 일탈적이고 혐오스럽고 부도덕하며 불명예스러운 것으로 인식할 위험이 따른다. 물론 그런 인식을 유예함으로써 해당 기업이나 사업은 힘과 무적이라는 후광을 얻을 뿐 아니라, 윤리적 정당성까지 얻는다. 그리하여 부도덕하거나 불명예스러운 것이 **아닌** 강력하기만 한, 순종을 요구하는 제식이 된다. 수행성은 물질적인 힘을 제공하고 이 물질적인 힘은 기업체에, 특히 그 이름 즉 **브랜드**에 봉헌된다. 이름에 무엇이 있는가, 무언가(종교, 과학, 국가, 자본주의, 특정한 기업)의 이름으로 행동할 때 우리는 무엇을 하는가에 대한 데리다의 질문들이 적절한 이유가 여기에 있다(Derrida, 1995, 2002a). 나아가 데리다는, 우리가 어떤 것(종교, 과학, 국가, 자본주의, 기업)의 이름으로 행동할 수 있다는 신앙(오늘날에는 신앙이 수행성과 의례를 통해 매개되는 방식을 취한다)이 존재할 수 있는 이유는 그 가능성의 전제 조건에 **기술적인** 것이 있기 때문이라고 말한다. 그의 표현은 이렇다.

기술적인 것은 신앙의 가능성, 즉 가능성 그 자체이다. 가장 큰 위험과 심지어 근본적인 악의 위협마저 포함하는 가능성 말이다. 그렇지 않다면, 그 가능성을 가진 그것은 신앙이 아니라, 프로그램이나 증거, 예측 가능성, 신의 섭리, 순수한 지식, 순수한 노하우가 될 것이고 그렇다면 그것은 미래의 소멸이 된다. 거의 인제나 그렇듯이 그러한 것들을 반대하지 말고 **동일한 가능성**으로서 함께 고려해야 한다. (Derrida, 2002a: 83. 강조는 데리다)

나는 이미 미국의 신약 개발 사업의 기초를 이루는 구원의 담론에 주의를 기울여 왔다. '기술적인 것'을 이러한 담론의 관점에서 이해하는 데에는 두 가지 방식이 있다. 첫번째 방식은 데리다 자신이 깊은 관심을 표명한 것으로, 신앙이 매개되는, 즉 매체 기술들을 통해 유포되는 방식이다. 신약 개발의 상징적 자본이라는 것이 '식품·건강·희망'을 일구는 일에 종사함을 통해, 그리고 치료 분자(소비자들 사이에 건강을 유포하는 동시에 그들을 자유 선택권을 가진 소비자로 증명하도록 구성된 사물)의 구원적 잠재력을 통해 표명되는 것임은 생명자본의 당연한 논리적 결과일 텐데, 이는 대부분 그러한 메시지 구성을 허용하는 담론과 매체 장치에 의존한다.

'기술적인 것'이 신앙의 가능성이 되는 더욱더 폭넓은 방식이 있는데, 이는 4장에 나온 DNA 칩에 대한 묘사에서 시사된 바 있다. 일부 기술은 그것이 도나 해러웨이가 칭하는바 "물질적-기호적" 사물인 덕분에 "재현의 기술"로 작용한다(Haraway, 1997). 여기서 기술적인 사물은 신앙을 매개하기도 하면서 그 자체가 신앙의 대상이 되기도 한다. 그 칩은 미래에 가능한 질병을 재현하고 또 그에 대한 상세한 초상화를 제공하는 물체로서 신앙을 매개한다. 동시에 그것은 '개인'을 재현하고 대변하며, 이때 개인은 자신의 유전자로 재현되고 유전자는 DNA 칩에 의해 재현된다.[26] DNA 칩은 초상화이자 대변인으로 기능함으로써 신앙의 대상, 즉 하나의 주물이 된다. 개인의 뉴클레오티드 프로파일을 보여 주는 초상화에 불과한 것이 (개인의 '정체성'을 표현하는 것으로서) 대변인이 되는 과정에 이 주물이 존재하는 것이다.

데리다는 기술적으로 매개된 신앙의 '가능성'을 지적하고 그를 통해 내가 4장에서 주장했던 모든 형태의 위험을 고려의 대상으로 불러온다. 내가 요약했던 두 가지 형태의 위험을 말하자면, 첫째는 게놈학이 예견하는 환자-소비자의 미래 질병 위험이고, 둘째는 실현되지 않을 수도 있고 투자에 값하는 충분한 수익을 시장에서 거두지 못할 수도 있는 약품에 회사가 큰 자본을 투자하는 위험이다. 그러나 여기에는 기술과학의 구원적 잠재력이나 시장 체계, 특히 모든 의미의 가치 체계를 지지한다고 주장하는 특정한 기업체들에 대한 제식적인 신앙을 포함하는 세번째 형태의 위험이 있는데, 이것은 '불명예스러운 남용'scandalous misappropriation의 위험이다.

현재 미국 자본주의라는 정세를 이루는 결정적인 특징 중 하나는 지난

---

26) 초상과 대변이라는 두 가지 재현의 의미 차이를 확인하려면 Spivak, 1988을 보라.

2년 동안 월스트리트를 흔들어 놓은 수많은 기업 스캔들이다. 신약 개발 시장은 아직까지는 이러한 스캔들로부터 비교적 안전했지만, 나는 그러한 스캔들을 자본주의 가치 체계의 특수한 기류를 보여 주는 경향적 표명으로서, 그리고 생명자본을 활성화하는 기본 가치 체계를 이해하는 데 필요한 것으로서 진지하게 고려하고 있다.

기술과학은 위험하다. 특히 '생명 그 자체'를 조작하고 그에 개입하는 능력과 관련될 때는, 그것과 관련된 자유시장의 출현이라는 맥락을 고려하지 않더라도 그렇다. 난폭해진 과학이라는 수사는 18세기 산업혁명 이래로 끊임없이 스스로를 재발명해 온 해묵은 낭만적 수사이고, 『프랑켄슈타인』*Frankenstein, 1818*의 유령은 소설이 나온 당대만큼이나 오늘날에도 생생하게 살아 있다. 게놈학의 치료 약속에는 언제나 이미 우생학적인 약속이 유령처럼 붙어 다닌다. 과학자들은 새로운 게놈 기술의 '좋은' 우생학을 나치 시대의 '나쁜' 우생학[27]과 구분 지으려고 노력하지만, 올더스 헉슬리*Aldous Huxley*의 『멋진 신세계』*Brave New World, 1946*의 수사는 메리 셸리*Mary Shelley*의 『프랑켄슈타인』의 그것만큼이나 생생하게 남아 있다. 다시 말해, 혁신이라는 마법이 모자에서 토끼를 끄집어내는 잠재력에 있다면 이 마법에는 토끼가 사실은 악마일 수 있다는 두려움이 수반된다. 나는 개인적으로 (과장 광고에 대해서도 그랬듯이) 새로운 생명공학들에 수반되는 그러한 두려움에 동의하거나 그것을 부인할 생각은 없다. 다만 내가 추적하려 노력하고 있는 정치경제 시스템들의 변증법적인 요소로서 그것을 진지하게 고려하고자 한다.

---

27) Silver, 1998; Ridley, 2000을 보라. 또한 "우생학적 유혹"이라는 것에 대한 설명을 찾는다면 Mendelssohn, 2000을 보라.

그러한 기술에 내재한 잠재적인 '사악함들'에는 그 기술의 남용이라는 '사악함'이 더해진다. 여기서 '남용'^misappropriation은 나치의 과학이 그렇듯이[28] 용인된 규범에서 벗어난 '오용'^misuse뿐 아니라, '전유'^appropriation가 소유권과 교환, 대표와 관련되는 용어라는 맥락에서 기술의 남용을 뜻한다. 다시 말하면 새로운 기술, 특히 새로운 생명공학은 그 자체에 내재한 창조와 조작의 가능성에서 비롯되는 무시무시한 생명체 출현의 가능성을 담고 있을 뿐 아니라, 잘 알려진 대표 기관(이 경우에는 종종 특정한 회사나 전반적인 '자유시장')에 대한 신성화에 수반되는 모든 위험을 포함한다. 이 신성화는 그렇게 '신성한' 제도들의 입장에서 과잉의 행위나 다른 형태의 부적절한 행위를 허용한다.

데리다는 다시 한번 시간성의 중요성을 지적하는데, 이것은 나의 논의에서 지속되어 온 주제이다. 미래에 대한 약속 위에 세워진 자본주의를 위한, 또는 구원의 혁신을 이룰 잠재력 위에 세워진 기술과학을 위한 미래의 가능성 자체는, 그것들이 불확정적이라는 사실에 놓여 있다. 비록 여러 면에서 경향성을 갖지만 말이다. 바로 이러한 불확정성이야말로 가령 가능성의 진술을 예언의 진술로 물화하는 물신숭배적인 작전을 낳는다. 그러나 이 불확정성 자체는 또한 국가나 자유시장, 종교, 사실, 개별 기업들과 같은 제도 기관이나 믿음 체계들에 대한 신앙을 낳는다. 이러한 제도나 믿음 체계들은 게놈학과 같은 기술들이 새로운 방식으로 예견하는 미래에 각자의 방식으로 대처할 것을 약속하기 때문이다.

생명을 구하는 일에 종사한다는 것이 생명공학 산업과 제약 산업의 상

---

28) 규범적 과학 구조에 대한 머튼의 개요는 명백히 나치 과학의 위험에 대한 대응이었다 (Merton, 1973[1942]).

징적 자본이 되고 그에 대한 물신숭배가 이루어졌으며, 끊임없는 의례의 재수행을 통해 믿음 체계와 권력 구조로 물신화된 주물들이 자본주의에 대한 물신숭배에 결합되었음을 나는 주장해 왔다. 그 과정에서 신성한 것은 문자 그대로 기업에 통합되었다^{incorporate}. 그러나 이것이 미국의 화려한 자본주의에 특수한 내용이라는 점은 이 이야기들에서 **실종된 국가주의**라는 문제를 묻게 만든다. 특히 인도의 기술과학과 세계화 이야기들에서 두드러지는 것이 바로 명백한 국가주의이기 때문이다. 기업의 과잉 소비가 이루어지는 상황에서 언급되지 않거나 보이지 않는 이 국가주의가 이러한 과잉이 가진 **미국적인** 성격이라는 점은 특별히 아이러니하다. 특히 미국의 공적 삶을 구성하는 것이 국가주의의 노골적이고 화려한 과시임을 고려하면 더욱 그렇다. 내 생각에 이러한 '실종된' 국가주의는 미국의 기술 자본주의가 국가주의적인 정서에 고무되지 않아서가 아니라, **무엇이** 국가주의를 구성하는가 하는 의문이 인도보다 미국에서 덜 제기되고 덜 문제가 되기 때문인 듯하다.

　이러한 비교의 문제의 다른 한쪽에 대해서도 간략하게나마 질문을 던져 볼 필요가 있다. 이것이 미국에 독특한 의례적인 수행의 과잉인가? 그러한 형태의 과잉은 분명히 인도에서는 그리 선명하게 나타나지 않는다. 그렇다면 이것은 단순한 '문화적 차이'의 결과인가, 아니면 생명공학이 아직 인도에는 미국에서와 같은 방식으로 도착하지 않은 것인가? 이러한 질문에 대한 답을 구하는 일은, 그러한 과잉이 생명자본과 맺는 특수한 관계를 중점적으로 파헤치는 최소한의 출발점이 될 수 있을 것이다. 왜냐하면 (잠재적으로) 불명예스러운 그러한 형태의 과잉은 미국의 기업 문화에서 단지 신약 개발 시장에만 국한되지 않기 때문이다. 미국의 생명공학 산업은 상당 정도 이미 여러 면에서 제약 산업과 매우 유사한 형태(규모는 더 작지만)

를 띤다. 신약 개발의 상류-하류 지형이 두 가지 형태의 회사가 갖고 있는 권력과 자원 간의 실질적인 계급 차이를 대변하는 한편, 생명공학 산업은 스스로 신약 개발의 과정을 시작할 정도로 확고히 자리를 잡았다. 상류의 회사들이 좀더 하류로 진출해야 한다는 명백한 시장의 압력이 있는 게 사실이다. 이때 이 회사들이 직면하는 어려움들이 두 형태의 회사들 사이의 뚜렷한 권력차를 보여 준다. 그러나 생명공학이 수사와 시장 관련 측면에서 신약 개발과 긴밀한 관련을 맺고 있다는 사실은, 가령 머크와 연결된 구원이라는 상징적 자본이 상류의 생명공학 산업과도 그만큼 밀접하게 연결되어 있음을 가리킨다.

여기서 주의를 요하는 미국과 인도 간의 또 다른 차이점은 인도의 새로운 생명공학 혁신에서 눈에 띄는 중심은 민영 산업이 아닌 국가라는 점이고, 그런 이유로 개발될 필요가 있는 상징적 자본 체제는 투자자와 소비자가 구성하는 체제와 상당히 다르다. 국가주의가 인도에서 명백한 생명자본주의의 표명으로 나타나는 것은 단순히 서로 다른 역사적 맥락의 함수일 뿐 아니라 이렇게 서로 다른 제도적 맥락의 함수이기도 한 것이다.

한편으로는, 일련의 비전을 추구하는 생명자본주의적인 의제들을 만들어 내는, 인사이트와 지넨테크 같은 기업적 메시아뿐 아니라, 스콧과 테리 같은 메시아적인 활동가들이 있다. 그러나 상품 그 자체는 신학적이라는 점을 상기하자. 상품에는 신비하고 종교적인 힘이 부여되어 있다. 그 상품이 치료제일 때 그것은 구원의 힘이 된다. 그 약품의 마법은 아픈 사람을 낫게 하는 물체로서 그것이 갖는 가치에서만 나오는 것이 아니라, 약품을 상품으로 만드는 추상화 방식에서도 나온다. 나아가, 약품으로 매개되는 의학의 **약속**은 밖으로 표명될 필요가 없다. 그것은 세속적인 물건에 **내재한** 약속인데, 맑스가 표현하듯 이 물체들은 "형이상학적인 교활함과 신학적인 변덕"으로 가득 차 있다(Marx, 1976[1867]: 163). 상품과 마찬가지로 약품의 사회적 생명은 그것의 문화적 생명(약품이 이동하고 소비되는 각기 다른 문화적 맥락)과 상상적 생명(약품이 작용하는 장^場이 되고 또 약품의 도움을 받아 창출되는 상상) 모두에 의해 정의된다.

메시아적인 행위자들과 신학적인 상품 외에도 데리다가 **구조적 메시아주의**라고 부르는 것이 있다. 그것은 "종교 없는 메시아주의, 심지어 메시아주의 없는 메시아적인 것, 정의에 대한 하나의 개념"(Derrida, 1994: 59)으로서, 과학이 인간 해방을 위해 내세우는 약속이다.[29] 이것은 독립 후 인도의 토대를 이루는 이데올로기의 일부가 되는 구조적 메시아주의다. 이 신앙은 랜디 스콧의 수사의 일부를 이루듯이, 과학과 기술을 "근대 인도의 신전"으로 기술하는 자와할랄 네루의 유명한 서술에도 담겨 있다(Nehru, 1958). 그렇다면 비교의 문제는, 인도의 기술과학의 경우에서와 같이 그러한 구조적인 기술과학적 메시아주의가 가령 국가와 같은, 약속의 상상력을 표명하는 다른 구조들과 어떻게 절합하는가 하는 문제가 된다.

과학산업연구심의국

두 개의 인용으로 이 절을 시작하겠다. 첫번째 인용은 인도의 초대 총리인 네루가 1938년 인도과학의회^{Indian Science Congress}에서 연설한 내용의 일부이다. "굶주림과 가난, 비위생과 문맹, 미신과 죽어 가는 관습과 전통, 굶주

---

29) 데리다는 맑스와 관련된 구조적 메시아주의를 말하지만, 맑스주의 자체는 맑스주의자들에 의해 과학적이라 주장되고, 맑스주의의 해방의 가능성 대부분은 맑스가 자신의 정치경제학 이론이 온당하게 '과학적'이라고 믿었다는 사실에서 나온다.

린 사람들이 사는 부자 나라에서 낭비되는 방대한 자원이라는 문제들을 해결할 수 있는 것은 오로지 과학입니다." 두번째 인용은 국민회의당이 최초의 국민 정부로서 1945년에 선언한 성명서의 일부이다. "과학은 그 유용한 활동 영역에서 인간의 삶에 영향을 미치고 그것을 구성하는 데 점점 더 큰 역할을 수행해 왔다.⋯⋯ 국가 방위뿐만 아니라 공업, 농업, 문화적 발전도 그에 의존한다. 그러므로 과학 연구는 국가의 기본적이고 필수적인 활동이고, 최대한 광범위한 규모로 조직되고 격려되어야 한다"(두 내용 모두 Krishna, 1997: 236~237에서 재인용).

이러한 인용들에서 매우 분명히 드러나듯이, 네루와 인도의 국민회의당, 즉 반제국주의 투쟁을 이끈 이 주요 국가주의 정당(인도의 독립 이후 50년 동안 44년을 집권하기도 한)은 인도의 발전에 있어 과학과 기술에 엄청난 중요성을 부여했다. 사실 국민회의당이 주도한 독립 투쟁의 핵심적인 특징 중 하나는, 그 투쟁이 인도의 기술과학 제도가 성장하지 못하도록 숨통을 조였던 식민지 과학 정책에 대항한 지적 투쟁과 단단히 묶여 있었다는 것이다. 벤니 V. 크리슈나^Venni V. Krishna 는 인도의 식민지 과학을 "본국에서 계획된 활동"으로 설명한다. 이 활동에서 "식민지에게는 '정보 탐구'와 이미 존재하는 기술적인 지식의 적용이라는 하위 업무가 할당되는 반면, 이론적 종합은 본국에서 진행되었다. 지적인 정수가 결핍된 상태에서 식민지 과학이 삼은 목표는 과학의 진보가 아니라⋯⋯ 본국의 지적·산업적 '혁명'에 자양분을 제공하는, 천연자원과 식물군, 동물군의 탐구였다"(Ibid.: 238).

여기서 두 가지 요점이 드러난다. 첫번째 요점은, 서구 세계가 상업화를 위해 인도에서 유전 자원을 수탈한다고 보는 인도 정부의 염려는 확고한 역사적·물질적 식민지 관계에 기초를 둔 상당히 민감한 윤리적-정치적 쟁점이라는 사실이다. 두번째 요점은, 1990년대에 인도가 특히 소프트웨어와 자료 발굴, 후방 기업 활동에서 서구 기업의 주요한 하청 연구 현장의 하나로 부상했다는 것이다. 이는 물론 생명자본의 영역을 넘어서는 범지구적인 윤리적-정치적 문제들을 노동의 차원에서 구성한다. 이러한 전개는 산업화된 서구 세계와 빠르게 산업화되고 있는 인도나 중국 같은 '제3세계' 국가들이 현재 맺고 있는 관계의 중심을 이룬다.

이와 같은 문제들은 구조적 생산관계들에서뿐 아니라, 인도의 분자생물학 연구소에서 생활하는 과학자들의 일상에서도 드러난다. 새로운 개념적 작업은 예외 없이 의심의 눈초리를 받는 반면, 이미 서구에서 이루어진 개념적 진전을 재생산하는 "동감입니다" 하는 식의 작업만이 서구의 일류 과학 저널에 게재되는 현실을 통해 이 과학자들은 여전히 천대받고 있다고 느낀다. 예들 들어, 내가 현장 조사를 갔던 생화학기술센터에서 근무하던 한 과학자는 이렇게 말했다.

국제사회에서 인정받는 게 문제입니다.……제 생각에 그들은 우리가 어떤 새로운 가설을 제안할 능력이 없다고 보는 것 같아요. 아니면……그 사람들은 자료나 작업량에서 더욱더 지나친 요구를 하지요.……정말이지 사기가 떨어집니다.

전에 해외에서 정신분열증을 연구한……어떤 사람이 있었는데, 그 사람은 제가 알기로 남부 캠퍼스 출신인 교수와 함께 일하고 있어요.……그 사람이 우리 연구실에 오더니 우리가 자기들과 함께 일할 수 있을지 파악하려고 했어요. 우리 연구실에 와서는 여기 앉아서 이러더군요. "여러분이 무슨 일을 하든 간에 그 샘플을 우리에게 주십시오. 우리가 같은 작업을 해외에서 반복하면 여러분은 자신의 논문을 더 수월하게 알릴 수 있을 겁니다. 왜냐하면 아무도 여기에서 보낸 자료를 인정하지 않을 테니까 말입니다." 그러고는 그 사람은 인도에서 나온 샘플을 가져다가 해외에서 똑같은 분석을 하고 있습니다. 그 사람은 뻔뻔스럽게도 우리 연구실에 와서는 자기네가 해외에서 똑같은 것을 생산하지 않는 한 우리의 자료를 믿지 않겠다고 말한 거지요.[30]

이러한 숨김없는 선입견은 해외의 학술 출판물에서 최첨단의 성과를 인정하는 문제에만 국한되지 않는다. 이는 또한 서구 회사들이 인도 연구자들에게 제공하는 질 낮은 재료와 시약들과도 연관된다. 그리고 이러한 처사는 인도의 연구소들이 그들이 구매한 형편없는 품질의 시약과 장비가 일부 원인이 되어 신뢰성이 떨어지는 결과를 생산하고 그로 인해 그들의 연구소가 그러한 장비를 투척하는 쓰레기장이 되는 악순환을 형성한다. 앞서 인용한 그 연구자는 서구의 많은 연구실에서 수행하는 종류의 고효율 게놈 연구에 참여하고 있는데, 그는 다음과 같은 내용을 폭로했다.

우리는 아머샴^{Amersham}이 고안한 장비를 구입했습니다.……송진을 주원료로 제작된 장비였죠. 당시 우리가 찾고 있던 것은 넉 달 동안 고심하고 씨름해 온 것이었습니다.……그리고 당시 우리 측에서도 유전자 염기서열 결정을 위한 설비가 구비되고 있었는데, 우리가 반응을 관측할 때마다 결과가 제각각이었습니다. 그 시스템은 어떤 때는 잘 작동하다가, 어떤 때는 반만 작동하다가 또 어떤 때는 전혀 작동하지 않더군요. 그러다 어

30) 생화학기술센터에 있는 한 과학자, 2002년 1월 2인 거기에이 인터뷰.

느 날 퀴아젠^{Qiagen}의 컬럼^{Column}으로 작업을 해보고 나서 그 회사 제품이 언제나 아머샴 것보다 더 낫다는 걸 알게 되었습니다. 그다음 알게 된 것이 아머샴 장비는 실제로 유전자 염기서열 결정 반응을 죽인다는 것, 아머샴 측에서 이것을 알고 있었고 그래서 영국에서는 판매하지 않고 여기서 우리에게 그 물건을 판다는 것이었죠.[31]

정리하면, 객관적이고 편견 없는 방식으로 평가하는 것 그리고 서구에서 연구자들에게 판매되는 것과 동일한 질의 시약을 판매하는 것은, 인도와 같은 나라에 있는 분자생물학 연구소들의 작업과 관련된, 명백한 '윤리적' 문제이다.

즉 하나의 차원에는 일상의 작업에서 흘러나오는, 혹은 그 안에서 드러나는 윤리적인 표명들이 있고, 다른 차원에는, 종종 정책 설명과 구상을 통해 드러나는, 식민지 이후 인도의 윤리적-정치적 표명들이 있는 것이다. 식민지 이후 인도의 과학 정책의 틀을 만드는 맥락을 살펴보면 그것이 아무리 간략한 것이라도, 오늘날 생명공학 정책이 생화화기술센터와 같은 제도적 행위자들과 그 센터의 소장인 사미르 K. 브라마차리와 같은 과학적-정치적 행위자들에 의해 구성되는 방식을 조명하는 데 많은 정보를 얻을 수 있다.

인도의 게놈학과 인도의 분자생물학 역사, 인도의 과학기술 전반을 공동생산한 더 큰 정치적 맥락을 정확히 파악하는 데 필요한 중요한 역사적 틀은 과학산업연구심의국의 역사이다. 과학산업연구심의국의 역사를 차지하는 많은 부분은, 최소한 연구·개발 생산성의 관점에서 그리고 기술과

---

31) 생화학기술센터에 있는 한 과학자, 2002년 1월 2일 저자와의 인터뷰.

학의 상업화를 촉진한다는 원래 목적을 달성하는 관점에서 실패한 역사이다. 1940년대에 설립된 과학산업연구심의국은 인도 전역에 퍼진 40개의 연구소와 기관으로 구성된 거대 조직이다. 이 연구소들은 연방 정부의 재정 지원을 받기는 하나, 각 기관의 개별 장들 및 심의국의 국장이 운영하고, 과학기술부, 재무부, 인적자원개발부의 감독을 받는 자치 조직이다.

과학산업연구심의국은 1990년 이후부터 인도의 과학과 기술을, 경제 자유화와 세계화라는 인도의 새로운 프로젝트를 따르는 조직으로 탈바꿈시키는 주요한 도구였다(이러한 변화를 개관하려면 Turaga, 2000을 보라). 과학산업연구심의국의 이러한 변화는 현재의 국장이자 국립화학연구소의 소장인 라메시 마셸카르가 이끄는 위원회의 권고로 시작되었다(Mashelkar et al., 1993). 마셸카르 위원회는 과학산업연구심의국의 과학자들을 위한 인센티브 구성에서, 1990년대까지 많이 부족했던 재정적 인센티브를 제공하자고 제안했다.

과학산업연구심의국을 위한 마셸카르의 세계적 비전에는, 연방 정부가 아닌 외부에서 얻는 수입 창출하기, 해외 연구 개발을 통한 연간 소득 증진시키기, (1994년에는 전무했던) 로열티 수입을 창출하는 기술 개발하기, 해외 특허를 얻어 활동 자금 조성하기 등이 포함된다. 즉 심의국을 위한 마셸카르의 진언은 "공개하라, 그렇지 않으면 소멸될 것이다"를 "특허 내라, 공개하라, 번영하라"로 대체했다(Council for Scientific and Industrial Research, 1996을 보라).

우다이 투라가[Uday Turaga]는, 1990년대 내내 과학산업연구심의국을 일신한 세계화의 변화들을 열정적으로 개관하면서 마셸카르 이전의 위원회를 '한량'에 비유했다. 그곳의 연구가 시장과 적극적인 관계를 맺지 못했기 때문이다. 그러나 그의 견해는 (투라가가 동의하고, 생화학기술센터의 브라마차리가 따르는) 마셸카르의 지향과, 한층 더 명백히 인도적인 관점의 '국가적 요구'와 연구를 연관 짓는 또 다른 지향 사이에 숨어 있는 긴장을 가려 버린다.

마셸카르의 비전은 세계적인 것을 국가적인 것 또는 지역적인 것과 대척점에 놓는 이들에 의해서만 비판받는 것이 아니다. 가령 과학 정책 전문가인 만자리 마하잔의 마셸카르에 대한 비판은 세계화 자체를 향하지 않고, 실제로 덜 효과적인 국제 경쟁력을 낳는다고 판단되는 특정한 **형태**의 세계화를 향한다.[32] 마하잔은 마셸카르가 기초 연구의 가치를 충분히 인정하지 않고 응용 연구에만 지나치게 초점을 둔다고 본다. 실제로 마셸카르는 심의국의 이름 자체를 '과학(과)산업연구심의국'에서 '과학적인 산업연구 심의국'으로 바꾸길 희망한다. 그러나 마하잔에 따르면, 과학산업연구심의국은 어떤 점에서 언제나 과학적인 산업연구 심의국이라는 이름에 걸맞은 일을 해왔고 이 점이 바로 실패의 원인이었다. 왜냐하면 인도의 산업은 전통적으로 과학산업연구심의국이 제공하는 기술들을 채택하지 않으려 해왔기 때문이다. 기초 연구를 희생한 응용 연구에 대한 강조는 과학산업연구심의국의 화석화라는 결과를 낳았고, 연구실들에서는 여전히 하던 작업을 하며 해당 분야의 발전을 따라가지 않았다. 예를 들면, 세계가 분자육종molecular breeding을 시작했는데 심의국에 속한 많은 연구소에서는 여전히 일반 육종 방식으로 실험을 하고 있는 경우가 그렇다. 마하잔은 심의국의 초점이 기초 연구로 옮겨 가지 않으면 회복할 수 없는 상태로 빠져들 것이라고 본다. 생화학기술센터와 같은 기관들이 그토록 화석화된 이유는,

---

32) 마하잔은 정책 구상을 위해 브라마차리에게 고용되었다. 마셸카르 이전 시대라면 가능하지 않았을 파격적인 고용이었다. 이 내용은 2002년 1월 그녀와 나눈 대화에 기반을 둔다.

과학산업연구심의국이 어떤 하나의 '비전'을 그 모든 부속 기관에 획일적으로 적용하기에는 너무나도 다양한 조직이기 때문은 결코 아니다. 그러므로 마셸카르의 비전에 대한 브라마차리의 확고한 믿음에도 불구하고, 생화학기술센터는 심의국 산하이면서도 그 주요 업무가 기초 연구인 기관 중 하나이고, 그렇게 때문에 분자유전학과 게놈학에서 이루어지는 세계적인 최신 발전 상황들과 보조를 맞추려 노력하고 있다. 물론 그곳의 일부 과학자들에게는 너무나도 힘든 일일 테지만 말이다.

마셸카르 본인은 심의국의 이름 바꾸기에 대해 마하잔과 조금 다른 관점을 갖고 있다(그러나 그가 원하는 것이 기초 연구와 응용 연구의 차이 허물기라는 마하잔의 분석은 정확하다. 그 차이를 허무는 방식은 첫째, 기초 연구를 언제나 이미 응용 연구의 우선권에 종속시켜 기초 연구라는 개념 자체를 지우는 것이고, 둘째, 응용 연구의 우선권을 자연스럽게 상업성의 우선권으로 단정하는 것이다). 마셸카르는 다음과 같이 기초 연구 지우기를 설명한다.

과학(과)산업연구심의국이라는 이름. 이 이름의 의미에는 우리가 과학적 연구도 해야 하고 산업적 연구도 해야 한다는 통합된 메시지가 담겨 있다고 저는 믿습니다. 유일한 문제는 '과'입니다. 이 때문에 우리는 산업적으로 아무런 적합성이 없는 순수한 과학연구를 했고, 또는 과학적 근거가 거의 없는 산업연구를 했습니다. 우리는 보호된 환경에서 역공정 방식으로 일을 했기 때문입니다. 그래서 제가 하고자 하는 또 다른 일은 '과학적인 산업연구'라 말함으로써 '과'를 없애는 것입니다. '과학적인 산업연구'에서는 산업연구가 첨단 과학을 통해 이루어져 그러한 혼란을 없애기 때문입니다. 과학과 그것의 응용이 있을 뿐 '기초 과학'과 '응용 과학'이라는 건 없다는 루이 파스퇴르의 말을 저는 믿습니다.[33]

종종 기초 대 응용의 이분법적 구도에 대응하는 것으로 여겨지는 '과학'과 '기술' 사이의 경계 허물기가 이러한 '기초' 과학과 '응용' 과학의 경계 허물기에 겹쳐진다. 마셸카르의 논리가 '기술과학'이라는 용어에 대한 과학기술학의 사용 방식과 공명을 이루는 반면, 마하잔은 그러한 경계가 살아 있어야 하는 전략적 중요성을 주장한다. 사실 과학과 기술 간의 경계는, 독립된 인도의 최초의 공식적·포괄적 문서인 1958년 「과학 정책 결의안」 Scientific Policy Resolution에 명백히 기술되어 있다(Government of India, 1958). 이 결의안은 과학의 응용이 지닌 잠재력을 인정하지만, 또한 '기술'을 기초적인 '과학적' 활동과 시간상 다른, 그 후에 오는 어떤 것으로 간주한다. 이 의미 규정 게임에서 관건은, 와해될 필요가 있는, 과학과 기술 사이의 거짓된 개념적 이분법만이 아니다. 이러한 이분법이, 그 자신으로부터 나와서 특정한 방식으로 작동하는 다른 많은 이분법들과 결합한다는 사실 또한 중요하다. 그러므로 마셸카르가 과학과 기술, 기초와 응용의 경계를 허무는 것은 제도의 경계를 허무는 것이며, 학문적 연구의 목적과 이론적 근거는 상업화될 수 있는 지식의 생산임을 시사하는 것이다(이 점은 1980년 미국 의회가 통과시킨 베이-돌 법에 암시된 바와 같다. 이 법은 미국의 벤처 과학을 위한 토대가 되었다).

마하잔이 비판하는 마셸카르적인 접근의 문제점을 보여 주는 대표 사례는 생화학기술센터가 아니라 마셸카르 본인이 몸담았던 기관인 국립화학연구소와 이 연구소가 하청 연구 서비스를 제공하기 위해 제너럴일렉트릭과 맺은 제휴이다. 제너럴일렉트릭은 이 제휴를 외부 연구 개발 제휴의 모델로 선언했다(Mashelkar, 1999). 그러나 지적 재산권의 공유 없이 서구

---

33) 라메시 마셸카르, 2001년 7월 20일 저자와의 인터뷰.

회사의 하청업을 맡는 이러한 제휴야말로 크리슈나가 규정한 식민지 과학의 모양을 그대로 갖추고 있다. 이러한 상황에서 인도의 연구소들의 주요 존재 이유는 본국에서 고안된 일을 수행하기 위한 것이 되고, 최대의 가치가 실현되는 곳은 본국이다. 다시 말해, 연방정부 재정이 아닌 외부 수익을 (하청업을 통해) 창출한다는 마셀카르 위원회의 비전과, (소유권이 인도 기관에 있는 일을 통해서만 얻을 수 있는) 지적 재산권을 창출한다는 그들의 또 다른 비전 사이에는 근본적인 모순이 있다.

이러한 긴장의 일부는 국립화학연구소의 현 소장인 스와미나탄 시바람Swaminathan Sivaram에 의해 표명된다. 그가 그 기관의 부소장으로 재직하던 2001년에 나는 그를 인터뷰했다. 시바람 본인은 하청업 자체를 목적으로 보지 않고, 첫째로 다른 나라에서 확립된, 가령 근무 안전 조건과 같은 기준과 작업 관행을 배우는 수단으로, 둘째로 이후에 전략적인 제휴와 협력으로 발전할 수 있는 암묵적인 네트워크 형성의 출발점으로 본다. 그럼에도 불구하고 그는 국립화학연구소와 제너럴일렉트릭의 관계에 구현된 불균형들을 날카롭게 인식하고 있다. 이 불균형들은 인도의 식민지 이후 상황에 직결되기도 하지만, 세계적인 상업 정치에 참여하는 각 주의 전략적 방식과도 관련된다. 이 전략들이 하청 시장을 섭렵하는, 국립화학연구소와 같은 공공 기관의 능력에 지대한 영향을 미친다. 시바람은 이렇게 말한다.

보세요. 오늘날 제너럴일렉트릭은 여기 와서 저와 함께 일을 하죠. 저는 제 맘대로 아무하고나 일할 수 없어요. ……이건 불균형한 축의 문제죠. 이건 기본적으로 나라들의 경쟁력 문제예요. 우리는 현재 이 나라에서 그런 신경 안 쓰지만, 미국은 분명히 그에 신경 쓰고 있고, 유럽도, 일본도 마찬가지예요.[34]

그러므로 시바람 앞에 놓인 난제는 분명 수익을 창출하기 위해 하청업에 의존하는 것에서 토착의 혁신 문화를 조성하는 것으로 나아가는 일이다. 그러나 이러한 움직임이야말로 인도나 실리콘밸리에 있는, 다른 많은 공적·사적 행위자들이 관심을 충분히 기울이지 않는 사안이다. 그들에게 세계화란 그 자체가 목적으로서 단순히 인도에 대한 외국인의 직접 투자를 늘리는 것이지, 특정한 형태의 기술과학적 발전과 사회적 발전을 이루기 위한 수단은 아니다. 시바람은 다음과 같이 하청 연구를 기업적 과학과 구분한다.

하청 연구는 다른 누군가의 문제를 해결하는 겁니다. 그래서 돈을 받는 거죠. 일종의 서비스죠. 꼭 자문 서비스 같은 것입니다. 하청 연구는 일종의 자문 서비스 같은 것일 뿐입니다. 단지 좀더 높은 가치가 있다는 것만 빼면요. …… 하지만 우리가 하청업을 하면 소유권은 계약 당사자들에게 있지 우리의 몫은 전혀 없습니다. 현재 보수는 받지만 미래의 수입은 없지요. …… 우리는 미래에 대한 약속으로 살아갈 수 없고 현재의 자원이 필요합니다. 하지만 순전히 현재의 자원에만 의존하는 것 또한 공평하지 않아요. 미래를 위한 바구니에도 달걀이 좀 있어야지요. …… 그리고 제 생각에 오늘날 과학 분야에서 기업가 정신의 성장 속도는 너무 느린 것 같습니다.[35]

물론 하청 연구에는 그 자체의 문제점들이 있다.

---

34) 스와미나탄 시바람, 2001년 6월 13일 저자와의 인터뷰.
35) 같은 인터뷰.

어려운 점은 그 관계를 유지하는 겁니다. 계약을 따내는 건 어렵지 않지만 그 관계를 유지하는 건 매우 어렵습니다. 심지어 다국적 계약의 경우에도 말이죠. 그래요, 유지가 어려워요. 지도부가 아주 자주 바뀌어요. 그리고 어떤 일을 할 수 있고 어떤 일을 해야 하는가에 대해서는 사람들마다 철학이 다릅니다. 그러니까 지도부가 바뀌면 철학도 바뀌는 거고요.[36]

그러므로 시바람은 국립화학연구소가 그 위상이 바뀌는 시점에 도달했다고 보는 자신의 생각을 숨기지 않는다. 즉 하청 연구라는 위상에서 기업적 연구라는 위상으로 옮겨 갈 필요가 있다는 것이다. 서구의 다국적 기업을 위해 일한다는 이데올로기적인 고뇌 때문이 아니라, 지속적인 수익 창출을 위해서는 하청업으로부터 거리를 유지하길 요구하는 구조적 이유들 때문이다. 이 구조적 이유들은 외부의 경제적 힘과 전략적 결정들에 의존할 때 생길 수밖에 없는 긴장과 관련된다. 시바람이 보기에, 하청 연구를 벗어나는 이러한 움직임이 절실한 이유는 바로 하청 연구 관계의 성격 자체에서 온다. 이 관계에서는 '세계적 주자'가 되면 '국가적 이익'을 실현할 수 없기 때문이다. 이러한 실패는 국제적 방정식과 관계의 불균형에 기인하는데, 이는 세계적 주자가 되려는 욕구를 실현하려면 뚫고 나가야 할 문제이다. 국가적인 것과 세계적인 것을 대척점에 놓는 간디적-네루적-인도 맑스주의적 시각은 완전히 무너졌지만, 국가주의와 반제국주의, 세계적 불평등이라는 문제들은 여전히 남아 있다. 그리고 역설적으로 그 해결책은 국제시장이라는 도구, 즉 인도의 세계적인 야심의 실현을 지연시키는 바로 그 도구를 한층 더 공격적으로 활용하는 능력에 있는 것으로 보인다.[37]

---

36) 같은 인터뷰

마셸카르에 따르면, 과학산업연구심의국의 본질에는 두 가지 측면이 있다. "지식을 진전시키고 그것을 국민의 행복을 위해 사용하는 것"이다. 결국 이런 말이다. "당신은 국민의 행복과 어떻게 관련되는가? 경제적·사회적 발전을 통해. 그렇다면 그 경제적 발전에 당신은 어떻게 기여하는가? 산업연구에 기여함으로써."[38]

다음에 제시할 일화에서 나는 '국민의 행복'이 어떻게 인도에서 세계적으로 경쟁력 있는 시장 과학과 다른 방식으로 상상되는지 보여 줄 것이다. 하이데라바드에 있는 세포분자생물학센터에서 일하는 한 과학자에 대한 이야기는, 인간을 해방할 수 있는 과학의 잠재력이 엄청난 신뢰를 받고 있지만 그 방식은 시장 메커니즘과는 다름을 보여 준다.

사티시 쿠마르Satish Kumar는 좌파적인 과학자의 전형으로, 이 새로운 시점에서 필시 지극히 중요한 개선책이 됨직한 매우 오래된 논점을 내세우는, 사라져 가는 잔존 세력의 일원이다. 그는 인도가 명확한 공적 목표를 염두에 두고 과학 정책을 실행한다는 점에서 독특하며,[39] 그러한 요구들은 여전히 사라지지 않았을 뿐 아니라 오히려 더 커졌다는 사실을 줄곧 내세운다. 그 공적 목표들은 시장 위주의 마셸카르적인 목표와 매우 다르고 네루적인 목표들(인도의 과학 정책에 있어 '네루 시대'라 불릴 만한 시기에 추구되긴 했지만)과도 완전한 공명을 이루지는 않는다. 쿠마르는, 사회적 가치가 있는 과학을 해야 한다는 압력과 시장의 압력 사이에 있는 혼란을 날카

---

37) 1장에서 설명한, 재산권 메커니즘과 시장 계약을 통해 유전 자원 수탈을 규제하려는 인도의 시도에서도 이 점을 볼 수 있다.

38) 라메시 마셸카르, 2001년 7월 20일 저자와의 인터뷰.

39) 물론 이것이 완전히 사실인 것은 아니다. 소련과 중국, 쿠바와 같은 나라들은 언제나 그래 왔기 때문이다.

롭게 인식하고 있다. 그러나 그는 서구의 게임을 할 필요가 없다고 느낀다. 인도는 여전히 식량 안보와 건강에 초점을 맞춰야 함을 알기 때문이다.

첫번째 미신이, 기술과학 시장을 그 자체로 인도의 발달 장애에 대한 만병통치약으로 보는 것이라면, 쿠마르가 지적하는 두번째 미신은 기술이 인도의 모든 문제를 해결할 것으로 보는 것이다. 그가 말하듯 "기술은 정치적으로 중립이 아니"다.[40] 인도가 해결해야 할 우선 사항들은 식수를 제공하고, 사람이 먹는 곡물과 동물, 건강관리에 대한 투자를 확대하고 또 그 질을 높이는 등의 문제들이어야 한다고 쿠마르는 생각한다. 현재의 생명공학 체제에서 그는 원격으로 조정되는 식민화의 연속을 본다. 인도는 여전히 "서구의 생화학 제품을 사고, 그들이 설정한 의제를 따르고, 인도의 최고 과학자들은 부리나케 대부분의 인도 대학들이 구입할 수 없을 정도로 비싼 저널에 논문을 싣기" 때문이다.[41] 그는 공적 자금이 지원되는 건강관리와 농업 체계의 중요성을 강조한다. 농업의 경우에는, 인도의 과학자들이 농약에 내성이 있는 작물보다는 가뭄에 내성이 있는 작물을 생산하는 데 집중해야 한다고 그는 생각한다. 또한 그는 게놈학을 가지고 인도가 무엇을 해야 하는가에 대해 완전한 착각이 있다고 보는데, 이는 게놈학과 관련하여 인도가 해야 할 일을 정확히 알고 있다고 믿는 브라마차리에게 그가 동의하지 않음을 의미한다.

인도의 과학 정책의 돌격 방향이 자립에서 혁신으로 바뀌었다고 내가

---

40) 사티시 쿠마르, 2001년 8월 6일 저자와의 인터뷰.
41) 같은 인터뷰. 브라마차리는, 인도의 연구자들이 인도 대학들이 구입할 수 없는 그러한 저널들에 직접 글을 발표할 수 없다는 사실에서 서구와 동양의 불평등함을 본다. 또한 현재 지역 시약 시장에 물품을 제공하기 시작하는 기업들이 있고, 생화학기술센터 자체도 이러한 목표로 세워졌다

지적했을 때 쿠마르는 혁신과 자립이 왜 동시에 달성될 수 없느냐고 반문했다. 그는 혁신을 자립을 위한 도구로 보았고 그래서 왜 둘 중 하나를 선택해야 하는지 이해할 수 없어 했다. 그러므로 그가 반대하는 것은 혁신이나 '세계적' 과학 그 자체가 아니라 생각 없는 모방이다. 그의 확고한 생각은, 정부는 그 자신이 국민을 위해 존재한다는 사실에 늘 초점을 두어야 한다는 것이다.

이러한 입장과 조화를 이루는 그의 작업은 물소의 유전자 지도를 작성하는 일이다. 이 일은 그가 표현하는바 "매혹적이지 않은" 프로젝트이지만, 그는 과학자들이 "내가 이 일에 성공하면 어떻게 될까?"를 묻는 것이 중요하다고 본다. 게놈학 연구자들은 이 점을 염두에 두고, (브라마차리와 같은 사람들에게 유행어인) 인구유전학을 갖고 장난치는 대신 병원체들에 대한 지도 작성과 유전자 염기서열 결정에 몰두해야 한다고 생각한다. 사실, 브라마차리는 본인이 1980년대 후반과 1990년대 초반에 벌어진 게놈학 소동에 인도가 참여할 것을 요구했을 때, 인도의 게놈학적인 노력을 시작하는 이상적인 프로젝트로서 결핵균$^{Mycobacterium\ tuberculosis}$의 지도 작성을 제안했다. 이러한 의지는 이제 인간의 인구게놈학이라는 제단 앞에서 브라마차리 자신에 의해 제물로 바쳐졌다.

쿠마르에 따르면, 근본은 바뀌지 않을 것이고, 그 근본이란 앞으로 50년 동안 사람들을 땅에서 떼어 낼 수 없을 거라는 점이다. 그는 부의 창출도 궁극적으로는 그 땅에 사는 사람들의 견지에서 다루어야 한다고 주장한다. 그러나 시장의 유혹에 굴복한 과학자들은 도시인이라는 단 하나의 인구군만이 존재하는 듯 군다. 쿠마르는 정치적 이해관계가 어떻게 되든 간에, 과학자가 하는 일이 국민의 존재와 분리되어서는 안 된다고 말한다.

전술한 바대로, 그 자신의 연구는 물소의 유전자 지도를 최초로 작성하는 것인데, 그가 이를 위한 자금을 얻어 내는 데 3년이 걸렸다. 동물군 유전자에 대한 기존의 지식이 인도에서 응용된 적이 없었기에 이 연구는 독특하다. 쿠마르의 두번째 작업은 물소의 생물 다양성을 DNA 차원에서 상세히 기록하는 것인데 그 목적은 다양한 자원의 보호를 우선순위에 두기 위해, 존재하는 유전 자원을 실제로 아는 것이다. 자신이 거둔 성과를 가축에 생계를 의존하고 있는 땅 없는 농민들에게 협동조합을 통해 돌려준다는 것이 그의 생각이다. 동물 게놈학에서는 우선 사항이 인간의 경우와 다르기 때문에, 물소의 게놈을 다루는 일은 어떤 점에서 인간 게놈학보다 쉽다. 동물의 경우는 반드시 게놈 전체를 알 필요가 없다. 우리는 우유 생산과 같은 특정한 형질만 겨냥하면 되므로, 쿠마르의 계획은 협동조합이라는 매개체를 통해 농민들과 함께 우유의 생산성을 높이는 데 필수적인 형질들을 겨냥한 연구를 해나가는 것이다. 이는 그가 자신의 주요 '소비자'라고 보는 이들에게 혜택을 주기 위해서다.[42]

이렇게 쿠마르는 과학의 발전을 주변인들의 삶에 적용할 수 있는 방식에 관심이 크다. 반면, 인도에 기업 문화를 조성하려 노력하는 안드라프라데시의 주지사 나라 찬드라바부 나이두, 실리콘밸리의 인도인 기업가들, 그리고 마셸카르 본인 등은 모두 시장에 무제한의 자유를 주면 과학의 발전은 어떤 식으로든 스스로 '아래도 흘러내리게' 되어 있다고 믿는다. 생화학기술센터의 소장인 브라마차리는, 과학은 공익을 위한 원천으로서 국가의 관리하에 있어야 한다고(동시에 본인은 세계화를 '위해' 일한다고 주장한

---

42) 이는 인도농업연구심의국(Indian Council of Agricultural Research)의 연구실에서 했음직한 연구이지만, 그것이 이루어지지 않은 이유를 쿠마르는 인도농업연구심의국이 동물 부문을 와저히 무시하 녹색혁몃의 역곽에 너무나 오래동안 젖어 있었기 때문이라고 본다

다) 믿는다는 점에서 위와 같은 입장과 조금 다르다. 그러나 핵심은, 과학자와 정책의 다양한 스펙트럼은 모두 매우 명백하게 국가주의를 통해 활기를 얻는다는 것이다. 비록 국가주의라는 단어의 의미가 각 경우마다 은연중에 상당히 다르긴 하지만 말이다.

실리콘밸리의 해외 거주 인도인 기업가들

이제 나는 국가주의가 세계화와 자본과 맺는 관계를 점검할 것이다. 이 관계는 인도의 기업가와 벤처 자본가의 공동체들에 의해 구성된다(이들 중 많은 수가 실리콘밸리 안팎에서 활동하거나 네트워킹을 한다). 나는 그러한 행위자들의 활동 속에서 인도라는 국가가 어떻게 "동포애와 권력, 시간을 의미 있게 연결하는"(Anderson, 1991[1983]: 36) 통로가 되는가를 조명할 것이다. 시각이 대체로 비슷한 다양한 행위자들의 비전은 비슷할지 모르나('세계로 가는' 인도라는 비전이나 '기업가 문화'를 조성하자는 비전은 때로는 같고 때로는 다르다), 그들의 전략적·전술적 구상은 각자에게 특수한 시각을 부여하는 제도적 구속 및 교육 방식과 결합되면서 각자의 행동 방식이 달라지게 한다. 그리하여 인도가 실제 '세계로 가거나', 아니면 '기업적으로 되는' 여러 가지 방식을 낳는다.

　미국에서 눈에 띄는 역할을 하고 있는 두 개의 주요 해외 거주 인도인 조직에 대한 이야기에서 시작하겠다. 이 조직 중 하나는 생명공학과 관련된 인도기업가모임이고, 다른 하나는 외견상 그와 아무 관련이 없는 세계 힌두협회이다.

　인도기업가모임의 사명은 "기업가 정신의 증진과 육성"이다.[43] 1994년 실리콘밸리에 설립된 이 조직은 이제 북미와 유럽, 인도에서 인정받고 있다. 인도기업가모임과, 그것의 자회사이면서 생명과학에 초점을 두고 있는 인도대륙의 기업-제약적 파트너Entrepreneurial Pharmaceutical Partners of the Indian Continent에 대한 이야기는, 어떤 차원에서는 관리에 대한 벤처 자본적 접근에 대한 이야기이다. 인도기업가모임과 인도대륙의 기업-제약적 파트너 같은 조직들을 심층 분석하려면, 당연한 말이지만 그들을 인도의 디아스포라를 구성하는 총체의 일부로, 실리콘밸리를 구성하는 하나의 특수한 현장으로, 또한 더 큰 사회적 변화에 대한 구상에 의해 추동되지 않으면 가능하지 않은 정치경제의 변화를 일으키는 사회적 운동의 일부로 이해해야 한다. 반면, 세계힌두협회는 1964년에 설립된 훨씬 더 오래된 조직으로, 그 목적은 힌두 가치의 세계적인 전파와 힌두 네트워크의 강화이다. 세계힌두협회가 1990년대에 공식적으로 그 존재가 두드러지고 영향력이 신장된 것은 당연하다. 그 당시 힌두 민족주의가 인도에서 주류 정치 세력이 되었고 또한 해외 거주 인도인 단체들이 인도 내정에 관여하는 강력한 정치적 행위자가 되었기 때문이다.

변화에 대한 인도기업가모임의 개념은 선도적 엘리트들에게 기반을 두고 있다. 이들은 미국의 기업 세계에서 성공한 인도인들로서 야심 찬 인도대륙의 다른 기업가들의 본보기이자 네트워크의 중심이다. 이 조직은 "기업가 정신을 촉진하고 기업가를 육성한다. 회원을 위해 네트워크 플랫폼을 제공한다. [그리고—순데르 라잔] 회원이 주류 사회에 통합될 수 있도록 돕는다"[44]는 세 겹의 목표를 지향한다.

어떤 차원에서 이러한 목표들은 공동체이자 대의명분이자 삶의 방식

---

43) www.tie.org.
44) www.tie.org/library/about.asp.

인 어떤 것을 육성하겠다는 것으로 세계힌두협회 같은 조직들의 초점과 활동을 섬뜩할 정도로 똑같이 반영한다. 나아가 인도기업가모임과 세계힌두협회는 모두 단순히 이데올로기를 전파하는 것을 넘어, 인도를 지배하는 기업-정치 엘리트들과 긴밀한 연관을 맺고 미국과 인도 간의 자본의 흐름을 창출하는 데 적극 참여한다. 가령 미국의 세계힌두협회는 단독으로 인도에 있는 힌두 민족주의 운동을 위해 자금을 보내고 있다. 인도기업가모임은 미국에서 인도 기업가 공동체를 구성하는 것뿐 아니라, 실리콘밸리와 같은 곳에서 최첨단 기업 자본주의를 이루는 혁신 문화의 메커니즘을 인도로 이항하는 것을 목표로 한다. 두 단체가 조직적으로 기능하는 방식에도 구조와 문화상의 유사성들이 있다. 세미나와 순회강연, 지도와 상담, 인도에서 프로젝트 운영하기 등이 그 내용이다.

그러나 두 조직의 믿음 체계에는 결정적인 차이가 있다. 인도기업가모임과 같은 기업가 조직들이 인도를 구상하는 방식을 한층 더 깊이 분석하기 위한 포석을 깔기 위해서는, 이야기가 샛길로 빠질 위험을 무릅쓰고라도 이러한 차이를 조금은 탐구할 필요가 있다. 이 차이는 세계힌두협회와 같은 조직의 이데올로기가 본래 **배타적**이라는 점과 관련된다. 그 배타성으로 인해 이러한 조직들은 스스로 민중 속에 스며들 수 있는 방식을 개발할 수 있어야 한다. 반면, 인도기업가모임은 이데올로기적으로 포용성이 있고 그 사명의 일부로 종교적·민족적·정치적 다양성에 대한 존중을 당당히 표명한다. 이 조직의 경영진과 회원 대부분은 인도 사람이지만, 조직의 이름에는 언어적 재치가 들어 있다. '인더스'는 인도와 미국의 합류뿐 아니라, 파키스탄을 관통하고 인도에 지류가 흐르며 인도대륙의 선사 문명의 요람으로 여겨진 강을 뜻한다. 이 강은 인도와 파키스탄 두 나라 간에 굉장한 외교적 긴장이 흐르는 시기에도 이들의 유대를 상징하는 데 거의 신성한 힘을 발휘하는 양국 간 수자원조약의 바탕을 이룬다. 인도기업가모임은 "기업가 정신을 촉진하는 사명과 성공적인 기업가 정신이 모든 문화적·종교적·정치적 경계 짓기를 철저하게 삼가는 일에 온 힘을 다할 때" 성공을 이룰 수 있다고 믿는다.[45]

문화 없는 기업가 정신의 불가능함과, 명백히 민족적·지리적 동일성에 기반을 두고 있으면서 그러한 경계 짓기를 "삼가는" 조직이라는 모순은 잠시 제쳐 두고, 칸왈 레키의 이야기를 해보겠다. 그는 인도기업가모임의 창립자이자 전 회장이었고, 세계에 가장 널리 알려진 인도인 벤처 자본가라 할 만한 인물이다. 레키의 삶은 가난한 이방인이 다양한 인종과 민족의 도가니인 미국 사회에서 성공한 고전적인 사례이다. 시크교도의 아들로, 라왈핀디Rawalpindi(지금은 파키스탄)에서 태어난 레키는 1967년에 공학자로 미국에 건너가, 1970년대 초반에는 세 차례 정리해고를 당했고, 드디어 새너제이로 옮겨 가 그곳에서 실리콘밸리의 기업가라는 꿈을 이루었다. 그는 엑셀란Excelan이라고 불린, 대단히 성공한 컴퓨터 회사를 공동 창립했는데, 이 회사는 1989년 노벨Novell과 합병했다. 이후 그는 크게 성공한 벤처 자본가이자 엔젤 투자자angel investor가 되었다. 초기(1980년대) 해외 거주 인도인 기업가 세대는 점점 더 많은 (대체로 고학력에 고급 기술을 지닌) 인도인 소프트웨어 전문가들이 실리콘밸리에 오고 있지만 실제로 경영자의 지위에 있거나 회사를 설립하는 사람은 거의 없다는 것을 경험으로 알고 있었고, 레키도 그중 하나였다. 물론 그 주요 원인은, 중요한 기업적 혹은 벤처 자본적 인맥 없이 벤처 자본으로 창립하려고 할 때 모든 기업가가 빠지게 되는 딜레마 때문이다. 가령 레키 자신은 엑셀란을 창립할 때, 그에

---

45) www.tie.org

게 '합당한 경영 팀'이 없다는 이유로 번번이 벤처 자본가들에게 외면당했다. 이를 레키는, 자신의 팀에 백인이 없다는 뜻으로 읽었는데, 아마 정확한 파악이었을 것이다. 그는 이러한 상황을 바로잡고 싶었는데, 그 방식은 인종·민족 차별의 한 형태를 영구화하는 데 기여하는 폐쇄된 네트워크에 대항해서 싸우는 식이 아니라, 야심 찬 차세대 인도인 기업가들을 위한 공동체를 육성할 자신만의 네트워크와 멘토링 관계를 형성하여 '백인만큼 백인다워'지는 식이었다.

그러나 레키의 야심은 단순히 한 지역에 국한되지도 않았고, 인도인 전문가들이 미국에서 성공할 수 있도록 돕는 것만도 아니었다. 그의 꿈은 인도를 변화시키는 것, 혁신과 기업의 사회로 변모시키는 것이었다. 이는 능력주의 사회와 선도적인 지식인이라는 개념에 굳건히 뿌리내린 비전이다. 실리콘밸리의 인도인 소프트웨어 전문가 대부분을 길러 낸 훈련 기지인 인도기술대학Indian Institute of Technology을 나온 레키는 자신이 속한 그룹이 최고 중의 최고라는 믿음을 철저히 신봉한다. 달리 말하면, 인도기업가모임과 같은 조직은 레키와 같은 부류의 사람들의 견해로 굴절되기 때문에, 조직의 종교적·문화적 포용주의에도 불구하고 세계힌두협회와 같은 민중의 자발적인 운동이 **아니다**. 그들은 변화란 꼭대기에서 오는 것이며, 자신들이 그 꼭대기를 대변하고 자신들의 힘으로 인도를 변화시킬 수 있다고 진심으로 믿는 기업가들이다. 그러므로 전략과 전술의 관점에서 보면, 인도기업가모임과 세계힌두협회가 신봉하는 패권적 행위의 원칙은 완전히 반대의 양상을 띤다.

배타적인 민중 대 포괄적인 선도자라는 전략-전술적 이분법에는 공동체와 가족이라는 이분법이 연관되어 있다. 세계힌두협회는 여타 근본주의적 종교 조직과 마찬가지로 철저하게 가족 중심적이다. 그러나 이상적인 기업가는 외로운 보안관 타입이다. 회사를 설립하는 데 따르는 위험이 매우 큰데, 기업가에게 부양해야 할 다른 사람이 있으면 그 어려움이 엄청나게 커지기 때문이다. 인도기술대학 같은 기관에서 실리콘밸리와 같은 곳으로 오는 대부분의 남성 인도인 전문가들은 하나같이 미혼 상태로 왔다가 '목적을 달성한' 후 인도로 돌아가 결혼한다. 인도기업가모임이 채택하고 인도의 삶의 방식으로 정착시키려 하는 기업주의의 중심에는 **네트워크 속의 개인**이라는 한층 더 미국적인 비전으로 형성된 공동체라는 비전이 있다. 반면, 세계힌두협회는 가부장을 중심으로 단단히 묶인 가족들이 이루는 공동체를 지향한다.

인도기업가모임은 미국에서 흔히 이뤄지는 회사 창립 방식들과 이를 위한 재정적·제도적 후원을 인도로 가져간다. 가령 레키는 인도기술대학에 신생 회사를 배양하는 틀을 세워 대학에서 기업을 육성하는 모델을 세웠다. 대학의 이런 기업 육성에서는 대학이 기업가의 회사 창립 초기 단계들을 보살펴 주기 위해 무료 공간과 상당한 자금 지원을 제공하는데, 그 방식은 수많은 미국 대학이 시행하는 전형적인 모델을 따른다. 그는 말한다.

인도기술대학에 있는 교수와 학생은 회사를 차릴 생각을 전혀 하지 않았고 그래서 우리가 이러한 개념을 들여왔습니다. …… 그러니까, 단지 …… 스탠퍼드나 MIT에 있는 것과 같은 기업가 정신의 전통을 인도 대학으로 가져온 거죠. 인도인들은 …… 대체로 [대학에서 — 순데르 라잔] 영국의 모델을 따랐었죠. 공부는 매우 순수하고 비상업적인 거라는 개념이 있습니다. 미국에서는, 지식을 이용하여 어떻게 매우 빨리 부와 일자리를 창출할 것인가에 큰 관심이 있습니다. 그래서 우리가 이 개념을 현재 인도에 들여오고 있는 겁니다.[46]

레키 같은 이들의 관점에서 볼 경우, 이데올로기는 확산되거나 보급되는 것이 아니다. 그것은 식물과 같은 **물체**로서 포장되고 물리적으로 이송되어 새로운 토양에 심어져 그곳에서 뿌리를 내리고 확산되고 성장할 수 있는 것이다. 새로운 개념을 노트북처럼 '들여온다'는 것이니, 레키가 뭄바이 공항에 들어오면서 자신의 개념을 세관에 신고하는 모습이 눈에 보일 지경이다.

경제적 성장을 이끌 동력으로서 선도적 개인주의를 신봉하는 이러한 시각에 국가에 대한 조소와 경멸이 동반되는 것은 놀라운 일이 아니다.

> 약 50년 전에 인도는 방향을 잘못 잡아 사회주의 국가가 되었습니다. 그건 인도가 저지른 비극적인 실수였고 지금 그에 대한 대가를 치르고 있지요.……제가 인도를 다니며 전달하는 메시지 중 하나는 기업가들이 유일한 희망이라는 겁니다. 그들이 사회에서 부를 만들고 일자리를 만듭니다. 그들이 기차를 통째로 끌어당기는 기관차인데, 이건 인도에선 새로운 개념이죠. 왜냐하면……네루와 간디 치하에서 굳어진 사고는 산업의 중앙 소유니까요.[47]

내가 참석했던 인도대륙의 기업-제약적 파트너 회의에서 한 회원이 최근 방갈로르를 방문했던 얘기를 했다. 그곳에서 한 정부 관리가 자신에게 어떻게 하면 중앙정부가 벤처 기업 설립을 지원할 수 있을지 묻자, 정부

46) CNN과의 인터뷰. www.cnn.com/SPECIALS/2000/virtualvillages/story/india/interviews/rekhi.html.
47) 같은 인터뷰.

가 그들에게서 가능한 한 멀리 떨어져 있는 것이 최선이라고 대답했다는 것이다. 이 기업가 공동체는 신자유주의적인 철학을 표명하면서도, 국가를 폐지하려면 엄청난 정도의 국가 개입이 필요하다는 근본적인 모순을 고려하지 않는다.

랜디 스콧이나 패트릭 테리가 그렇듯이, 레키에게는 자유시장을 확산하는 것이 직업적 소명이나 마찬가지이다. 그러나 이것은 종교가 아닌 국가적 소명이다. 다만 이는 4장에서 데리다를 인용하며 내가 명명한 '구조적 메시아주의'를 반영하는 국가적 소명이다. 레키는 자신과 동료들에 대해 다음과 같이 말한다.

우리는 이제 우리 자신을 선교사라고 생각합니다. 1920년대의 인도 독립 운동은 영국에서 돌아온 인도인들이 주도했지요. 그들은 준법 사회, 자유주의 사회라는 개념이 없는 인도에 돌아와 그러한 개념들을 적용했고, 그것이 1920년대와 1930년대 독립 운동의 기초가 되었습니다.
……우리가 [현재―순데르 라잔] 하고 있는 일은 본질적으로 인도의 경제적 독립 운동입니다.[48]

해외 거주 인도인 그룹이 인도로 자본을 송환하는 동기는 이데올로기나 박애에 있지 않고, 더구나 그들이 모국에 무언가를 '신세 졌다고' 느끼는 '죄책감'으로 간단히 설명될 수도 없다. 레키 본인은 '박애적인' 기업가들을 내놓고 경멸한다. 예를 들어, 내가 아는 한 기업가 그룹은 그에게 사업 아이디어 홍보를 하면서, 인도의 과학과 기술의 발전을 위해 이윤의 5퍼센

---

[48] 같은 인터뷰.

트를 내놓겠다고 약속했다. 레키 자신의 야망과 일치한다고 할 만한 약속이다. 그러나 레키는 드러내 놓고 경멸하며 그들에게 자선이 아니라 사업을 해야 한다고 꾸짖었다. 모국으로 자본을 송환하는 행위의 원동력을 죄책감에 돌리는 손쉬운 심리적 해명 역시 억측에 불과하며, 이는 모국에 대해 그러한 의무감을 불러일으키는 더 큰 구조적 힘들을 고려하지 않은 결과이다. 인도 정부가 제공하는 무료 대학 교육은 그러한 요인 중 하나인데, 이 경우 그것은 그 선물이 지닌 의무적인 성격과 함께 작용한다.[49] 레키 자신도 인도기술대학 졸업생이 받는, 정부가 보조해 주는 교육의 질을 인정하는데, 이 때문에 국가에 대한 그의 경멸은 훨씬 더 역설적이다. 이러한 의무들이 시민권과 감정의 구조를 구성하는, 새로운 법과 인센티브 구조들의 일부이다.

물론 인도기업가모임과 같은 조직의 일원들이 송환하는 것은 자본만이 아니라 **전문 지식**이기도 하다. 이는 종종 반복되는 인도 기술과학의 병폐인 '두뇌 유출'의 기묘한 유사 전도 현상이다. 이렇게 송환된 자본과 노동, 상상이 합류한다. 노동은 대학원 과정이나 박사 후 과정 또는 일을 위해 유학을 갔던 인도인들이 일을 계속하기 위해 인도로 돌아오는 사례가 늘고 있기 때문에 형성되고, 상상들은 송환된 '전문 지식'이 단순히 형식적인 기술적 전문 지식(전문가들이 인도를 떠나기 **前에** 인도기술대학과 같은 기관에서 방대한 양으로 얻을 수 있는 종류의)이 아니라, 기업가 정신과 같은 문

---

49) 학부 3년 동안 수업료와 기숙사비, 전기세 등의 각종 요금을 **포함하여** 내가 낸 대학 등록금은 대략 720루피로 당시 외환 시세로 약 25달러였다. 반면, 유엔개발계획(United Nations Development Program)의 2001년 『인간 개발 보고서』(*Human Development Report*)에 따르면, 미국으로 이주하는 소프트웨어 전문가들로 인해 인도가 입는 자원 손실은, 그들의 교육에 국가가 쏟아부은 투자액을 계산해 본다면 연 20억 달러에 달한다.

화적 이상들이기 때문에 형성된다. 이는 모방된 제도적 구조들뿐 아니라 더 넓은 도시 경관에 반영되는 이상이다. 하이데라바드는 방갈로르와 함께, 인도에서 첨단 기술 산업(처음엔 주로 정보기술이었지만 현재는 생명공학 또한 증가하고 있다)을 설립하기 위해 자본과 전문 지식을 송환하는 곳으로 선호되는 도시로서, 600제곱킬로미터의 땅을 '게놈밸리'라 이름 지었다. 실리콘밸리를 모델로 기업적인 기술과학의 보금자리라는 이미지를 드러내 놓고 만들고 결국에는 현실화되길 희망하는 것이다.

그러나 과학산업연구심의국에 대한 이야기가 보여 주듯, 인도에 대해 기술과학적 상상을 가진 사람들은 해외 거주 인도인들만이 아니다. 그러한 상상하기는 인도의 국립 과학 기관의 핵심을 차지한다. 특히 게놈학과 같은 최첨단 기술 분야에서는 더욱 그러하다. 문제는 해외 거주 인도인(그리고 그들과 상호작용하는 '지역' 인도인)의 기술과학적 상상이, 세계힌두협회와 인도인민당의 것과 같은 해외 거주 인도인(그리고 그들과 상호작용하는 '지역' 인도인)의 문화-정치적 상상과 어떻게 불화하고 타협하는가 하는 것이며, 또한 '국가주의'가 서로 다른 이러한 행위자들을 어떻게 서로 다른 방식으로 굴절시키는가이다.

국가주의는 다양한 모양으로 존재한다. 너무나도 자명한 말이지만, 한 종류의 국가주의가 지배적인 담론 형태가 되면 또한 너무 쉽게 간과되는 사실이기도 하다. 또한 그러한 다양성은, 반제국주의와 세속성, '국민회의당'을 주축으로 하는 국가주의 대 공격적 문화성, 힌두, '인도인민당'을 주축으로 하는 국가주의라는 두 개의 대립항으로 단순히 양극화되지 않는다. 실리콘밸리와 같은 곳에서, 특히 교포의 경우, 국가주의는 자신의 국가와 국민에 대한 미성숙한 감정적 '애정'으로 정의되기 마련이지만, 또한 미국이라는 타자와의 관계 속에서도 정의된다. 이러한 관계가 표명되는 방

·식에 있어서, 이 장의 서두에서 서술한 택시 기사의 경우와 인도기업가모임과 같은 조직의 경우는 그 차이가 선명하다. 두 경우 모두 자신을 유색인종으로 인식한다. 가령 영국에서 남아시아 이주민들이 날이면 날마다 겪는 명백한 인종적 폭력이 없는 상황에서도 말이다. 그 택시 기사가 '하얀 피가 흐르는' 미국인(이 범주에는 그에게 힌디어로 말하지 않는 인도인도 포함될 것이다)을 멀리한다면, 인도기업가모임은 마땅히 해야 할 일로서, 미국인들과 공감하고 그들의 게임을 하고 '백인보다 더 하얗게' 되려 한다. 이 점은 상술했듯 그 조직의 목표에 분명하게 진술되어 있다. 그중 하나는 "회원들이 주류 사회에 통합될 수 있도록 돕는" 것이다. 인도기업가모임이 소수자의 지위에 대처하는 방식은 너무나 모범적인 소수자가 되어 더 이상 소수자로 인식되지 않는 것이다.

당연하게도 레키는 인도의 첨단 기술 전문가들에 대한 미국의 이민 규제 완화를 위해서 열심히 로비해 왔다. 그는 외국인 첨단 기술 노동자들이 이민법을 바꾸려고 로비하는 것을 돕는 이민자후원네트워크Immigrant Support Network에 활발하게 관여해 왔다. 그러나 레키는 인종적인 불균형이나 차별과 같은 쟁점을 다룸으로써가 아니라, 미국의 이해를 투사하고 자신을 미국인으로 투사하는 방식으로 관여한다. 그는 이렇게 말한다. "우리 세대는 이곳에 와서 강한 미국인이 되었습니다. 우리는 사회를 위해서 부와 일자리를 창출하는 생산적인 시민이니 모두가 승리자인 거지요. 이 새로운 상황은 사람들을 속박하고 경제적인 권리를 뺏는 것이므로 우려됩니다.……그리고 이로 인해 강한 미국 경제를 생산하지 못하거나 기업가 정신을 촉진하지 못할까 봐 걱정됩니다. 그러니까 제 말의 요점은 이런 상황이 사회의 건강에 무척 해롭다는 인식을 증진시켜야 하고, 만일 미국이 엔지니어를 원하면 그들에게 좀더 나은 대우를 해줘야 한다는 것입니다"

(Din, 2001a에서 재인용).

그리고 물론, 첨단 기술을 가진 모범적인 이민자들에 대한 규제를 완화하는 대가는 그렇지 않은 이들에 대한 규제 강화가 된다. 같은 인터뷰에서 레키는 이렇게 말한다.

> 1960년대에 이민자들이 처음 받아들여졌을 때 그들은 엔지니어였고 고도로 숙련된 사람들이었습니다. 그 후 가족 상봉이 이루어져 부모와 형제, 자매가 들어왔지요. 갑자기, 전문가의 1차 이민이 택시 기사들의 2차 이민으로 바뀌었습니다.……이 2차 이민은 매우 질이 낮아 반발을 일으켰지요. 엔지니어 한 명당 열 명이 딸려 왔습니다. 이제 애초의 설정으로 돌아가 전문가와 그들의 배우자와 아이들만 받아들여야 할 때입니다. 그들의 형제, 자매, 부모들 말고요.……미국이 세상의 모든 사람을 받아들일 수는 없으니까요. 저도 여기 형제자매들을 데려왔습니다만, 오해하진 마세요. 그들 중 아무도……이런 상황을 내버려 두면 질 낮은 이민자들이 끝없이 들어올 겁니다.[50]

---

50) 레키는 2001년 4월에 이러한 논평을 했고, 예상대로 대단한 논쟁을 불러일으켜 인도의 온라인 뉴스 단체와 토론 단체들 사이에서 열띤 논쟁이 벌어졌다. 5월에 레키는 자신의 말에 대해 다음과 같은 해명을 발표했다. "2차 이민에 대한 저의 견해에 대한 격렬한 논쟁은 문맥을 무시해서 일어난 일입니다. 저는 누굴 받아들이고 받아들이지 않아야 하는가에 대해서 아무런 입장이 없습니다. 저는 철저한 자유시장주의자이기 때문에 직업의 귀천을 따지지 않습니다. 제가 1차 이민과 2차 이민을 나눈 맥락은, 1차 이민자들은 본인의 능력으로 와서 스스로 살아남기 위해 죽도록 경쟁한다는 점이었습니다. 2차 이민자들은 종종 1차 이민자들처럼 자질이 충분치 않은, 그들의 형제자매였고 그래서 적응하는 데 많은 도움을 필요로 했습니다. 우연찮게도 저는 이런 면에 대해 거의 전문가입니다. 15년에 걸쳐 다섯 명의 형제와 배우자들의 정착을 도왔기 때문입니다. 그러므로 가족의 재상봉에 결코 반대하지 않습니다. 그렇지만 인척의 도움을 받는 형제자매들의 끊임없는 유입이 가족의 재상봉인가요?"(Din, 2001b에서 재인용)

이러한 말들은 인도기업가모임이 '기업가 문화'로 인도에 송환하는 능력주의라는, 고도로 개별화된 비전과 맞아 떨어진다.

조지프 더밋은 "객관적 자아 형성"이라는 개념을 통해서, 과학적 사실로 정체성을 형성하는 것에 대해 이야기했다(Dumit, 1998). 그러나 기술과학 자본주의에서 정체성은 단순히 기술과학이 제공한 지식에 의해서만 형성되는 것이 아니며, 종종 세계적인 규모의 지식 생산을 동반하는 탈지역화와 재지역화의 혼재에 의해서도 형성된다. 그러므로 인도기업가모임의 기업가들은 **주관적** 자아 형성에 활발하게 관여한다. 이 주관적 자아 형성은 미국적 자아 형성에 대한 모방으로서, 스스로를 '해외 거주'인들이 사는 지역에 제한하지 않고, 하이데라바드에 있는 게놈밸리와 같은 상상된 구조물의 형태로 모국에 송환된다. 나아가 그것은 송환 이전에, 인도의 중산층 소비 인구에게 이미 존재하는, 타자로서의 미국이라는 이미지를 추종하는 자아 형성이다. 위성 텔레비전과 수입 소비재로 넘쳐나는 시장을 통해서 모든 형태의 미국적인 것이 인도 중산층 소비자 생활의 자양분이 되고 있다.

객관적 자아 형성은 어떤 차원에서 고도로 개별화된, 그리고 개별화시키는 정체성 형성의 한 형태이면서, 동시에 환자 권익 옹호 단체와 같은 집단적인 사회운동으로 그 모습을 드러내기도 한다. 그러므로 한편으로 그것은 종종 인터넷과 같은 매체를 통해 개인의 차원을 넘어 보급되는, 집단적이면서 개별화된 정체성 형성이다. 다른 한편으로는 '무無문화의 문화'에 의지하는 사람들의 보호구역이다. 과학적 사실이 정체성을 구성하는데, 단순히 그것이 최상의 권위를 지니기 때문만이 아니라 어떤 식으로든 문화의 **바깥**에 있다고 여겨지기 때문이다. 샤론 트라위크Sharon Traweek는 고에너지 물리학자들의 문화를 "무문화의 문화"라 지칭하면서, 그것을 "미진한 부분도 없고, 기질temperament이나 성, 국가주의, 무질서의 다른 원천도 없는 세상, 즉 인간의 공간과 시간 바깥에 있는 세상을 열렬히 갈망하는……극단적인 객관성의 문화"라 설명한다(Traweek, 1988: 162). 과학의 권위로 누군가를 (과학자가 아닌) 소비자로 형성하면, 객관적으로 자아가 형성된 주체는 최상으로 객관적이라 여겨지는 정체성을 갖는다.

그러나 '무문화의 문화'라는 개념은 루스 프랑켄버그Ruth Frankenberg에 의해 매우 다른 의미로 쓰였다. 그녀는 캘리포니아 북부에 사는 여성들에 대한 인터뷰를 바탕으로, 백인 여성의 인종적-문화적 자기 정체성 형성을 분석했다. 여기서 무문화라는 공간은 인종적인 표식 없는 특권이다. 이 특권은 자신의 정체성을 다른 인종과의 관계 속에서 정의하지 않아도 되며, 스스로를 규범이라 상정할 수 있는 지배 문화에서 발생한다. 만일 정체성을 형성하는 매개체가 과학일 때는 '무문화의 문화'가 **객관성**을 대변한다면, 해당 매개체가 인종이면 그것은 **규범**을 대변한다.

그렇다면 생명자본에 대한 분석은 다음과 같은 문제가 된다. 인도 중산층의 소비 역량을 겨냥하는 미국 회사들이 전혀 부족하지 않은 상황을 고려하면, 미국과는 다른 맥락에서 발생하는 새로운 생명사회성을 이해하는 문제는 PXE인터내셔널과 지노믹헬스 같은 생명사회 공동체가 어떻게 미국에서 뚜렷한(그리고 뚜렷이 표명되는) 존재로 나타나는가 하는 것이 되어서는 안 된다. 대신, 인도기업가모임과 같은 조직들이 구상하는 종류의, 네트워크화된 개인들이 이루는 소비자 시장에 의존하는 생명사회적 현상들이 왜 그 모방의 노력에도 불구하고 인도에서는 나타난 **적이 없는가**를 물어야 한다. 달리 말하면, 기업적인 기술과학 생산 문화를 인도로 수입하고 송환했음에도 왜 (최소한 지금까지는) 같은 종류의 생명사회적 현상들이 미국에서처럼 일어나지 않았는가를 물어야 한다는 것이다. 명백히

'미국화된' 생산적인 기업 공동체(그리고 그와 손잡은 정부들)와 중산층 소비자 모두의 주관적 자아 형성이 왜, 사실과 기술, 상품의 생산과 유통 과정을 통해 정체성을 형성하는 미국식의 구원적이고 객관적인 자아 형성을 낳지 못하는가? 그러한 동질성을 생산하기 위해 그토록 많은 사람들이 드러내 놓고 노력했음에도 왜 **실패**했는가를 물을 때만 우리는, 눈에 잘 보이지 않는 문화적 차이의 중요성뿐 아니라 국가나 구원과 같은 문화적이고 이데올로기적인 범주들이 갖는 서로 다른 특징의 중요성에 직면하게 된다. 그러한 범주들은 완전히 겹쳐지지 않음으로써 '무문화의 문화들'을 오로지 문화 분석을 통해서만 이해되는 것으로 차별화한다.

다시 말하면, 기업가 '문화들'은 복잡한 제도적·물질적·의미적 총체에서 탄생한다. 가령 미국의 경우, 그 총체는 특정한 역사적 시기에 일어난(1980년의 베이-돌 법과 같은) 입법에서의 변화, 판례(다이아몬드 대 차크라바르티 분쟁은 1980년 6월에 유전공학을 통해 탄생한 미생물에 대한 특허를 인정했다), 기술 발전(DNA 재조합 기술), 변화하는 사업 지형들(기술과학 연구를 가능하게 하는 본격적인 힘으로서 벤처 자본의 출현), 그리고 위와 같은 변화들을 기대하고 또 그것에 적극적으로 대응하는 기업 활동(1980년 10월 큰 성공을 거둔 지넨테크의 주식 공개)을 포함한다. 그러므로 동질성을 획득하기 위한 모방이 왜 실패했는가를 묻는다면, 하나의 총체를 이루는 구성 요소들을 복제할 수는 있지만 그들의 복잡한 역학 관계나 구조적 결합 상태들을 복제하는 것은 쉽지 않다는 사실을 고려해야만 답을 얻을 수 있다. 2002년의 인도가 1980년의 미국을 복제할 수 있다고 가정한다면 이는 심각하게 무역사적인 담론에 현혹되는 것이다. 생산, 제도적 관계, 더 큰 사회경제적 맥락들의 물질적인 관계들은 서로 다를 수밖에 없다.

결론

어떤 차원에서 이 장은 미국과 인도라는, 근본적인 비대칭을 이루는 두 지역에서의 구원과 국가를 다루었고, 그 결과 이 두 개념을 대립항으로 놓기 불가능함을 밝혔다. 그러나 이 장은 또한 두 지역 간의 근본적인 비대칭에 관한 글이기도 하다. 내 주장의 요점은 '세계적인 것'을 구성하는 것은 미국의 자유시장 상상이라는 것이다. 이 상상은 역사적으로 특수한 가치 체계를 보유하고 있지만 그 자체로 문제가 되고 새롭게 변모하며 구원적이고 메시아적인 함의로 굴절된다. 미국식의 자유시장 혁신을 인도와 같은 나라가 욕망하는 대상으로 만들 뿐 아니라 양가적인 욕망의 대상으로 만드는 것은 바로, 특정한 상상을 세계적인 것으로 표명하는 것이다. 다름 아닌 자유시장, 재산권 체제, 최상의 소비자 등 어떤 것을 구성하든 간에 미국적 상상이 갖는 패권은 인도와 같은 나라들로 하여금 그러한 상상에 얼마나 투자할 수 있느냐에 따라 국가적 이해관계를 표명하게 하고, 또한 그러한 상상에 대해 선택적인 저항을 하거나 개조를 시도하게 한다. 이때 이러한 시도들은 근대주의와 국가주의가 혼재한 욕망에서 비롯된다.

지금까지 나는 이 책에서 각기 다른 민족지학적·서술적 전략을 통해, 교환과 가치, 생명과 부채, 비전과 과장 광고, 약속과 주물, 구원과 국가라는, 생명자본과 관련된 다층적인 이론적 쟁점들을 탐구했다. 이 쟁점들과 개념들은 끊임없이 서로 융합된다. 그럼에도 불구하고 이 모든 쟁점을 어느 한 장소에 위치 짓기는 어렵다. 내가 추적한 현장들과 과정들이 세계적으로 상호 연관되어 있으면서 동시에 각기 다른 지역에서 특수하고 조화롭지 못한 방식으로 나타나기 때문이다. 그러므로 여러 가지 면에서 이 책은, 유동적이고 초국가적이며 상호 연관되어 있고 끊임없이 새로 생성되는 세계에 뒤처지지 않고 그것을 이해하는 수단으로 다공간적 민족지학 multisited ethnography의 필요성을 주장한 조지 마커스와 마이클 피셔의 뜻을 따른다(Marcus and Fischer, 1986; Marcus, 1998). 또한 이 책은, 특정한 현장과 현대 민족지학에서 거론되는 '현장', 그리고 인류학적 분석의 '장소'와 '대상' 간의, 필수적인 또는 직접적인 상응 관계가 부족함을 경고하는 아킬 굽타Akhil Gupta와 제임스 퍼거슨James Ferguson의 주장을 경청한 결과물이다(Gupta and Ferguson, 1997). 즉 세계적인 규모로 벌어지는 교환의 과정을 단순히 특정한 현장에서 나타나는 형태에 국한시킨다면, 그에 대해 결코 제대로 쓸 수 없다. 그러나 그러한 세계적 과정의 복합성을 특수하게 만들지 **않고** 이해하는 것 또한 가능하지 않다. 오늘날 세계화가 가진 패권에도 불구하고 그것은 특정하고 경향적인 장소에서 특수하고 경향적인 방식으로 일어난다. 그런 의미에서 다공간적 민족지학은 양자물리학과 다르지 않다. 세계적 규모로 움직이는 행위자들과 과정들이 내는 속도와 그들이 점하는 위치를 동시에 정확히 파악하는 것은 불가능하며, 이를 위해서는 '세계'에서 '지역'으로, '이론'에서 '민족지학'으로, 어느 하나를 결정적인 것으로 특권화하지 않고 끊임없이 시각을 옮겨야 한다. 마지막 장에서 나는, 샌프란시스코에 본부를 둔 신생 회사인 진에드GeneEd의 이야기를 통해 어쩌면 이 책에서 가장 명백하게 '민족지학적인' 장을 쓰기 위해, 그러한 관점의 변화를 시도할 것이다.

6장 기업가들과 신생 회사들
인터넷 학습 회사 이야기

당연한 일이지만, 이와 같은 프로젝트는 수많은 민족지학적 난제를 수반한다. 종종 철저하게 비밀주의를 지향하는 환경을 연구할 때 주요 난제 중 하나는 접근성과 관련된다. 이는 특히 비밀주의가 기업 문화의 일부로서 문화적으로 용인되고 법적으로 제도화된 미국에서 문제가 된다. 경쟁 회사를 포함해 여러 현장을 다니는 나와 같은 연구자를 기업들이 경계하는 것은 이해할 만하다. 기업들은 자신에 대한 이야기를 단속하는 데 매우 신중하기 때문에 정교한 대외 홍보 기구를 기업 전략 기구의 중심 구성 요소로 설정한다.

가장 잘 알려진 세 게놈 회사를 포함하여, 내가 출입 허가를 받으려 했던 많은 회사들은 다양한 반응을 보였다. 매사추세츠주의 케임브리지에 있는 밀레니엄 제약 회사는 시간이 없다는 이유로 시설 견학도 거절했다. 셀레라지노믹스는 시설 견학은 기꺼이 승낙했지만 내가 방문하는 정확한 목적을 알고 싶어 했다. 내가 연구 프로젝트를 설명하자 그곳의 투자 홍보관은, "아, 알겠어요! 투자 견학이 아니라 미디어 견학을 원한다는 말이군요!"라고 말한 후, 셀레라의 홍보 기구가 크게 진화하여 '미디어'와 '투자'

분야가 따로 있다는 귀띔을 해주었다.

팔로알토에 위치한(밀레니엄과 셀레라는 동부 해안에 있다) 인사이트 지노믹스는 세 주요 게놈 회사 중 단연코 가장 개방적이어서 나는 그곳에서 놀랍고 알찬 시설 견학을 했다. 게다가 내가 만난 인사이트의 간부들은 늘 기꺼이 많은 시간을 내어 나와 이야기했다. 개방과 비밀주의 문화가 고위급에서 정착되어 기업 행위 —'기업 문화'라 할 수도 있다—의 규범으로 스며든 것 같았다. 이러한 차이는 단순히, 동부 해안의 콧대 높은 격식과 비교해 좀더 느긋하고 편안하고 다정한 서부 해안의 풍토를 어느 정도 반영한 것일 수 있다. 내가 좀더 장기적인 민족지학적 연구를 그곳에서 해도 되겠느냐고 요청하자, 회사는 내게 연구 계획서를 보내라고 했다. 인사이트에 소속된 60명의 변호사들(당시 회사의 총 인원이 700명이었다)이 상세히 검토해야 한다는 것이었다. 말할 필요도 없이 나는 내 계획서를 다시 보지 못했고 인사이트로부터 회답을 받지도 못했다.

물론 변호사 60명을 고용한 회사보다 직원이 20명인 회사와 교섭하는 것이 훨씬 더 쉽다. 후자의 경우에는 떠돌이 연구자에게 접근 허가를 주는 문제에서 결정적인 발언권을 종종 최고 경영자가 갖기 때문이다. 내가 이 장에서 논할 회사인 진에드가 바로 그러한 회사인데, 그렇다고 그들이 내게 내준 시간과 정보에 대해 고마움을 덜 느끼는 것은 아니다. 이 회사와 만나기 전에 나는 샌프란시스코 지역의 또 다른 신생 회사인 니오모픽과 길고 긴 교섭을 했다. 나는 그 회사의 수많은 간부들을 만났는데, 그들 모두 매우 조심스러우면서도 나의 계획서에 큰 흥미를 보였다. 그러나 니오모픽이 애피메트릭스에 매입되어, 25명이 전부였던 회사가 하루아침에 750명으로 이루어진 회사의 일부가 되자 나의 제안은 결국 거부당했다.

인도 기업들은 자신의 기밀 정보를 보호하는 데 적극적이지만 미국 기업들의 극단적인 방어주의를 채택하지는 않는다. 그렇지만 생화학기술센터에서 연구를 수행하기 위해 공식 허가를 얻는 일은 결코 순탄하지 않았다. 관료주의로 작동하는 인도 정부의 방어적인 태도 때문이었다.

생화학기술센터의 소장인 사미르 K. 브라마차리는 내가 그곳에서 민족지학적 연구를 하는 것에 호의적이었다. 나의 출입을 최종 결정하는, 과학산업연구심의국의 국장인 라메시 마셸카르도 내 연구를 허가했다. 그러나 실제로 생화학기술센터 출입 허가를 받는 서류 작업은, 인도의 제도가 작동하는 관료주의적 맥락과 보안에 대한 인도 정부의 염려를 잘 보여 주는 복잡하고 짜증나는 일 그 자체였다. 또한, 누구라도 세계화로 가는 인도의 여정을 민족지학적인 방식으로 적절하게 이해하고자 한다면 알아야 할, 관료적 형식주의에 찌든 그 지역 전체의 정치경제를 보여 주는 데 손색이 없었다.

생화학기술센터의 형식적인 서류 작업을 하려면 사업개발마케팅부 Business Development and Marketing Group를 책임지고 있는 사람과 교섭해야 했다. 그의 이름은 파완 굽타Pawan Gupta였다.[1] 나는 생화학기술센터에서 현장 조사를 시작하기 두 달도 훨씬 전에 브라마차리와의 접촉을 시작했다. 내가 미국 기관에 속한 '외국인'으로 분류되므로 모든 승인을 받으려면, 특히 인도 외무부의 승인을 받으려면 오래 걸릴 거라고 그가 경고해 주었기 때문이다. 내가 인도에 도착하기 1주일 전에 브라마차리로부터 모든 승인이 떨어졌다는 확언을 받았다. 그러나 굽타는 이러한 일들에 대해 명백히 모르고 있었고 그 모든 과정을 반복하기로 결정했다.

굽타는 내가 외무부의 승인과 보안 승인을 받아야 한다는 말로 자신의

---

1) 필명이 아니다.

일을 시작했다. 나는 브라마차리가 그 모든 승인을 이미 받아 줬다고 말했다. 굽타는, 어떻게 브라마차리가 혼자 그 모든 걸 받아 주느냐, 그 사람도 원래 경로(굽타 자신을 뜻한다)를 통해야 한다고 말했다. 또한 굽타 자신이 승인 문제를 완전히 해결할 때까지는 내가 어떤 대화도 녹음할 수 없다고 했다. 그의 제안은, 그때까지는 그냥 다양한 사람들과 '폭넓은' 대화를 하며 나중에 누구를 공식적으로 인터뷰할지 결정하라는 것이었다. 사람들과 이미 '폭넓은' 대화를 세 번이나 가진 상태라고 나는 말했다(나는 이미 생화학기술센터를 여러 번 짧게 방문했었고 그때 녹음 없이 사람들과 이야기를 나누었다. 또한 브라마차리는 그곳 모든 사람에게 나의 연구와 내가 얻고자 하는 것을 설명하게 했다). 나아가 나는 이미 내가 인터뷰하고 싶은 사람들의 목록을 작성한 상태였고, 브라마차리도 이 목록을 공식적으로 승인했다. 그러나 물론 그 어떤 것도 굽타에게는 충분치 않았고, 그는 보안 문제와, 내가 만일 파키스탄의 간첩으로 판명되면 자신이 얼마나 곤란할지를 계속 들먹였다. 그때 굽타는 자문을 위해 라메시 마셸카르의 사무실에 있는 누군가에게 전화를 걸었다. 전화를 받은 사람은 내가 그 모든 승인을 받아야 하고 그러는 데에는 오랜 시간이 걸릴 것임을 확실히 못 박아 주었다.

그다음 굽타는 내가 작성한 기밀 유지 서약서를 훑어보기 시작하더니, 20분 동안 곰곰이 뜯어보았다. 그것은 내가 정보원들과 함께 작성하는 모든 합의서에 들어가는 내용으로, 나는 그들이 테이프로 녹음된 인터뷰를 검토할 수 있도록, 또한 소유권 문제에 대처할 수 있도록 사본을 보내 주기로 되어 있었다. 굽타는 검토를 위해 사본을 받는 것은 매우 좋은 일이지만, 내가 테이프에는 담지 않은 내용이 필기 노트에 있을지도 모르니 생화학기술센터는 내 노트도 볼 수 있어야 한다고 말했다. 나는 그에게 필기 내용을 보여 주는 것은 불가능하며 나의 직업 윤리에 대한 명백한 침해라는 점을 분명히 했다. 다만 나의 체류가 끝나 갈 즈음에 내가 관찰한 것에 대한 개요를 기꺼이 서면으로 생화학기술센터에 제출하겠다고 했다.

그런 다음 굽타는, 이미 브라마차리가 내가 제출한 목록을 공식 인가 했는데도 불구하고 보좌관을 시켜 내가 인터뷰할 수 있는 사람들의 목록을 작성하게 했다. 말할 필요도 없이 그의 목록은 내 것보다 더 선별적이었다. 굽타는 보좌관에게 자신의 목록에 있는 사람들에게 이메일을 보내, 내가 물어볼 만한 문제에 대해 의향을 떠보고 '합당한' 답변을 하도록 확실히 해두라고 했다.

다음 날 아침 나는 굽타와 교섭을 계속했는데, 그가 갑자기 한층 더 친절하게 굴었다. 그 사이 브라마차리와 이야기하여 내가 줄곧 주장했던 대로 모든 서류 작업이 정말 끝났음을 알게 되었기 때문이다. 그러나 친절이 생산성을 의미하지 않음은 처음부터 분명했다. 굽타는 내가 작성했던 합의서의 사본을 자신에게 이메일로 보내 주길 원했다. 모두 다시 타이핑하고 싶지 않았던 것이다. 그 전날 내가 이미 이메일을 보냈지만 그는 여전히 받지 못했다고 했다. 나는 센터에 가서 다시 보내 주겠다고 했으나 그곳의 서버가 하루종일 다운되어 약속을 지키지 못했다. 그리하여 아무런 진전이 없었다.

그 다음 날, 합의서를 겨우 굽타에게 이메일로 보냈지만, 주말이 되어서도 그는 합의서에 서명을 하지 않았다. 그럴 만한 위치에 있지 못했기 때문이다. 생화학기술센터와 같은 공공 기관에서 이러한 종류의 합의서에 서명할 수 있는 유일한 사람은 행정관리였는데, 센터에는 그러한 사람이 한 명도 없었다. 새로운 관리가 그 다음 주에 합류하기로 되어 있었고 결국 전체 과정이 또 한 주 미뤄졌다. 새로운 행정관리가 오자, 그가 서명하기 전에 내 제안서를 검토할 시간으로 1주일을 주는 것이 마땅하다고 굽타가 고집을 부렸던 것이다.

드디어 생화학기술센터에서 일을 시작한 지 2주 후에 그들은 내 합의서에 서명했다. 이것 역시 간단한 일이 아니라 지루한 의식이었다. 굽타는 내가 따라야 할 작업 방식의 개요를 설명해 주었다. 자신이 관련되는 한, 내가 합의서에 서명하는 그 순간이 내가 그곳에서 연구를 실제로 시작하는 시각이라는 것이었다. 그 작업 방식에는, 내가 굽타의 보좌관에게 모든 활동을 끊임없이 보고하는 것도 포함되었다. 내가 누구와 언제 이야기하는지 굽타가 늘 감시하기 위해서였다. 인도에서는 일반 종이로 된 합의서는 법적으로 유효하지 않기 때문에, 서명은 법원 소인이 찍힌 합의서에 이루어져야 했다.

굽타와 나는 그 새로 부임한 행정관리를 보러 갔다. 그 사람은 라마나탄[Ramanathan]이라 불리는, 상당히 유쾌한 남자였다.[2] 그러나 그렇다고 그가 덜 관료적인 것은 아니었다. 라마나탄은 더 이상 서명을 지연하지는 않았지만, 이 합의서를 이해하지 못해 당황스러워하는 것이 분명했다. 그가 익숙한 종류의 일이 아님이 명백했다. 무엇보다 그는 일이 어떤 식으로든 잘못되었을 경우 책임을 모면하고 싶어 했고, 만일 어떤 일이든 잘못되면 자신을 희생양으로 삼아 진상 조사를 하는 일이 있어서는 안 된다고 반복해서 말했다. 그러므로 내게 녹음 후 필기록뿐 아니라 실제 테이프까지 자신에게 제출할 것을 원했는데, 내가 보기에 이는 조금 지나친 처사였다.

라마나탄은 그 사이 우리 모두를 위해서 매점에 차를 주문해 놓았다. 매점의 점원이 플라스틱 네스카페 컵에 차를 가져오자 굽타가 불같이 화를 냈다. 행정관리와 같은 나라의 공무원이 있는 방에 어찌 감히 플라스틱

---

2) 실명이 아니다.

컵에 차를 가져올 수 있으냐며 매점 관리자를 불러오라 했다. 매점 관리자가 오자, 굽타는 모두가 보는 앞에서 그의 잘못을 꾸짖고 앞으로 관리들에게 합당한 경의를 표하지 않으면 해고하겠다고 위협했다(여기서 경의란, 정부 관리에게는 플라스틱 컵이 아닌, 이 빠진 본차이나 컵에 담긴 차를 내오는 것이었다).

그런 다음 굽타는 계속 나를 힘들게 하기로 결정했다. 이미 그렇게 많은 대화를 했고, 라마나탄이 이틀에 걸쳐서 내 제안서와 모든 서류를 읽었음에도 불구하고, 그는 내가 다시 한번 자신들에게 내 프로젝트를 설명해야 한다고 우긴 것이다. 다행히 라마나탄은 나와 마찬가지로 그 자리를 끝내고 싶어 했고 서명 작업을 진척시키고 싶어 했다. 실제 서명 작업은 대단히 거창한 의식이었다. 각자의 서명이 별개의 증인의 서명으로 뒷받침되어야 했기 때문이다. 이 때문에 라마나탄의 방에는 꽤 성대한 티 파티가 열렸다. 그러나 작업은 결국 끝이 났고 나는 드디어 공식적으로 일을 시작할 수 있었다.

내가 이러한 이야기를 하는 목적은 민족지학자들이 당면할 수밖에 없는 상황을 보여 주기 위해서다. 그들에게 접근은 살아 있는 개인이나 공동체에 사적인 침입을 하는 문제일 뿐 아니라, **정보**에 대한 접근이기도 하다. 정보는 기업이나 국가에 의해 상품화될 수 있는 어떤 것, 즉 가치 있고 민감한 것으로 언제나 이미 과잉결정되어 있다. 굽타는 어떤 차원에서는 괜히 까다롭게 굴었던 것이지만, 다른 차원에서는 같은 직책에 있는 다른 사람들도 비슷하게 했을(덜 적대적일 수는 있으나) 제도적인 역할을 수행했을 뿐이다. 그러나 그럼에도 내가 앞으로 지적할 사항은, 생화학기술센터에 만연한 쩨쩨한 관료주의는 제도적 문화의 소산인 동시에 인도에서 가장 관료적인 도시로 악명 높은 델리라는 위치와도 직결된다는 점이다.[3] 미국의 서부 해안과 동부 해안의 생명공학 회사들이 개방과 비밀주의 문화에서 차이가 있었듯이 위치는 분명 중요한 사항으로, 정착되고 제도화된 규범적 행위 내부에서도 위치로 인한 차이가 존재한다.

배경, 논점, 현장

생명공학 회사와 제약 회사 사이의 결정적인 차이들 중 많은 것은, (언제나 그런 것은 아니지만 종종 벤처 자본의 지원을 받고 위험도가 높으며, 규모는 작고 혁신적이며 경영이 유연한) '신생 회사' 방식으로 운영되거나 운영되어 온 회사들과, 이미 자리 잡은 기업에 값하는 자본 보유량과 조직적 깊이를 소유한 회사들 간의 차이가 만들어 낸 결과이다. 이러한 상황에서, 인도가 드러내 놓고 실리콘밸리를 모방하려는 시도로서 '혁신 문화'에 심혈을 기울이자 신생 회사의 동역학, 특히 실리콘밸리에 존재하고 그곳에서 펼쳐지는 동역학이 중심에 놓이게 되었다.

나는 이 장에서 그러한 동역학의 일부와 신생 회사가 직면하는 정치경제적 지형들을, 어떤 면에서는 상징적이지만 다른 면에서는 틀에 박히지 않은, '로맨틱한' 신생 회사 내러티브인 한 신생 회사의 이야기를 통해 추

---

3) 가령 하이데라바드에 있는 세포분자생물학센터는 생화학기술센터와 거의 동일한 정도의 권위를 갖는 과학산업연구심의국 산하 연구소인데, 나와 같은 외부인뿐 아니라 생화학기술센터의 과학자들을 향한 이런 종류의 관료적 위계질서가 없다. 그곳의 한층 더 협력적이고 동등한, 그리고 덜 관료적인 문화는 하이데라바드라는 장소 때문이기도 하면서 초대 소장이었던 푸슈파 바르가바(Pushpa Bhargava)의 운영 방식 때문이기도 하다. 센터의 과학자들 말에 따르면, 바르가바는 스스로 모범을 보이며 관료주의적인 경쟁이 발붙이지 못하도록 했다. 만일 센터가 하이데라바드가 아니라 델리에 위치하면서 브라마차리의 지휘를 받았더라면 그 문화가 어땠을까는 여기서 던져 볼 수 있는 흥미로운 질문이다.

적할 것이다.[4] 샌프란시스코에 위치한 진에드는 두 명의 인도인이 공동 설립한 신생 인터넷 학습e-learning 회사로서, 생명공학 회사와 제약 회사에 생명과학 강좌들을 판매한다. 그러므로 진에드에 대한 이야기는 실리콘밸리에 있는 해외 거주 인도인 기업가들의 이야기이자, 상류 지형의 생명공학 회사와 하류 지형의 제약 회사 모두에 상품을 판매하는 기업이라는 유리한 지점에서 신약 개발 시장을 조망할 수 있는 구체적 시각을 제공해 준다.

그 과정에서 생명자본이 여전히 새로운 **과정들**임을 다시 한번 보여 주는 것이 나의 바람이다. 내가 이 장에서 제공하는 시각들은 상황적 시각situated perspective이다. 도나 해러웨이가 힘주어 주장하듯(Haraway, 1991) 상황적 시각은 정치적인 기능을 한다. 인류학에서는 더욱더 그러하며, 글을 쓰는 시각과 글의 대상이 되는 시각에(둘은 같을 수도, 다를 수도 있다) 반성적으로 상황을 부여하는 것의 중요성은 점점 더 명백해지고 있다. 이 점은 내가 이 책에서 기술 자본주의 체계들을 내부에서 점검하는 것을 선택했다는 사실, 즉 내가 종종 정치적으로 반대 입장을 표명하는 기업이라는 짐승의 배 속으로 들어가는 것을 선택했다는 사실에 의해 더욱 두드러진다. 여기서 민족지학적 도전은, 비판할 수 있는 권리와 능력을 저버리지 않은 채, 존중과 이해를 갖고 다양한 주체(대체로 기업인)의 시각들을 서술할 수 있는 것이다.

진에드는 인터넷 학습 회사이다. 인터넷 학습은 온라인 강좌를 준비하는 일로서 그 자체로 엄연한 하나의 산업이다. 이 회사는 1997년에 법인화되었으나 완전한 모습을 갖춘 회사로서 기능하기 시작한 때는 2000년 초

---

4) 가령 Lewis, 1999를 보라. 여러 면에서 최근 닷컴 붐의 전형적인 기업 사례가 되는 넷스케이프의 창립자인 짐 클라크(Jim Clark)에 대한 자세한 이야기를 접할 수 있다.

였다. 회사는 생명공학 회사와 제약 회사에 생명과학에 관련된 온라인 강좌를 판매한다.

생명과학에 관련된 인터넷 학습은 작지만 성장하고 있는 시장이다. 많은 회사들이 새로운 생명과학과 치료법에 대한 교육을 위해 의사들에게 강좌를 제공하며 일부 회사는 일반 소비자들을 교육한다. 진에드는 (당분간은) 생명공학 회사와 제약 회사만을 소비자로 겨냥한다는 점에서 독특하다. 이는 진에드가 신약 개발의 상류-하류 지형을 조망하는 특별히 유리한 시각을 제공함을 의미한다. 한편 이 지형은 진에드 자체의 기업적 발전에 중대한 영향력을 갖는다.

진에드는 신약 개발 시장뿐 아니라 실리콘밸리와 기업가 정신, 인도인의 국외 거주의 궤적을 보는 상황적 시각을 제공한다. 신생 회사는 생명이라는 용어가 가진 두 가지 의미 모두에서 새로운 생명 형태이다. 즉 그것은 하나의 새로운 실체이자 새로운 행위의 사회성이다.[5] 무엇이, 누가, 혹은 어떤 이들이 기업을 구성하는가 하는, 기업의 실체에 대한 질문은 이 책을 쓰는 내내 나를 괴롭혔다. 신생 회사는 그에 대한 정의를 할 수 있는 일정한 통찰을 제공한다. 신생 회사는 문자 그대로 새로운 실체들이다. 그들이 살아남는 매일매일이 승리인데, 종종 그 승리는 엄청난 곤경을 이겨 낸 결과이다. 그들의 운명은 문자 그대로 그들에게 남은 은행 잔고의 액수에 따라 결정된다.

진에드는 두 가지 종류의 강좌를 개발한다. 하나는 카탈로그 강좌로서 생명정보학bioinformatics이나 미세배열기술microarray technology, 심혈관계질

---

5) 빠르게 부상하는 조직들에 대한 민족지학적 연구에 의문을 던지기 위해 "새로운 생명 형태"를 이론적인 발견법으로 이용하는 예로는 Fischer, 2003을 보라.

환cardiovascular disease과 같은 특수한 주제에 대해 개발된 교과서 강좌이다. 다른 하나는 맞춤형 강좌로서 소비자의 특정한 요구에 맞게 특수 제작된다. 많은 맞춤형 강좌들은 원래 소비자의 웹사이트에서 접근 가능한 맞춤형 카탈로그 강좌였다. 가령 진에드의 초기 주요 고객은 셀레라지노믹스였다. 그리하여 셀레라의 웹사이트에는 진에드가 개발한 게놈학 지침서가 있었다. 이것은 본래 게놈학에 대한 진에드의 카탈로그 강좌였는데 셀레라의 성취를 부각하기 위해 개조된 것이다. 그러나 고객들은 점점 더 사내社內용 맞춤형 강좌를 요구했다. 진에드의 고객이 소규모 생명공학 회사에서 거대 제약 회사로 바뀌면서, 해당 회사의 상품이나 기술에 대한 판매부 훈련이 그러한 사내용 맞춤형 강좌의 주요 내용이 되었다. 진에드가 생명과학 인터넷 학습 산업에서 널리 이름을 알리며 자리를 굳히면서, 당연히 카탈로그 강좌보다 맞춤형 강좌가 점점 더 주요한 수입원이 되었다. 그러나 진에드는 잠재적 고객들이 자신에게 필요하다고 이미 알고 있는 상품을 갖고 시장에 입성한 것이 아님을 기억할 필요가 있다. 진에드는 자신의 특정한 인터넷 학습 상품들이 질적으로 우수함을 고객들에게 확신시켜야 했던 만큼이나, 인터넷 학습의 가치도 확신시켜야 했다.

이 장에서 나는, 이 책에서 탐구한 주제의 일부를, '이론화'가 아닌 특정한 기업의 이야기들을 통해 조명하고자 한다. 진에드는 그러한 주제들의 종합체는 아니지만, 내가 관심 있는 여러 쟁점과 지형에 대한 매혹적인 상황적 시각을 제공할 것이다.

이 장의 핵심에는 기업가 정신과 신생 회사라는 문제가 있다. 이는 두 가지 차원에서 중요하다. 첫째, 생명공학 산업은 그 자체가 '신생' 산업이다. 상대적으로 짧은 역사 때문이기도 하고, 대학교수가 대학에서 기술을 개발하여 벤처 자본을 모으고 자신의 회사를 설립하는 전형적인 궤적을 대부분의 생명공학 회사들이 따르고 있기 때문이기도 하다. 생명공학이 신생 회사 문화 속에서 운영되고 있다는 점은 널리 알려진 사실이다. 지넨테크에 대한 신시아 로빈슨-로스의 이야기(Robbins-Roth, 2000)와 세투스에 대한 폴 래비노의 설명(Rabinow, 1997), 버텍스 제약 회사에 대한 배리 워스의 설명(Werth, 1994)에서 드러나듯 말이다.[6] 둘째, 신생 회사 문화, 특히 실리콘밸리의 신생 회사 문화는 인도의 회사들과 공공 연구소들이 자신의 활동에 통합하려는 바로 그 문화이다. 그리고 기업가 정신은 하나의 문화 형태이기도 하고 주체성의 한 형태이기도 하다. 내가 여기서 추적하려 하는 것이 바로 이러한 두 가지 형태 사이의 관계이다.

기업가 정신의 원칙은 신생 회사를 위한 검증된 공식이 있다는 것이고, 새로운 (특히 첨단 기술) 회사 설립과 관련된 경영 강좌에서 전수되는 것이 바로 이러한 공식이다.[7] 그러나 당연하게도 신생 회사의 실제 이야기는 그들의 수만큼이나 다양하고, 이 역시 경영 수업에서 같은 비중으로 전달되는 교훈이다. 이것이 회사 설립의 방법에 대한 '이론' 수업에 개입된 부조화이다. 즉 한편으로는 윌리엄 A. 살먼[William A. Sahlman]과 같은 저자들이 신성시하는 '올바른' 접근이 있는가 하면, 다른 한편으로는 대부분의 MBA 과정에서 강조하는 사례 연구 접근이 있어, 신생 회사 설립 사례에서 실제 발생하는 다양성이 부각된다.

인도가 신생 회사 문화를 자신의 기술과학 기구에 통합하려 할 때 이

---

6) 이 세 가지 설명은 모두 신생 생명공학 회사들이 공유한 문화의 특수성에 대해 의견을 같이하고 있지만, 사실은 생명공학에 대한 저술 중 매우 다른 장르들을 대변한다. 래비노의 글은 가장 학구적이고 추상적이고, 워스의 글은 스릴러물처럼 읽히는 대중 과학 서적이며, 로빈스-로스의 글은 생명공학 산업의 컨설턴트가 쓴, 낙관에 찬 투자 매뉴얼이다.
7) 창업에 대한 모범 '교과서'는 Sahlman et al., 1999이다.

와 유사한 부조화가 발생한다. 즉 한편에는 실리콘밸리라는 미국적인 공식이 있지만, 다른 한편에는 현장에서 그러한 문화를 실제로 세우는, 특수성으로 가득 찬 과정에 근본적으로 내재하는 부조화가 있다. 이러한 의미에서 진에드는 그것이 전형에 맞지 않는다는 점 때문에 전형적인 신생 회사가 된다. 나의 이야기를 통해 분명히 드러날 점은, 어떤 회사가 '검증되어 믿을 만한' 공식을 따랐거나 혹은 그에 저항했다고 아무리 강하게 주장하더라도, 교육학적 규범에 따라서 일을 진행해야 한다는 압박감은 언제나 존재한다는 것이다. 실제 벌어지는 사건들은 언제나 그 결과가 다르게 나타나기 때문이다. 이를 보여 주는 가장 좋은 사례는 벤처 자본을 조성하려는 진에드의 끊임없는, 그러나 지금까지는 성공을 거두지 못한 시도이다. 이 회사의 최고 경영자인 수닐 마울리크$^{Sunil Maulik}$는 이 점에 대해서 상당히 양면적이다. 그것이 회사에 대한 자신의 통제권을 포기해야 하는 결과를 낳으리라는 것이 부분적인 이유가 될 것이다. 그럼에도 그는 끊임없이 벤처 자본 조성을 시도한다. 진에드가 전형적으로 비전형적인 신생 회사라는 맥락에서 나는 진에드 자체의 역사적 출현에 얽힌 특수성들을 부각시키는 많은 이야기들을 적을 것이다. 그러나 이 이야기들은 동시에, 그러한 출현들이 어떻게 자본주의 논리의 그늘에서 그 영향을 받으며 이루어지며, 자본주의 논리가 어떻게 새로 출현하는 기업체들을 통해 문제가되는지를 보여 줄 것이다.

출발

진에드는 1990년대 초에 구상되었는데, 이는 월드와이드웹이 존재하기 이건에 회사 창립자 중 한 명이 수닐 마울리크가 컴퓨터를 이용해 과학을 가르칠 가능성을 생각해 내서였다. 뭄바이에서 태어난 마울리크는 영국에서 자랐는데, 그곳에서 생물학을 공부한 후 박사학위를 위해 브랜다이스대학으로 갔다. 학위를 받은 후 그는 1980년대 후반에 실리콘밸리에 가서 인텔리지네틱스^{Intelligenetics}라는 회사에 합류했다. 인텔리지네틱스는 생명정보학이 태어나기 이전의 '생명정보학' 회사였다. 마울리크의 대학 동기들은 그가 미쳤다고 생각했다. 당시에는 회사에서 연구하기 위해 대학을 떠나는 것이 여전히 드문 일이었기 때문이기도 했지만, 그보다는 컴퓨터만 있는 회사에서 누가 생물학 연구를 하려 하겠는가 하는 생각에서였다. 마울리크는 인텔리지네틱스에서 시작하여 여러 회사를 거쳐 판게아시스템스 (후에 더블트위스트가 되었다가 부도난 회사)에 정착했다.

마울리크가 살릴 파텔^{Salil Patel}을 만난 건 바로 이 시기였다. 인도계인 파텔은 유년 시절을 우간다에서 보내다가, 이디 아민^{Idi Amin}의 박해 때문에 영국으로 건너간 많은 인도 피난민 가족들 틈에 끼었다. 영국에서 파텔은 다른 많은 난민 가족들과 함께 그린햄공유지^{Greenham Common}에서 자랐다. 그곳은 1980년대 동안 반핵 시위로 유명해진 미군 공군 기지였다. 파텔은 스탠퍼드대학에서 박사학위를 받고 칼텍^{Caltech}에서 박사 후 연구를 한 후, 유전자 치료제 개발을 위해 신생혈관형성^{angiogenesis}에 대한 연구를 할 수 있는 생명공학 회사에 입사했다.

마울리크는 여가 시간에 종종 야간 대학과 대학 공개 강좌에서 생명정보학에 대한 세미나를 열곤 했는데, 그들이 친해지자 파텔은 때때로 마울리크 대신 수업을 했다. 두 사람은 가르치는 것에 대한 열정을 공유하고 또 함께 키워 나갔고, 그 열정이 마울리크의 마음속에서 만개하여 사업의 기회로 열매를 맺었다. 그의 생각에 생명정보학은 성공할 수밖에 없었고 그 자체가 바로 미래였다. 그러니 생명정보학을 가르치는 회사를 만들면 안

될 이유가 무엇인가, 정말로 많은 청중에게 닿기 위해 웹상에서 가르치지 못할 이유가 무엇인가 하고 그는 자문했다.

자기 회사를 설립하기 위해 직장을 떠나는 것은 마울리크에게 쉬운 일이었다. 그는 실리콘밸리 기업가의 전형을 보여 준다. 이혼한 그에게는 부양할 자식이 한 명 있었으나, 어떤 기업 활동에도 수반되는 과도한 헌신과 위험으로부터 그를 멀어지게 할, 전통적인 핵가족은 없었다. 그는 어떤 경우에도 (넷스케이프의 창립자인) 짐 클라크로 유명해진 실리콘밸리의 기업가 유형에 딱 들어맞는 사람으로, 다르게 사고할 수 있는 대담함을 지녔다. 마울리크는 외향적 성격에 장난을 좋아하고 자신의 사업 구상을 즐겨 말했다. 역사의 다른 장소와 다른 시기라면 금융권이 즉시 멀리했을 종류의 사람인 것이다. 그러나 실리콘밸리에서는 완벽한 최고 경영자 재목이었다.

직장을 떠나 미지의 사업 세계로 뛰어드는 일은 파텔에게는 훨씬 더 어려운 일이었다. 결혼의 의무가 있었던 데다가 그는 과학자로 성장한 사람이었다. 그는 상대적으로 수줍은 성격에 열정적으로 자신의 연구에 헌신하는 사람으로서 기업가와는 거리가 멀었다. 마울리크와의 우정과 가르치는 것에 대한 열정만으로 파텔은 변화를 진지하게 고려했다. 그러므로 진에드는 일찍이 1997년에 설립되고 법인화되었으나, 두 사람이 신생 회사와 자신들의 기존 직업을 병행하는 바람에 회사는 이후 2년 정도 답보 상태에 있었다. 마울리크의 표현에 따르면, 이 시기 동안 진에드에는 진짜 회사가 진짜 일을 스스로 수행하는 "활성화 에너지"가 부족했다.

회사를 설립하는 것에는 종종 그 일을 가치 있게 만드는 위기가 필요하다. 파텔에게 그것은 당시 자신의 고용주에 대해 누적된 환멸이었다. 이 환멸은 그의 과학자다움에서 비롯되었다. 파텔은 과학, 즉 그것이 제공하는 진실과 그것이 수행되는 방식에 대한 확고한 믿음이 있었다. 이 믿음은 실증주의 시대를 향한 것이었고 머튼의 과학 규범을 충실하게 반영했다. 머튼의 과학 규범은, 냉소할 수 있는 능력을 바탕으로 번성하는 오늘날 포스트모던 시대의 벤처 과학 환경에서는 이상하게 어울리지 않는 기풍인데도 말이다. 과학은 진리에 대한 추구라는 파텔의 근시안적 원칙은 공격적인 생명공학 회사의 매일매일의 활동과 상당한 마찰을 일으켰다.

파텔은 어떠한 경우에도 자신의 이전 회사가 경영되는 방식에 만족한 적이 없었고, 이 불만족이 배움의 경험이 되었음은 그가 스스로 회사의 경영자가 되면서 입증되었다. 그는 회사의 중심 프로젝트로 구성된 유전자 치료에 관여했으나 주어진 자원은 빈약했고 수하의 연구원은 네 명뿐이었다. 1년 동안의 작업 끝에 그의 팀이 대체로 부정적인 결과를 얻자 그는 경영진에게 결과를 알리며 그 프로젝트를 전면 중단할 것을 충고했다. 다음 날 회사는 그들이 유전자 치료에서 놀랄 만한 진전을 이루었음을 발표하는 보도 자료를 냈다. 회사가 실제로 추구하고 있었던(혹은 그만두려 고려하고 있었던) 파텔의 작업과 같은, 심각한 문제가 많은 프로젝트들을 예로 들면서 말이다. 이러한 곡예 홍보는 원하던 명성을 그들에게 가져다주었고, 주식시장이 가장 사소한 약속의 기미에도 예민하게 반응하던 시기에 그들의 주식을 하늘로 솟구치게 했다. 그러나 파텔의 믿음 체계 속에서는, 많은 집단이 영리한 마케팅이라며 칭찬할 만한 이러한 홍보가 과학적 사기에 지나지 않았다. 그의 환멸은 점점 더, 회사가 경영되는 방식뿐 아니라 회사가 대변하는 삶의 형태를 향했다. 함께하자는 마울리크의 간청은 더욱더 매력적으로 다가왔다. 파텔에게 결단의 용기를 준 결정적인 요소는 그의 아내 테잘의 지지였다. 테잘은 그가 단지 집안 식구를 먹여 살릴 수 있는 일이 아닌, 만족을 느낄 수 있는 일을 해야 한다고 역설했던 것이다.

그러는 사이, 당시 사업 개발을 담당하고 있던 마울리크는 판게아의 최고 경영자인 존 카우치John Couch에게 진에드에 대한 자신의 사업 구상을 보여 주었고 카우치에게서 대체로 호의적인 평가를 받았다. 카우치의 입장에서는, 생명정보학에 대해 다른 생명공학 회사와 제약 회사의 경영진을 교육시켜 줄 사람이라면 누구든지 판게아와 같은 회사를 위해 해박한 지식을 갖춘 고객을 창출해 주는 역할을 하기 때문이다. 1999년 12월 22일에 2년 전에 법인화되었던 회사가 서서히 본격적으로 일을 시작할 모양을 갖출 동력을 모았다. 마울리크는 벤처 자본가들에게서 자금 지원을 약속받았고 여덟 명의 사원을 구했다. 그날 그는 진에드의 '출발'을 축하할 겸 신입 사원을 위한 파티를 열었다.

마울리크와 파텔에 의하면, 진짜 출발은 진에드가 법인화될 때도, 그들이 누군가를 처음 고용했을 때도 아닌, 그 파티가 열린 다음 날인 12월 23일이었다. 이날 마울리크는 숙취에 시달리는 가운데, 그에게 자금 지원을 약속했던 벤처 자본가들로부터 아무것도 줄 수 없다는 통보를 받았다. 이것이 바로 마울리크에게 진에드를 진짜로 가동시킬 활성화 에너지를 제공한 위기였다. 네 개의 신용카드가 한도 초과된 편부로서 땡전 한 푼 없이 여덟 명의 사원을 먹여 살려야 하는 상황에 처한 것이었다. 대안은 판게아로 돌아가 예전 일을 다시 하는 것이었으나, 투자자들의 약속 철회로 인해 그는 그 어느 때보다도 자신이 매우 좋은 아이디어라고 확신하는 것을 현실로 전환할 결심을 굳혔다.

이후 몇 년 동안 마울리크는 미친 듯 자금을 모으러 다녔다. 그는 닷컴 붐에서 금광을 캐 엔젤 투자를 할까 말까 가볍게 고려 중이던 몇몇 친구들에게 전화를 걸었다.[8] 친구들은 그가 몇 달 후에 돈이 필요한지 물었다. 마울리크는 며칠 후에 돈이 필요하다고 답했다. 그러는 사이 마울리크는 진에드가 상품 면에서 줄 수 있는 것을 팔기 위해 발로 뛰어다녔고, 셀레라지노믹스와 같은 생명공학 회사들의 관심을 받았다. 마울리크는 또한 셀레라의 라이벌인 인사이트도 단순한 고객이 아닌 투자자로 대했다. 판게아의 존 카우치와 마찬가지로, 인사이트의 경영진도 자신들의 상품과 서비스에 대해 산업 전반을 효과적으로 교육시켜 줄 회사라는 개념에 매료되어 진에드에 50만 달러를 투자하는 데 동의했다.

자신의 어머니와 시간을 보내던 어느 토요일 아침에 마울리크는, 약품 배달 체계를 개선한, 실리콘밸리의 생명공학 회사인 알자코퍼레이션^{Alza} Corporation의 최고 경영자인 어니스트 마리오^{Ernest Mario}에게 회사 홍보를 하라는 친구의 전화를 받았다. 바로 그날 오후 마리오와 약속을 잡은 마울리크는 면도도 하지 않은 채 알자의 본부로 차를 몰고 갔다. 그는 분수로 화려하게 꾸며진 넓디넓은 뜰을 지나 마리오의 거대한 중역실로 들어갔고, 그를 설득하여 진에드에 50만 달러를 투자하게 했다. 자신의 회사가 굴러가도록 하기 위해 50만 달러를 원했던 마울리크는 몇 주 동안 225만 달러를 모았고 그중 벤처 자본은 1센트도 없었다. 벤처 자본을 얻지 못한 것은 진에드의 기업 문화에 장기적으로 심각한 결과를 가져와, 경영진과 사원들의 성격에 따라 회사의 특징이 구성될 뿐 아니라 적자를 면하기 위해 반드시 꾸준히 판매해야만 하는 처지가 되었다. 수백만 달러의 벤처 자본을 얻은 대부분의 닷컴 회사들은 겪지 않은 종류의 필사적인 재정적 규율과, 생산하고 혁신하고 판매해야 하는 압박에서 자유롭지 못했던 것이다. 이러한 압박의 일부와 그 압박이 낳은 문화에 대해 더 할 말이 있으나, 일단

---

8) 엔젤 투자는, 대체로 투자 금액이 적고 수익에 대한 투자자의 기대가 비교적 낮다는 점에서 벤처 자본주의에 대조되는 '착한' 투자 형태이다. 벤처 자본가들은 자신의 투자에 대해 60~70퍼센트의 수익을 원하고, 보통 투자의 대가로 회사의 상당한 지분을 차지한다.

은 진에드가 탄생했다는 점에 주목하고자 한다.

상술했듯이, 진에드는 직접 만든 강좌를 작은 생명공학 회사와 거대 제약 회사에 판매한다. 그러므로 이 회사는 내가 조명하려 하는 공간인 신약 개발 시장에 깊이 연루된다. 진에드는 중립 지대가 아니다. 어떠한 관측 지점도 그럴 수는 없다. 상류와 하류 지형에 위치한, 작고 큰 생명공학 회사 및 제약 회사와 거래하는 관계로 진에드의 세계관은 그러한 회사들보다 더 포괄적이다. 그 회사들은 지형과 논리를 담론적으로 구성하는 상황적 시각을 통해 형성된 시장과 시장 논리를, 현존하는 **유일한** 것으로 인식하는 경향이 있다. 이 책을 관통하는 나의 주장 중 하나는, 자본주의는 시장의 다층적인 모순을 통해 그 명맥을 잇고 저항에 부딪히며, 생명자본에 있어서는 그러한 모순의 상당수가 생명공학 회사와 제약 회사 사이에서 전개된다는 것이다. 진에드는 그 역시 자기 이해관계가 있음에도 불구하고, 실제 약품 제조 사업에 종사하는 많은 회사들보다 더 철저하게 그러한 모순들을 '볼 수' 있다. 진에드의 사업 전략이 신약 개발의 상류-하류 지형에 대한 섬세한 이해를 바탕으로 하기 때문이다.

생명공학은 하나의 벤처 과학이므로 신생 회사의 위치를 확인하는 것은 그 자체로 중요하다. 닷컴 붐이 한창일 때 혹은 그 여파 속에서 생겨난 게놈학은 특히 그 계산법의 중심에 기업가와 벤처 자본가를 둔다. 진에드 자체는 벤처 자본가의 자금을 받는 회사가 아니지만, 벤처 과학의 심장부에 있다.

이 회사의 지리적 위치는 흥미를 더한다. 샌프란시스코에 위치한 진에드는 실리콘밸리 회사이지만 실리콘밸리 회사가 아니다. 신생 회사에게 위치는 중요하다. 특히 실리콘밸리와 같은 장소에 있으면 최고의 직원과 경영진를 구하는 데 가장 중요한 네트워크와 인맥을 창출할 수 있는데, 바로 이 점이 또한 투자자들과의 대화의 통로 그리고 고객과 협력자들에게 손쉽게 접근할 수 있는 바탕을 마련해 준다. 신생 회사가 미시간주의 칼라마주에 있으면 일이 훨씬 더 어려워진다. 진에드는 다분히 자신이 처한 시대와 장소의 산물이다. 이 회사의 위치는 팔로알토나 프레몬트, 산타클라라, 새너제이의 고속도로 인접 지역이 아니라, 샌프란시스코 내의 황폐한 구역인 미션가Mission Street이다. 거기서 두 블록을 걸으면 샌프란시스코에서 상당히 화려한 쇼핑 지구와 잘 꾸며진 히스패닉계 교회, 집 없는 사람들을 먹여 주는 공동체 식당, 세탁을 하며 점심을 먹을 수 있는 카페 겸 세탁방, 음란한 케이크를 파는 제과점, 성도착자들의 나이트클럽이 나온다.[9] 마울리크를 포함한 많은 진에드 사원은 미션가에 살면서 그들의 동네가 점차 기업화되어 가는 것에 대한 공동체 전반의 염려를 공유한다. 진에드가 그러한 기업화의 일부라는 점은 회사 내에서도 통렬하게 느끼는 아이러니이다. 진에드의 실리콘밸리는, 대부분의 캘리포니아 북부 생명공학 회사들이 거주하는, 대형 쇼핑몰과 교외의 별장으로 이루어진 실리콘밸리가 아니다. 혹은 지넨테크로 인해 유명해져 수요가 많은 지역인 (스스로 '산업 도시'라 부르는) 샌프란시스코 남부도 아니다.

마울리크와 파텔은 둘 다 인도에서 태어나 영국에서 자랐고 10년 넘게 실리콘밸리에서 살았다. 그들이 살아온 이야기에는 우정과 여러 가지가 혼합된 배경이 있다. 많은 신생 회사의 경우와 마찬가지로 이 창립자들의 삶은 기업 문화와 정체성, 심지어 (부지불식간에) 기업 전략에도 중요한 흔적을 남긴다. 실리콘밸리에 있는 인도인 기업가 공동체는 인도와 미국의 신약 개발 분야를 잇는 중심 연결 고리다. 마울리크와 파텔은 둘 다 그

---

9) 진에드는 이 사무실에서 4년간 지낸 후, 2004년 봄에 좀더 근사한 구역으로 이전했다.

공동체에 속하지만, 영국에서 교육받은 탓에 그 공동체와 다르기도 하다.

　지식 생산의 현장이라는 관점에서 진에드는, 내가 연구하고 있는 과학-기업 세계에서 학문 간 경계 넘기의 중심성을 반영하는 학문 간 제휴의 공간이다. 진에드의 강좌들은 (대부분이 생명과학에 대해 고급 훈련을 받지 않았고 그래서 직장에서 생물학을 배운) 그래픽 디자이너들이 손수 디자인하고, 그들의 컴퓨터는 프로그래머들이 관리하며, 콘텐츠는 생물학자인 마울리크와 (주로) 파텔이 제공한다. 출입을 허가받은 대가로 나는 사원들이 생명과학에 대한 쟁점들을 알고 그에 대해 토론할 수 있게 하기 위해 전 직원을 대상으로 매주 생물학의 역사에 대한 세미나를 열었다. 그리고 이 세미나는 나에게도 지극히 매혹적인 민족지학적 순간들을 선사해 주었다.

접근

2000년 9월, 한 게놈 관련 산업 회의의 리셉션에서 나는 수닐 마울리크를 처음 만났다. 그때 흥미진진한 대화를 나눈 후, 나는 그해 11월에 샌프란시스코로 가는 여행에서 그를 다시 만났다. 당시 그는 진에드가 맞춤형 생명윤리학 강좌를 고안해 주길 원하는 회사와 한창 거래 중이었다. 이때 나는 내가 진에드에서 현장 조사를 할 수도 있다는 생각을 털어놓았다. 마울리크는 이 생각에 호의적이었고, 회사의 다른 사람들이 어떻게 생각하나 보기 위해, 나를 소개하는 한 방식으로 진에드에서 강연을 하라고 했다.

　강연에서 나는 과학 연구와 문화인류학을 간략하게 개관하고, 이 두 분야가 어떻게 결합했는지, 나의 연구에서 어떻게 결합되는지, 진에드가 나의 연구에 얼마나 들어맞는지 설명했다. 진에드는 게놈 회사가 아니기 때문에, 사실 나는 마지막 부분에 대해서 많은 설명이 필요할 거라 생각했었다. 어떻게 자기들이 (보통 직선적이라 이해되는) 게놈학의 최근 역사에 들어맞는지에 대해 캐물을 거라 예상했다. 그러나 오히려 그들은 진에드가 나의 연구에 명백히 잘 들어맞을 거라 가정하는 듯했고, 내가 말해 주는 역사에 대해 많은 질문을 했다. 내가 진정 예상하지 못했던 바였다.

나는 과학 연구 문헌들의 요약에 대해 많은 질문과 논평을 받았다. 예를 들면, 그들은 브루노 라투르와 행위자네트워크이론actor-network theory에 대해 무척 궁금해했고, 특히 살릴 파텔은 행위소들이 어떻게 **작용**하는지를 알고 싶어 했다(처음부터 그는 과학은 기본적으로 하나의 모집 과정이라고 기꺼이 믿고 있었다).[10] 마울리크는, 어떤 것들이 과학자들에게 동기부여가 되는지에 대한 나의 생각을 알고 싶어 했다. 진에드의 고객은 과학자들이었기 때문에 무엇이 그들을 움직이는지 이해해야 할 필요가 있었던 것이다. 다시 말하면, 나는 이미 마케팅 담당자로서 진에드의 학문 간 사업에 흡수되고 있었다.

강연이 끝나자 사원들은 자기소개를 하며 테이블에 둘러앉았고, 마울리크는 일어서서 '가치와 비전'values and visions이라는 세션을 시작했다. 경영진(마울리크와 파텔, 이들보다 한층 더 연배가 높으며 연예 산업에서 수년간 판매와 마케팅 경험을 쌓은 폴 아이젤Paul Eisele, 판매부 차장인 배리 지오다노Barry Giordano로 구성되었다)은 함께 둘러앉아 회사를 위한 일련의 핵심 가치들을 제시하려 애썼다. 이는, 그들의 1차 시장(다른 생명공학 회사와 제약 회사)과 2차, 3차 시장(다른 생명공학 회사와 제약 회사뿐 아니라, 회사가 보통 사람들이 이용할 수 있는 강좌를 제작함에 따라 보통 사람들까지 포함하는) 사이의 관계가 매우 복잡하다는 사실을 인지하는 것이었고 또 그를 반

---

10) Latour, 1987을 보라.

영하는 것이었다. 마울리크는, 생명공학 회사인 메드이뮨^{Med Immune}이 호흡기세포융합바이러스^{respiratory syncytial virus}에 감염된 아이들의 부모를 대상으로 『뉴욕 타임스』에 대소비자 직접 광고를 낸 것을 다룬 기사에 대한 이야기로 말문을 텄다. 회사가 그토록 정성을 들이는 시장과 회사가 맺는 복잡한 공모 관계를 강조하기 위해서였다.

진에드 자체는 결코 직접 광고를 하지 않지만,[11] 이 같은 쟁점들은 '가치'의 두 가지 면에서 회사가 당면하게 되는 상황을 가리킨다. 왜냐하면 진에드는 교육 회사임과 광고 회사임 사이의 특수한 변증법에 걸려 있기 때문이다. 전자의 역할에서 진에드는 자기들만의 소위 '중립적인' 교육 자료를 만들어 낸다. 일반적으로 알려진 과학적 문헌에 의존하니, 교과서가 중립적인 방식으로 중립적인 것이다. 그러나 진에드의 직접적인 수입의 많은 부분은 다른 회사를 위한 하청 작업에서 온다. 이 경우, 진에드는 콘텐츠가 아닌 틀만을 제공한다. 그러므로 메드이뮨의 광고와 같은 상황은 즉시 '대중 교육'이 의미하는 바를 묻고 평가해야 할 필요성을 부각시킨다. 게다가 이는 이론적인 상황이 아니다. 진에드는 이미 항체에 대한 강좌를 개발한 상태였고, 메드이뮨의 경쟁사로부터 맞춤형 강좌를 개발해 달라는 청탁을 받았던 것이다.

그래서 마울리크는 진에드의 가치에 대해 이야기했다. 그 용어 자체에, 진에드가 자신의 1차, 2차 혹은 3차 소비자와 맺는 복잡한 관계에서 생성되는 긴장들을 반영하는 긴장이 있다. 앞서 말했듯이, 그러한 가치들은 회사의 네 명의 중역들에 의해 개괄되었지만, 마울리크는 이제 다른 모든

---

11) 진에드가 개발한 대부분의 맞춤형 강좌는 고객의 웹사이트에서 사용되거나, 점점 더 많이 사내 판매부 훈련을 위해 쓰인다.

사람이 그에 대해 토론하게 했다. 아이젤은, 진에드가 기본적으로 그 사원들이 "삶을 살도록" 허용하는 회사이길 원한다고 말함으로써 "내부의" 가치들 중 일부를 요약했다. 비교적 젊은 한 사원은 회사가 어떤 윤리, 즉 윤리적 쟁점들에 대해 "치우치지 않는 견해"를 가져야 할 필요성을 언급했다. 파텔은 즉시 "치우치지 않는 견해" 같은 것이 가능하지 않다고 일갈하고, 자신들에게 필요한 것은 "결정을 내리는 데 충분한 정보"라고 했다. 마울리크는 이제 회사의 중심적인 쟁점을 소개했다. 즉 그들의 강좌 절반이 회사 맞춤형 강좌라는 사실 말이다. 이 문제는 회사가 윤리적 갈등을 겪을 때 어떻게 해야 하는가 하는 문제가 된다. 그의 표현에 따르자면 이 문제는 "사업을 포기하는 것이 우리 회사의 사업이 되어야 하는가"였다.

한 그래픽 디자이너는 즉시, 진에드와 윤리적 갈등을 겪을 만한 가상의 회사를 "사악한 회사"라 하고, 바로 이어 몬산토가 사업상 진에드에 접근하는 가상의 상황을 가정했다.[12] 이 여성은, 몬산토와 같은 기업들은 '사악'하든 아니든 그들이 하고 싶은 말을 (진에드라는 매개를 통해) 할 수 있어야 한다고 말했다. 물의를 일으킬 만한 사업 계획이나 프로젝트를 구상하는 회사와 함께 일하는 것이 비윤리적이지 않다는 말이다. 모든 회사에 표현의 자유가 있다는 게 그녀의 논지였다.

그러나 아이젤은 진에드가 다른 회사와 같이 일하지 않는다고 해서 그 회사의 표현의 자유를 부정하는 것은 아니라고 했다. 한 초빙 생명정보 프로그래머는 진에드와 같은 기업은 그 신뢰성을 유지하는 것이 중요하다고

---

12) 사회운동가들 사이에서 몬산토가 얻은 '사악한 회사'라는 상징적 지위는 흥미롭다. 한층 더 흥미로운 것은 재계에서도 상황은 마찬가지라는 점이다. 몬산토는 피하거나 혹은 거리를 두어야 할 척도로 여겨진다.

했다. 파텔은, 사실 중역진에서 나온 최초의 제안 중 하나가 유전자 조작 식품에 대한 강좌를 마련하자는 것이었는데 자신은 개인적으로 그 제안이 마땅치 않다고 말했다. 그건 너무 양극화된 쟁점으로 진에드가 그 사이에 끼길 원치 않는다는 이유였다. 그러자 마울리크가 핵심 문제를 제기했다. 콘텐츠에 판결을 내리는 것이 진에드의 역할인가? 우리는 검열관이 되길 원하는가? 진에드가 이미 콘텐츠가 100퍼센트 정직하지 않거나 어떤 식으로든 사실을 오도하는 맞춤형 강좌를 여러 건 제작했음을 파텔이 인정했다. 아이젤은 이러한 경우에 진에드는 정보 전달자이지 정보 자체가 아니라고 주장했다. 그러므로 여기서 핵심 문제는 다시 한번, 진에드는 교육 기업인가 광고 기업인가였다.

마울리크는 여러 가지 면에서 (쉽지만?) 행복한 타협안에 도달했다. "제약 회사들로부터 많은 돈을 벌어들이면 우리는 그것을 재분배할 수 있다." 그 직후 그는, 진에드의 시간과 자원 중 5퍼센트를 비영리 단체에 기부할 것을 제안했다. 또한 같은 맥락에서, 개발도상국으로의 기술 이전에 참여할 가능성과, 인도와 같은 곳에서 진에드와 같은 기업에게 주어지는 모든 종류의 가능성에 대해 언급했다.

이것이 '가치와 비전' 세션의 결론이었다. 그런 다음 마울리크는, 내 앞에서 모든 이에게 공개적으로 그들이 나와 무엇을 하길 원하는지, 좀더 장기적인 협력을 위해 내가 다시 초빙되어야 할지 물어 날 깜짝 놀라게 했다. 그런 문제는 내가 없을 때 토의하는 게 더 좋을 거라고 나는 제안했다. 디자이너 한 명은 공짜 점심을 다시 한번 먹을 수 있다면 나와 다시 만나고 싶다고 했다. 대체로 모든 사람이 내게 호의적이었다. 비밀 투표로 결정해야 한다는 제안이 있긴 했지만 말이다. 그러나 마울리크는 나를 다시 받아들이고 싶다고 대놓고 말했고, 다른 무엇보다도 어떤 글의 주인공이 되고

픈 자신의 욕심을 대놓고 인정했다. 다른 한편, 그와 나는 모두 내가 그에게 가치 있을 것임을 알았다. 그의 고객층은 사실상 누구든 될 수 있고, 환자 그룹과 사회과학자들, 다른 과학자 겸 기업가들에 대한 접근권을 나를 통해 얻을 수 있다는 이유 때문이었다. 또한 인도로 들어갈 수 있는 길을 그가 숙고할 때 도움이 될 수 있다는 점에서 나는 그에게 매우 귀중한 존재였다. 이것은 언제나 이미 공모의 관계에 있는 민족지학적 관계였다.[13]

진에드와 나 사이에 남은 일은 특히 비밀 보장과 관련된, 접근의 조건들을 절충하는 것이었다. 2주 동안의 교섭 끝에 우리는 마침내, 법적 효력이 있는 14가지 조항의 기밀 유지 합의서에 동의했다. 이것은 그들의 표준 원칙에 근거하여 학문적 민족지학에 적합하도록 수정되었다. 그에 따라 나는 진에드의 기밀 정보를 존중해야 하지만, 학문적 목적을 위해 그들의 소유권과 관련이 없는 정보에 대해서는 글을 쓰거나 말을 할 수 있게 되었다. 이 계약 체결은 내게, 매주 열리는 운영 회의와 재정 문서를 포함하여 회사 전반에 대한 전면적인 접근권을 부여해 주었다.

노동자

진에드에 대해서 나는 두 개의 '노동자' 이야기를 할 것이다. 첫번째 이야기는 내가 2001년 처음 이곳에 왔을 때 경영진에 여성은 한 명만 있던 회사의 경영 구조와 연관된다. 두번째 이야기는 진에드의 인터넷 강좌를 디자인한 그래픽 디자이너들, 즉 그 회사의 '일꾼들'과 관련된다.

---

13) 재계, 특히 인텔과 같은 실리콘밸리의 첨단 기술 회사들은 점점 더 많이 민족지학자들을 활용하고 있다.

2001년 중반 진에드의 경영진은 그야말로 창립 경영진이나 다름없었다. 공동 창립자인 수닐 마울리크와 살릴 파텔은 각각 최고 경영자와 과학 부장이었다. 연예 산업에서 수년간 일한 경력이 있는 폴 아이젤은 운영부 장이었고, 마울리크의 오랜 친구이자 과거 직장 상사였던 배리 지오다노 는 회사의 투자자이자 판매부 차장이었다.

신시아 킬로이^{Cynthia Kilroy}는 파텔의 직속 부하로서 진에드가 운영되기 시작한 몇 달 후에 고용되었다. 이 여성은 상품 개발을 맡았다. 파텔의 업무 가 강좌의 내용을 실제로 개발하는 것이었다면, 킬로이의 업무는 개발된 내용을 그래픽 디자이너들이 만드는 시각적인 온라인 학습 강좌로 통합하 는 것이었다. 해당 강좌가 맞춤형 강좌라면 고객과의 협의를 통한다. 킬로 이는 소프트웨어 개발자에서 시작하여 건강관리 기관의 프로젝트 관리자 를 거친 후 아서앤더슨^{Arthur Andersen}에서 5년 동안 컨설팅을 맡은 경력의 소 유자였다.

2001년에 진에드에서 프로젝트 관리자로 일하는 것은 물론 '거대 여 섯' 기업 중 하나에서 수행한 컨설팅 업무와 매우 달랐다. 신생 회사에서 일하는 것의 특징 중 하나는 엄격한 업무 분담을 강요하는 것이 불가능하 다는 점이다. 종종 회사의 모든 사람이 여러 업무를 진행해야 했다. 그러므 로 진에드의 초창기에 킬로이는 자신을 '카멜레온'이라고 불렀다. 그날그 날 필요한 일은 무엇이든 해야 했기 때문이다. 이것이 마울리크부터 모든 사원에게 적용되는 직무 내용이었다.[14]

물론 킬로이가 경영진의 홍일점이었다는 사실은 그녀가 진에드에서

---

14) 실제로 내가 마울리크와 보낸 평범한 어느 날, 그는 잠재적인 투자자와 만난 후에 자신의 사 무식에 놓을 화분을 사러 대형 할인 매장에 갔다.

처한 업무 환경의 의미심장한 측면이다. 당시 그녀에게 가장 힘들었던 일은 판매부의 두 남성, 지오다노와 마크 그린바움^{Mark Greenbaum}과의 관계였다. 판매 분야에서 경력이 있는 이 두 남자에게 킬로이는 자신의 능력을 증명할 필요가 있음을 느꼈다. 물론 어느 정도의 텃세도 개입되어 있었다. 진 에드는 끊임없이 '판매와 과학' 홍보를 했고, 판매부 직원은 언제나 마울리크나 파텔, 킬로이 중 한 명과 동행하곤 했다. 첫째는 그들이 전달하는 '진지하고' '과학을 지향하는' 회사라는 인상에 위엄을 부여하기 위해서였고, 둘째는 그들의 상품이 기술적으로 상당히 정교하므로 상품 개발에 관여한 누군가가 설명을 위해 동행하는 것이 유용했기 때문이다. 고객과 접촉을 이어가는 것 또한 섬세한 노동 분업을 요한다. 상품 개발자는 강좌들이 (특히 맞춤형 강좌일 경우) 고객의 바람대로 개발되도록 하기 위해 고객과 상호작용했고, 그 사이 판매부원들은 계약을 성사시키고 (다른 고객뿐 아니라) 동일한 고객과 또 다른 계약을 맺는 일에 지속적으로 관심을 가져야 했다. 한 부서의 일원이 다른 부서의 영역을 침범할 가능성이 컸다. 특히 나이와 경력, 성^性이 겹쳐지면 더욱 그러했다.

판매부 사람들과 함께 일할 때 킬로이는 성 역학에 신경을 많이 쓰고 있었다. 그녀는 이렇게 말한다.

> 살릴과 수닐이 제게 와서 이러시더라고요. X가 당신을 대하는 방식이 마음에 들지 않으니 알아서 처리하시겠다고요. 그런 일을 겪은 건 처음이었어요. 이런 소리 하기 싫지만, 분명 제가 경영진에 속한 유일한 여성이기 때문이었을 테고, 제 생각에 판매부의 일부 남자들이 뭔가 잘못하고서는 책임을 안 지고 저를 왕무시하는 것 같았어요. 그런데도 저는 별로 관심을 안 가지니……그분들이 저를 위해 싸우게 했으니 제게도 책임이 있

겠죠. 저는 상당히 솔직한 편이지만 소심해져서 뒤로 물러날 때도 있고, 더 소심해지면 이메일에 오자도 더 많아지죠. 제가 시간을 충분히 들여 신중하게 하지 않으면 그들은 저를 존중해 주지 않았어요.[15]

그럼에도 불구하고, 킬로이는 미국의 기업 세계에 속하는 거대 기업들보다는 신생 회사가 한층 더 공평한 시스템을 제공한다고 확신한다.

말씀드렸듯이 저는 남성들이 지배하는 거대한 컨설팅 기업에서 왔습니다. 그들이 전략적으로 제 면접을 위해 모두 여성을 골랐고 제 직속상관으로 여성을 정한 것이었다는 게 뻔했어요. 다시 생각해 보니 제가 그 회사에 가겠다고 결정했던 건 그곳에 많은 여성들이 있기 때문이었는데 가 보니 여전히 보수적인 남자들의 조직이더군요. 그게 문제였죠.

이러한 킬로이의 견해는 전형적인 내용으로, 최근 미국의 기업 세계에서 대화의 중심이 된 견해들 중 하나이다. 이는 경제학자인 실비아 앤 휴렛Sylvia Ann Hewlett이 2002년에 발표한 연구서 『삶을 창조하기』Creating a Life가 낳은 현상이기도 한데, 이 책은 여성이 기업의 고위직과 가사를 병행하는 것이 불가능함을 주장한다. 이러한 상황에 대처하는 킬로이 자신의 방식은 이렇다.

그냥 저의 능력을 증명하고, 저는 언제나 결국 어떤 일이든 잘 해낼 정도로 똑똑했다고 주장하는 거죠. 그리고 이따금씩 기회가 와요. 회의석상에

---

15) 신시아 킬로이, 2001년 5월 21일 저자와의 인터뷰

서 농담을 할 기회가 오면 사람들이 알고 있는 걸 갖고 농담을 던지는 거예요. 그 사람들이 뭘 하고 있는지 내가 알고 있다는 걸 농담으로 알려 주고, 그들이 자신의 행위를 돌아보고 깨닫길 바라는 거죠.[16)]

킬로이는 물론 경영자로서 사람 경영에 민감했고, 무엇보다 강좌를 디자인하는 디자이너들과 경영진을 직접 연결하는 다리를 놓은 후에는 더욱 그러했다. 하지만 회사의 고객이 바뀌면서 진에드의 상황도 변했다.

진에드는 그 산업에 종사하는 사람들에게 다양한 생명과학 관련 주제들에 대한 온라인 인터넷 학습 강좌들을 주로 제공하면서 출발했다. 이른바 카탈로그 강좌 시리즈를 고안한 것인데, 기본적으로 이 강좌들은 가령 생명정보학이나 미세배열기술과 같은 새로운 생명과학의 다양한 측면에 대한 개론서였다. 진에드는 또한 맞춤형 강좌도 개발했다. 이 강좌들은 애초에는 어떤 회사의 웹사이트에 올라갈 애니메이션 형식의 발표문이었다. 예를 들면 셀레라지노믹스의 게놈학 '지침란'은 셀레라의 업적을 부각하기 위해서 디자인되었다. 목표 시장이 대부분 이미 그 산업에 종사하는 사람들로 이루어진 상황에서 예견된 일이었지만, 맞춤형 강좌는 카탈로그 강좌보다 더 큰 수입을 가져다주었다. 그러므로 진에드는 맞춤형 강좌를 디자인하는 데 대부분의 시간을 할애했다. 디자이너들에게 강좌 개발의 업무를 분배하고 전체 작업을 관장하는 것이 킬로이의 일이었다.

2001년 중반에는 분명 디자이너들이 회사에 없어서는 안 될 노동력이었다. 그들을 제외하고는 '노동자'라 불릴 만한 이들이 없었다. 모든 콘텐츠는 거의 파텔 혼자서 만들었고, 킬로이는 후속 작업을 마무리 짓는 일을

---

16) 신시아 킬로이, 2001년 5월 24일 저자와의 인터뷰.

했으며, 두 명의 판매원은 각기 서부 해안과 동부 해안을 담당했고, 시스템 관리자 한 명이 컴퓨터의 원활한 작동을 담당했다. 아이젤은 회사의 운영에서 가장 중요한 업무인 총 관리자를 맡아 필요한 모든 일에 도움을 주었고, 마울리크는 밖으로 나가 미래의 투자자와 고객에게 회사의 비전을 팔았다. 실제 작업을 통해 강좌를 탄생시킨 이들은 다름 아닌 (당시) 네 명의 디자이너였다.

그 당시 킬로이는 디자인 팀을 지도하는 것이 자신의 일이라 생각했다. 나아가 한 강좌 전체가 한 디자이너에게 할당되었기 때문에 디자이너는 해당 강좌에 자신만의 예술적 스타일을 새겨 넣을 수 있었다. 강좌 분배는 킬로이에게 전략적 업무였다. 각 디자이너의 예술적 기질을 고객의 요구와 맞추려 애썼다. 이는 예술적 창의성을 발휘할 여지가 많았음을 의미한다. 가령 2001년 중반에 그래픽 디자이너인 사이앤 롤린스[Cyane Rollins]는 자신의 일과 노동 분업에 대해 다음과 같이 설명했다.

롤린스: 우리의 일정표 전체를 언제나 살피고 프로젝트 내내 우리의 작업을 살피는 프로젝트 관리자가 있어서, 우리에게 프로젝트를 할당하고 일정을 지켜보면서 일의 진행을 감독합니다. 우리는 상품 개발자로서 그분 밑에서 일하고 수닐을 위해 일해요. 우리는 수가 얼마 되지 않아서 위계질서가 그리 분명하지 않아요. 우리는 여기 아래쪽에 있고 살릴과 수닐은 저 위쪽에 있는데 정말 좋아요. 저는 그분들의 의견을 받을 수 있고 그분들도 우리의 반응에 귀를 기울이니까요. 그분들 입장에서도 좋은 거죠. 그분들이 우리의 말을 경청하고 그 때문에 변화를 꾀하거나 우리에게 도움이 되는 일을 하신다고 느끼는 게 정말 좋아요. 하지만 우리에게 좋은 것이 있으니 그분들에게도 좋은 거죠. 그분들은 사업과 판매 부문에 더

신경 쓰고 우리는 좀더 기술적인 면에 신경 씁니다. 어떤 기술들이 이미 나와 있는지, 우리는 어떻게 발전할 수 있는지, 우리가 뭘 하고 있는지, 뭐 그런 일들이죠. 이렇게 여기에는 작은 생태계가 있습니다. 우리 회사가 하나의 작은 생태계라고 제가 생각하는 이유죠. 결국 같은 거죠. 경영진이 있고 프로젝트 관리자가 있고 또 제품 개발자들이 있고 개인신상정보 관리부도 있고 정보기술 관리자도 있고. 그러면서 우리는 함께 일하고 있으니까요.

……우리[제품 개발자들―순데르 라잔]는 서로를 평가해 주며 돕지만, 프로젝트를 맡으면 처음부터 끝까지 그 일을 맡는데, 이게 좋아요. 알 수 있으니까요.…… 맡은 일을 처음부터 알기 시작하고 배우기 시작하죠. 우리는 애니메이션을 만들 줄 알고 그것을 컴퓨터에 올리는 방법도, 어떤 결함과 버그가 생길지도 압니다. 단점은, 제가 생명정보학과 약품 설계에 대해서는 많이 알지만 다른 개발자들이 하는 미세배열이나 다른 강좌에 대해서는 아무것도 모르고, 그러한 강좌들을 배우는 데 시간이 한참 걸린다는 겁니다. 이게 유일한 단점인데, 모르겠어요. 마치……우리 모두가 보고 있는 것 같아요. 제 생각에 우리는 모두 각자 다른 장점을 갖고 있으니 미래에 목표를 이룰 것 같아요. 굉장한 일이죠.……질은 3-D 모델링을 하고, 제리와 질은 액션 스크립팅에 빠져 있고, 타라는 전통적인 애니메이션에 능하고, 제겐 교육적 배경이 있고 쓸 만한 비디오 기술이 있어요. 그러니까 우리 모두는 각기 다른 일에 관심이 있고 다른 재주가 있지요. 그리고 우리 사이에서……아마도 미래에는, 글쎄요……우리 중 누구라도 한 영역에서 진정한 전문가가 되어 그쪽으로 독립할 수 있다면 정말 멋진 일이라 생각해요.

하지만 지금은 이런 방식으로 완벽하게 작동하고 있답니다.

나 : 그러면 회사에 들어오신 이후로 좀더 명확한 규칙과 책임을 느끼십니까?

롤린스 : 지금은 매우 명확하다고 봐요. 매우 명확하다고 봐요.[17]

진에드가 완전 가동된 회사로 기능한 지 1년여가 지난 2001년에 이미 디자이너들은 회사 운영에서 어느 정도의 능률화를 보기 시작했다. 그러나 그것은 여전히 각 디자이너가 자신의 강좌를 디자인할 자율권을 상당히 허용하는 능률화였다. 또한 동료들 간의 협력 관계도 분명히 인식되고 있었다. 롤린스가 '생태계'로 지칭한 바로 그것인데, 이를 통해 중간 경영진과 상위 경영진 모두 디자이너들을 지도하는 데뿐 아니라, 회사의 결정에 영향을 미칠 그들의 의견을 접수하는 데도 적극적이었다.

그 이후 여러 가지 점에서 진에드의 구조가 바뀌었다. 가장 큰 변화는 2001년 여름에 일어났다. 진에드가 거대 제약 회사인 아스트라제네카를 고객으로 만들어 판매부 훈련과 같은 사내 강좌 시리즈를 만들게 된 때였다. 아스트라제네카는 5만 5,000명의 직원을 거느린 회사로서 그때까지 진에드에 일을 맡겼던 어떤 생명공학 회사보다도 규모가 컸다. 이는 진에드에게 세 가지를 의미했다.

첫째, 지속적인 구매가 있을 가능성이 있었다. 최초의 과제를 성공적으로 수행하면 아스트라제네카의 다른 부서들에서 다른 일을 청탁할 것임을 그들은 알고 있었다. 한 회사 내에조차도 시장이 넓어질 기회가 생기는 것인데, 이는 진에드가 생명공학 회사들을 위해 강좌 개발을 할 때는 있을 수 없는 일이었다. 둘째, 제약 산업 내에서 브랜드 인지도를 얻을 가능성이

17) 사이먼 롤린스, 2001년 5월 14일 저자와의 인터뷰.

있었다. 진에드라는 브랜드는 많은 생명공학 웹사이트에서 볼 수 있었지만 그것은 거대 제약 회사들이 일거리를 주고 싶게 만들 매력이 되기에는 불충분했다. 마울리크가 언제나 지적하고 싶어 했듯이, 진에드가 생산하는 것과 같은 상품을 회사에 판매하는 어려움——그리고 도전 과제——은, 진에드가 시장에서 최고의 상품을 제공하는 것뿐 아니라 그 상품이 애초에 고객에게 필요한 것임을 고객에게 확신시키는 데 있다. 아스트라제네카의 프로젝트를 따낸 것은 거대 제약 회사 시장에서 발판을 마련한 것이었다. 셋째, 아스트라제네카를 위한 강좌를 만들면서 동시에 다른 고객을 위한 맞춤형 강좌를 계속 개발하고, 또한 기존의 카탈로그 강좌들을 끊임없이 개선하기 위해 수행되어야 할 일의 양이 너무 많아져, 강좌 개발의 과정을 한층 더 능률화하는 것이 불가피해졌다.

진에드는 스스로 이르는바 '학습 객체'를 개발함으로써 이 문제를 풀었다. 이는 다른 강좌에서 이미 사용되었을 수 있고, 검색 가능한 데이터베이스에 있는 독자적인 대상으로 존재하여 새로운 강좌에 따로 삽입될 수 있는 강좌의 모듈이나 비네트vignette이다. 다시 말해, 진에드는 각 강좌가 한 명의 그래픽 디자이너의 예술품인 것처럼 개별적인 맞춤형 강좌를 정교하게 만드는 디자인 회사에서, 기존의 강좌 모듈을(물론 필요할 때는 새로운 강좌 비네트나 모듈도 개발한다) 작업대에서 자르고 붙임으로써 강좌를 생산하는 **지식 경영** 회사로 전환되었다.

일단 한 강좌가 독립된 객체들로 조립되는 거라면 그러한 객체들의 표준화가 매우 중요해진다. 각기 다른 예술적 특징을 지니고 있는 기존의 강좌들로부터 객체들을 모아 다른 강좌를 조립할 수는 없기 때문이다. 그러므로 매우 빠른 속도로 그래픽 디자이너의 역할이 예술적 창조에서 산업화된 조립으로 바뀌었다. 심지어 의식적인 전략적 방향 수정도 필요 없었다. 그저 회사를 확장한 당연한 결과였다.

그러나 그 과정에서 마울리크는, 학습 객체와 이것들을 보조하고 검색 가능하게 만들어 줄 소프트웨어 기반을 포함한 총체 자체가, 객체들로 이루어지는 **콘텐츠**와 상관없이 가치 있는 소프트웨어 응용 프로그램이 됨을 깨달았다. 다시 말해, 진에드는 인터넷 학습 회사로서 고객들에게 강좌를 팔 동안에 **지식 경영** 회사로서 다른 인터넷 학습 회사에 소프트웨어 응용 프로그램을 팔 수 있었다. 이러한 일의 진전이 낳은 결과로 프로그래머들에 대한 의존도가 높아졌다.[18]

그러므로 상류의 생명공학 회사가 아닌, 하류의 거대 제약 회사에 강좌를 판매하게 된 것이 주요 동인이 되어, 진에드의 전체 작업 구성이 1년 내에 변화했다. 순식간에, 멋진 일은 프로그래머들의 몫이 되고 디자이너들은 단순히 내용을 조립하게 된 것이다.

로빈 린드하이머Robin Lindheimer는 2001년에 시스템 관리자로 고용되었다가 2002년에 정보기술 관리자로 승진했다. 회사가 성장함에 따라 발생한 자동화 과정이라는 도전은 그에게는 커다란 프로그래밍적 도전이었다. 린드하이머는 전에는 자신의 역할이 "단지 배관공의 역할"이라고 느꼈지만 이제는 자신이 "사무실 운영을 돕는 일반적인 기술이 아니라 진에드의 기술을 다루고 있다"고 느꼈다.[19] 그는 강좌 판매가 판매 가능한 소프트웨어에 비해 부수적인 일이 되는 방향으로 회사가 움직이는 것을 보았다.

2002년의 진에드에서는 프로그래머들이 ─ '좋은' 일을 하면서 동시

---

18) 엄밀히 말해 그 디자이너들은 프로그래밍에 능숙해야 한다는 점에서 프로그래머들이었지만, 진에드가 지식 경영 회사로 변신함으로써 '전통적인' 소프트웨어 프로그래머들의 역할이 더욱 커졌다. 이들에게는 생산물의 창의적이거나 예술적인 요소에 대한 책임이 없었다.

19) 로빈 린드하이머, 2002년 3월 28일 거가와이 인터뷰

에 '멋진' 일을 하는——매력을 발산하고 있었다. 이는 2001년에는 그래픽 디자이너들의 차지였던 매력이었다. 다른 두 회사를 버리고 진에드를 선택한 프로그래머인 크리스 파머^{Chris Palmer}는 자신의 선택을 마이크로소프트 대신 애플에서 일하는 것에 비유했다. "마이크로소프트는 그냥 또 다른 직장이죠. 반면 애플은 사람들이 신봉하는 하나의 사명이자 멀리 내다보는 연구자들의 집단입니다. 그건 훨씬 더 좋은 상품을 의미합니다. 순수한 열정이 들어간 상품 말입니다. 이건 그냥 괜찮은 것보다 훨씬 더 좋은, 진짜 대단한 상품, 경제적 효과와 사적인 효과 모두를 내는 상품인 거죠."[20]

반대로 그리고 당연하게도, 2002년에 그래픽 디자이너들은, 다음의 인용들이 말해 주듯 점점 더 숨이 막히고 열의를 잃어 갔다(디자이너들은 모두 익명으로 처리했다).

각 디자이너가 자신을 표현하는 것이 이젠 힘들어졌어요. 그래픽 디자이너들의 개인적인 창의력과 기업의 요구 사이에 긴장이 있습니다. 그래서 창의성 면에서 여기서 일하는 게 그리 만족스럽지 않아요.……개발부장님[신시아 킬로이]을 매일 볼 수도 없어요.

내용이 훨씬 더 모듈화되었어요. 우리는 이제 그 과정을 더욱더 의식합니다. 사람들이 흥미와 열의를 유지하는 데 많은 에너지가 들어요. 제품 개발자의 관점에서 보면, 예술가로서 우리의 창의적 자유가 실종되었지요. 예전에 우리는 프로젝트 전체를 만들 수 있었는데 말이죠.……개발부장님은 뭘 하시는지 모르겠어요.

---

20) 크리스 파머, 2002년 3월 28일 저자와의 인터뷰.

더 큰 프로젝트로의 변환은 더 능률화된 과정을 뜻했지요. 우리는 이제 강좌 전체를 책임지지 않아요. 능률과 효율은 예술가에게는 창의성의 감소를 뜻하죠. 이젠 일이 더 이상 예술적이지 않으니 예술가에겐 좋은 일이 아닙니다. 재정 상태가 좋았다면 대부분의 예술가들이 이미 떠났을 거예요. 회사는 직급 관계가 더 분명해졌어요. 예전에는 팬케이크 구조여서 누구나 자신의 착상을 말하면 관심을 받을 수 있었어요. 지금은 그렇지 않아요.……우리는 필시 재정 조달을 받아 더 커지고 거기엔 더 많은 고통이 따르겠죠.

그래픽 자체만 보면 제가 어떤 모양을 만들 것인가에 대해서는 상당한 자유가 있습니다. 하지만 인터페이스 측면에서 보면 재도안될 수 없는 템플릿들이 만들어졌지요. 예술가로서 저는 정말 쉽게 지겨움을 느껴요. 전 **교수법** 설계자가 아니라 **그래픽** 디자이너예요. 제가 느끼는 지겨움을 보여 주지 않으려 애쓰지만 잘 안돼요. 다른 제품 개발자들과도 접촉이 별로 없죠. 그게 그립죠.……경영진과도 의사소통이 없고 개발부장님과도 거의 접촉이 없어요. 교수법 설계자들은 이 조직의 밑바닥에 있어요. 회사가 출범했을 때 우리는 정말 중요했답니다. [디자이너들이─순데르 라잔] 프로젝트를 시작하기도 중단하기도 했으니까요. 전 상대적으로 작은 규모의 프로젝트를 더 즐겼죠. 왜냐하면 더 많은 자유가 있어서 저의 디자인 감각을 더 많이 발휘할 수 있었으니까요.……가장 큰 좌절감은 경영진에 의해 억눌리는 겁니다.[21]

---

21) 이 각각의 진술은 2002년 3월 28일부터 4월 2일 사이 진행된 인터뷰에서 각기 다른 그래픽 니사이너들이 이야기한 것들이다.

진에드의 그래픽 디자이너들이 예외 없이 느꼈던 예술적 자유의 상실은, 위계질서가 없던 회사의 열린 경영 구조의 상실을 동반했다. 또한 당연하게도 개별 디자이너의 중요성이 점점 더 줄어드는 현상도 동반했다. 이는 거의 필연적인 변화였다. 한 디자이너가 내게 말했듯이, 회사가 디자이너들에게 동기부여를 해줄 수 있는 유일한 방법은 경험이 없는 초짜 디자이너들을 끊임없이 고용하는 것이었다. 그들은 업무를 통해 디자인을 배우기 때문에 동기부여를 얻는다. 물론 그로 인해 디자인의 품질은 손상될 것이었지만, 품질 자체가 점점 더 부차적이고 미리 포장된 제품으로 되어가고 있었다. 2002년 5월에는 회사가 두 명의 디자이너를 정리해고했다. 그중 한 명은 회사 창립 이래로 회사와 동고동락했던 사람이었다.

이러한 약화된 존재감은 디자이너들만이 느끼는 것이 아니었다. 경영진이 직접 말하는 바였다. 킬로이는 2001년에 디자이너들을 지도하는 중요성과 그 일에서 자신이 맡은 핵심적 역할을 역설했지만, 2002년에는 이제 경영진과 '사원들'(2001년만 해도 그들을 '디자이너들'로 불렀다) 사이에 경계가 있음을 인정했다. 그녀는 말했다. "그건 나쁜 일이 아닙니다. 제가 사원들과 친구가 되어야 한다고 생각하진 않아요. 직원들을 멀리하는 게 나쁜 건 아니죠.……전 회사 초기 시절의 그 어느 것도 그립지 않습니다. 이제는 창의성뿐 아니라 소프트웨어 개발이 문제입니다. 현재 직원들 중 많은 수가 새로운 모델에서는 일하지 않게 될 겁니다."[22]

진에드가 신생 회사에서 '진정한 기업'으로 성장했기 때문에 경영 구조의 변화도 불가피해졌다. 과거에는 '판매'로 불리던 것이 훨씬 더 거창하게 들리는 '사업 개발'이 되었다. 그리고 새로운 중간 관리자인 글렌 오클

---

22) 신시아 킬로이, 2002년 4월 1일 저자와의 인터뷰.

래슨^{Glenn O'Classen}이 이 부서를 지휘했다. 그는 제약 산업에 깊이 관여한 가문(그의 조부가 한 제약 기업을 일구었다) 출신이었으므로 그 세계에 많은 인맥이 있었다. 그 과정에서 진에드는 판매부 차장인 배리 지오다노를 해고해야 했다.

이 사건은 필시 진에드가 회사로서 겪은 가장 고통스러운 순간이었을 텐데, 그 이유는 지오다노가 회사 창립 경영진의 일원이자 초기 투자자였기 때문이다. 어쩌면, 그가 마울리크의 오랜 친구였으나 그 친밀한 관계가 해고로 영원히 금이 갔기에 더 고통스러웠는지 모른다. 지오다노는 해고를 매우 서운하게 받아들였다. 마울리크는 자신이 필요할 때 최고 경영자의 가면을 쓰는 데 매우 능숙했기에, 진에드가 적자를 면하기 위해 필요한 고객을 확보하지 못하고 있어 그 결정은 불가피하다고 정당화했다. 사실 아스트라제네카와의 계약 이후 2001년 가을과 2002년 초 사이 진에드의 수익은 극도로 불안정했다. 받침대가 될 벤처 자본이 없었기 때문이다. 그러므로 회사의 많은 사람들은, 킬로이나 아이젤과의 관계가 원활하지 못했던 지오다노의 방출이 회사에 필요하고 또 좋은 일이라고 느꼈다.

그러나 이것은 최소한 만장일치된 정서는 아니었다. 분명 지오다노가 동료 여성 관리자들을 대할 때 섬세하지 못했지만, 회사의 많은 남성과 여성은 그가 더 이상은 만나기 어려운 종류의 조언자라 생각했다. 그들 생각에 오클래슨은 사업 개발에 너무나 치우쳐 부하 직원들과 조언 관계를 조성하는 데 신경 쓰기 어려웠다. 그리고 그러한 관계 형성은 처음부터 회사와 함께했던 상관이 가장 잘할 수 있었다.

그러는 사이 파텔은 뉴저지에 새로운 진에드 사무실을 열기 위해 샌프란시스코를 떠났다. 진에드가 고객층을 생명공학 회사에서 제약 회사로 비꾸고 있었고, 대다수 거대 제약 회사의 본부는 동부 해안에 위치하고 있었기 때문이다. 회사가 샌프란시스코에 위치한 것이 신생 회사로서 진에드의 존재와 정체성에 지대한 영향을 미쳤다면, 거대 제약 회사들이 주요 고객이 되자 바로 그 점이 문제가 되었다.

지오다노의 조언을 들을 수 없어 일부 직원들이 아쉬워했지만, 파텔의 부재가 자아낸 아쉬움에는 비할 바가 아니었다. 나와 이야기를 한 모든 직원이, 심지어 묻지도 않았는데 파텔이 곁에 없어서 아쉽다고 했다.

파텔은 여러 가지 면에서 이례적인 기업가였다. 그는 미국의 '기업가 문화' 대부분을 차지하는 ─점잖게 말해 '유연성'이라 불리는─ 냉정한 냉소주의를 거부하는 개인적인 가치 체계를 갖고 있었다. 그가 비현실적이거나 순진하다는 뜻은 결코 아니다. 첫째, 그는 진실에 헌신했다(그래서 판매 실적 예측과 대투자자 홍보에도 불편해했다. 그것들은 속성상 '진실한' 사건이 될 수 없으니까 말이다). 둘째, 그는 가르치는 일에 매우 헌신적이었고, 셋째, 사원들과 윤리적인 관계를 형성하는 데 매우 헌신적이었다. 이것이 가령 특정 사원을 해고하는 것과 같은 경영진의 결정에 대한 반대로 이어지지는 않았지만, 결코 변화하는 회사의 우선순위의 일부로 누군가의 불필요함을 이야기하지도 않았다. 파텔이 회사에서 그와 같은 존경을 받을 수 있었던 것은 바로 그의 실용적 원칙 덕분이었다.

이는 한편으로 그가 그래픽 디자이너들에게 조언을 주는 데 많은 시간을 들였음을 의미한다. 그것이 사원들의 복지나 회사의 복지를 위해 중요하다고 생각했기 때문만이 아니라, 그가 회사를 차리기 위해 안정된 직장을 떠나는 모험을 강행했던 이유는 가르치는 일을 사랑했기 때문이었다.

마울리크 역시 선생으로서 비슷한 정도로 존경받았지만, 최고 경영자인 그의 직무 때문에, 진에드의 주요 고객층이 바뀌기 전에도 회사의 일상적인 운영에서 빠지기 일쑤였다. 그의 일은 언제나 바깥에서, 특히 잠재적 투자자들에게 회사의 아이디어를 파는 것이었다. 그리고 파텔은 샌프란시스코에 있던 동안에는, '상주하는' 창립자로서 마울리크를 완벽하게 보완하면서 기업의 비전을 일상의 작업 활동에서 풀어냈다. 파텔이 동부로 간 이후 수많은 직원들은 그가 제공했던 영감과 동기부여를 그리워했다.

그는 또한 종종 지오다노와 킬로이 또는 아이젤의 관계와 같은 껄끄러운 관계를 중재하며 어느 정도 경영 안정성을 제공했었다. 그는 배려심과 공평심을 보여 주었고 절차에 충실했다. 이 때문에 파텔은 중간 경영자들이 접촉하기에 마울리크보다 수월한 상대였다. 회사 밖에서 회사를 파는 마울리크의 능력, 즉 발로 뛰며 생각하고 즉석에서 행동하고 소견을 개진하며 위험을 무릅쓰는 능력은 정확히 파텔과 같은 능력의 부재에서 오기 때문이다. 아이젤은 말한다. "수닐은 언제나 명령 체계를 뛰어넘어 경영진을 미치게 만듭니다. 살릴이 여기 없으니 아주 힘들어요. 수닐은 변덕이 죽 끓듯 하는 반면, 살릴은 듬직한 바위거든요."[23]

다시 말해, 아스트라제네카와의 계약을 출발점으로 확장된 과정인, 소규모 생명공학 회사에서 거대 제약 회사로 고객층을 옮기는 일은 하나의 기업으로서 진에드에 심대한 영향을 미쳤다. 콘텐츠 제공자에서 소프트웨어 회사로 변모했고, 끊임없이 자력으로 헤쳐 나가던 '신생 회사'에서 한층 더 안정된 소득을 지닌 '진짜 회사'가 되었으며, 자기 표현의 여지가 주어진 재능 있는 예술가 무리가 일하는 회사에서 존재감이 줄어든 디자이너들과 들뜬 프로그래머들이 일하는 회사로 바뀌었다. 그것은 회사의 중대한 부분을 변화시켰고, 그로 인해 제약 회사에 대한 판매의 지렛대가 되어 줄 뉴저지에서의 활동에 점점 더 많이 의존하게 되었다. 회사의 경영 구

---

23) 폴 아이젤, 2002년 4월 1일 지지와의 인터뷰.

조와 경영진이 직원들과 상호작용하는 방법도 바뀌었다. 2002년 4월 어느 날 오후 나는 진에드에서 진에드의 탄생에 대한 나의 보고서 일부를 낭독했다. 낭독이 끝나자 한 직원이 내게 말했다. "전 당신이 무슨 말을 하는지 알아채지 못했어요. '이건 진에드가 아니야'라고 혼잣말을 했죠. 그러고는 생각했어요, 아마도 그건 1년 전의 진에드일 거라고. 정말 오래전 일 같아요. 지금은 다 잊었다니까요."[24)]

그러나 내가 부단히 강조하고자 하는 바는, 진에드를 특정한 방식으로 진화하게 한 개인이나 상황에 대한 칭찬이나 비난이 아니라, 특정한 경향적인 결과를 낳는, 신생 회사가 하나의 기업으로 '성장'하는 심오한 구조적 논리이다. 그렇다고 진에드가 걸어온 진화의 길이 어떤 식으로든 미리 결정되어 있었다든가, 전략적이거나 우연적이고 때때로는 운 좋은 사건들의 결과라고 말하는 것은 아니다. 다만 그러한 우연적 사건들이 발생하지 않았더라면, 그 '대안적' 진에드는 속 편하고 생명공학 회사에 제품을 파는 예술성 있는 신생 회사로 남지 못하고 자금이 바닥나 파산했을 것임을 말하는 것이다. 여기에 한편으로 **특정한 방식으로** 성장을 지향하고, 능률화와 불필요함과 표준화를 필요로 하면서, 다른 한편으로 신생 회사를 탄생시키고 경영진이나 직원들 모두 믿고 일부분이 되고 싶어 하는 종류의 공동체를 형성하는 풍부함과 혁신과 모험 감수라는 모든 자질에 역행하는 자본주의적 논리가 있다. 아마 다름 아닌 이러한 논리가, 작은 생명공학 회사와 달리 거대 제약 회사가 갖고 있는 무감각 경영, 즉 종종 대단한 수익을 내는 무감각을 설명할 수 있을 것이다. 또한 이는 가령 짐 클라크(실리콘그래픽스Silicon Graphics와 넷스케이프의 창립자)와 같은 성공한 기업가들이 왜

---

24) 이 사원은 익명으로 한다. 2002년 4월 2일 저자와의 인터뷰.

자신이 세운 회사를 운영하며 키우지 않고 '연쇄' 기업가가 되는지 설명해 줄지도 모른다. 이 논리가 무엇보다 선명히 보여 주는 것은, 그것이 현실화되면서 노동자가 그들 노동의 산물로부터 소외된다는 점이다. 이는 한 세기 반 전에 맑스가 자본주의의 본질적인 징후로 분석한 바다.

수행과 주술

이제는 비전과 과장 광고에 대한 3장의 논의와 연관된 진에드 이야기를 할 차례다. 신생 (첨단 기술) 회사들이 미래로 나아갈 수 있는 현재를 창출하기 위해 미래에 대한 이야기를 팔아야 할 필요성에 직면해 있음은 상술한 바 있다. 나의 구체적인 관심은, 이러한 회사들의 일상 활동이 진실 말하기라는 담론적 지형에서 기능하는 방식에 있다. 이때의 진실은 의심의 여지 없이 의도적인 기만에 근거하여 작동하지만, '순전한 과장 광고'나 냉소주의로 치부될 수도, 거짓말로 성립될 수도 없는, 언제나 지워질 수 있는 것이다. 그것은 애매한 형태의 비진실로서, 그 애매성은 신생 회사의 담론적 수행이 작동하는 시간 구조에 상주한다. 신생 회사가 **과학적** 지식 생산에 관여하여 최상의 권위를 지닌 **사실** 생산을 거래할 때 발생하는 의문은 그러한 사실 생산 행위들이 기업의 홍보적 진실과 절합하는 방식과 연관된다.

전술했듯 살릴 파텔은 과학의 진실에 대한 거의 이상주의적인 집착과 신념을 보여 준다. 이 믿음은 신생 회사의 경영자로서 명백한 거짓말은 하지 않더라도 강좌를 즉흥적으로 고안하고 유연성 있게 대처해야 하는 그의 역할과 상당한 긴장을 이룬다. '정직'하려는 선의에도 불구하고 그가 진에드에서 이러한 형태의 '거짓말'을 벗어날 수 없는 상황은 최소한 두 번의 사례에서 상당히 선명하게 드러났다. 한 번은, 앞서 언급한 '가치와 비전' 세션에서 진에드가 만들고 있는 맞춤형 인터넷 학습 강좌들 중 최소한 하나에 '거짓말들'이 있음을 알고 있다고 파텔 자신이 인정했을 때이고, 또 한 번은 1년에 2회 개최되는 투자자를 위한 파티, 즉 회사가 현재 상황에 대해 홍보하고 밝은 미래를 약속하는 자리에서 그러한 홍보가 완전히 '진실되지' 않는다는 사실에 파텔이 신경질적인 불편함을 느꼈을 때이다. 사실, 파텔은 판매 예측과 같은 진실일 수 없는 진술들로 이루어진 홍보에 대해 마음이 편치 않았다. 예측이란 합리적인 직관에 근거하나 필연적으로 주관적이고, 그러한 예측과 완전히 다른 결과를 낳을 수도 있는 모든 종류의 우연성에 영향을 받게 되니까 말이다. 다른 말로 하자면, 파텔이 볼 때는 본질상 계산할 수 없는 것을 계산하는 것조차도 '거짓말'의 표명이다. 과학 논문에서 고의로 거짓말하는 것과 같은 도덕적 함의가 있는 것이다.

이것이 바로 과학자로서 파텔과 사업가로서 파텔 사이에서 일어나는 갈등이다. 이렇게 서로 다른 주체성들은 벤처 과학이 정착되면서 점점 더 융합되는데, 이는 유독 파텔에게만 일어나는 현상이 아니다. 『10억 달러짜리 분자』에서 배리 워스는 버텍스 제약 회사의 초기 경영자들이 경험한 바로 그러한 갈등을 상세하게 열거하고 있다. 그러므로 한편으로는, 자크 데리다가 「거짓말의 역사」[History of the Lie, 2001]에서 하듯 진실의 수행적 담론의 각기 다른 범주들을 끌어내는 것이 중요하다. 동시에 다른 한편으로는, 그러한 담론이 탄생하여 작동하는 제도적인 기반에 지속적으로 관심을 갖는 것이 중요하다. 특히 벤처 과학의 경우처럼 이해관계 충돌의 싹이 언제나 이미 내재해 있을 때는 더욱 그러하다. 이해관계 충돌이라는 개념은, 진술이 이루어지는 제도적 공간의 결과로 비진실이 나올 가능성에 관심을 기울이게 하는 규범적 개념이다. 실제로 그것은 수년 동안 특정한 형태의 진실만이 기술-기업 담론에서 작동하도록 허용해 온, 훌륭한 감시자의 역할을 해온 개념이다.

수닐 마울리크는 비전에 대해서 할 말이 많았는데, 그중 첫째는 비전을 갖는다는 것은 심대한 의미에서 학제 간 제휴를 이룬다는 것이다. 즉 단순히 서로 다른 학문과 관점이 서로에게 관용을 베풀고 서로를 덤덤하게 인정하면서 공존하는 것이 아니라, 양립이 불가능하다고 여겨지는 지식 체제들과 연구자들을 하나의 사업에 실제로 투입하는 것이다. 이러한 사업의 성공은, 다양한 형태의 지식이 생산적이고 가끔은 예측 불가능한 새로운 방식으로 표명되는 데 달려 있다.[25] 둘째, 마울리크에게 비전은 자신이 이미 걸어온 길을 다시 그리는 것이 **아니다**. 그는 말한다. "한 인간으로서 제가 세우고 싶은 종류의 회사는 부품 회사가 아니었습니다. '저 사람들이 복제를 한다, 우리도 하자. 저 사람들이 게놈 염기서열 결정 작업을 한다, 우리도 하자'는 식의 회사가 아니었습니다. 그건 이전에 아무도 하지 못한 일을 하는 회사였습니다."[26]

그러나 이전에 시도되지 않은 뭔가를 한다는 비전을 갖는 것은 사업의

---

25) 말할 필요도 없이, 나는 여기에 과학기술학(STS)과 같은 학제 간 제휴에 대한 심오한 교훈이 있다고 느낀다. 이러한 학제 간 제휴는 과학기술학 학과와 같은 학구적인 공간에서는 종종 신중하게 절충된 협력 학문이 되기 때문이다. 이때 각 학문의 '신성함'을 '존중'하고, 상당한 수준의 평화로운 공존을 유지하기 위해서 학문 영역을 함부로 넘어가지 않도록 세심한 주의가 기울여진다. 신생 회사와 같은 기업 공간이나 생명정보학과 같은 새로운 기술과학적 시도들이 갖는 생산성은 정확히 말해 다른 학문 분야를 기꺼이 침범하여 새로운 형태의 기술과 전략, 공존의 가능성의 조건들을 창출해 내는 데서 비롯된다. 협력 학문을 지금은 많은 비판을 받는 다문화주의와 비슷하게 보는 시각은, 정치적 공정성이라는 미명하에 이러한 '문화적 형태들'의 역사적 기원과 정치적 맥락에 대한 많은 의문들을 제대로 제기하지 않은 채, 나아가 다문화의 총체를 이루는 개별 '문화' 요소들을 동질체로 물화시키면서, 서로 다른 문화, 종교적 신념과 관행, 제도들을 공존하게 만든다. 이 점은 좀더 점검할 필요가 있다. 아마도 기업의 기술과학은 혁신적인 실천에 대해 상당한 교훈을 제공할지 모른다.

26) 수닐 마울리크, 2001년 5월 15일 저자와의 인터뷰.

성공을 보장하는 데 충분치 않다. 마울리크는, 5장에서 내가 주장한 일부와 공명을 이루는 표현을 통해, 비전의 세번째 요소인 **복음주의**를 주장한다.

회사에 비전이 있다고 해서⋯⋯사업이 성공을 거두지는 않습니다. 사실 어떤 사람들은 그것이 필연적으로 사업의 실패를 낳는다고 주장할 겁니다. 회사가 사업 풍토 안에 새로운 무언가를 끌어들이는 것이니까요. 그러니까 우리는 우리의 상품을 구매하도록 사람들을 설득해야 할 뿐 아니라 그 상품이 애초에 구매할 가치가 있음을 확신시켜야 합니다. 그러므로 어떤 의미에서는 아무도 물어볼 생각을 안 한 질문에 답하려 노력하는 셈이죠. 그러니까 우선 우리는 대답할 가치가 있는 질문이 있음을 확신시켜야 하고, 그런 다음 우리의 특정한 상품이나 서비스를 이용하여 그 질문에 대답할 가치가 있음을 설득해야 합니다. 그런 의미에서 진에드가 하고 있는 일인 인터넷 학습은 제 생각에, 약간의 복음주의와 선교사 판매의 성격을 띱니다. 첫째로 우리는 사람들에게 문제가 있음을 확신시키고 그 다음에 우리 회사만이 그 문제를 해결할 유일한 회사라고 설득합니다. 그건 비전의 다른 한 면으로 우리를 이끕니다. 즉 비전을 가진 회사에는 제식적인 이미지가 있고 그 비전이라는 이상에는 어느 정도의 세뇌의 기능이 결합되어 있어서 그것이 시장을 창출하지요.⋯⋯한 사람의 인성이 지닌 힘뿐 아니라, 우리가 촉진하고 창출하고 또 세우려고 노력하는 그룹의 인성이 가진 힘에 의해서 말입니다. 그렇게 되면 해당 산업의 승자와, 같은 말을 큰 소리로 할 수 있는 사람들이 나타납니다. 그렇게 어느 정도 지나 그것에 자립 능력이 생기면, 이러한 문화가 형성되고, "이것이 우리가 가야 할 길이다", "이것이 우리가 가야 할 길이다", "이것이 우리가 가야 할 길이다"라고 열성적으로 외치는 사람들이 나타납니다.[27]

마울리크의 이 세번째 개념 속에 있는 비전은 이데올로기로서, 맑스가
『독일 이데올로기』에서 종교를 이데올로기로 인식한 것과 매우 유사하다.
그러나 마울리크는 비전을 일련의 길잡이 원칙에 비유한다. 즉 비전은 "억
지스러운 일련의 원칙들이지만 사람들이 자신의 마음을 충분히 잡아 늘인
다면 믿지 못할 정도로 억지스럽지는 않다"는 것이다.[28] 그러므로 비전은
상상력이자 처방이고, "우리는 모래에 선을 그을 거다. 우리는 이전에는 아
무도 해내지 못한 일을 할 거다. 그것은 하나의 사명이 될 것이다. 그것은
물 한 부대만 갖고 사하라 사막을 건너는 것과 같은 것이다"[29]라고 말하는
야심 찬 진술이지만, 비전을 실현하는 데 이해관계를 가진 이들에게 비전
은 그 불가능해 보이는 목표가 **어떻게** 실현될지 암시해 준다. 바로 이러한
의미에서 비전은 과장 광고와 다르다.

비전과 과장 광고를 **구별**하는 문제는, 내가 3장에서 과장 광고를 일종
의 약속하는 비전의 표명으로 지칭하면서 교란하고자 했던 문제이다. 그
러한 표명은, 특정한 미래를 실현시킬 현재를 가능하게 하는 조건들을 창
출하는 특정한 종류의 미래를 불러낸다고 나는 말한 바 있다. 그렇지만
2001~2002년 실리콘밸리에서는, 과장 광고와 비전의 차이가 마울리크
와 같은 기업가들에 의해 선명히 부각되었다. 이때 과장 광고는 닷컴 시
대 — 그 이전 2년 전만 해도 그 시대가 가진 지속적인 성장, 혁명, 패러다
임 전환의 강력한 능력을 격찬했던 바로 그 사람들이 2002년 중반에 이미

---

27) 수닐 마울리크, 2001년 5월 15일 저자와의 인터뷰. 이는 제리 폴웰(Jerry Falwell) 같은 복음
    주의자들이 사람들을 "세뇌시켜" 거듭난 기독교인으로 만드는 담론적·의례적 형태의 수행
    에 대한 수전 하딩(Susan Harding)의 논의와 매우 흡사하다(Harding, 2000을 보라).
28) 같은 인터뷰.
29) 같은 인터뷰.

결연한 역사적 용어로 그 시대를 '탈선'이라 불렀다——가 집약적으로 보여 주는, 실현될 가능성이 없고 어떤 식으로든 **거짓된** 주술을 가리킨다.[30]

이것이 진에드에게는 상당히 중요한 구분이라는 것에는 의심의 여지가 없다. 진에드는 스스로를 진에드 닷컴이라 부르려 하지 않았는데 이는 필시 스러져 가는 닷컴 붐과 함께 회사가 위축되지 않도록 보호하기 위해서였을 것이다. 진에드가 닷컴 붐의 광란에 휩쓸리지 않았던 것은, 최소한 부분적으로는, 회사가 실제로 닷컴 붐이 있기 전인 1997년에 설립되었기 때문이다. 이렇게 이 회사는 닷컴 붐 시대에 효과적으로 부화했으나 주변에서 벌어지는 소란스런 닷컴 붐으로 상당히 어리둥절하기도 했다. 마울리크는 이렇게 말한다.

> 진에드가 그토록 오랜 부화 시간을 가진 이유 중 하나는 우리 중 아무도 진짜 그 난리 통에 과감히 뛰어드는 데 마음이 편하지 않았기 때문입니다. 다른 이유는, 이 엄청난 소란이 우리 주변에서 벌어졌던 1998~1999년의 2년이 우리에게도 영향을 미쳤기 때문입니다. 시장에 깊숙이 침투해야 하고 많은 수입원과 시간, 제품, 인력을 필요로 하는, 이토록 어렵고 충분히 다듬어지고 명확한 사업 계획을 갖는 것이 말이 되는지, 우리는 더 이상 확신할 수가 없었으니까요. 매우 똑똑하다는 많은 사람들이 우리

---

30) 닷컴 시대가 진정 하나의 '탈선'으로 쉽게 치부될 수 있는가 하는 문제는 물론 중요하다. 그러한 치부는 닷컴 시대가 처음으로 그토록 노골적으로 '과잉적인' 방식으로 자본주의가 발현한 형태라는, 대단히 비역사적인 가정에서 비롯된다. 사실 동일한 형태의 과잉은 1980년대에도 있었다. 비록 다른 기관들(주로 월스트리트와 투자은행)에 집중되어 있었지만 말이다. 월스트리트보다 실리콘밸리를 명백히 선호함에도 불구하고 마이클 루이스는 『라이어스 포커』(*Liar's Poker*)와 『새롭고 새로운 것』(*The New New Thing*)에서 주요한 과잉의 현장을 이 두 역사적 순간들에 각기 위치 짓는 훌륭한 시각을 제공한다(Lewis, 1989, 1999).

에게 그건 말이 안 된다고 했습니다. 왜 이런 계획을 세웠느냐고 했고, 대신 거대한 데이터베이스를 만들라고 그들은 말했습니다.……수입원에 대해서는 걱정하지 말고 광고를 이용하라는 말도 했습니다. 그리고 그 모든 게 제가 그 이전 15년 동안 배운 것과 어긋났습니다. 그러니까 회사 설립을 고려하기에는 상당히 이상한 시기였죠. 만일 제가 15년의 경력이 없는 24살짜리 하버드 경영학 석사였다면 지금이 회사를 세우는 적기라고 생각했을 겁니다. 하지만 회사를 세우는 방법에 대한 신중한 사업 모델을 배웠고……다양한 작은 기업들에서 평생 일했기 때문에, 냅킨 뒷면에 사업 계획들을 적어 놓고 그것을 보는 순간 회사가 생기는 그런 건 실제로 당황스러운 일이었습니다.[31]

이런 진술로 보면, 진에드는 거의 뒤틀린 시간의 고치에 싸인 유충이었다. 당시 신생 회사가 운영되는 동역학의 근본 원리로 제안되었던 '현실'에 반하는 교육적 배경으로 스스로 고립된 것이다. 그때는 마울리크가 느끼기에 진에드의 비전이 부화되고 있었던 시기였다. 이는 비전이라는 것이 일회적 표명이 아니라, 육성될 필요가 있고 여러 면에서 전략·전술로 표명될 필요가 있는 총체적인 담론적·물질적 장치임을 시사한다. 비전은 "사람들이 그것을 볼 수 있어서, '아 그래요, 이게 어떻게 될 건지 알겠어요' 하는 방식으로"[32] 표명되기 전까진 비전이 아니라고, 마울리크는 뚜렷이 주장하는데, 이는 스튜어트 홀이 헤게모니를 이해하는 방식과 마찬가지로 기업가 정신을 명백히 헤게모니적인 것으로 이해하는 것이다. 마울리크에

---

31) 수닐 마울리크, 2001년 5월 15일 저자와의 인터뷰.
32) 같은 인터뷰.

게 비전을 가진 사람은 자르고 붙여 종합하는 데 관여하는 사람이다. 그래서 그는 로맨틱한 천재 발명가라는 수사 어구를 상당한 허위로 본다.

기업을 만드는 과정에서 중요한 한 부분은 신생 회사와 벤처 자본의 관계이다. 진에드는 벤처 자본가 대신 인사이트와 알자 같은 회사들을 초기 투자자로 영입했다. 물론 벤처 자본을 끌어오려는 노력이 없었던 것은 아니다. 전술했듯이, 마울리크는 실제로 벤처 자본에 대한 약조를 받았다가 마지막 순간에 철회당한 바 있다. 이렇게 그는 벤처 자본가들로 인해 심한 실망감을 경험했지만, 그의 생각에 그것이 결국 회사를 가능하게 만들었다. 그로 인해 회사가 부화의 시기를 벗어났고 진짜 회사가 되는 데 필요한 활성화 에너지를 얻었다.

진에드에 최초로 투자한 회사는 실리콘밸리의 주요 게놈 회사인 인사이트였고, 그 창립자인 랜디 스콧은 이 책의 주요 인물로 등장했다. 첨단 기술 자본주의에서 일어나는 거의 모든 투자와 마찬가지로, 이것이 가능했던 이유는 진에드의 빼어난 사업 계획보다는 인사이트에 마울리크가 갖고 있던 개인적 인맥 때문이었다. 그러나 그것은 판게아와 관련된 인사이트 자체의 영고성쇠의 역사를 고려할 때 양편 모두에게 위험한 투자였다. 마울리크가 느끼기에, 결국 인사이트로 하여금 투자를 하게 만든 것은 자신이 그곳에서 쌓은 개인적인 신용이었다. 비록 자신이 그 회사의 경쟁 회사에서 일했지만 말이다. 신뢰와 신용은 신생 회사를 작동시키는 동역학에서 절대적인 중심을 차지하는 요소이다.

그러나 인사이트를 투자자로 얻는 것은 늘 잠재적인 양날의 칼이었다. 인사이트가 키운 회사로 진에드가 인식될 수 있는 위험이 있었다. 이렇게 되면 진에드의 잠재적인 고객들에게서 신뢰와 신용을 얻는 데 커다란 장애가 있으리라는 것을 마울리크는 알았다. 진에드가 하나의 기업으로 성공하려면 인사이트의 경쟁 회사들도 고객으로 만들어야 하는 상황이었다. 마울리크는 이러한 양면성을 이렇게 표현한다.

제 마음 한편에서는 그 투자를 받고 싶지 않았습니다. 왜냐하면 우리가 인사이트의 호주머니 속에 들어가 있는 것으로 보이면 아무도 우리의 제품을 사려 들지 않을 테니까 말입니다. 그런데 다른 한편에서는 인사이트의 투자를 받아들이고 싶었어요. 판게아에서 투자를 얻어 내지 못했기 때문에, 아마도 판게아를 향해 당신들의 최대 경쟁자가 내게 투자할 거다, 왜 당신들은 안 하느냐라고 말하면서 조롱하고 싶었던 것 같습니다. 그러고는 다시 그 투자를 정당화한 것이, 우리는 매우 다양한 회사들에서 투자를 받을 것이고 그중 어느 하나에 매이지 않는다는 것이었죠. 지금 와 생각해 보니 그건 말하기는 쉽지만 실행하기는 매우 어려운 일이더군요. 그러니까 언제나 그들이 우리를 조종할 여지가 있다는 겁니다.[33]

그러나 진에드는 인사이트의 최대 경쟁사인 셀레라지노믹스와 계약하는 데 성공해 초기 고객 중 하나로 만들었고, 이 때문에 신뢰를 보여 주어야 하는 위치에 놓이게 된 것은 진에드가 아니라 인사이트였다. 마울리크는, 진에드와 셀레라의 계약을 인사이트가 알게 된 그 순간을 회상한다.

우리가 인사이트와 투자를 체결하려 했던 그날……그날은 [진에드의 강좌가 담긴─순데르 라잔] 셀레라지노믹스의 웹사이트가 가동되는 날이었는데, 한심하게도 우리는 그 점을 망각하고 인사이트에 미리 말해 놓지

---

33) 수닐 마울리크, 2001년 5월 15일 저자와의 인터뷰.

않은 상태였습니다. 그날은 어느 금요일 오후 다섯 시, 여느 때와 같은 오후였지요. 마리온 마라Marion Marra[인사인트의 개발부 차장—순데르 라잔]와 랜디 스콧, 우리 두 사람[마울리크와 당시 진에드의 판매부 차장이었던 배리 지오다노—순데르 라잔]이 함께 있었습니다. 그 사람들이 논의해야 할 두 가지 사항이 있고, 우리가 해결해야 할 문제들이 계약서에 있다고 말했습니다. 그러고는 그들이 두번째로 언급한 것은, 도대체 우리가 셀레라의 웹사이트에서 뭘 하고 있느냐는 것이었죠. 우리는, 잠시 인사이트 입장을 떠나 투자자로 생각해 보라고 했습니다. 우리가 다른 모든 게놈 회사를 우리 고객으로 만들 작정이니 셀레라를 고객으로 만든 것에 당신들이 기뻐해야 한다고 말했죠. 그리고 그게 우리의 가치를 높여 주니 당신들도 수익을 얻게 될 거라고 말이죠. 우리는 셀레라와 같은 수준의 회사들과 사업을 할 것인데, 금전적 관점에서 보면 셀레라가 우리에게 지불하는 돈은 모두 간접적으로 당신들에게 돌아간다고 했습니다. 그러고 나니 그 사람들이 이성적으로 그 사건을 바라보는 것 같았습니다.[34]

진에드가 벤처 자본을 받지 못한 것이 오히려 회사에 긍정적 결과를 가져왔다. 첫째, 회사에 일정 정도의 재정적 규율이 생겼다. 이는 닷컴 시대에 풍부한 자금을 지원받은 신생 회사들이 이런 규율이 없어 결국 손상을 입은 점과 대비된다. 둘째, 그로 인해 마울리크가 회사의 비전과 운영에 대한 통제권을 계속 쥘 수 있었다. 처음부터 벤처 자본가들이 개입해 창립자들의 소유권이 심각하게 희석되었다면 유지하기 힘들었을 통제권이었다.

그러나 이러한 긍정적인 결과에는 위험도 내포되어 있었고, 진에드

---

34) 수닐 마울리크, 2001년 5월 15일 저자와의 인터뷰.

가 자금이 달려 파산할 지경에 이른 적도 많았다. 판매 수익만을 통해 자립 모드에서 벗어나는 것은 불가능하며, 완충 역할을 하는 상당한 양의 자본은 대부분의 회사에 필수적이다. 게다가 진에드의 초기 투자 기업 중 하나는 브리지론bridge loan을 통해 투자했다. 이는 (벤처 자본과 같은) 명기된 시기, 즉 2002년 9월 안에 상당한 액수의 자금 조달이 이루어질 거라는 조건을 바탕으로 한 투자였음을 의미한다.[35] 만일 그 자금 조달이 이루어지지 않으면 투자는 대부금으로 취급되어 진에드가 상당한 액수를 갚아야 했는데, 그 상당한 액수란 회사를 파산시킬 수 있을 정도였다. 다시 말하면, 거대 제약 회사를 고객으로 확보하려는 진에드의 욕구는 안정적인 수입에 대한 필요에서 생겨났고, 벤처 자본에 대한 욕구는 이미 이루어진 투자 협약의 기간과 조건에 의해 생겨났다.

진에드가 거대 제약 회사를 고객으로 확보하기 전, 자금이 절실하게 필요할 때 벤처 자본가들이 투자를 거부한 것은 고약하지만 놀라운 일은 아니었다. 2002년에 이르러 진에드가 어느 정도 안정된 수입을 보장해 주는 제약 회사들을 고객으로 확보하자, 벤처 자본가들이 훨씬 더 적극적으로 투자하려 했다. 이것이 직관적인 인식과 반대되는 벤처 자본의 논리를 명백히 보여 주는바, 위험의 감수가 아닌 위험의 **최소화**가 벤처 사업인 것이다. 패트릭 오말리Patrick O'Malley는 1920년대의 경제학자 프랭크 나이트Frank Night의 글을 읽고 위험과 불확실성을 구별한다(O'Malley, 2000). 불확실성이란 기업적 창의력의 원천을 이루는, 통계적으로 계산할 수 없는 '위험'이라는 것이다. 기업가와 벤처 자본가 사이의 상호작용에서는 기업가가 불확실성에 관여하는 반면, 벤처 자본가는 위험을 계산하는 일이 벌어

---

35) 이 내용은 2002년 6월에 작성되었다. 브리지론의 조건들은 차후에 재협상되었다.

진다. 위험을 계산하는 것은 확실히 도박이지만, 위험을 최소화하기 위해서 필요하다는 것이다.

그럼에도 불구하고, 진에드는 2002년에는 2001년에 비해 벤처 자본을 그리 절박하게 필요로 하지 않았으나, 초기에 얻은 브리지론의 조건들 때문에 그리고 여기에 기업 세계에서 통용되는 위험 최소화 논리(이 논리는 투자를 받을 수 있을 때 **절대로** 거절하지 말라고 강조한다. 나중에 언제 투자를 받을 수 있을지, 받을 수나 있을지 알 수 없기 때문이다)가 결합되어, 다시 적극적으로 벤처 자본을 구하게 되었다.[36]

마울리크는 그러한 자금을 구해 오는 것이 자신의 일이라고 믿었다. 그것이 최고 경영자의 마땅한 임무이기도 했고, 창립자로서 다른 누가 아닌 자신이 진에드의 비전을 제공했기 때문이다. 역설적인 것은 만일 그가 자금 확보에 성공하면 가장 위태로워지는 사람이 마울리크 자신이라는 사실이었다. 여기에는 여러 가지 이유가 있다.

첫째, 회사의 창립자는 그 회사의 최고 경영자가 되어서는 안 된다는 것이 벤처 자본가들이 끈질기게 고수하며 전수하는 내용으로, 이는 가령 회사 창업에 대한 경영대학 수업에서 끊임없이 반복된다(창립자가 성공적으로 회사를 운영하는 많은 예가 있음에도 말이다). 그들이 이렇게 하는 주된 이유는 한편으로 '전문적인' 최고 경영자를 원해서이다. 창립자들은 종종 회사를 굴러가게 하는 비전 창시자들이지만, 신생 회사가 '진짜' 회사로 성

---

36) 내가 초고를 쓴 해와 그 다음 해(2002~2003년)에 진에드는 벤처 자본이 마지막으로 한 번 더 발을 빼기 전에 여러 벤처 자본가들과 더욱더 진전된 교섭을 가졌다. 그때 마울리크는 벤처 자본을 그렇게 추구하는 것을 정당화해 놓고, 투자가 이루어지지 않을 것이 분명해지자 그것이 회사를 위해서는 결국은 더 잘된 일이라며 실패를 합리화했다. 2004년 8월 현재, 진에드는 비벤처 자본 회사로 남아 있다.

장할 때 반드시 일어나야 할 전환 중 하나는 바로 애초에 성공적인 창업을 가능하게 했던 민활한 속성을 탈각하는 것이다. 마울리크의 창의적인 예측 불가능성은 작은 규모의 경영진이 있는 신생 회사에는 소중한 자원이 되지만, 경영진이 양쪽 해안가에 흩어져 있고 여러 사람이 마울리크 자신보다 연배도 높고 경영 경력도 더 많이 있는, 더욱 규모가 큰 경영진 속에서 그의 성격은 점점 더 불안정한 상황을 조장할 수 있다. 벤처 자본가들이 보고 싶어 하는 전환은 아이디어 주도형 회사에서 절차 주도형 회사로 가는 탈바꿈이다. 그런데 이 절차 주도형 구도는 성공적인 기업가들이 종종 창업을 위해 애초부터 피하는 것이다. 다른 한편으로, 벤처 자본가들은 또한 대체 가능한 최고 경영자, 즉 문제가 발생했을 때 책임을 지고 희생양이 되어 줄, 대체될 수 있는 누군가를 원한다. 자본가 대 노동자라는 관점에서 보면, 회사가 일단 벤처 자본을 받으면 최고 경영자는 '노동자'가 된다. 회사는 여전히 민영 회사이긴 하나, 벤처 자본가들은 자신들의 투자에 대해 60~70퍼센트에 이르는 투자 수익을 원한다. 그리하여 다시 벤처 투자 자금에 20~30퍼센트의 재투자를 하고 이를 통해 계속 이윤을 얻길 바란다. 일단 회사가 (이상적으로) 상장되면(이는 벤처 자본가들에게 이상적인 '출구 전략' 중 하나이다), 최고 경영자들은 주주들에게 신탁의 의무를 지게 되고 월스트리트의 요구에 응해야 한다.

나는 여기서 최고 경영자를 탐욕스런 자본주의 체계의 나약한 희생자로 묘사하려는 것이 아니다. 특히 그들이 받는 인센티브가 종종 지나치게 매혹적인 마당에 말이다. 내가 말하려는 바는, 이러한 경영자들이 공기업이든 사기업이든 일단 다른 투자자들에 대한 책임을 지게 되면 그들에게 강제되는 특정한 행동의 영역이 있다는 점이다. 진에드처럼 벤처 자본을 받지 않은 신생 회사는 그런 식으로 구속받지 않는다. 한 사람이 비전을 추구하면서 동시에 한정된 영역에서 전술을 구사하는 경영자가 되기는 어려우므로, 벤처 자본가들은 종종 각기 다른 사람이 그러한 역할들을 맡는 것을 선호한다. 종종 창립자이기도 한, 통제되지 않는 최고 경영자를 버리는 것은 벤처 자본가들에게 빈대 잡으려다 초가삼간 태우는 격이 될 수도 있기 때문에, 회사에서 비전을 이끌어 가는 진두 지휘자를 그렇게 한정된 지위에 앉히길 꺼리는 것이다.

마울리크 자신도 이러한 벤처 자본가들의 입장에 대해 숙고하면서 그들과 진에드의 잠재적 관계에 대해 다음과 같이 말한다.

벤처 자본의 성공에는 분명한 '공식'이 있습니다. 주로 벤처 자본가들이 직접 고른, 그전에 성공을 이룬 '증명된' 경영진이 그 핵심이죠. 그들이 자금을 지원하는 회사가 어떤 약력을 가져야 하는가에도 분명한 공식이 있습니다. 주로 널리 알려졌으면서 실적이 우수한 연구자가 이끄는, 잘 다듬어진 대학 프로젝트를 바탕으로 한 회사여야 하지요. 이런 식으로 모든 '위험한' 초기 기초 작업은 (보통) 정부 기금으로 대학에서 이루어지고, 벤처 자본가들은 순전히 그 상업화에만 자금을 대는 겁니다.

이런 모델들 중 어떤 것도 진에드에 적용되지 않습니다. 어떤 면에서 우리는 벤처 자본 입장에서 '투자할 만하지 않을' 수 있습니다. 그런 분류에 들어맞지 않는다는 이유만으로 말입니다. 진에드는 투자자들에게 만족스런 수익을 안겨 줄 수 있는 회사라고 저는 믿지만, 이건 벤처 자본가의 시각에서 적절한 게 아니죠. 만일 협상이 조건에 맞지 않으면 그들은 그저 치우는 겁니다(어쨌든 그들에겐 검토할 협상이 수백 건도 넘으니까요).

진에드의 문화에 이것은 무엇을 의미할까요? 이건 분명 판게아/더블트위스트와는 매우 다릅니다. 그 회사는 제가 경험해 본 회사 중 벤처 자본에 가장 크게 영향받은 회사니까요. 하지만 우리가 더 나을까요? 더 성공적일까요? 제가 말씀드릴 수 있는 건, 우리는 즐겁게 일하고 있고, 재능 있고 열의에 찬 사원들과 감탄과 흥분을 자아내는 제품들을 보유하고 있다는 겁니다. 더블트위스트 역시 파산할 수 있으니[37] 우리에게도 어떤 보장은 없습니다. 밀레니엄은 흥미롭습니다. 그 최고 경영자인 마크 레빈Mark Levin이 메이필드펀드Mayfield Fund 출신이니까요. 하지만 그들이 흥정의 귀재인 건 분명합니다.…… 제가 아는 사람은 최고 경영자로서 레빈을 격찬하며 세상 끝까지 따라갈 거라 하더군요.

그래서 제 말의 요점이 뭐냐고요? 기업 문화의 많은 부분은 (좋은 쪽으로든 나쁜 쪽으로든) 창립자와 최고 경영자에게 달려 있다는 겁니다. 만일 그들이 조화를 이루면 기업의 문화는 튼튼해지고, 갈등이 있을 때에는 그 조직의 가치에 반영될 것입니다.[38]

진에드의 경우에는, 고객층이 제약 회사로 바뀌고 그 결과 진에드의 주요 활동 무대가 동부 해안으로 옮겨 감에 따라 마울리크의 입장은 더욱더 취약해졌다. 마울리크의 초기 엔젤 투자자들과 초기 경영진, 사원들에게 그를 매력적으로 보이게 했고 그를 미국 기업의 상투형에 들어맞지 **않는** 전형적인 실리콘밸리 기업가의 일부가 되게 한 그의 모든 특성이 잠재적인 부담이 되었다. 사람들이 믿는 규범에 따르면, 동부 해안의 사업은 세로 줄무늬 양복을 입은, 진지하고 머리가 희끗하며 말수가 적은 백인 남자가 운영해야 한다. 비행기에 타면 옆자리에 앉은 사람과 대화하는 게 습관

---

37) 그때 이후로 더블트위스트는 파산했다.
38) 수닐 마울리크, 2001년 11월 20일 저자와 교환한 서신.

이며(실제로 그는 비행기에서 옆자리에 앉은 사람을 설득하여 비행기가 착륙하기 전에 작은 규모의 투자를 받아 낸 적이 있다), 파티에 언제나 넥타이 없는 차림으로 나타나 실리콘밸리의 초기 엔젤 투자자들에게 자금이 건전하게 운영되고 있다는 확신을 주는, 젊은 인도 이민자는 그에 맞지 않는다.

진에드에 있는 모든 사람은, 심지어 마울리크 자신조차도 상당 정도는, 장기적으로는 진에드가 그 산업의 상투형인 '나이 지긋한 제약 회사 경영자', 즉 수년간 거대 제약 회사에서 근무했고 인생의 말년에 한층 더 '위험하고' '짜릿한' 뭔가를 해보고자 하는 어떤 사람에 의해 운영되어야 할 거라 믿는다. 차분한 경영 방식을 젊은 회사에 적용하면 회사가 거대 제약 회사를 고객으로 섭외할 때 정당성과 진지한 목적성을 부여해 줄 거라 보기 때문이다. 지난 4년간 마울리크는 자신의 장기 목표는 회사를 장비 회사로 전락시키지 않는 것이었으며, 자신이 진정 하고 싶은 일은 진에드를 누가 운영하든 자신의 초기 비전으로 설정된 조건들 위에서 운영해야 하는 지점까지 회사를 올려놓는 것이라 주장해 왔다. 자신이 성취하고자 열망하는 것은 경영권이 아닌 하나의 유산이라고 하면서, 그는 그것을 이루면 스톡옵션만 갖고 은퇴해 해변에 앉아 소설을 쓸 거라 말했다.

그럼에도 불구하고, 언제 그가 경험 있는 경영진에 기꺼이 경영권을 넘겨줄지는 아무도 모르며 본인은 더더욱 모른다. 그렇지만 마울리크가 원하는 퇴장 시점이 그의 투자자들의 바람과 일치할지 아닐지가 진에드의 미래 성장이 얼마나 고통스러울지를 결정하는 중대 요소가 되리라고 말할 수 있다. 2002년 6월 현재, 마울리크의 잠재적 투자자들(그리고 진에드가 합병할 계획을 세우고 있는 두 회사의 경영자들)은 그가 계속 회사를 경영해 주길 원했다. 마울리크는 장기적인 최고 경영자가 되는 것에 조심스러운 무관심을 표명했지만 그는 분명 이 지점에서 엄청난 인정을 받은 셈이다.

결론

나는 이 책을 신생 회사인 진에드에 대한 일련의 이야기들로 매듭지었다. 이 회사가 비록 전형적이지 않고 심지어 상당히 주변적인 존재일지라도, 생명자본 지형에서 상징성을 지닌 제도적 마디라 보기 때문이다. 이 회사의 특수성들 때문에 그에 대한 이야기들이 생명자본의 장대한 내러티브에서 벗어나지는 않는다. 오히려 그것은 생명자본의 다층적인 내러티브와 담론, 제도, 관행, 사건, 즉 그 유통과 표명을 구성한다. 내가 책 전반을 통해 주장했듯이 이러한 유통과 표명들의 다층성에도 불구하고 진에드의 이야기들은 단순히 우연성의 이야기로 환원될 수 없다.

이러한 이야기들에는 구조적이고 문화적인 논리들이 관통해 있다. 이러한 논리들 중 다수는 기업가와 벤처 자본가 사이의 상호작용을 포함한다. 이러한 상호작용에서는 늘 기업가가 스스로 매우 양면적인 감정을 느끼는 벤처 자본을 구하는 데 많은 시간과 돈, 에너지를 쓴다. 이때 벤처 자본가들은 자신의 자본을 구하는 회사들을 평가하는 데 비교적 보수적인 기준과 지침을 고수한다. 기업가와 벤처 자본가 모두가 상당히 판에 박힌 상호작용 방식을 고수함에도 불구하고(아니면 아마도 그 때문에), 진에드의 역사는 많은 신생 첨단 기술 회사들과 눈에 띄게 달라진다. 벤처 자본의 지원을 받지 않고 '유기적으로' 성장한 것이다.

이와 유사하게 3장에서 논의한 것처럼, 대투자자 홍보와 실적 예측을 통해 미래를 불러오는 것과 같은 특정한 담론적·수행적 작업들이 있다. 그러한 홍보와 실적 예측은 현재를 가능하게 하고 (불가피하기보다는 언제나 이미 전략적이고 경향성 있는) 구조적 논리를 확증한다. 이러한 양태의 담론과 수행은 단순히 외부의 소비를 위한 것만이 아니라, 진에드가 사원들

사이에 제식적인 충성심을 조성하는 기반을 형성한다. 마울리크 자신이 내놓고 말하는 것처럼, 비전에 대한 표명들은 제식적인 문화 형성을 의도한 것이다.

그러나 제식적인 것 외에도 노동의 차원이 있고, 여기에도 또한 구조적이고 경향적인 자본주의 논리가 작동한다. 구체적으로 말하자면, 회사가 친밀하고 즉흥적인 신생 회사 국면에서 더욱더 '성숙한' 기업으로 성장하면서 노동의 소외가 일어난다. 이러한 성장은 마울리크 자신에 이르는 범위까지 모든 잉여나 중복을 제거하려 하지만, 경영진이나 직원들 모두 불가피한 것으로 받아들인다. 이러한 소외는 맑스가 진단하듯 자본주의의 구조에 내재한 것이면서도, 특수한 시장 지형이 만들어 낸 결과이기도 하다. 이 경우는 신약 개발의 상류-하류 지형 때문이다. 진에드에게는 하류의 거대 제약 회사들이 상류의 생명공학 회사에 비해 훨씬 더 큰 시장의 기회를 대변하기 때문에 거대 제약 회사를 고객으로 확보하는 데 전략적인 압박이 가해진다. 동시에 이로 인해 진에드가 개발하는 강좌들의 표준화에 대한 압박이 생기고, 그러한 강좌들은 '학습 객체'라는 새로운 이름을 얻는다. 그것들이 표준화되고 상품화됨을 시사하는 이름이다. 그 과정에서 그래픽 디자이너들의 창의력에 의해 가치가 결정되었던 사업 모델은, 디자이너들이 전체 제조 과정에서 대체 가능한 단위가 되고 소프트웨어 프로그래머들이 더 이상 '배관공'이 아닌 회사에 필수적인 창의력의 핵이 되는 사업 모델로 전환되었다.

이러한 소외와 제식적 문화의 공존은 자본주의 전반에 있는 노동 문제의 본질적 일면으로, 자본주의가 단순히 강제적인 구성이 아니라 **헤게모니적인** 구성이며 그로 인해 그 다층적 모순에도 불구하고 영속되는 사회적 힘을 갖는 구성이라는 분석을 가능하게 한다. 나는 5장에서 지넨테크에 대해 이야기하면서 '형편없는 급료'를 받는 대부분의 직원들이 아무도 자신들을 이길 수 없다는 제식적인 감정을 갖는 것에 나의 정보원이 느낀 놀라움을 언급한 바 있다. 자본주의의 주물들에 생명을 불어넣고 자본주의 자체에 수행적 에너지와 사회적 힘을 제공하는 것은 바로, 자본주의의 사물들과 담론들뿐 아니라 그 **현장들도** 서로 겹치게 만드는 마법이 이루어지는 다층적인 방식이다.[39]

나는, 생명자본과 관련된 한층 더 큰 나의 논의들 중 일부를 탐험하고 조명하기 위해 진에드를 하나의 상징적인 현장으로 이용했다. 이러한 논의들은 수행을 통해 기술-기업의 미래를 불러내는 일과, 첨단 기술 자본주의에서 계속되는 노동의 소외, 그리고 특히 미국에서 기술-기업 활동을 활성화하는 제식적인 주물들과 관련된다.

---

39) 물론 자본주의의 물신숭배적 혹은 제식적 차원은 동일한 형태로 나타나지도 않고, 자본주의의 대의명분에 대한 열렬한 지지를 이끌어 내지도 않는다. 결국, 진에드에서 하는 일이 아무리 '초라'할지라도 여전히 그곳은 지구적 자본주의에서 상당한 특권적 지위를 차지하는 현장이다. 특히 한층 더 주변이나 하위에 속하는 현장에서 발현되는 자본주의의 물신숭배나 제식은, 여전히 강력하지만 열망보다는 두려움이나 히스테리를 자아내는 방식으로 작동하기 쉽다. 가령, 영국 노동자 계급의 형성에 대한 에드워드 파머 톰슨(Edward Palmer Thompson)의 분석을 보라(Thompson, 1966). 톰슨에 따르면 이 과정에는 열망이 아닌, "절망의 천년왕국설"의 형성을 통해 복종을 유발하는 방식으로 종교적이고 제식적이며 물신숭배적인 수행이 개입되어 있다. 마이클 타우시그(Michael Taussig) 역시, 강제된 프롤레타리아화를 통해 라틴아메리카의 노동자 계급이 형성된 과정에는 자본주의를 악마로, 즉 기꺼이 믿기보다는 눅 종예야 할 게시으로 문신숭배하는 행태가 개입되어 있음을 보여 준다(Taussig, 1980).

결론 잉여와 징후

「결론」에서 나는, 생명공학은 자본주의의 새로운 얼굴이자 새로운 국면을 대변한다는 이 책의 출발점으로 돌아온다. 이는 입증하기 어려운 진술처럼 보일 수도 있다. 생명과 자본주의의 공동생산이 그 자체로 새로운 일이 아니기 때문이다. 역사를 볼 때, 이러한 공동생산은 1960년대의 녹색혁명에서 특히 뚜렷하게 드러난다. 이 시기에, 농업 생산의 새로운 방식과 제도적 변화, 위험 관리를 둘러싼 새로운 담론과 전략, 그리고 부상하는 환경 운동이 명확히 제시한 새로운 안전 문제와 생활 방식 문제 등이 등장했고, 국가와 기업 양자 모두 그러한 재조직 과정에 참여했다.

이처럼 생명자본은 시간적 개념에서는 자본주의의 새로운 국면을 대변하지 않는다. 대신, 「서론」에서 주장했듯이, 내가 상정하는 생명자본과 자본주의의 체계들 전반의 관계는 장-프랑수아 리오타르가 상정하는 탈근대성과 근대성의 관계와 유사하다. 즉 이 관계들은, 그 자체가 조화롭지 못한 구성 요소들에 의해 정의되고 초과되는, 더 규모가 큰 일련의 제도와 체제, 관행을 이루는 구성 요소들이다.

동시에 여기에서는 무언가 새로운 일이 일어나고 있다는 이상한 느낌도 든다. 새로움을 이렇게 지각하는 이유 중 하나는 생명자본을 떠받치는 담론 자체 때문이다. 생명공학 산업의 필수 요소인 과장 광고가 그 예다(물론 이 과장 광고 자체가 반드시 새로운 것은 아니지만, 미국의 국가 건설과 국가주의적 의식이라는 담론의 기풍 안에 놓일 수 있다는 점은 새롭다). 그러한 지각이 가능한 또 다른 이유는 우리에게 제시되고 있는 새로운 제도적·기술적 총체들이 있고 또한 새로움을 예고하는 새로운 사건들이 있기 때문이다. 이 책에서 논의한 몇 가지 사례를 나열하자면, DNA 특허권과 SNP컨소시엄, 전례 없는 속도와 해상도로 생물학적 물질에서 이해 가능한 정보를 만들어 내는 능력, 전 세계적인 이익 공유 협약들, 인도의 신생 생명공학 회사들, 지식공원들, 첨단 기술 분야의 벤처 자본주의, 대학과 산업 간의 기술 전이를 위한 새로운 조치들, 인간 게놈 염기서열의 설계도 생산, 닷컴 붐과 파산, 자동화된 게놈 염기서열 결정 기계들, DNA 칩, 맞춤형 의료, 게놈을 바탕으로 한 진단 테스트, 약물유전체학, 세계적으로 표준화된 임상 실험 체제들, 세계무역기구가 강제하는 무역과 지적 재산권, 미국에 있는 해외 거주 인도인 기업가들, 환자 권익 옹호 단체, 소비자 게놈학, 인구게놈학, 그리고 소비자들에 대한 직접 광고 등이 있다. 그와 동시에 자원 적출과 세계적 규모의 불평등이라는 매우 오래된 패턴들도 지속된다. 비록 새로운 방식으로 나타나고 저항을 받지만 말이다.

그러나 새로움에 대한 지각이 가능한 중요한 이유는 또한 개념적인 성격을 띤다. 인문학과 사회과학이 의심할 바 없이 **급속하게** 발생하는 사건들과 보조를 맞추려 애쓰는 결과이다. 마이클 피셔는 "생명이 우리를 훈련시킨 학문들을 앞지르고 있다"고 말하면서, 자신이 "새로운 생명 형태"라고 부르는 것과 보조를 맞추고 그것을 이해하는 데 있어 인류학적 연구의 한계와 잠재력을 동시에 거론하였다(Fischer, 2003: 37). 이론적 과제는, 우리가 우리의 설명과 묘사를 형성하는 데 사용하는 개념적 유산인 기존의 학문들을 버리는 것이 아니라, 그것들을 **재조정**하는 것이다. 다시 말하면 문제는 이것이다. 새로운 사건과 표명들 앞에서 해묵은 어휘가 어떤 일을 할 수 있고, 우리는 언제 그리고 어떠한 종류의 새로운 어휘로 이 새로운 현상들에 확실히 대처해야 하는가?

이 책의 여러 부분에서 언급했듯이, 미셸 푸코는 생명과 노동, 언어가 교차하는 지점들에서 근대의 주체가 형성됨을 논했다(Foucault, 1973). 이 세 가지는 이 책 전반에서 각기 다른 주제로 다루어졌다. 생명은 특히 삶에 대한 재조정으로서 투자가 가능한, 신용할 만한 미래이자 하나의 사업 계획으로 (4장에서) 다루어졌고, 노동은 특히 소비하는 노동, 최상의 소비자로서 소비하는 노동이거나 실험 대상으로서 소비되는 노동으로 (1~2, 5~6장에서) 다루어졌으며, 언어는 과장 광고와 희망이라는 담론 속에서 구원과 메시아주의로 (특히 3장과 5장에서) 다루어졌다. 그러나 근대성을 (시간상 매끄럽게 연결되지는 않을지라도) 시간적으로 이해 가능한 개념으로 **구성하기** 위해 이러한 교차점들이 역사의 서로 다른 시점들에서 어떻게 재절합하는가 하는 의문은 푸코에게 남겨진 문제로 남는다.

폴 래비노는, 푸코가 글을 쓰는 과정에서 근대성을 하나의 시대로 이해한 애초의 시각을 바꿔 "현재와의 새로운 철학적 관계"에 기반을 둔 시각을 갖게 되었다고 주장한다(Rabinow, 2003: 14). 래비노는 그 관계를 이렇게 설명한다.

[그 관계에서는] 근대성이 그 시대에 대한 분석틀을 통해서가 아니라, 현재 지향성과 우연성, 형태 부여의 기풍에 뿌리내린 탐구를 통해서 이해된다. 아마도 오늘날, 근대적 기풍을 주조해 내는 중대한 과제, 아니 유

일한 과제는 어떻게 인류라는 문제에 대처할까에 대해서 고민하는 것이다.……만일 우리가 생명과 노동, 언어의 로고스에서 일어난 최근의 변화들을, 전체를 아우르는 일관성을 지닌 시대적 변화로 보지 않고, 파편화되고 구역별로 나뉜 변화들로 이해하면 어떻게 될까? 이 변화들이 본성상 그리고 자동적으로, 현재 어떠한 형태(들)가 인류에게 주어지고 있는지를 이해하기 위한 시도들에 문제를 제기하는 것으로 보면 어떨까? (Ibid.: 14)

생명자본을 새로운 형태의 자본주의로 표명하는 분석의 문제는, 근대성을 래비노가 여기서 개관한 하나의 시대로 묘사하는 문제와 흡사하다. 그가 지적하듯, 해결책은 현대의 구조에 전체화하는 공식을 들이대는 시도에 저항하고, 대신 그러한 구조들을 구성하는(나아가 능가하고 기습하는) 파편들에 대한 설명을 증식하는 것이다.

그런 다음 래비노는 **시대들**을, 그리고 우리가 살고 있는 현재에 대한 우리 자신의 이해를 구성하는 구조의 개념들을 우연성의 관점에서 설명하는 방법을 제안한다. 그러나 여전히 위태롭고 해결되지 않은, 분석과 관련된 문제가 있다. 이는 피셔가 제기한바, **구조의** 관점에서 **새로운 현상을** 이해하는 문제이다. 다시 말해, 우연하고 파편적이며 다층적인 현실이 끊임없이 우리가 세운 구조적 경계들을 벗어난다면, 그와 동시에 변화의 속도가 빠르고 부조화하며 새로운 현실은, 아무리 잠정적이더라도 끊임없이 어떤 구조적인 틀 속에서 일정한 개념적 토대를 갖길 원한다. 하나의 개념으로서 생명자본은, 한편으로 생명과학과 생명공학 분야들에서 발생하는 급속한 변화를 설명하는 하나의 구조로서 자본주의가 **불충분함을** 가리키지만, 다른 한편으로 그것은 이어받은 이론적 유산이라는 매개체를 통해 그러한 새로운 현상들에 대한 이해의 바탕이 되는 친숙한 어휘와 개념을 제공하려 애쓴다. 그렇지 않으면 새로운 현상들이 우리의 교육적 한계를 넘어가기 일쑤이다.

생명자본은 언제나 이미 너무 새롭고 또한 너무 친숙하다. 그것은 생명과학에서 생겨나는 새로운 현상들에 특수하게 들어맞으면서도, 우리가 '자본주의'라고 부르는, 빠르게 변화하는 정치경제 구조의 보편적인 징후이기도 하다. 세계적 규모의 상업적 게놈학의 출현이, 특수하고 가끔은 새롭기도 한 형태의 가치 창출과 교환 네트워크의 주도하에 구조적인 결과를 가져온다는 논의를 넘어서기 위해서 나는 두 가지 주제에 주목할 필요가 있다고 본다. 첫째는 게놈학과 같은 새로운 인식론적·기술적 총체들은 그것들이 출현한 바탕인 시장의 틀에 대한 분석을 통해서만 이해될 수 있다는 것이다. 그리고 둘째는 세계화를 이해하기 위해서는 그것의 생명정치적 차원을 고려해야 하지만, 동시에 생명정치학을 이해하기 위해서는 그것의 세계적 차원을 고려해야 한다는 것이다.

잉여에 대한 종속, 또는 생명자본에 대한 징후적 투기

이 절은, 2장의 분석 주제였던 뭄바이의 파렐에 있는 웰스프링병원 이야기로 시작하고자 한다. 이 병원은 뭄바이의 공장 지대에 위치하며 지노메드라는 신생 게놈 회사를 품고 있다. 지노메드는 공공 기관인 생화학기술센터로부터 일부 지원을 받고, 그 지역 제약 회사인 니콜라스피라말로부터 일부 지원을 받는다. 이것은 미국의 '신생 회사 문화'를 모방하려는 인도의 수많은 시도들 중 하나이다. 웰스프링병원과 지노메드의 주요 연구 중 하나는 임상 실험에서 약물유전체학적인 약품 반응을 보는 것이고, 이러한 임상 실험을 의뢰하는 주요 고객은 서구의 생명공학 회사와 제약 회사이다. 웰스프링의 한 과학자의 말에 따르면, 이러한 실험들이 수행되는 실험 대상은 대부분 실직한 파렐의 노동자들이다. 이 지역은 20세기 대부분 동안 지역 경제의 기반을 형성해 온 섬유산업이 지난 20년간 극적으로 해체된 곳이다.

파렐의 피실험자들은 **투기에 종속되어** 있다고 나는 생각한다. 여기에서 투기는 두 가지를 동시에 의미한다. 한편으로, 피실험자들은 자본주의의 투기 사업에 종속되는데, 사업의 주체는 임상 실험을 하청 주는 서구 회사이기도 하고 세계시장 지형을 이용하려 애쓰는 인도 정부이기도 하다. 그런 의미에서 보면, 웰스프링에 대해서 내가 한 이야기는 제3세계의 자원을 수탈한 해묵은 식민주의를 반영한다. 다만 여기에서는 해당 자원이 파렐의 피실험자의 유전 정보와 의료 기록이다. 그렇지만 이것이 단순한 자원 채굴과 다른 점은 이들이 **실험**의 대상이라는 것이다. 한스-외르크 라인베르거가 훌륭하게 설명했듯이, 실험은 매우 다른 영역에 대한 투기 행위이며, 끝이 없는 탐구 행위이다(Rheinberger, 1997). 파렐의 피실험자들은 문자 그대로, 한편으로는 **시장**과 관련되고 다른 한편으로는 **생명과학**과 관련되는, 두 가지 형태의 투기 사업의 결합으로 통합된다. 나는 '생명자본'이라는 용어로 이러한 결합이 갖는 독특함을 제공하고자 하는 것이다.

파렐에서 볼 수 있는 그러한 논리들은 생명자본이 가진 **하나의 논리**를 가리킨다. 이 논리에 따라 특정한 투기 사업들은 특정한 형태의 주체를 형성한다. 이제 내가 5장에서 다룬, 샌프란시스코의 소비자 게놈학 회사인 지노믹헬스에 대한 이야기로 옮겨 가 보자. 지노믹헬스의 최고 경영자인 랜디 스콧이 표명하듯, 소비자 게놈학의 비전은 고객 맞춤형에 속도가 매우 빠른, 게놈 차원의 생물학적 정보의 생산을 가능하게 할 진단 기술과, 네트워크화된 생명사회 공동체의 출현을 이끈, 인터넷과 같은 소통 기술들을 한데 엮는다. 소비자 게놈학은 고도로 개별화된 분야이고, 여기서 핵심은 **모든** 개인이 자신이 가진 유전체적인 위험 요소 때문에 치료적 개입에 대한 잠재적 표적이 된다는 점이다. 이 계산법에서는 모든 개인이 예비 환자이고 동시에 예비 소비자이다.

여기서 다시 한번, 소비자 게놈학의 주체들은 투기에 종속된다. 한편으로 그들(우리)은 그들(우리)의 유전적 '최후의 날', 즉 미래에 그들(우리)에게 올 질병들에 대해 추정하고 적절한 방식들로 대응한다. 그러한 대응에는, 가령 생활 방식 변화나 질병 예방을 위한 치료적 개입이 포함된다. 다른 한편으로 그러한 주체들은 다시 한번 투기 시장 사업의 일부가 되어 지노믹헬스와 같은 회사를 위한 잠재적 시장을 형성한다. 그러나 차이도 있다. 파렐의 투기 대상들이 **노동자**라는 지위에 처해 있다는 이유로 산업 자본주의의 계급 논리에 종속된다면, 지노믹헬스와 관련된 투기의 대상들은 **우리 모두**이다. 우리 모두는 후기 산업 또는 포스트 산업 또는 신자유주의적 자본주의의 계급 논리의 결과로 탄생한 **소비자**이다.

우리는 맑스의 정치경제학적 분석을 사용하여 생명자본적 주체 구성에 대해 이야기할 때 혼란을 겪는다. 현대의 생명자본에서 우리가 직면한 관계는, **자본가**와 환자-소비자의 관계가 아니라 **기업**과 환자-소비자의 관계이다. 이 관계에서 시장가치는 기업이 얻는 가치를 함의하며, 이는 질병 치료에 필요 이상으로 치료적 소비를 해줄 예비 환자-소비자가 얼마나 있느냐에 달려 있다.[1]

개념상 기업은 단순하지 않은 야수이다. 기업은 그 자체로 '자본주의

---

1) 이는 조지프 더밋의 "잉여건강"(surplus health)이라는 개념과 관련된다(Dumit, 2004).

적인' 조직이지만 또한 '실제' 자본가들의 기대에 부응해야 한다. 비상장 기업이라면 벤처 자본가에게, 상장 기업이라면 월스트리트 투자자와 주주에게 말이다. 우리가 현대를 설명하기 위해 맑스의 논의를 연장하여 이용하려 하면, 무엇이 기업을 구성하는가 하는 존재론적 문제에 정면으로 부딪히게 된다.

『자본』 3권이 흥미로워지는 지점이 바로 여기다. 바로 이 후기 작업에서 맑스는 처음으로 투기 자본주의의 입지를 다루고 또한 자본주의를 구성하는 제도적 **형식**으로서 기업의 출현을 다룬다. 매우 흥미롭게도 이 작업은 맑스에게 고된 일이었고, 기업의 형식은 그의 저작에서 도덕상 혐오스러운 형식으로 취급받는다. 이것은 의미심장하다. 맑스는 모든 저작에서 자본주의에 대한 도덕적 분석이 아닌 구조적 분석이 필요함을 주장하기 때문이다(그리하여 가령 『독일 이데올로기』에 청년 헤겔주의자들에게 반대하는 그 유명한 장광설을 실었다). 맑스가 기업이라는 형식에 대처하지 못한 점은, 그가 『자본』 3권을 쓸 때쯤에는, 1세기쯤 지난 후 슬라보예 지젝이 자본주의를 이해하는 것과 비슷한 방식으로 (여전히 생성 중인) 기업의 형식을 그가 미리 내다보았을 가능성으로 해명된다. 지젝은 말한다.

자본주의의 '정상' 상태는 스스로의 존재 조건을 끝없이 혁명화하는 것이다. 자본주의는 그 시초부터 '곪는다'. 그것에는 심각한 모순과 불화, 그에 내재한 균형의 결핍이라는 낙인이 찍혀 있다. 바로 이 때문에 자본주의는 쉬지 않고 변화하고 발전한다. 쉼 없는 발전만이 그것을 꾸준히 분해하고, 그 자체를 구성하는 불균형인 '모순'에 대처하는 길이므로. (Žižek, 1994: 330)

지젝은 자본주의의 변이를, 더욱더 고등한 형식이 되는 진화를 위한 자본주의의 수단으로 간주한다. 맑스 역시 그의 후기 작업으로 갈수록, 이 '더 고등한' 형식이 반드시 더 고등한 공산주의 형식이 되는 것은 아님을, 더 고등한 형식의 기업이 되는 것일 수도 있음을 깨달았다. 다시 말해, 『자본』 3권을 쓸 시점에 이르러서 맑스는 자본주의의 기업적 혹은 투기적 형태가, 19세기 중반의 자본주의에 발생한 모순들이 현실화되는 대안적이면서 **자본주의적인** 방식임을 깨달을 참이었다. 그리고 이 점에 대해 그는 구조적 관점이 아닌, 도덕적 관점에서 불편함을 느낀 것이다.

자본주의의 **생명정치적** 형태로서 생명자본이 갖는 특수성은 그 징후가 질병의 발현에서 질병의 잠재성으로 옮아갔다는 사실에 있다. 이는 우리가 게놈학과 같은 새로운 생명과학 인식론 또는 직접 광고와 같은 제약회사의 새로운 전술을 고려할 것인가 말 것인가를 결정할 때 쓰는 것과 동일한 논리를 통해 발생한다.[2] 이는 생명자본을 만들어 내는 경제적인 것과 인식론적인 것의 결합을 가리키는데, 내 생각에 이것은 단순히 생명과학이라는 새로운 분야에 대한 자본의 침식 이상을 의미한다. 생명과학과 자본의 문법 자체가 함께 구성되고, 생명은 사업 계획이 된 것이다. 그리고 그 징후는 이러한 구성의 중심부에 있다.

여기서 나의 주장들이 부조화의 성을 쌓고 있는 것처럼 보일지 모르겠다. 이는 이 책에서 내가 채택한 내러티브 형식 때문이기도 할 것이다. 그러나 또 다른 이유는, '생명자본'에 그 특유의 성격을 부여한 해당 인식론이, 특히 게놈학과 같은 새로운 기술-인식론적 총체에 반영된 것과 같은 생명과학의 인식론이기 때문이다. 이러한 인식론들이 본질상 그리고 직접적인

---

2) 후자를 확인하려면 Dumit, 2004를 보라.

방식으로 생명정치적임은 분명하다. 그것들은 자신이 과학적이며 그로 인해 본성상 보편적이라는 사실에서 권위를 얻는다. 그러나 게놈학의 사실들이 진정 보편적일 수는 있지만, 내가 보여 주었듯 게놈학의 생명정치적 표명들은 완전히 부조화스럽고, 미국에서보다는 인도에서 훨씬 더 '낡은' 방식으로 나타난다.

게놈학과 같은 인식론을, 그것이 작동하는 바탕이며 동시에 그에 의해 조건 지어지는 제도적·정치경제적 틀 속에서 분석할 때 우리는 특수한 수수께끼에 직면한다. 그 과학적 성격 덕분에 이러한 인식론들은 장소에 구애받지 않는 보편성을 띠지만, 그에 연루된 과학-기업적 행위자들의 전술은 특수한 시장 체제와 법적·제도적·정책적 틀에 구애받는다. 생명정치의 문법을 추적하는 과제는 보통 이론의 영역으로 여겨진다. 이와 유사하게, 문화적 특수성의 문법을 추적하는 과제는 민족지학의 영역으로 여겨진다. 생명자본적 결합의 특징은, 생명과학이 이룬 새로운 주체 구성에 대한 이론적 진단과, 미국의 자유시장이 이룬 새로운 가치 생산의 구성에 대한 민족지학적 진단이 결합한다는 것이다. 이때, 미국 자유시장의 이데올로기는 점점 더 세계적인 패권을 쥐고 있지만 그 현현 양식은 인도와 같은 배경에서 조화되지 못하는 모습을 띤다.

맑스는, 끊임없이 경향적이고 조화롭지 못하며 행위적인 현실agential reality[독립적이고 고착화된 현실이 아니라 지속적으로 주체나 대상을 재구성하는 현실]에도 불구하고 현실의 구조적 성격에 관심을 두는 일이 중요하다고 주장한다. 달리 말해, 미국과 비교할 때 나타나는, 인도의 조화롭지 못한 교환 체계의 현현은 단순히 서구 사회에서 굳어진 구조적 규범에 대한 우발적인 '예외'가 **아니라는** 것이다. 그 예외는 오히려 구조적 규범의 결과로써, 다름 아닌 그 구조에 대한 증거이다. 생명자본주의적인 교환의 세계적 체계들——가치에 대한 맑스의 명백한 관심사——이 인도에서 현현되는 방식은 **구조적 논리의 관점에서 분석되어야 한다.** 비록 그것들이 다층적이고 경향적이며 서로 모순이 되더라도(실제로는 특히 그 때문에) 말이다.

생명정치에 대한 이론 구성에서도 유사한 난제가 있다. 새로운 인식론적·제도적 총체들의 주체 구성 방식과 같은, 조화롭지 못한 생명정치적 현상들의 현현을, 단순히 우연성으로 환원하지 않으면서 어떻게 설명할 것인가? 다시 말해, 선진 자유주의 사회가 **아니면서** 그들처럼 되길 원하는 '다른 곳'의 생명정치를 어떻게 이론화할 것인가? 예를 들어, 4장에서 설명한 최상의 미국 소비자들과 2장에서 언급한 인도의 실험 대상들의 관계를 가장 간단하게 정리하면 경제적 입지의 차이에 기인한 것으로 볼 수 있다. 이렇게 직접적인 구조적 논의와 내가 차별성을 두는 점은, 인도의 주체적 입지가 단순히 생산의 패권적 논리와 지배적 관계에 종속된 결과일 뿐 아니라, 인도 정부에게 스스로를 위해 이러한 패권적인 상상에 편입하고 그것을 전유하고자 하는 **욕망**이 있기 때문이라는 것이다.

다시 말하자면, 우리는 가령 '세계적' 자본에 대한 이러한 분석을 구성하는 두 현장으로서 '인도'와 '미국' 같은 두 종류의 관계에 지속적인 관심을 두어야 한다. 당연히 첫째는 구조적 생산관계이다. 그것은 한 지역이 다른 지역보다 더 부유하고 더 힘이 센 두 지역에서 경향적인 방식으로 나타나는 생명자본을 이해하는 데 중요하다. 실제로 비슷한 구조적 논리가 미국에서도 작동하는바, 바로 이 때문에 가령 게놈학으로 인해 최상의 소비자라는 주체성이 자동적으로 유색 인종에게 부여되지는 않는다.

그러나 두번째 관계는 다시 한번 **징후적** 관계와, 즉 주물과 미국적 가치 체계와 관련된다. 이는 단순히 이데올로기적인 메커니즘뿐 아니라, 세계무역기구가 강제하는 지적 재산권 체제와 같은 실제 물질적 구조를 통해서 실행되는 특수한 자유시장 개념이다. 인도 전역에서는 세계무역기구의 지적 재산권 체제를 세계 무대에서 미국의 경제적 이익을 촉진하기 위해 제정된 것으로 여긴다. 그러나 미국의 자유시장이라는 이상은 인도가——실리콘밸리에 기반을 둔 기업가이든 델리에 있는 정부 관리이든——편입되길 갈망하는 가치 체계가 되었다. 미국과 인도 간의 격차를 더 이상 '시설'의 차이에만 돌릴 수는 없다. 10년 전에는 이것이 인도의 과학자들이 미국과 비교하여 상대적으로 빈곤한 인도의 과학적 성과를 해명하는 모범 답안이었지만 말이다. 오늘날 인도의 공립 생물학 연구실들은 미국의 최고 연구실과 비교해도 뒤지지 않는 최첨단 기술을 갖추고 있거나 그와 연결되어 있다(미국의 생명공학 회사들에서는 종종 천장에서 물이 샌다). 두 지역 간의 진정한 힘의 격차는 전 지구적인 상상들이 구축되는 방식에 있다. 즉 **미국이라는 상을 따라** 과학을 하고 시장을 구성하는 것이 인도의 기술-자본 행위자들의 원동력이 될 뿐, 그 반대의 상황은 결코 일어나지 않는다. 정말이지, 기술과학이나 정치경제 분야에서 미국에 필적하는 인도만의 비전이나 상상을 제시하기는 어렵다.

나는 '마치 미국인 것처럼' 되고픈 이러한 욕망을 맑스가 말하는 허위의식으로 치부하고 싶지 않다. 1장에서 주장했듯이, 이러한 인도의 반응은 로즈메리 쿰이 우연성의 윤리학이라 부른 것을 요구한다. 즉 나는 세계적 불평등에 구애받을 뿐 아니라 세계적 야심에 고무된 행동에 대한 판단을, 아직 오지 않은 미래로 기꺼이 유보할 것을 요구한다. 그러나 나는, 나머지 세계가 조화롭지 못한 방식으로라도 편입되는 상상의 구축과 유지라는 영역에 놓여 있는, 미국이 가진 세계적이고 기술-자본적인 패권이라는 현장을 진단하고 싶다. 자유시장적 가치 생산이라는 문화적으로 특수한 관행을, 과학적 기시 생산이라는 보편적인 관행을 논할 때와 같은 정도의 이론적 유동성으로 이야기할 수 있게 된 것은 바로, **미국의 자유시장이라는 상상**이 세계적인 욕망의 대상이 ——세계적 권력 관계의 **징후가**——되었기 때문이다. 미국의 자유시장은 별난 야수, 진정으로 독특한 야수로서, 필시 세계의 다른 어느 곳에서도 동일한 방식으로 복제될 수 없을 것이다. 그러나 그 절대적인 특수성에도 불구하고 그것은 도처에 존재한다. 세계가 그 이미지 속에 건설되기 때문이다. 민족지학적 특수성은 우리 시대를 위한 사회 이론이 구축되는 바탕이 된다. 세계의 다른 지역들이 민족지학의 현장으로 남듯이 말이다.[3]

방법론적 고찰

이 책과 이 책을 끝맺는 이와 같은 숙고들은 민족지학을 이용하여 새로운 정치경제 구조들을 이론화하는 문제를 묻게 한다. 자세히 말하자면, 생명자본에 의해 누구의 '게놈 이후의 생명'이 구성되고 있는지, 그리고 이러한 새로운 현상들을 연구하고 있는 '우리'는 누구인지를 묻게 한다. 인류학을 문화 비판의 한 형태로 보아야 한다고 주장하는 조지 마커스와 마이클 피셔의 시각에서는 '타자', 즉 '다른 곳'을 연구하기 위해 형성된 학문이 거꾸로 '우리의' 문화들을 연구하는 데 통찰력을 제공하는 방식이 진지하게 고려된다(Marcus and Fishcer, 1986). 이는 특히 민족지학적 지식 생산의 현

---

3) 이러한 논의들은 미국의 자유시장에 한정되지 않고 우리 시대를 형성하는 다양한 이론적 의문들을 푸는 데 유용하다. 가령 민주적인 정치'이론'이 세계 각국의 정치과학 부서들에서 미국의 이익집단 정치에 대한 이해를 통해 종합되면서, 세계에서 가장 큰 규모의 민주주의 사회인 인도의 (정치가와 민중의) 민주적·정치적 운동이 지역 연구로 좌천되는 점이 나는 여전히 놀라울 뿐이다.

장이 서구적 중심과 동양적 주변이라는 해묵은 식민지의 이분법으로 쉽게 환원될 수 없는 방식으로 세계에 널리 분포되어 있기 때문이다.

『새로운 생명 형태와 인류학의 목소리』*Emergent Forms of Life and the Anthropological Voice*에서 피셔가 제기한 문제의식은, 기존의 이론과 개념이 종종 빠르게 출현하는 생명 세계들을 포괄하고 이해하는 데 미흡하다는 것이다. 기술과학과 자본은 모두 그러한 급속한 출현이 특별히 활발하게 일어나는 현장이다. 동시에, 새로운 경험들이 출현하는 상황에서 이론을 읽고 그렇게 읽은 이론을 가지고 실험하는 것은 가치 있는 일이다. 피셔라면 분명 누구보다 먼저 이 가치를 인정할 것이다.

이것이 바로 이 책이 시도한 바이다. 나는 인도와 미국에서 벌어지고 있고, 특정한 환원적 읽기에 쉽게 포괄될 수 없는 일련의 상황을 제시하려 노력했다. 예를 들어, 지노믹헬스에 대해 이야기하면서 그와 함께 새로운 기술-자본주의적 생명 세계의 **새로움**을 주장하기는 쉽다. 이와 비슷하게, 파렐에 대해 이야기하면서 그와 함께 매우 오래된 종속과 소외, 수탈이라는 형식들이 **지속한다는 것**을 주장하기도 쉽다. 생명자본이라는 완전한 새로움의 상황이, 완전한 친숙함이라는 상황과 공존하는 것이다. 그러나 이 두 가지 상황과, 내가 언급한 다른 상황들은 생명자본이라는 동일한 세계에 거주하며 그 자체가 세계적인 기술-자본의 흐름과 모든 면에서 연결되어 있는 현장들이다.

내가 잠정적으로 그리고 급하게나마 결론에서 시도하고자 하는 바는, 민족지학과 이론이 맺는 관계에 의문을 던지는 일이다. 우리는 이론이 우리에게 현재와 과거, 미래 세계를 이해하는 도표*diagram*를 제공해 주며, 또한 이러한 도표들이 형성되는 템플릿을 구성하는 선진 자유주의 사회를 제공해 주는 지적 환경에 살고 있다. 이 환경에서는, 이러한 보편화와 동질화, 그리고 패권적 이론 경향들에 대한 '교정책'으로서 민족지학이 요구된다. 민족지학은 이론의 주변부를 구성하는 현장에 관심을 갖게 하기 때문이다. 그렇지만 중심부와 주변부에 대한 본질적인 교란은, 적어도 이 시점에서는 필연적으로 불가능하다. 민족지학의 역할이 중심부와 주변부에 대해 당연시되는 가정들을 교란하는 것이라면, 동시에 그것의 또 다른 역할은 그러한 가정들을 **묘사하는** 것, 즉 패권의 세계적인 분포를 최대한 충실하게 보여 주는 것이다. 만일 민족지학자이자 이론가로서 나의 주관적 욕망이, 인도가 이론 구성의 주요 지점이고 미국이 기묘한 민족지학적 특수성을 보여 주는 지점이 되는 새로운 세계화 구조들에 대해 민족지학적인 사회이론을 쓰는 것이라면, 그러한 욕망은 세계적 주자가 되려는 인도 정부의 욕망과 감수성 면에서 별반 다르지 않을 것이다. 그러나 그 욕망은 인도 정부의 욕망처럼, 데리다가 설명하는 방식으로 미래로 유보되는 욕망이다. 즉 되는 대로 오게 될 미래가 아닌 도래해야 할 미래, 그것을 불러내지 않고서는 "역사도, 사건도, 정의에 대한 약속도 없을" 약속의 미래 말이다(Derrida, 1994: 170). 생명과학이나 사회이론과 같은 학문들, 세계적 자본주의나 생명윤리학과 같은 가치 체계들, 기업과 국민국가, 환자 권익 옹호 단체와 같은 기관들, 그리고 이 책과 같은 저서를 쓰거나 읽는 우리 모두가 잠정적이고 부분적이며 파편적이고 불분명한 방식으로 접근해 가는, 예측 불가능하고 경향적인 미래 말이다.

참고문헌

Alinsky, Saul. 1989(1971). *Rules for Radicals: A Practical Primer for Realistic Radicals*, New York: Vintage Books.

Althusser, Louis. 1969(1965). *For Marx*, trans. B. Brewster, New York: Pantheon Books.

_____. 1994(1970). "Ideology and Ideological State Apparatuses(Notes Towards an Investigation)", *Mapping Ideology*, ed. Slavoj Žižek, New York: Verso, pp. 100~140.

Altshuler, D., J. N. Hirschhorn, M. Klannemark, C. M. Lindgren, M. C. Vohl, J. Nemesh, C. R. Lane, S. F. Schaffner, S. Bolk, C. Brewer, T. Tuomi, D. Gaudet, T. J. Hudson, M. Daly, L. Groop, and E. S. Lander. 2000. "The Common PPAR Pro12Ala Polymorphism is Associated with Decreased Risk of Type 2 Diabetes", *Nature Genetics* 26(1): 76~80.

Anderson, Benedict. 1991(1983). *Imagined Communities: Reflections on the Origin and Spread of Nationalism*, New York: Verso.

Andhra Pradesh Government. 1997. *Andhra Pradesh: Four Decades of Development*, Available at www.ap.gov.in/apbudget.

Balasubramanian, D. 2002. "Molecular and Cellular Approaches to Understand and Treat Some Diseases of the Eye", *Current Science* 82(8): 948~957.

Balibar, Étienne. 1994. *Masses, Classes, Ideas: Studies of Politics and Philosophy before and after Marx*, New York: Routledge.

_____. 1995. "The Infinite Contradiction", trans. J.-M. Poisson and J. Lezra, *Yale French Studies* 88.

Bargal, R., N. Avidan, E. Ben-Asher, Z. Olender, M. Zeigler, A. Frumkin, A. Raas-Rothschild, G. Glusman, D. Lancet, and G. Bach. 2000. "Identification of the Gene Causing Mucolipidosis Type IV", *Nature Genetics* 26(1): 118~123.

Bataille, Georges. 1988(1967). *The Accursed Share: All Essay on General Economy*, trans. R. Hurley, New York: Zone Books.

Beck, Ulrich. 1986. *Risk Society: Towards a New Modernity*, London: Sage.

Bell, David, ed. 1998. *Political Ecology: Global and Local*, New York: Routledge.

Benjamin, Walter. 1996(1922). "Capitalism as Religion", *Walter Benjamin: Selected Writings, Volume 1, 1913~1926*, eds. M. Bullock and M. Jennings, Cambridge: Harvard University Press.

Bernal, Victoria. 2004. "Eritrea Goes Global: Reflections on Nationalism in a Transnational Era", *Cultural Anthropology* 19(1): 3~25.

Biehl, João. 2001. "Biotechnology and the New Politics of Life and Death in Brazil: The AIDS Model", Paper presented at the Society for the Social Studies of Science(4S) meetings, Boston, Mass.

Biehl, João, Denise Coutinho, and Ana Luzia Outeiro. 2001. "Technology and Affect: HIV/AIDS Testing in Brazil", *Culture, Medicine and Psychiatry* 25(1): 87~129.

Biter-Glindzicz, M., K. J. Lindley, P. Rutland, D. Blaydon, V. V. Smith, P. J. Milla, K. Hussain, J. Furth-Lavi, K. E. Cosgrove, R. M. Shepherd, P. D. Barnes, R. E. O'Brien, P. A. Farndon, J. Sowden, X.-Z. Liu, M. J. Scanlan, S. Malcolm, M. J. Dunne, A. Aynsley-Green, and B. Glaser. 2000a. "A Defect in Harmonin, a PDZ Domain-Containing Protein Expressed in the Inner Ear Sensory Hair Cells, Underlies Usher Syndrome Type IC", *Nature Genetics* 26(1): 51~55.

_____. 2000b. "A Recessive Contiguous Gene Deletion Causing Infantile Hyperinsulinism, Enteropathy and Deafness Identifies the Usher Type IC Gene", *Nature Genetics* 26(1): 56~60.

Bourdieu, Pierre. 1999(1975). "The Specificity of the Scientific Field and the Social Conditions of the Progress of Reason", *The Science Studies Reader*, trans. R. Nice, ed. Mario Biagioli, New York: Routledge.

Bowker, Geoffrey, and Susan Leigh Star. 2000. *Sorting Thing Out: Classification and Its Consequences*, Cambridge: MIT Press.

Boyle, James. 1997. *Shamans, Software, and Spleens: Law and the Construction of the Information Society*, Cambridge: Harvard University Press.

Braga, Carlos. 1990. "The Economics of Intellectual Property Rights and the GATT: A View from the South", *Trade Related Aspects of Intellectual*

Property, eds. L. Brown and E. Szweda, Nashville: William S. Hein.

Brahmachari, Samir K. 2001. "Genome Research and IPR: An Indian Perspective", Presentation to the United Nations Educational, Scientific, and Cultural Organization(UNESCO).

Buck-Morss, Susan. 2002. *Dreamworld and Catastrophe: The Passing of Mass Utopia in East and West*, Cambridge: MIT Press.

Burchell, Graham, Colin Gordon, and Peter Miller eds. 1991. *The Foucault Effect: Studies in Governmentality; With Two Lectures by and an Interview with Michel Foucault*, Chicago: University of Chicago Press.

Callon, Michel. 1999(1986). "Some Elements of a Sociology of Translation: Domestication of the Scallops and the Fishermen of St. Brieuc Bay", *The Science Studies Reader*, trans. R. Nice, ed. Mario Biagioli, New York: Routledge.

Canguilhem, Georges. 1989(1966). *The Normal and the Pathological*, Cambridge: Zone Books.

Carnegie, Dale. 1998(1936). *How to Win Friends and Influence People*, New York: Pocket Books.

Chakrabarty, Dipesh. 2000. *Provincializing Europe: Postcolonial Thought and Historical Difference*, Princeton, N.J.: Princeton University Press.

Chatterjee, Partha. 1997(1989). *A Possible India: Essays in Political Criticism*, Delhi: Oxford University Press.

Cohen, Lawrence. 1999. "Where It Hurts: Indian Material for an Ethics of Organ Transplantation", *Daedalus: Bioethics and Beyond* 128(4): 135~164.

_____. 2000. *No Aging in India: Alzheimer's, the Bad Family and Other Modern Things*, Berkeley: University of California Press.

_____. 2003. "The Sovereign's Vasectomy", Invited lecture at Department of Anthropology, Harvard University.

Collins, Francis, Mark Guyer, and Aravinda Chakravarti. 1997. "Variations on a Theme: Cataloging Human DNA Sequence Variation", *Science* 278: 1580~1581.

Collins, Francis, and Victor McCusick. 2001. "Implications of the Human Genome Project for Medical Science", *Journal of the American Medical Association* 285(5): 540~544.

Collins, F. S., A. Patrinos, E. Jordan, A. Chakravarti, R. Gesteland, L. Walters, and the members of the DOE and NIH planning groups. 1998. "New Goals for the U. S. Human Genome Project: 1998~2003", *Science* 282: 682.

Comaroff, Jean, and John Comaroff eds. 2001. *Millennial Capitalism and the Culture of Neoliberalism*, Durham: Duke University Press.

Comroe, Julius, and Robert Dripps. 1976. "Scientific Basis for the Support of Biomedical Science", *Science* 192: 105~111.

Cook-Deegan, Robert. 1994. *The Gene Wars: Science, Politics and the Human Genome*, New York: W. W. Norton.

Coombe, Rosemary. 1997. "The Demonic Place of the 'Not There': Trademark Rumors in the Post-Industrial Imaginary", *Culture, Power, Place: Explorations in Critical Anthropology*, eds. A. Gupta and J. Ferguson, Durham: Duke University Press, pp. 249~276.

_____. 1998. *The Cultural Life of Intellectual Properties: Authorship, Appropriation, and the Law*, Durham: Duke University Press.

Corbridge, Stuart, and John Harriss. 2003(2000). *Reinventing India: Liberalization, Hindu Nationalism and Popular Democracy*, Delhi: Oxford University Press.

Council for Scientific and Industrial Research. 1996. *CSIR 2001: Vision and Strategy*, New Delhi: National Institute of Science Communication.

Davies, Kevin. 2001. *The Sequence: Inside the Race for the Human Genome*, New Delhi: Penguin Books.

Dawkins, Richard. 1976. *The Selfish Gene*, New York: Oxford University Press.

Department of Biotechnology. 2001. *Ethical Policies on the Human Genome, Genetic Research and Services*, New Delhi: Ministry of Science and Technology, Government of India.

Derrida, Jacques. 1976. *Of Grammatology*, trans. Gayatri Spivak, Baltimore: Johns Hopkins University Press.

_____. 1994. *Specters of Marx: The State of the Debt, the Work of Mourning and the New International*, New York: Routledge.

_____. 1995. *On the Name*, trans. D. Wood, J. Leavey Jr., and I. McLeod, ed. T. Dutoit, Stanford: Stanford University Press.

_____. 2001(1995). "History of the Lie: Prolegomena", *Futures of Jacques Derrida*, ed. Richard Rand, Stanford: Stanford University Press, pp. 65~98.

_____. 2002a. *Acts of Religion*, ed. Gil Anidjar, New York: Routledge.

_____. 2002b. *Negotiations: Interventions and Interviews, 1971~2001*, trans. and ed. E. Rottenberg, Stanford: Stanford University Press.

Deshpande, Satish. 2003. *Contemporary India: A Sociological View*, New Delhi: Penguin Books.

Deshpande, Satish, and Lalit Deshpande. 2003. "Work, Wages, and Well-Being: 1950a and 1990s", *Bombay and Mumbai: The City in Transition*, eds. Sujata Patel and Jim Masselos. Delhi: Oxford University Press.

Diamond v. Chakrabarty, 447 US 303(1980).

DiMasi, J. A., R. W. Hansen, H. G. Grabowski, H. G. Lasagna, and L. Lasagna. 1991. "Cost of Innovation in the Pharmaceutical Industry", *Journal of Health Economics*, July, 107~142.

Din, Suleman. 2001a. "Kanwal Rekhi Takes up Immigration Issue", Rediff.com, April 28. Available at http://www.rediff.com/news.

_____. 2001b. "Rekhi Clarifies on Immigration Issue", Rediff.com, May 24. Available at http://www.rediff.com/news.

D'Monte, Darryl. 2002. *Ripping the Fabric: The Decline of Mumbai and Its Mills*, Delhi: Oxford University Press.

Doyle, Richard. 1997. *On Beyond Living: Rhetorical Transformation of the Life Sciences*, Stanford: Stanford University Press.

_____. 2003. *Wetwares: Experiments in Postvital Living*, Minneapolis: University of Minnesota Press.

Dreyfus, Hubert, and Paul Rabinow. 1983. *Michel Foucault: Beyond Structuralism and Hermeneutics*, Chicago: University of Chicago Press.

Dumit, Joseph. 1998. "A Digital Image of the Category of the Person: PET Scanning and Objective Self-Fashioning", *Cyborgs and Citadels: Anthropological Intervention in Emerging Sciences and Technologies*, eds. G. Downey and J. Dumit, Santa Fe: School of American Research, pp. 83~102.

_____. 2003. "A Pharmaceutical Grammar: Drugs for Life and Direct-to-Consumer Advertising in an Era of Surplus Health", Unpublished essay.

_____. 2004. "Drugs, Algorithms, Markets and Surplus Health", Workshop paper presented at Department of Anthropology, University of California, Irvine.

Duster, Troy. 2003. *Backdoor to Eugenics*, New York: Routledge.

Ewald, François. 1991. "Insurance and Risk", *The Foucault Effect: Studies in Governmentality*, eds. G. Burchell, C. Gordon, and P. Miller, Chicago: University of Chicago Press, pp. 197~210.

Fabian, Johannes. 1983. *Time and the Other: How Anthropology Makes Its Object*, New York: Columbia University Press.

Fischer, Michael M. J. 2001. "Ethnographic Critique and Technoscientific Narratives: The Old Mole, Ethical Plateaux and the Governance of Emergent Biosocial Polities", *Culture, Medicine and Psychiatry* 25(4): 355~393.

_____. 2003. *Emergent Forms of Life and the Anthropological Voice*, Durham: Duke University Press.

Fleck, Ludwig. 1979(1935). *Genesis and Development of a Scientific Fact*, trans. F. Bradley and T. Trenn, Chicago: University of Chicago Press.

Fortun, Michael. 1999. "Projecting Speed Genomics", *Practices of Human Genetics: International and Interdisciplinary Perspectives*, eds. M. Fortun and E. Mendelsohn, Dordrecht: Kluwer.

_____. 2000. "Experiments in Ethnography and Its Performance", *Mannvernd*, Available at www.mannvernd.is.

_____. 2004. "For an Ethics of Promising", Workshop paper presented at Department of Anthropology, University of California, Irvine.

Foucault, Michel. 1973. *The Order of Things: An Archaeology of the Human Sciences*, New York: Vintage Books.

_____. 1980. "Truth and Power", *Power/Knowledge: Selected Interviews and Other Writings, 1972~1977*, ed. Colin Gordon, New York: Pantheon Books, pp. 109~133.

_____. 1990(1978). *The History of Sexuality: An Introduction*, New York: Vintage Books.

Frankenburg, Ruth. 1993. *White Women, Race Matters: The Social Construction of Whiteness*, Minneapolis: University of Minnesota Press.

Frow, John. 1996. "Information as Gift and Commodity", *New Left Review* 219: 89~108.

Fukuyama, Francis. 1992. *The End of History and the Last Man*, New York: Free Press.

Geertz, Clifford. 1973. *The Interpretation of Cultures*, New York: Basic Books.

_____. 1983. *Local Knowledge: Further Essays in Interpretive Anthropology*, New York: Basic Books.

Gerovitch, Slava. 2002. *From Newspeak to Cyberspeak: A History of Soviet Cybernetics*, Cambridge: MIT Press.

Ghosh, Jayati. 1998. "Liberalization Debates", *The Indian Economy: Major Debates since Independence*, ed. T. Byres, Delhi: Oxford University Press, pp. 295~334.

Gibson, Greg, and Spencer Muse. 2002. *A Primer of Genome Science*, Sunderland, Mass.: Sinauer.

Godbout, Jacques, and Alain Caille. 1998. *The World of the Gift*, trans. Donald Winkler. Montreal: McGill-Queen's University Press.

Gold, Richard. 1995. "Owning Our Bodies: An Examination of Property Law and Biotechnology", *San Diego Law Review* 32: 1167~1247.

Golub, D. R., D. K. Slonim, P. Tamayo, C. Huard, M. Gaasenbeek, J. P. Mesirov, H. Coller, M. Loh, J. R. Downing, M. A. Caliguiri, C. D. Bloomfield, and E. S. Lander. 1999. "Molecular Classification of Cancer: Class Discovery and Class Prediction by Gene Expression Monitoring", *Science* 286: 531~537.

Goux, Jean-Joseph. 1990. "General Economics and Post-Modern Capitalism", trans. Kathryn Ascheim and Rhonda Garelick, *Yale French Studies* 78: 206~224.

Government of India. 1958. *Scientific Policy Resolution*, New Delhi: Department of Science and Technology.

Grady, W. M., J. Willis, P. J. Guilford, A. K. Dunbier, T. T. Toro, H. Lynch, G. Wiesner, K. Ferguson, C. Eng, J.-G. Park, S.-J. Kim, and S. Markowitz. 2000. "Methylation of the CDHI Promoter as the Second Genetic Hit in Hereditary Diffuse Gastric Cancer", *Nature Genetics* 26(1): 16~17.

Graham, Loren, ed. 1990. *Science and the Soviet Social Order*, Cambridge: Harvard University Press.

_____. 1993. *Science in Russia and the Soviet Union: A Short History*, Cambridge, U.K.: Cambridge University Press.

Gramsci, Antonio. 1968. *The Modern Prince and Other Writings*, trans. Louis Marks, New York: International Publishers.

Greenhalgh, Susan. 2003. "Planned Births, Unplanned Persons: 'Population' in the Making of Chinese Modernity", *American Ethnologist* 30(2): 196~215.

Grefe, Edward, and Martin Linsky. 1995. *The New Corporate Activism: Harnessing the Power of Grassroots Tactics for Your Organization*, New York: McGraw-Hill.

Grossberg, Lawrence. 1996. "On Postmodernism and Articulation: An Interview with Stuart Hall", *Stuart Hall: Critical Dialogues in Cultural Studies*, eds. David Morley and Kuan-Hsing Chen, New York: Routledge, pp. 131~150.

Gupta, Akhil. 1998. *Postcolonial Developments: Agriculture in the Making of Modern India*, Durham: Duke University Press.

Gupta, Akhil, and James Ferguson eds. 1997. *Anthropological Locations: Boundaries and Grounds of a Field Science*, Berkeley: University of California Press.

Halushka, M. K., J.-B. Fan, K. Bentley, L. Hsie, N. Shen, A. Weder, R. Cooper, R. Lipshutz, and A. Chakravarti. 1999. "Patterns of Single-nucleotide Polymorphisms in Candidate Genes for Blood-pressure Homeostasis", *Nature Genetics* 22: 239~247.

Hamacher, Werner. 1999. "Lingua Amissa: The Messianism of Commodity-language and Derrida's *Specters of Marx*", *Ghostly Demarcations: A Symposium on Jacques Derrida's Specters of Marx*, ed. Michael Sprinker, New York: Verso.

Haraway, Donna. 1991. *Simians, Cyborgs and Women: The Reinvention of Nature*, New York: Routledge.

_____. 1997. *Modest_Witness@second_Millenium.FemaleMan©_Meets_Onco-Mouse™: Feminism and Technoscience*, New York: Routledge.

_____. 2004. "Value-added Dogs and Lively Capital", Workshop paper presented at Department of Anthropology, University of California, Irvine.

Harding, Susan. 2000. *The Book of Jerry Falwell: Fundamentalist Language and Politics*, Princeton, N.J.: Princeton University Press.

Hayden, Cori. 2003. *When Nature Goes Public: The Making and Unmaking of Bioprospecting in Mexico*, Princeton, N.J.: Princeton University Press.

_____. 2004. "Pharma Nation?: The Generic-ization of Mexico's Pharmaceutical Economy", Workshop paper presented at Department of Anthropology, University of California, Irvine.

Healy, David. 1997. *The Anti-depressant Era*, Cambridge: Harvard University Press.

_____. 2002. *Psychiatric Drugs Explained*, Edinburgh: Churchill Livingstone.

Herman, Ellen. 1996. *The Romance of American Psychology: Political Culture in the Age of Experts*, Berkeley: University of California Press.

Hewlett, Sylvia Ann. 2002. *Creating a Life: Professional Women and the Quest for Children*, New York: Talk Miramax Books.

Hoare, Quintin, and Geoffrey Nowell Smith, eds. and trans. 1971. *Selections from the Prison Notebooks of Antonio Gramsci*, New York: International Publishers.

Hong, S. E., Y. Y. Shugart, D. T. Huang, S. A. Shahwan, P. E. Grant, J. O. Hourihane, N. D. T. Martin, and C. A. Walsh. 2000. "Autosomal Recessive Lissencephaly with Cerebellar Hypoplasia is Associated with Human RELN Mutations", *Nature Genetics* 26(1): 93~96.

Housman, David, and Fred Ledley. 1998. "Why Pharmacogenomics? Why Now?", *Nature Biotechnology* 16: 492~493.

Hoyt, Kendall. 2002. *The Role of Military-Industrial Relations in the History of*

Vaccine Development, Ph.D. diss., Program in Science, Technology, and Society, Massachusetts Institute of Technology.

Huxley, Aldous. 1998(1946). *Brave New World*, New York: Harper Perennial.

Jacob, François. 1993(1973). *The Logic of Life: A History of Heredity*, Princeton, N.J.: Princeton University Press.

Jameson, Fredric. 2003(1991). *Postmodernism, or, The Cultural Logic of Late Capitalism*, Durham: Duke University Press.

Jasanoff, Sheila. 1995. *Science at the Bar: Law, Science and Technology in America*, Cambridge: Harvard University Press.

_____. 1996. "Beyond Epistemology: Relativism and Engagement in the Politics of Science", *Social Studies of Science* 26(2): 393~418.

_____. 2004. "Ordering Knowledge, Ordering Society", *States of Knowledge: The Co-production of Science and Social Order*, ed. Sheila Jasanoff, London: Routledge.

Jazwinska, Elizabeth. 2001. "Exploiting Human Genetic Variation in Drug Discovery and Development", *Drug Discovery Today* 6(4): 198~205.

Kahn, Jonathan. 2000. "Biotechnology and the Legal Constitution of the Self: Managing Identity in Science, the Market and Society", *Hastings Law Journal* 51: 909~952.

Kalow, Werner. 1962. *Pharmacogenetics: Heredity and the Response to Drugs*, London: W. B. Saunders.

Kassiola, Joel, ed. 2003. *Explorations in Environmental Political Theory: Thinking about What We Value*, Armonk, N.Y.: M. E. Sharpe.

Katsanis, N., P. L. Beales, M. O. Woods, R. A. Lewis, J. S. Green, P. S. Parfrey, S. J. Ansley, W. S. Davidson, and J. R. Lupski. 2000. "Mutations in MKKS Cause Obesity, Retinal Dystrophy and Renal Malformations Associated with Bardet-Biedl Syndrome", *Nature Genetics* 26(1): 67~70.

Kaviraj, Sudipta. 1997. "The General Elections in India", *Government and Opposition* 32: 3~24.

Kay, Lily. 2000. *Who Wrote the Book of Life?: A History of the Genetic Code*, Stanford: Stanford University Press.

Keller, Evelyn Fox. 1995. *Refiguring Life: Metaphors of Twentieth Century Biology*, New York: Columbia University Press.

_____. 2002. *Making Sense of Life: Explaining Biological Development with Models, Metaphors, and Machines*, Cambridge: Harvard University Press.

Kelley, M. J., W. Janien, T. L. Ortel, J. F. Korczak. 2000. "Mutation of MYH9,

Encoding Non-muscle Myosin Heavy Chain A, in May-Heglin Anomaly",
Nature Genetics 26(1): 106~108.

Kinoshita, A., T. Saito, H.-A. Tomita, Y. Makita, K. Yoshida, M. Ghadami, K.
Yamada, S. Kondo, S. Ikegawa, G. Nishimura, Y. Fukushima, T. Nakagomi,
H. Saito, T. Sugimoto, M. Kamegaya, K. Hisa, J. C. Murray, N. Taniguchi, N.
Niikawa, and K.-I. Yoshiura. 2000. "Domain-specific Mutations in TGFBI
Result in Camurati-Engelmann Disease", *Nature Genetics* 26(1): 19~20.

Kirschner, L. S., J. A. Carney, S. D. Pack, S. E. Taymans, C. Giatzakis, Y. Cho, Y.
S. Cho-Chung, and C. A. Stratakis. 2000. "Mutations of the Gene Encoding
the Protein Kinase A Type I-regulatory Subunit in Patients with the Carney
Complex", *Nature Genetics* 26(1): 89~92.

Kopytoff, Igor. 1986. "The Cultural Biography of Things: Commoditisation as
Process", *The Social Life of Things: Commodities in Cultural Perspective*,
ed. Arjun Appadurai, Cambridge, U.K.: Cambridge University Press, pp.
64~94.

Kramer, Peter. 1997. *Listening to Prozac: The Landmark Book about Anti-
depressants and the Remaking of the Self*, New York: Viking Penguin.

Krishna, V. V. 1997. "A Portrait of the Scientific Community in India: Historical
Growth and Contemporary Problems", *Scientific Communities in the De-
veloping World*, eds. Jacques Gaillard, V. V. Krishna, and Roland Waast, New
Delhi: Sage, pp. 236~280.

Landecker, Hannah. 1999. "Between Beneficence and Chattel: The Human
Biological in Law and Science", *Science in Context* 12(1): 203~225.

Lane, K. B., R. D. Machado, M. W. Pauciulo, J. R. Thomson, J. A. Phillips III, J.
E. Loyd, W. C. Nichols, R. C. Trembath, M. Aldred, C. A. Brannon, P. M.
Conneally, T. Foroud, N. Fretwell, R. Gaddipati, D. Koller, E. J. Loyd, N.
Morgan, J. H. Newman, M. A. Prince, C. Vilariño Güell, and L. Wheeler. 2000.
"Heterozygous Germline Mutations in BMPR2, Encoding a TGF-receptor,
Cause Familial Primary Pulmonary Hypertension", *Nature Genetics* 26(1):
81~84.

Latour, Bruno. 1987. *Science in Action: How to Follow Scientists and Engineers
through Society*, Cambridge: Harvard University Press.

_____. 1988. *The Pasteurization of France*, trans. Alan Sheridan and John Law,
Cambridge: Harvard University Press.

_____. 1993. *We Have Never Been Modern*, trans. Catherine Porter. Cambridge:
Harvard University Press.

Lewis, Michael. 1989. *Liar's Poker: Rising through the Wreckage on Wall Street*, New York: W. W. Norton.

_____. 1999. *The New New Thing: A Silicon Valley Story*, New York: W. W. Norton.

Lewontin, Richard. 1993. *Biology as Ideology: The Doctrine of DNA*, New York: Harper Collins.

Lotfalian, Mazyar. 1999. "Technoscientific Identities: Muslims and the Culture of Curiosity", Ph.D. diss., Department of Anthropology, Rice University.

Love, James. 1997. "Calls for More Reliable Costs Data on Clinical Trials", *Marketletter*, January 13, 24~25.

Luhmann, Niklas. 1998. *Observation on Modernity*, trans. William Whobrey, Stanford: Stanford University Press.

Lyotard, Jean-François. 1984. *The Postmodern Condition: A Report on Knowledge*, trans. Geoff Bennington and Brian Massumi, Minneapolis: University of Minnesota Press.

Madhiwalla, Neha. 2003. "Hospitals and City Health", *Bombay and Mumbai: The City in Transition*, eds. Sujata Patel and Jim Masselos, New Delhi: Oxford University Press, pp. 111~133.

Mahoney, Tom. 1959. *The Merchants of Life: An Account of the American Pharmaceutical Industry*, New York: Harper and Brothers.

Mamdani, Mahmood. 1996. *Citizen and Subject: Contemporary Africa and the Legacy of Late Colonialism*, Princeton, N.J.: Princeton University Press.

Mann, John. 1999. *The Elusive Magic Bullet: The Search for the Perfect Drug*, Oxford: Oxford University Press.

Marcus, George, ed. 1995. *Technoscientific Imaginaries: Conversations, Profiles, and Memoirs*, Chicago: University of Chicago Press.

_____. 1998. *Ethnography through Thick and Thin*, Princeton, N.J.: Princeton University Press.

Marcus, George, and Michael M. J. Fischer. 1986. *Anthropology as Cultural Critique: An Experimental Moment in the Human Sciences*, Chicago: University of Chicago Press.

Marks, Harry M. 1997. *The Progress of Experiment: Science and Therapeutic Reform in the United States, 1900~1990*, Cambridge, U.K.: Cambridge University Press.

Marks, Jonathan. 2001. "Scientific and Folk Ideas about Heredity", *The Human Genome Project and Minority Communities: Ethical, Social, and Political*

Dilemmas, eds. R. Zininskas and P. Balint, Westport, Conn.: Greenwood, pp. 53~66.

Marshall, Eliot. 1997a. "'Playing Chicken' Over Gene Markers", *Science* 278: 2046~2048.

_____. 1997b. "Snipping Away at Genome Patenting", *Science* 277: 1752~1753.

Martin, Emily. 1998. "Anthropology and the Cultural Study of Science", *Science, Technology and Human Values* 23(1): 24~44.

Marx, Karl. 1970(1859). *A Contribution to the Critique of Political Economy*, Moscow: Progress Publishers.

_____. 1973(1858). *Grundrisse: Foundations of the Critique of Political Economy*, trans. Martin Nicolaus, London: Penguin Books.

_____. 1974(1894). *Capital: A Critique of Political Economy, Volume 3*, ed. Friedrich Engels, Moscow: Progress Publishers.

_____. 1976(1867). *Capital: A Critique of Political Economy, Volume 1*, trans. Ben Fowkes, London: Penguin Books.

_____. 1977(1852). *The Eighteenth Brumaire of Louis Bonaparte*, Moscow: Progress Publishers.

Marx, Karl, and Friedrich Engels. 1963(1845). *The German Ideology*, New York: International Publishers.

_____. 1986(1848). *Manifesto of the Communist Party*, Moscow: Progress Publishers.

Mashelkar, Ramesh A. 1999. *On Launching Indian Innovation Movement*, New Delhi: National Institute of Science Communication.

Mashelkar, R. A., T. S. R. Prasada Rao, K. R. Sharma, H. S. Ray, S. R. Bhowmik, N. C. Aggarwal, D. Kumar, H. R. Bhojwani. 1993. *Creating an Enabling Environment for Commercialisation of CSIR Knowledge Base: A New Perspective*, New Delhi: Council for Scientific and Industrial Research.

Maurer, Bill. 2003. "Uncanny Exchanges: The Possibilities and Failures of 'Making Change' with Alternative Monetary Forms", *Environment and Planning D: Society and Space* 21: 317~340.

Mauss, Marcel. 1990(1954). *Gift: The Form and Reason for Exchange in Archaic Societies*, trans. W. D. Halls, New York: W. W. Norton.

Maxwell, Robert, and Shohreh Eckhardt. 1990. *Drug Discovery: A Casebook and Analysis*, Clifton: Humana Press.

Mendelssohn, Everett. 2000. "Eugenic Temptation: When Ethics Lag behind Technology", *Harvard Magazine*, March-April.

Merton, Robert. 1973(1942). "The Normative Structure of Science", *The Sociology of Science*, Chicago: University of Chicago Press, pp. 267~278.

Montoya, Michael. 2003. *Biotechnology, Genetics, and Diabetes: Racial Prescriptions of Pharmaceutical Science*, Ph.D. diss., Department of Anthropology, Stanford University.

Moore v. The Regents of the University of California, 793 P.2d(Cal. 1990), *cert. Denied*, 111S. Ct. 1388(1991).

Morley, David, and Kuan-Hsing Chen, eds. 1996. *Stuart Hall: Critical Dialogues in Cultural Studies*, New York: Routledge.

Motulsky, Arno. 1957. "Drug Reactions, Enzymes and Biochemical Genetics", *Journal of the American Medical Association* 165: 835~837.

Naidu, N. Chandrababu. 2000. *Plain Speaking*, with Sevanti Ninan, New Delhi: Viking.

National Council of Applied Economic Research. 2001. *Economic and Policy Reforms in India*, New Delhi: NCAER Publications Division.

Nehru, Jawaharlal. 1958. *Jawaharlal Nehru's Speeches, March 1953~August 1957*, Calcutta: Publications Division, Ministry of Information and Broadcasting.

Nietzsche, Friedrich. 1973(1886). *Beyond Good and Evil: Prelude to a Philosophy of the Future*, trans. R. J. Hollingdale, London: Penguin.

O'Malley, Patrick. 2000. "Uncertain Subjects: Risks, Liberalism and Contract", *Economy and Society* 29(4): 460~484.

Palsson, Gisli, and Paul Rabinow. 1999. "Iceland: The Case of a National Genome Project", *Anthropology Today* 15(5): 14~18.

Peterson, Kristin. 2004. "Biosociality in an Emptied-out Material Space", Workshop paper presented at Department of Anthropology, University of California, Irvine.

Petryna, Adriana. 2002. *Life Exposed: Biological Citizens after Chernobyl*, Princeton, N.J.: Princeton University Press.

_____. 2005. "Ethical Variability: Drug Development and Globalizing Clinical Trials", *American Ethnologist* 32(2): 183~197.

Pietz, William. 1993. "Fetishism and Materialism: The Limits of Theory in Marx", *Fetishism as Cultural Discourse*, eds. Emily Apter and William Pietz, Ithaca: Cornell University Press, pp. 119~151.

Pinker, Steven. 2002. *The Blank Slate: The Modem Denial of Human Nature*, New York: Viking Books.

Rabinow, Paul, ed. 1984. *The Foucault Reader*, New York: Pantheon Books.

_____. 1992. "Artificiality and Enlightenment: From Sociobiology to Biosociality", *Incorporations*, New York: Zone Books.

_____. 1997. *Making PCR: A Story of Biotechnology*, Chicago: University of Chicago Press.

_____. 1999. *French DNA: Trouble in Purgatory*, Chicago: University of Chicago Press.

_____. 2003. *Anthropos Today: Reflections on Modem Equipment*, Princeton, N.J.: Princeton University Press.

Rajagopal, Arvind. 2001. *Politics after Television: Hindu Nationalism and the Reshaping of the Public in India*, Cambridge, U.K.: Cambridge University Press.

Ramachandran, T. V. 1992. *Non-resident Indian Investment Policy Guidelines and Procedures: A Compendium*, Bangalore: Puliani and Puliani.

Rapp, Rayna. 2000. *Testing Women, Testing the Fetus: The Social Impact of Amniocentesis in America*, New York: Routledge.

Read, Jason. 2003. *The Micro-Politics of Capital: Marx and the Prehistory of the Present*, Albany: State University of New York Press.

Reardon, Jenny. 2001. "The Human Genome Diversity Project: A Case Study in Coproduction", *Social Studies of Science* 31: 357~388.

_____. 2004. *Race to the Finish: Identity and Governance in an Age of Genomics*, Princeton, N.J.: Princeton University Press.

Reilly, K. M., D. A. Loisel, R. T. Bronson, M. E. McLaughlin, and T. Jacks. 2000. "Nf1: Trp53 Mutant Mice Develop Glioblastoma with Evidence of Strain-specific Effects", *Nature Genetics* 26(1): 109~113.

Rheinberger, Hans-Jörg. 1997. *Toward a History of Epistemic Things: Synthesizing Proteins in the Test Tube*, Stanford: Stanford University Press.

Ridley, Matt. 2001. *Genome: The Autobiography of a Species in 23 Chapters*, New York: Perennial.

Robbins-Roth, Cynthia. 2000. *From Alchemy to IPO: The Business of Biotechnology*, Cambridge: Perseus.

Rose, Nikolas, and Carlos Novas. 2005. "Biological Citizenship", *Global Assemblages: Technology, Politics, and Ethics as Anthropological Problems*, eds. Aihwa Ong and Stephen Collier, Malden: Blackwell, pp. 439~463.

Roth, Daniel. 2002. "Pat Robertson's Quest for Eternal Life", *Fortune*, June 10, 132~146.

Sahlins, Marshall. 1976. *Culture and Practical Reason*, Chicago: University of Chicago Press.

Sahlman, William A., Howard H. Stevenson, Michael J. Roberts, and Amar Bhide, eds. 1999. *The Entrepreneurial Venture*, Boston: Harvard Business School Press.

Sassen, Saskia. 2000. *Cities in a World Economy*, Thousand Oaks: Pine Forge Press.

Scott, James. 1999. *Seeing like a State: How Various Schemes to Improve the Human Condition Have Failed*, New Haven: Yale University Press.

Sen, Amartya. 1999. *Development as Freedom*, New York: Alfred A. Knopf.

Seri, M., R. Cusano, S. Gangarossa, G. Caridi, D. Bordo, C. Lo Nigro, G. Marco Ghiggeri, R. Ravazzolo, M. Savino, M. Del Vecchio, M. d'Apolito, A. Iolascon, L. L. Zelante, A. Savoia, C. L. Balduini, P. Noris, U. Magrini, S. Belletti, K. E. Heath, M. Babcock, M. J. Glucksman, E. Aliprandis, N. Bizzaro, R. J. Desnick, and J. A. Martignetti. 2000. "Mutations in MYH9 Result in the May-Hegglin Anomaly, and Fechtner and Sebastian Syndromes", *Nature Genetics* 26(1): 103~105.

Shannon, Claude. 1948. "A Mathematical Theory of Communication", *Bell System Technical Journal* 27: 379, 623.

Shelley, Mary. 1992(1831). *Frankenstein*, ed. Johanna M. Smith, New York: Bedford/St. Martin's.

Shreeve, James. 2004. *The Genome War: How Craig Venter Tried to Capture the Code of Life and Save the World*, New York: Alfred A. Knopf.

Silver, Lee. 1999. *Remaking Eden*, New York: Phoenix Press.

Singh, K. S., ed. 1992. *People of India*, Calcutta: Anthropological Survey of India.

Slavotinek, A. M., E. M. Stone, K. Mykytyn, J. R. Heckenlively, J. S. Green, E. Heon, M. A. Musarella, P. S. Parfrey, V. C. Sheffield, and L. G. Biesecker. 2000. "Mutations in MKKS Cause Bardet-Biedl Syndrome", *Nature Genetics* 26(1): 15~16.

Smith, Elta. 2004. "Making Genomes and Public Property: Four Efforts to Constitute Rice", Ph.D. qualifying paper, John F. Kennedy School of Government, Harvard University.

Spivak, Gayatri. 1976. "Translator's Preface", Jacques Derrida, *Of Grammatology*, Baltimore: Johns Hopkins University Press, pp. ix~lxxxvii.

_____. 1985. "Subaltern Studies: Deconstructing Historiography", *Subaltern Studies IV: Writings on South Asian History and Society*, ed. Ranajit Guha,

New York: Oxford University Press, pp. 330~363.

_____. 1988. "Can the subaltern speak?", *Marxism and the Interpretation of Culture*, eds. Cary Nelson and Lawrence Grossberg, Urbana: University of Illinois Press, pp. 271~313.

_____. 1999. *A Critique of Postcolonial Reason: Toward a History of the Vanishing Present*, Cambridge: Harvard University Press.

Sprinker, Michael, ed. 1999. *Ghostly Demarcations: A Symposium of Jacques Derrida's Specters of Marx*, New York: Verso.

Srinivasulu, K. "Political Articulation and Policy Discourse in the 2004 Election in Andhra Pradesh", Personal communication of draft manuscript.

Stallings, Sarah C., Robert H. Rubin, Thomas J. Allen, Charles L. Cooney, Anthony J. Sinskey, and Stan N. Finkelstein. 2001. "Technological Innovation in Pharmaceuticals", MIT'S Program on the Pharmaceutical Industry, Working Paper 59-01. May.

Strange, Susan. 1986. *Casino Capitalism*, Oxford: Blackwell.

Taussig, Michael. 1980. *The Devil and Commodity Fetishism in South America*, Chapel Hill: University of North Carolina Press.

Thompson, Edward P. 1966(1963). *The Making of the English Working Class*, New York: Vintage Books.

Traweek, Sharon. 1988. *Beamtimes and Lifetimes: The World of High Energy Physicists*, Cambridge: Harvard University Press.

Turaga, Uday. 2000. "CSIR: India's Techno-economic Revolution", *Chemical Innovation*, August, 43~49.

Unger, Brooke. 2001. "A Survey of India's Economy", *The Economist*, June 2~8.

United Nations Development Program. 2001. *Human Development Report 2001: Making New Technologies Work for Human Development*, New York: Oxford University Press.

Vogel, Friedrich. 1959. "Modern Problems of Human Genetics", *Ergib Inn Kinderheild* 12: 52~125.

Walsh, Gary. 1998. *Biopharmaceuticals: Biochemistry and Biotechnology*, New York: John Wiley and Sons.

Weber, Max. 1978(1968). *Economy and Society: An Outline of Interpretive Sociology, Volume One*, eds. Guenther Roth and Claus Wittich, Berkeley: University of California Press.

_____. 2001(1930). *The Protestant Ethic and the Spirit of Capitalism*, trans. Talcott Parsons, New York: Routledge.

Werth, Barry. 1994. *The Billion Dollar Molecule: One Company's Quest for the Perfect Drug*, New York: Simon and Schuster.

Woodmansee, Martha. 1984. "The Genius and the Copyright: Economic and Legal Conditions of the Emergence of the 'Author'", *Eighteenth Century Studies* 17: 425~444.

_____. 1992. "On the Author Effect: Recovering Collectivity", *Cardozo Arts and Entertainment Law Journal* 10: 279.

Zhan, Mei. 2005. "Cevic Cats, Fried Grasshoppers, and David Beckham's Pyjamas: Unruly Bodies after SARS", *American Anthropologist* 107(1): 31~42.

Žižek, Slavoj. 1994. "How Did Marx Invent the Symptom?", *Mapping Ideology*, ed. Slavoj Žižek. London: Verso.

_____. 2004. "The Ongoing 'Soft Revolution'", *Critical Inquiry* 30(2).

옮긴이 후기

이 책을 1차 번역하는 데만 2년이 넘게 걸렸다. 2년여에 걸친 번역 작업을 하면서 가장 많이 든 생각은 '내가 과연 이 책의 번역자로서 적임인가'였고, 번역을 마친 직후 가장 강렬하게 든 생각은 '절대로 아프지 말아야겠다'였다.

'(문학 비평을 전공한) 내가 과연 이 책의 번역자로서 적임인가' 하는 의구심은, 이 책이 현실과 학문의 수많은 주요 범주들을 함께 다루고 있는 데서 비롯된다. 내가 전공한 문학을 빼고, 과학·경제·법·의료·정치·마케팅 등의 현실 분야와 유전공학·생물학·화학·사회학·철학·정치학·민족지학·문화인류학 등의 학문 분야를 섭렵하는 이 야심 찬 연구 성과를 번역하면서 나는 크고 작은 좌절을 자주 느꼈다. 도대체 무슨 말인지 감도 오지 않을 때도 있었고, 어느 정도 감은 오는데 해당 분야에서 그것을 정확히 어떤 용어로 부르는지 모를 때도 부지기수였다. 그러나 이것이 나의 무지함 탓이었기 때문에 맘껏 짜증도 못 내다가, 어쩌다 원문에서 문법 오류를 발견하면 이때다 싶어 참았던 좌절과 짜증을 쏟아부었다. '문법은 제대로 맞춰 줘야 할 거 아냐!' 하면서. '내가 왜 이 번역을 맡았을까' 하는 후회의 향을 진하게 음미하면서.

그러나 이 번역을 끝까지 할 수 있었던 것은 우선, '그렇다면 그 누가 적임자일 수 있단 말인가?' 하는 자위였다. 이렇게 다양한 분야를 종횡무진 뛰어다니는 글을 완벽하게 이해하고 표현할 수 있는 사람은 거의 없을 것이라 스스로 위로했다(각 해당 분야 전문가들께서 보시고 고쳐야 할 점이 있으면 출판사로 즉시 알려 주시기 바란다).

또한 내가 애초에 이 책의 번역을 맡은 이유가 바로 그렇게 다양한 분야를 엮어서 나오는 '인식적 성과'에 적잖은 의의가 있다고 보았기 때문임을 상기했다. 머지않은 미래에 과학과 사회, 문화 등에서 큰 화두가 될, 그리고 인간의 몸과 생명에 직접적인 영향을 미치게 될 유전공학의 '정체'를 한층 더 온전하게 이해하려는 노력은 우리 한국인들에게도 좀더 쉬운 형태로 전해질 필요가 있다. 유전공학이 이뤄 내는 결실 혹은 비약적 발전은, 올림픽에서 금메달을 따듯 보는 사람에게 감탄과 경이를 자아내게 하는, 그저 뛰어난 과학적 퍼포먼스가 아니라, 우리의 정치와 경제, 문화, 법, 철학, 건강, 일상생활까지 (좋은 방향으로든 나쁜 방향으로든) 바꿀 수 있는 영향력을 지니고 있다. 그러므로 애초에 그것이 어떻게 탄생했고 또 어떻게 전개되는지를 여러 각도에서, 그리고 전 지구를 포괄하는 시각에서 조망하는 이러한 작업은, 후에 올 그 다양하고 심오한 영향력을 이해하는 데에 매우 중요한 역할을 하게 될 것이다.

나는 이 책을 읽는 분들이, 책에 나오는 모든 전문 용어와 세부 주장을 완벽하게 이해해야 책의 핵심에 도달할 수 있을 거라 생각하지 않는다. 2년 넘게 끙끙대며 번역한 나도 사실 모든 걸 완벽하게 이해했다고 자신할 수 없다. 다만, 과학적 연구 및 성과를, 왜 과학이라는 렌즈만이 아닌, 여러 다른 렌즈를 통해 이모저모 꼼꼼히 들여다보고 있는가에 대한 답을 어떤 내용으로든 찾아내시고 그에 대한 반응을 하시면 지은이의 의도와 목적에 상당히 부합하리라 본다.

　가령, 나처럼 '절대로 아프지 말아야겠다'는 비현실적인 반응을 하시더라도 그것이 이 책이 전하고자 하는 메시지에서 그리 어긋나지 않는다는 것이 내 생각이다. 이 책에 따르면, 만일 내가 가난하다면 아플 때 이미 나와 있는 약도 사 먹을 수 없고 치료도 받을 수 없다. 내게 경제적 여유가 있다면 약도 치료도 모두 취할 수 있지만, 그것에는 없는 사람들에 대한 부당한 처우가 녹아 있기도 쉽고, 약품과 의학에 대한 과도한 의존성이 생기기도 쉽다. 이 책을 보고 '그래도 아프면 언제든 과학의 결실을 충분히 향유할 수 있도록 돈을 많이 벌어야겠다'고 생각하셨다면 이 책의 핵심을 파악하지 못한 것일 수도 있으나, 핵심은 파악했으되 어떤 이유로든 그에 충분히 공감하지 않는 분일 수도 있다. '없는 사람도, 있는 사람도, 건강하고 적절한 치료를 받을 수 있도록 전체 체계가 달라져야 한다'고 생각하셨다면 아마도 변화와 개혁, 평등에 대한 지향과 신념이 있으신 분이리라. 나처럼 '절대로 아프지 말아야겠다'는 생각을 하셨다면, 전 지구적 차원의 체계적인 변화와 개선이 있지 않으면 쉽사리 달라지지 않을 체제가 있음을 인정하되 그것을 바꿀 엄두는 못 내는 '소심한' 분일 수도 있겠다. 그러나 이 모든 다른 반응들이 본질상 정말 다른 반응이라 생각하지 않는다. 각자가 처한 입장과 상황에 따라, 그리고 같은 사람이라도 그때그때 달라지는 상황의 변화에 따라 반응이 얼마든지 달라질 수 있기 때문이다. 이 책의 지은이가 바로 그러한 점, 즉 과학의 발전 또한 각자가 처한 입장과 상황에 따라 다른 의미와 영향력을 가지는 것임을 보여 주려 했음을 인지하셨다면, 정도 차이는 있더라도 책의 핵심에 다가간 것이라 할 수 있다.

　이제 책의 출간을 목전에 둔 시점에서, 좀더 진지하게 가져보는 소망은 '아픈 사람이 의료 혜택을 받을 때 빈부의 격차가 너무 나지 않고, 우리의 건강과 생명을 지키는 데 큰 도움을 주는 과학적 성과에 감사하되 그에 전적으로 의지하지 않는 정신과 문화도 함께 기르면 좋겠다'는 것이다. 독자 여러분도 대부분 이러한 소망을 가지시지 않을까. 의료 혜택을 받을 때 발생하는 크나큰 빈부의 격차나 과학의 '전지전능하지 않음'에 대해, 혹시라도 과학이 충분한 관심을 기울이지 않거나 솔직하지 못할 때, 다른 학문들이 창의적인 역량을 발휘하여 그 점을 보완해 주는 현실이 가능하다면 얼마나 좋을까. 이 책은 바로 그러한 미래를 지향하는, 진지하고 부지런한 한 전직 '과학자'의 선구적인 노력의 산물이다.

부족한 번역을 참고 끝까지 읽어 주신 독자들께 진심으로 감사드린다. 앞서 말씀드렸듯이, 미흡하거나 올바르지 못한 번역을 발견하면 지체 없이 알려 주시기 바란다. 놀라울 정도로 꼼꼼하게 교정을 봐 준 편집부의 재훈씨에게도 감사드린다. 번역이 혼자만의 고독한 작업은 아니라는, 든든하고 따뜻한 느낌을 느끼게 해준 점에 더 큰 감사를 드리고 싶다.

모두 모두 건강하시길!

2012년 8월
안수진

찾아보기